예술과 공통장

예술과 공통장 : 창조도시 전략 대 커먼즈로서의 예술
Art and Commons : Creative City Strategy vs. Art as Commons

지은이	권범철
펴낸이	조정환
책임운영	신은주
편집	김정연
디자인	조문영
홍보	김하은
프리뷰	강석민 · 박서연 · 신현우
초판 인쇄	2024년 2월 2일
초판 발행	2024년 2월 6일
종이	타라유통
인쇄	예원프린팅
라미네이팅	금성산업
제본	바다제책
ISBN	978-89-6195-338-2 93300
도서분류	1. 공통장 2. 도시사회학 3. 예술사회학 4. 정치경제 5. 사회운동
값	25,000원
펴낸곳	도서출판 갈무리
등록일	1994. 3. 3.
등록번호	제17-0161호
주소	서울 마포구 동교로18길 9-13 2층
전화	02-325-1485
팩스	070-4275-0674
웹사이트	www.galmuri.co.kr
이메일	galmuri94@gmail.com

일러두기

1. 인명은 본문에서 원어를 병기하지 않았으며 인명 찾아보기에 모두 병기하였다.
2. 외래어로 굳어진 외국어는 표준 표기대로 하고, 기타 고유명사나 음역하는 외국어는 발음에 가장 가깝게 표기하였다.
3. 단행본, 전집, 정기간행물, 보고서에는 겹낫표(『 』)를, 논문, 논설, 기고문 등에는 홑낫표(「 」)를 사용하였다.
4. 단체(위원회), 회사, 학회, 협회, 연구소, 재단, 프로젝트, 행사, 영상, 텔레비전 프로그램 이름, 작품, 전시, 공연물, 법률, 조약 및 협약에는 가랑이표(< >)를 사용하였다. 정부 부처임을 쉽게 알 수 있는 고유명사에는 가랑이표를 사용하지 않았다.
5. 공문서, 신문 기사, SNS, 인터뷰 등에서 인용해온 글의 맞춤법은 필요한 경우를 제외하고 수정하지 않고 원문 그대로 실었다.
6. 각주와 참고문헌에 있는 링크 중 일부는 현재 이용할 수 없다.

차 례

6   서론

---

37   **1장**   **공통장에 대한 논의들**

49   제3세터로서의 공통장

56   반자본주의적 공통장

81   체계로서의 공통장

---

91   **2장**   **도시, 공통장, 예술**

92   신자유주의와 공통장

121   창조도시라는 공장

158   도시 공통장을 둘러싼 갈등 : 전술 공통장 대 전략 공통장

---

171   **3장**   **전술 공통장 : 오아시스와 문래예술공단**

172   공통화의 배경

190   공통장의 생성과 변화

208   공통장의 성격

268   전술 공통장의 함의

282   전략 공통장의 출현

예술과 · 공통장

285   4장   전략 공통장 : 창의문화도시와 서울시창작공간

286   서울시의 전략 공통장

316   공통장을 둘러싼 갈등

342   자본의 요인으로서의 공통장

354   전략 공통장의 함의

371   에필로그 : 도시 공통장과 '우리'의 삶

375   감사의 글

378   참고문헌

391   인명 찾아보기

394   용어 찾아보기

오늘날 우리의 삶은 상품의 생산과 소비로 촘촘하게 짜여 있다. 우리는 아침에 일어나 일터로 향하고 다양한 형태의 상품을 생산하는 노동을 한 뒤, 역시 다양한 소비 활동으로 하루를 마무리한다. 이러한 일과에서 임금 노동은 우리에게 부여된 숙명과도 같다. 임금을 받지 못하면 상품에 접근할 수 없고 삶을 유지할 수 없다. 우리에게 직업 선택의 자유는 있지만 직업을 선택하지 않을 자유란 없다. 맑스는 이것을 노동자가 지닌 자유의 이중적 의미로 설명한다.

이 자유롭다는 것은 이중적인 의미가 있는데, 즉 한편으로는 그 노동자가 자유로운 인격체로서 자신의 노동력을 자신의 상품으로 마음대로 처분한다는 의미이며 다른 한편으로는 판매할 아무런 다른 상품도 가지고 있지 않을 뿐만 아니라 자기 노동력의 실현에 필요한 모든 물적 조건에서도 분리되어 있다는 의미이다.[1]

---

1. 카를 마르크스, 『자본 I-1』, 강신준 옮김, 길, 2008, 253쪽.

즉 "자유로운 인격체"로서 우리는 노동력을 마음대로 팔 수 있는 자유를 가지지만 생산수단으로부터도 자유롭기 때문에, 즉 분리되어 있기 때문에 노동력을 팔지 않을 자유는 없다.

그러나 노동력을 팔지 않을 자유를 가진 것은 아니지만 노동력을 팔지 못하는 사람들이 있다. 구조조정으로 일터에서 쫓겨난 실직자, 거리의 노숙인, 극심한 취업 경쟁을 이기지 못한 이른바 취업준비생, 은퇴한 노인, 아직 어린아이들 등 자신의 의사와는 무관하게 임금으로부터 배제된 이들이 그러하다. 그렇다면 이들의 삶은 어떻게 유지되는가? 물론 이들을 지원하는 다양한 사적·공적 제도들이 있다. 실직자는 일정 기간 실업 급여를 받을 수 있고, 노숙인은 다양한 쉼터나 급식소를 이용할 수 있으며, 취업준비생은 (대부분 아르바이트를 하겠지만) 청년 구직지원금이나 부모의 도움을 받을 수 있다. 또 은퇴한 노인은 연금에 어느 정도 의지할 수 있고, 어린아이들은 대부분 부모의 돌봄 노동에 의지한다. 이들의 공통점은 임금에서 배제된 까닭에 다른 제도와 자원 혹은 타인의 노동에 의지하여 삶을 재생산한다는 것이다. 이 책은 이처럼 임금 노동이 아닌 다른 무언가를 통해 삶을 재생산하는 이들에 주목한다. 임금에서 배제되었다는 사실은 비참함만을 의미하는 것이 아니라 다른 가능성의 발현으로 나타날 수 있기 때문이다. 그러나 위에서 언급한 형태들은 대부분 수동적인 성격을 갖는다. 연금, 지원금, 급식 등은 각각의 주체에게 위로부터 주어질 뿐이다.[2] 이와 다르게 아래로부터 구성된 다른 무언가를 통해 삶을 재생산하는 이들이 있다. 이 다른 무언가가 바로 이 책에서 공통장commons으로 부르고자 하는 것이다. 그것은 주어 지는 것이 아니라 주체들에 의해 구성된다는 점에서 차이를 갖는 다. 이 책은 그러한 주체들 중에서 특히 예술가에 주목한다.

도시의 예술가는 특이한 존재다. 다른 전문 직종 종사자들이 대부분 공식적이고 제도적인 환경 안에서 활동하는 것과는 달리 예술가들은 대부분 그러한 환경 바깥에 있다. 이것은 예술가들 이 활동할 수 있는 제도적 환경 자체가 거의 부재하기 때문이다. 예를 들어 공학이나 경영학을 전공한 이들과 음악이나 미술을 전공한 이들이 선택할 수 있는 경로를 비교해 보면 그러한 환경 의 차이는 극명하게 드러난다. 그렇기 때문에 많은 예술가는 의도 했든 그렇지 않든 공식적이고 제도적인 환경 외부에서 살아간다. 다시 말해 예술가도 대부분 임금 노동에서 배제된 사람들이다. 예술가들은 제도적 환경 밖에서 삶을 유지하기 위해 그리고 작업 을 이어가기 위해 다양한 수단에 의존한다. 그들의 사회적 관계, 즉 네트워크는 가장 중요한 수단 중 하나다. 이것은 그들이 삶의 재생산을 위해 서로 연결되어 있어야 한다는 것을 뜻한다. 좀 더 저렴한 작업실을 구하기 위해, 새로운 기술과 지식을 습득하기 위해, 다양한 공공 기금 및 지원을 받기 위해, 새로운 아르바이트

---

2. 그러나 이 주체들이 수동적인 것만은 아니다. 이후 언급하겠지만 자율적으로 조직을 꾸려 스스로 삶의 기반을 창출하고자 한 노숙인들의 사례가 있다.

를 얻기 위해 등등 다양한 이유로 그들은 연결되어야 한다. 이 네트워크는 제도적 환경이 부재한 예술가들의 삶을 뒷받침하는 중요한 기반이며, 공식적이고 제도적인 환경을 대신하는 성격을 갖는다.

다른 한편 예술은 현대 도시에서 각광받는 실천이다. '국격을 높이기' 위해서든, '도시를 재생'하기 위해서든, '경제를 살리기' 위해서든 예술은 빠지는 법이 없다. 예술과 쉽게 연결되는 '문화도시'는 이미 진부한 표어가 되었다. 문 닫은 공장이나 발전소를 문화 공간으로 재생하는 것은 이제 유행을 넘어 당연한 수순에 속한다. 예술이, ─ 사실 그게 무엇인지는 잘 모르겠지만 ─ 무언가 아름다운 활동이 이 도시를 구원해 주리라는 믿음이 널리 퍼져있다.[3] 실제로 도시 정책에서 예술은 점점 중요한 역할을 부여받았다. 서울시가 추진하는 마을예술창작소는 그 운영 계획안에 따르면 "주민 스스로 가까운 일상에서 생활 속 예술 활동을 통해 문화적 삶과 공동체 실현을 [이루기] 위한 문화 활동 공간"이다.[4] 이 정의에 따르면 공동체 실현은 주민의 예술 활동을 통해 이루어진다. 서울시의 또 다른 예술 공간인 서울시창작공간은 "컬처노믹스 전략 구현을 통한 창의문화도시 실현"이라는 민선 4기 시정

---

3. 권범철, 「미술관을 따져 묻기」, 『컨템포러리 아트 저널』, 2013년 겨울 16호.
4. 서울시, 「2018 마을예술창작소 운영 계획」, 〈서울정보소통광장〉, 2018년 2월 1일 수정, 2024년 1월 18일 접속, http://opengov.seoul.go.kr/sanction/14552293.

목표하에서 추진되었는데, 그 전략의 캐치프레이즈는 "문화가 곧 돈이다"라는 것이었다.[5] 이러한 낯 뜨거운 문구는 컬처노믹스 전략이 지향하는 바를, 그 전략이 창작공간에 기대하는 바를, 예술이 그 공간에서 맡은 임무를 여과 없이 드러낸다.

요컨대 제도적 환경이 거의 부재하다시피 한 까닭에 비공식적인 영역에서 활동하는 예술가와, 도시의 '재생', '발전' 혹은 '경쟁력'을 위해 요구되는 예술의 이 기묘한 공존이 현대 도시에서 예술가와 예술이 자리한 맥락이며, 이 책의 맥락이기도 하다. 이 공존이 기묘한 이유는 예술을 둘러싼 주체와 객체의 떼어 놓을 수 없는 얽힘에도 불구하고 그 둘은, 주변화된 예술가와 각광받는 예술이라는 뚜렷한 대조를 보이기 때문이다. 그럼에도 예술가가 예술의 주요 생산자라는 점에서 둘은 연결되어 있고, 그런 까닭에 도시 정책상의 예술은 예술가를 불러낸다. 예술을 통한 공동체 실현이든 컬처노믹스 구상이든 도시 정부는 예술가에게 의존할 수밖에 없다. 그것은 특정 사업의 진행을 위해 예술가와 도시 정부가 개별적으로 접촉하는 형태를 취하기도 하지만 — 이때 예술가는 하나의 용역업체가 될 것이다 — 자율적으로 형성된 예술장을 도시 정부가 전유하는 형태를 띠기도 한다.

이와 같이 한편에는 예술가들의 자율적인 활동이 있다. 이들

---

5. 안태호, 「문래창작촌, '컬처노믹스' 너머에 던지는 질문」, 『르몽드 디플로마티크』, 2010, 17호. 이 캐치프레이즈는 2009년 10월 서울시창작공간 중 하나인 금천예술공장 개관 행사의 홍보 판에 쓰인 문구이기도 했다.

은 비공식 네트워크를 기반으로 다양한 활동을 전개한다. 이들은 이러한 활동을 통해 스스로를 재생산하고, 지역 사회에서 공유되는 다양한 문화적 환경을 형성한다는 점에서 공통의 부를 생산한다. 다른 한편에는 도시 발전 전략을 위해 예술을 차용하는 도시 정부가 있다. 도시 정부는 다양한 이유로 예술을 필요로 하며 예술가에게 의지한다. 이 책에서 주요하게 주목하는 지점 중 하나는 이 과정에서 예술가의 활동이 도시 정부에 의해 왜곡되거나 흡수된다는 점이다. 실비아 페데리치에 따르면 "자본주의적 축적은 광대무변한 노동과 자원의 자유로운 도용에 구조적으로 의존하는데, 여기서 노동과 자원은… 시장의 외부재로 보여야 한다."[6] 우리의 맥락에서 볼 때 컬처노믹스라는 축적 전략을 추진하는 도시 정부에게 예술가의 활동이란 자유롭게 도용할 수 있는 시장의 외부재, 자본의 공통재로 나타난다.

공통장[7]은 오랜 역사를 가진 개념이다. 일반적으로 공통장은 사람들이 시장을 통하지 않고 이용할 수 있는 공동의 자원을 가

---

6. 실비아 페데리치, 『혁명의 영점』, 황성원 옮김, 갈무리, 2013, 238쪽.
7. 일반적으로 commons는 공유지, 공유재, 공동자원, 공통재 등으로 불린다. 그러나 이 용어들은 모두 commons를 특정한 재화로만 한정하는 한계를 갖는다. 이 책은 이와 달리 commons를 주체(공통인, commoner), 재화(공통재, common goods), 활동(공통화, commoning)을 갖춘 하나의 체계로 다룬다. 요컨대 공통장은 commons를 하나의 체계로 사고하기 위해 채택된 용어다(이에 대해서는 Massimo De Angelis, *Omnia Sunt Communia*, Zed Books, 2017을 참고하라). 단, 역사상의 commons를 언급할 때는 보편적인 용어법을 따라 공유지로 쓴다. 공통장에 대한 보다 자세한 논의는 1장에서 다룬다.

리킨다. 나무가 물질문화의 기반이던 시대의 숲, 공유지, 목초지 등이 대표적인 예다. 그러나 공통장을 특정한 재화로만 사고하는 것은 문제가 있다. 그것을 이용하는 방식과 주체가 어쩌면 재화 자체보다 더 중요하기 때문이다. 그렇기 때문에 공통장을 다루는 최근 문헌들은 공통장을 재화에 한정하지 않고 주체와 활동을 포함한 개념으로 다룬다.[8] 즉 어떤 자원을 공통으로 사용하고자 하는 사람들의 집합적 활동이 그 자원을 공통재로 만들며,[9] 그러한 점에서 공통장은 주체와 활동과 재화를 아우르는 하나의 체

---

8. 다음을 보라. De Angelis, *Omnia Sunt Communia*; 데이비드 볼리어, 『공유인으로 사고하라』, 배수현 옮김, 갈무리, 2015; 피터 라인보우, 『마그나카르타 선언』, 정남영 옮김, 갈무리, 2012 등.

9. 이러한 점에서 배제성과 경합성을 기준으로 특정 재화의 성격을 나누는 분류는 문제적이다. 이러한 분류법에 따르면 경합성이 있지만 배제성이 없는 재화는 공통재화로 분류된다. 누구나 이용할 수 있다는 점에서 배제성은 없지만 누군가 이용할 경우 다른 누군가의 이용가능성이 줄어든다는 점에서 경합성을 가진다는 것이다. 이러한 분류법은 비물질 재화에 적용될 때 즉시 오류를 드러낸다. 비물질 재화는 그 속성상 경합성을 가질 수 없는 경우가 많기 때문이다. 가령 인터넷에서 유통되는 이미지는 누군가 그것을 다운로드한다고 해서 다른 이들의 이용가능성이 줄어들지 않는다. 그뿐만 아니라 공통재가 배제성이 없다는 전제도 사실이 아니다. 역사적으로 볼 때 "공통재에는 경계, 규율, 사회적 규범, 무임승차에 대한 규제가 있다"(볼리어, 『공유인으로 사고하라』, 51쪽). 이러한 점에서 문제의 분류법은 공통장과 개방 접근 체제를 혼동하고 있다. 이 분류법의 더 큰 문제는 특정한 재화가 그 자체의 속성만으로 공통재화가 된다고 전제한다는 점이다. 특정 재화를 공통재로 만드는 것은 공통인들의 집합적인 활동이지 재화 자체의 속성이 아니다. 다음을 참고하라. Silke Helfrich, "Common goods don't simply exist — they are created," in *The Wealth of the Commons*, eds. David Bollier and Silke Helfrich, Levellers Press, 2013.

계다. 이러한 공통장은 상품의 생산과 소비로 짜인 오늘날의 삶과 대비를 이룬다. 오늘날 삶을 재생산하는 가장 일반적인 형태는 자본주의 시장을 통한 상품의 소비다. 이 소비에 필요한 화폐를 구하는 데 있어 임금 노동은 필수적인 요소이기 때문에 이때 삶의 재생산이란 곧 노동력의 재생산과도 같다.[10] 이에 반해 공통장은 비시장적인 방식을 통해 집합적으로 삶을 재생산하는 형태를 띤다. 이러한 의미에서 공통장은 하나의 대안적인 삶의 양식이다. 생산과 재생산이 아직 분리되지 않았던 시대의 공유지를 통한 자급이 대표적이다. 그러나 이러한 삶의 형태는 종획enclosure과 함께 사라지기 시작했고, 맑스에 따르면 이 종획과 함께 자본주의가 시작된다.

> 자본주의적 생산양식의 기초를 만들어낸 변혁의 서막은 1470년 경부터 1500년대 초의 수십 년 동안에 일어났다.… 봉건가신단이 해체됨으로써 보호받을 길 없는 대량의 프롤레타리아가 노동 시장으로 내몰렸다.… 강대한 봉건영주가… 농민을 그 토지에서 폭력적으로 내쫓고 농민의 공유지를 강탈함으로써 비교할 수 없

---

10. 이러한 노동력의 재생산이 상품의 소비만으로 해결되는 것은 아니다. 마리아 로사 달라 코스따를 비롯한 일련의 페미니스트 이론가들이 지적한 바와 같이 자본은 자신에게 필요한 노동력의 재생산을 위해 여성의 비임금 가사노동에 의지한다. 이때 여성의 노동은 자본에게는 무상으로 이용할 수 있는 공통재와도 같다. 이 비임금 노동의 착취를 가능하게 한 것은 임금을 통한 위계의 확립이었다.

을 만큼 많은 프롤레타리아를 만들어냈다.[11]

종획은 토지와 봉건제에 얽매여 있던 이들을 "해방"시켜 도시의 노동자로 만들었다. 이에 따라 맑스주의 전통은 종획을 자본주의 사회의 출발점으로 이해한다. 종획은 시초축적의 기본적인 도구였다. 그러나 조금 다른 계열에 서 있는 이들은 종획을 자본주의의 '시초'에만 일어난 일회적인 사건이 아니라, 축적의 경로를 따라 주기적으로 귀환하는 자본의 전략으로 이해한다.[12] 종획의 이러한 영속성은 역설적으로 공통장의 지속성을 드러낸다. 공통장이 없다면 종획 자체가 성립할 수 없기 때문이다. 그렇다면 현대의 공통장은 어떻게 존재하는가? 물론 과거와 같이 자연자원을 기반으로 하는 공통장이 아직 남아 있다. 많은 공통장 문헌이 주로 다루는 것도 그러한 자연 형태다. 그러나 현대 도시에서 그러한 자연자원 공통장을 찾기란 어렵다. 도시에서 과일을 따거나 물고기를 잡을 수 있는 곳을 찾기란 거의 불가능할 뿐 아니라, 재생산에 필요한 것들을 직접 그리고 함께 만들어내는 삶에서 벗어난 지 오래기 때문이다. 따라서 그보다는 도시민들의 집합적인

---

11. 칼 마르크스, 『자본 I-2』, 강신준 옮김, 길, 2008, 967쪽.

12. George Caffentzis & Silvia Federici, "Common against and beyond capitalism," *UPPING THE ANTI*, issue 15(september), 2013, pp. 83~91 ; 맛시모 데 안젤리스, 『역사의 시작』, 권범철 옮김, 갈무리, 2019 ; Midnight Notes Collective, "The New Enclosures," *Midnight Notes*, #10, 1990.

활동에서 새롭게 생성되는 공통장에 주목할 필요가 있다. 이 책이 도시의 예술가를 주 대상으로 삼는 것은 이들을 도시에서 가장 가시적인 공통장의 생산자로 이해하기 때문이다. 공통장의 생산자로서, 즉 공통인commoner으로서 예술가들은 자본 축적과 대립되는 가치 실천[13]을 통해 공통장을 형성한다. 도시 정부가 이에 접근하는 방식은 시초축적처럼 그것을 파괴하는 것이 아니라, 오히려 그것을 끌어안고 특정한 가치회로를 따라 흐르게 하는 것이다. 이처럼 예술가들이 삶을 유지하고 예술 활동을 하면서 생산하는 공통장은 도시 정부의 축적 전략에 의해 전유될 수 있다. 그러나 그 과정은 일방적이지 않다. 그것은 서로 다른 가치 실천들이 충돌하는 과정이며 그 힘 관계가 도시의 풍경을 결정한다. 공통의 부를 둘러싼 이 충돌은 현대 도시에서 점점 더 중요한 문제가 되고 있다. 그 대표적 사례가 젠트리피케이션gentrification이다.

요컨대 임금 노동에서 배제된 이들이 생산한 공통장은 대안적인 삶의 기반으로서 그 의의가 분명하다. 그러나 문제는 그러한 활동 또한 흡수의 위험에서 자유롭지 않다는 것이다. 이것은 공통장이 기존 질서의 대안뿐 아니라 지배 전략의 도구로 사용될 수 있는 가능성을 가리킨다. 조지 카펜치스의 말처럼 "공통장 담론은 매우 이중적이다."[14] 이러한 맥락에서 이 책은 공통장에 대

---

13. 가치 실천(value practice)에 대해서는 2장을 보라.

한 계급 관점을 도입하면서 그것의 대안적 가능성과 전유의 위험이라는 양면을 살피고자 한다. 여기서 계급 관점이란 어떤 활동이나 대상이 양가적인 의미를 지닐 수 있다고 이해하는 것이다.[15] 따라서 이 책은 우선 예술가의 관점에서 도시 공통장의 의의를 검토한다. 여기서 가장 중요한 문제는 집합적으로 삶을 재생산하는 기반으로서 공통장이 지닌 가능성이다. 이때 삶이란 단순히 생계의 문제로 환원될 수는 없다. 그러나 후자가 전자에서 중요한 문제 중 하나인 것 또한 사실이다. 그러므로 여기서는 예술가들이 공통장을 통해 예술 활동과 생계를 (재)생산하는 과정과 그 의의를 다룬다. 이 책의 두 번째 목적은 예술가들의 공통장이 전유되는 과정, 거꾸로 말하면 도시 정부(와 자본)의 관점에서 본 도시 공통장의 의의를 분석하는 것이다. 여기서 도시 정부는 예술가들의 공통장에 기생하는 전략을 취한다. 그러나 앞서 말한 것처럼 이 흡수의 과정은 일방적이지 않으며 길항 관계 속에서 이루어진다. 따라서 세 번째 목적은 흡수의 전략과 그에 대한 대응

---

14. George Caffentzis, "The Future of 'The Commons'," *New Formations*, Number 69, Summer 2010, pp. 23~41.

15. "언제나 두 개의 관점이 있다. 자본의 관점 대 노동계급의 관점이 그것이다!"(해리 클리버, 『자본을 어떻게 읽을 것인가』, 조정환 옮김, 갈무리, 2018, 183쪽). 나는 여기서 노동계급(working class), 즉 '일하는' 계급을 매우 넓게 이해한다. 이 책에서 '일'은 임금 노동뿐 아니라 사회적으로 수행되는 다양한 비임금 노동을 포함하며 이러한 의미에서 예술가 역시 '일하는' 계급에 속한다고 말할 수 있다. 예술가들이 하는 '일'에 대해서는 이후 자세히 다룰 것이다.

이라는 상이한 가치 실천들의 부딪힘을 살피는 것이다. 이를 통해 예술가들의 대응 전술이 지닌 의의와 한계를 검토하면서 통제 메커니즘으로 나타나는 도시 정부와 시장의 전략을 넘어설 수 있는 방안을 모색하고자 한다.

스쾃-공통장

이 책에서 주목하는 도시 공통장은 스쾃squat이다.[16] 스쾃은 일반적으로 법적인 권리 없이 점거한 공간, 혹은 그 행위를 가리킨다.[17] 따라서 법적인 측면에서 스쾃은 비합법 공간이다.[18] 그러

---

16. 이 책에서는 도시 공통장의 주요 사례로 다룰 squat을 음역하여 스쾃으로 쓴다. 그것은 영한사전에서 찾을 수 있는 '불법 점거 건물'이라는 표현이 스쾃의 의미를 담기에 부족하기도 하지만, 무엇보다 한국에서 "스쾃"이라는 말을 쓴 운동 ─ 오아시스 프로젝트 ─ 이 있었기 때문이다. 이 책은 그 운동에서 사용한 용법을 이어받아 squat을 스쾃으로 표기한다.

17. "도시 스쾃팅(squatting)은 소유주 동의 없이 집에서 사는 것, 혹은 다르게 이용하는 것이다." Hans Pruijt, "Squatting in Europe," in *Squatting in Europe*, ed. Squatting in Europe Kollective, Minor Compositions, 2013, pp. 17~60.

18. 오아시스프로젝트의 사례에서 확인할 수 있듯이 스쾃은 법적으로 누군가의 소유물에 대한 침해로 이해되기 때문에 불법으로 간주된다. 2005년 6월 3일 서울서부지방법원은 오아시스프로젝트 참가자 중 세 명에게 "폭력행위등처벌에관한법률위반(야간, 공동주거침입)"을 한 죄를 물어 각각 50만 원의 벌금형을 선고했다. 이 선고를 내린 판사는 "피고인들"의 "동기에 참작할 사정이 있"다고 보았지만 "피고인들이" "신축 중인 예술인회관의 관리를 위하여 설치된 울타리를 뜯고서 내부로 침입하는 등 행위 방법에 있어서 상당성을 벗어나고 있어, 위와 같은 동기가 있다는 사정만으로 피고인들의 건조물 침입 행

나 당연하게도 그러한 법적인 측면이 스콰의 모든 것을 설명할
수는 없다. 실제 작동했던, 작동 중인 각각의 스콰만이 그것이 무
엇인지 말해 줄 것이다.

스콰은 사실 어디에나 어느 시대에나 존재할 수 있다. 사람들
이 자신의 필요를 다른 어떤 수단으로도 충족하기 어려울 때 혹
은 자신의 주장을 관철하기 위해 어딘가를 점거하는 일은 과거에
도 지금도 흔한 일이다. 점거 농성 중인 천막이 서울에서 흔한 풍
경 중 하나인 것처럼 말이다. 그러나 도시계획상에서 일반적으로
지칭되는 무허가 건물, 특히 주거지의 성격을 가진 스콰의 출현은

<hr>

위가 정당화된다고 할 수 없다 할 것"이라고 판결했다(서울서부지방법원판결
문, 사건 2005고정126, 598(병합) 폭력행위등처벌에관한법률위반(야간, 공동
주거침입), 2005.6.3. 오아시스 프로젝트, 『점거메뉴얼북 Art of Squat』, 2007,
204~205쪽에서 인용). 요컨대 '범행'의 동기를 이해할 수는 있지만 그 방법이
잘못되었다는 것이다. 이는 누군가의 재산을 보호하는 "울타리"는 (그 재산
의 형성 과정에 문제가 있더라도) 어쨌든 지켜져야만 한다는 것이 바로 법원
이 보호하고자 하는 이 사회의 질서라는 것을 보여준다. 다시 말해 법원은 울
타리, 즉 종획을 수호하며 스콰에 합법/불법의 이분법적인 잣대를 들이댄다.
그러나 판결문에서 확인할 수 있듯이 오아시스가 창출한 담론 공간은 판사로
하여금 "동기에 참작할 사정이 있다"고 판단하게 만들었다. 또한 모든 스콰이
불법으로 처벌받는 것은 아니며 적지 않은 스콰이 점거 이후 당국과의 협의
를 통해 지속적으로 이용할 수 있는 권리를 확보하곤 한다. 이는 스콰이 자본
주의의 토대라 할 수 있는 사유재산을 침해하면서, 자본주의 내에서 그것에
대항하며 그것을 넘어서는 공간을 만들어간다는 것을 보여준다. 이처럼 스콰
은 (이후에 다시 서술하겠지만) 법원이 수호하고자 했던 그 질서를 교란하면
서 합법도 불법도 아닌 모호한 지대를 생산한다는 점에서 "비합법"이라는 표
현을 사용한다. 이후에 등장하는 "불법"이라는 표현은 현행 법 질서가 스콰에
들이대는 잣대라는 맥락에서 이해할 필요가 있다.

18세기 산업혁명과 그로 인한 도시 인구의 폭발적인 증가 그리고 열악한 주거 환경과 관련이 있다. 스콰터squatter가 "법적인 권리 없이 토지를 점거한 사람"이라는 의미로 사용되기 시작한 것도 이즈음이다.[19] 한국에서는 전후 경제개발 시기 서울로 몰려든 이 농민들이 국공유지에 비합법으로 무허가 판자촌을 건설한 일을 대표적인 사례로 꼽을 수 있을 것이다.

그러나 이 책에서 초점을 맞추는 스쾃은 68혁명 이후 공장에서 사회로 확산된 새로운 흐름, 즉 신사회운동의 조류와 함께 한 점거운동과 유사한 성격을 공유한다. 이 시기 점거운동은 유럽 각지에서 전개되었다. 이탈리아의 경우 1969년 '뜨거운 가을' 이후 점거 투쟁은 공장 점거에서 빈 공동주택을 점거하는 공동체 투쟁으로 확장되었다. 주택 점거투쟁은 국가기관을 비롯하여 투기꾼들이 비워 둔 공동주택에 수백 명이 함께 들어가 머무는 것이다. 그 과정에서 "일일보호센터, 공동취사, 인민건강센터" 등 새로운 집합적 생활방식이 개발되었다. 이러한 점거 운동은 1970년대 중반 이후 주택에 한정되지 않고 정치문화적 센터(사회 센터)로 사용할 수 있는 공간의 점거로 확산되었다. 이러한 공간은 지역에서 대안 식당, 카페, 서점, 술집, 도서관, 공연장, 회의실, 극장, 주민학교, 진료소 등의 기능을 하면서 자율적이고 집합적이며 대안적

---

19. "squatter (n.)", 〈Online Etymology Dictionary〉, 2023년 1월 7일 수정, 2024년 1월 18일 접속, https://www.etymonline.com/word/squatter#etymonline_v_38286.

인 사회적 관계를 만들어 갔다.[20]

펠릭스 가타리는 "더 이상 계급투쟁, 국가 수준에서 정치권력의 장악, 경제적 거시 구조의 변혁 … 이라는 단순한 문제는 없다. … 사태를 바라보고 느끼는 전혀 다른 방식이, 노동, 신체, 사회, 코스모스에 대한 전혀 다른 관계가 문제"라고 썼다.[21] 가타리는 이렇게 20세기 후반에 출현한 새로운 운동을 계급투쟁과는 달리 욕망에 입각한 분자적 투쟁(분자혁명)으로 이해한다. "욕망투쟁은 기존의 이해대립에 입각하여 분명한 선을 긋고 적대적 전선을 만들어 싸우는 운동과는 달리, 다양한 차이들이 차별화되는 메커니즘에 대항하여 자신들의 정체성을 강조하면서 새로운 자유의 공간들을 만들어 가려는 양상으로 나타난다."[22] 빈 건물의 점거와 그것을 기반으로 한 활동은 이렇게 기존 권력에 맞서고 그것을 장악하기보다 지배 질서의 틈새에서 새로운 삶의 양식을 만들고자 했다. 이러한 점에서 점거는 새로운 운동이었으며, 욕망에 기초한 새로운 삶의 실험이었다. 점거는 필요한 것을 요구하기보다 스스로 만들어가는 운동이다.[23] 이 책은 이러한 성격을

20. 윤수종, 『자율운동과 주거공동체』, 집문당, 2013, 67~77쪽. 스티브 라이트, 「짐승의 심장에서 살기」, 『이딸리아 자율주의 정치철학 I』, 이원영 편역, 갈무리, 1997, 347~352쪽.
21. 펠릭스 가타리, 『분자혁명』, 윤수종 옮김, 푸른숲, 1998, 191쪽.
22. 윤수종, 『자율운동과 주거공동체』, 56쪽.
23. 존 홀러웨이는 스쾃을 이렇게 이야기한다. "우리의 시간은 우리의 세계에서, 아직 실존하지는 않는, 아직 존재하지 않는 세계에서 사는 시간이다. 우리는

공유하는 모든 공간을 스쾃으로 이해한다.

68혁명 이후 점거 운동의 흐름 속에서 예술가들의 스쾃이 출현했다. 프랑스의 경우 예술 스쾃은 1980년대 초반에 본격적으로 등장하였으며 1990년대에는 그 숫자가 크게 늘어났다.[24] 이 책의 주요 사례인 오아시스 프로젝트는 파리의 한 예술 스쾃에서 작업하고 연구했던 두 사람의 경험에서 시작되었다.[25] 그들은 자신들이 있었던 스쾃을 아래와 같이 기록한다.

20,000명의 주민이 살고 있는 파리시 12구에 위치한 스쾃, 알터나씨옹Alternation은 2000년 3월 두 개의 예술가 그룹에 의해서 만들어졌다. … 알터나씨옹 건물은 '크레딧 리오네'라는 은행 소유였으나, 예술가들의 점거 이후 파리시가 사들인 건물이다. … 알터나씨옹의 예술가들은 예술과 사회의 연결고리를 활성화시키

아직 실존하지 않는 세계를, 그 세계를 삶으로써 창조한다. … 스콰터들은 빈 집에서 살기 위해 사적 소유와 지대의 폐지를 기다리지 않는다. 그들은 단지 빈집에서 살 뿐이다'(존 홀러웨이, 『크랙 캐피털리즘』, 조정환 옮김, 갈무리, 2013, 346~7쪽).

24. 김강, 『삶과 예술의 실험실 스쾃』, 문화과학사, 2008, 68쪽.
25. 오아시스 프로젝트를 다룬 기존 연구로는 김동일·양정애, 「상징투쟁자로서의 예술가: 〈오아시스 프로젝트〉(2003~2007)을 중심으로」, 『문화와 사회』, 제14권 1호, 한국문화사회학회, 2013, 177~223쪽이 있다. 그 글은 오아시스를 "상징투쟁자로서의 예술가"로 해석하면서 그들이 사회공간과 예술장의 교차점에서 이중 투쟁을 수행한다고 주장한다. 이 책은 그와 유사한 문제의식을 공유하지만 도시 공통장을 둘러싼 힘들의 갈등이라는 지점에 주목하며 오아시스에 대한 다른 해석을 끌어낼 것이다.

기를 원했기 때문에 조형 예술가들의 무료 작업실과 전시장, 공연장 이외에도 도서관, 채식주의 식당, 지역 어린이들과 함께 하는 연극 교실, 요가 교실 등 사회문화시설과 함께 공간을 구성하였다.⋯ 대부분의 전시나 공연 등이 무료로 진행되고 있는 알터나씨옹은 스쾃 내에 창작실을 가지고 있는 예술가들이 자발적으로 납부하는 매년 약 40유로(약 5만 원)[26] 정도의 회비를 통해 운영된다.⋯ 그러나 회비를 내지 못하는 예술가의 경우에는 스쾃 내부의 운영을 위한 활동으로 회비를 대신하기도 한다.⋯ 알터나씨옹은 일주일에 한 번씩 열린 회의를 개최한다. 주 1회 저녁 9시 정도에 열리는 회의에는 누구든지 참석할 수 있다. 알터나씨옹에서 거주+창작하는 예술가나, 행사나 전시를 원하는 예술가, 공연 연습을 원하는 예술가, 창작실을 찾고자 하는 예술가 등 어떠한 주제든지 간에 열린 회의를 통해서 결정된다.[27]

점심때가 되어 공동식당으로 향했다. 식당 안에는 여러 식재료가 많았는데 인근 시장의 노점이나 빵집에서 온 것들이라고 했다. 시장이 끝나갈 때 상처가 나서 팔지는 못하지만 충분히 먹을 수 있는 것을 거둬 온다고 했다.⋯ 식사 준비는 당번제였는데, 벽에는 날짜별 식사 당번이 빼곡히 적혀 있었다.⋯ 밥을 먹다가 문

---

26. 알터나씨옹에서 작업한 예술가 A는 월 30유로를 회비로 냈다고 이야기했다.
27. 김강, 『삶과 예술의 실험실 스쾃』, 120~4쪽.

득 이 결핍의 공동체 밥상이 혹시 스콰 공동체의 정신을 상징하는 게 아닐까, 하는 생각이 들었다.[28]

알터나씨옹의 공간 구성과 운영 방식은 사회 센터와 많은 점에서 비슷하다. 알터나씨옹의 예술가들은 은행이 소유한 빈 건물을 점거하여 자신들의 작업실뿐 아니라 지역 사회를 위한 공간까지 만들어 냈다. 또한 누구에게나 열린 회의를 통해 공간을 운영하여, 폐쇄적이지 않으면서 자율적인 규칙을 만들었고 함께 식사를 해결한다. 이렇게 공동체와 공통재, 공통화가 맞물려 작동한다는 점에서 알터나씨옹은 하나의 공통장이다. 집합적으로 삶을 재생산하는 이러한 양식은 구체적인 양태는 다르지만 많은 스콰에서 확인된다. 이런 점에서 스콰 일반을 우리는 도시 공통장의 한 형태로 이해할 수 있다.[29] 덧붙여 강조할 것은 스콰은 분명 기존의 제도를 거부하는 새로운 삶의 구성이지만 이것이 갈등의 부

---

28. 김윤환, 『예술사회』, 책으로여는세상, 2013, 130~1쪽. 알터나씨옹은 2005년 9월 철거되었다. 서양사학자 최갑수는 성신여대 인문도시사업단 주최로 열린 컨퍼런스 〈지역과 함께 하는 인문학 ― 커먼즈의 관점에서〉(2022.6.10.)의 축사를 하면서 공통장이 함께 식사를 하는 곳을 가리키기도 했다는 점을 환기시켰다.

29. 스콰의 대안적인 가치에 주목하는 연구들, Robert Neuwirth, "Squatters and the cities of tomorrow," *City*, vol. 11, no. 1, 2007; Tahire Erman, "The politics of squatter(Gecekondu) studies in Turkey," *Urban Studies*, Vol.38, No.7, 2001; 김현숙, 『현대 미술에서 예술가의 역할에 관한 연구』, 홍익대학교 대학원 석사학위 논문, 2008; 김강, 『삶과 예술의 실험실 스콰』; 윤수종, 『자율운동과 주거공동체』 등을 참고하라.

재를 뜻하는 것은 아니라는 점이다. 스콰트는 기존의 질서나 특정 공간의 사적 소유권에 대한 부정에서 출발하기 때문에, 다시 말해 비합법으로 점거하기 때문에 어떻게든 기존 질서와 길항관계에 들어갈 수밖에 없다. 이러한 저항적 성격은 새로운 삶의 구성과 함께 스콰트의 주요한 두 선을 이룬다.

오아시스 프로젝트, 문래예술공단, 서울시창작공간

오아시스 프로젝트(2004~2007, 이하 오아시스)는 2004년 8월 15일 목동 예술인회관 점거로 상징되는 예술가 집단의 이름이자 그들이 수행한 프로젝트를 가리키는 명칭이다. 이들은 목동 예술인회관 외에도 홍대 앞에서 거리를 점거하여 예술포장마차를 운영했고, 동숭동 문화예술위원회 소유의 빈 공간을 점거했으며, 이를 통해 현대 사회에서 예술의 문제를 제기하고 자본주의 도시에서 공간의 문제를 제기하면서 스콰트 담론을 널리 확산시켰다. 흥미로운 점은 이 프로젝트를 처음 주도한 두 예술가(예술가 A, 예술가 B)가 파리에 있던 예술 스콰트에서 직접적인 영향을 받았다는 점이다. 앞서 언급한 것처럼 이들은 실제로 파리의 예술 스콰트, 알터나씨옹에서 활동했고, 그에 영감을 받아 국내에서 스콰트을 시작했으며, 스콰트의 공간 구성과 운영 원리를 실험하고자 했다. 그러나 이들의 점거는 일시적이었다. 예술인회관 점거는 경찰의 개입으로 당일 종료되었고, 동숭동 점거도 한 달을 넘기지 못했다.

그러한 탓에 오아시스는 새로운 삶의 구성보다는 기존 질서와 대립하는 과정이 주를 이루었다.[30] 이는 스쾃의 두 측면, 즉 저항과 구성 중 전자에 오아시스의 활동이 집중되었음을 뜻한다. 후자의 활동은 오아시스가 해산된 뒤 문래예술공단[31]에서 보다 활발하게 전개되었다.

예술가 A와 예술가 B는 오아시스에 참여했던 다른 예술가 그룹의 소개로 문래동을 알게 되었고, 2007년 여름 오아시스를 함께했던 몇몇 구성원들과 함께 문래동3가에 프로젝트 스페이스 LAB39(2007~2013, 이하 랩39)라는 이름의 공간을 만들었다. 랩

30. 이는 예술인회관 건립 문제를 둘러싸고 예총, 문화부 등과 벌인 갈등으로 나타났다. 이에 대해서는 3장을 보라.

31. 문래예술공단은 2000년대 후반 문래동에서 활동하던 예술가들의 모임을 가리키는 말이다. 이들은 당시 반상회를 통해 조금씩 동네에서 관계를 구축하기 시작했다. "문래예술공단(Mullae Artist Village)은 서울시 영등포구 문래동 철재상가 및 인근에서 작업하고 있는 예술가들의 자발적인 모임입니다. … 마임, 무용, 미술, 사진, 영상, 거리극, 퍼포먼스, 문학창작 등 다양한 분야의 전문가들로 구성된 문래예술공단의 예술가들은 새로운 영역의 예술을 개척해 나가는 데에 열정을 가진 실험적 예술가들이 주종을 이루고 있습니다. … 문래예술공단의 예술인들은 그들의 작업과 삶의 터전인 이곳 문래동에서 서로의 예술 활동에 대한 정보를 공유하고 장르 간 협업, 국내외 예술인들의 교류 등을 도모하면서 상호 부조와 창작 활성화, 그리고 공동체의 발전을 모색해 나가고자 합니다"(예술과 도시사회연구소, 『문래 창작촌 연구』, 2008, 51쪽). 이 책은 이 용법을 따라 문래동의 예술가 네트워크를 문래예술공단으로 명명한다. 문래예술공단이라는 용어는 더 이상 사용되지는 않는 것처럼 보이지만 문래동의 한 버스정류장의 명칭으로 명맥을 유지하고 있다. 정확한 연도는 기억나지 않지만 문래동에 예술가들이 몰려들면서 대외적으로 크게 주목받던 시기(대략 2010년 전후)에 "문래우체국" 정류장이 "문래우체국·문래예술공단" 정류장으로 변경되었다.

39는 비합법 공간은 아니다. 그러나 우리가 앞서 정의한 것처럼 스콰을 욕망에 기초한 새로운 삶의 실험으로 이해할 때 랩39 역시 넓은 의미의 스콰으로 보아도 무방할 것이다. 랩39 역시 대안적인 형태의 전시장, 극장, 부엌, 도서관, 카페, 레지던시 등을 운영하면서 알터나씨옹 같은 스콰과 유사한 활동을 펼쳤기 때문이다. 이러한 활동들은 랩39가 스콰의 두 측면 중 구성에 좀 더 집중했음을 보여 준다. 요컨대 오아시스가 저항에 집중한 스콰이라면 랩39는 구성에 집중한 스콰이다. 이러한 점에서 이 책은 그 두 사건을, 스콰의 두 선을 각각 대변하며 연결되는 하나의 흐름으로 이해한다.[32]

한편 1980년대 이후 도시의 탈산업화가 두드러지면서 문화를 통한 도시재생이 세계적으로 유행하기 시작했다. 국내에서도 2000년대 이후 많은 도시 정부에게 문화는 빼놓을 수 없는 메뉴가 되었다.[33] 창조도시는 그 흐름을 대표하는 개념이다. 그 개념의 대변인 중 한 명인 리처드 플로리다는 창조성을 경제성장의 동력으로 이해하며 자신이 창조계급이라고 부르는 범주의 핵심에 예술가를 포함시켰다.[34] 이처럼 창조도시는 사회적으로 생산되

---

32. 오아시스 프로젝트와 문래동, 랩39의 활동은 3장에서 다룬다. 다음 책도 참고하라. 김강, 『삶과 예술의 실험실 스콰』; 김윤환, 『예술사회』; 예술과 도시사회연구소, 『나의 아름다운 철공소』, 이매진, 2011 ; 이광석, 『옥상의 미학 노트』, 현실문화, 2016.
33. 박세훈, 「도시문화의 새로운 지평을 찾아서」, 『창조도시를 넘어서』, 나남, 2014, 5쪽.

는 예술적 창조성을 도시 발전의 동력으로 포섭하고자 한다. 유럽의 여러 스쾃 역시 그 대상 중 하나였다. 스쾃의 급진적이고 저항적인 성격에도 불구하고 그것이 생산하는 도시 활력, 문화적 새로움은 도시 정부의 입장에서는 훌륭한 관광 자원이 될 수 있다. 1990년 철거가 예정된 쇼핑몰에서 스쾃으로 재탄생한 베를린의 타헬레스Tacheles는 2000년대 초반 그곳을 국제적인 예술센터로 변모시키려는 베를린시에 의해 합법화되었다. 그에 따라 정부와 기업체의 후원을 받게 되면서 타헬레스는 독립적인 성격을 잃어갔고 초기에 점거에 참여했던 많은 예술가가 떠났지만 베를린을 찾은 관광객이라면 누구나 한 번쯤 방문할 정도로 세계적인 예술 공간이 되었다.[35] 이 사례는 도시 공통장이 전유되는 하나

34. Richard Florida, *The Rise of the Creative Class*, Revisited, Basic Books, Kindle version, 2012.
35. 오아시스 프로젝트, 『점거매뉴얼북 Art of Squat』, 2007, 179~80쪽 ; 김강, 『삶과 예술의 실험실 스쾃』, 158~63쪽. 프랑스 출신의 스콰터이자 타헬레스의 초기 구성원이었던 SP38은 타헬레스를 이렇게 평한다. "타헬레스의 예술가들은 자율의 정신을 잃어버렸다. 그들은 제도 공간과 같은 모양새로 많은 것들을 운영한다. 그들은 공간을 점유함에 있어서, 스스로 권력을 갖게 되었고, 그 권력을 예술가들에게 휘두른다. 베를린에서 타헬레스가 유명한 예술 공간이 되었음을 부정할 수는 없다. 그러나 그러한 공간을 만들었던 정신에 대해서는 잃어버리면 안 되는 것이다. 아무것도 반대하지 않으면서, 제도를 답습하는 것은 스쾃의 정신을 잃어버린 것이자, 더 이상 이곳이 스쾃이 아니라는 것을 증명하는 것이다. 빈 공간을 점거해서 사용한다고 모두 스쾃으로 여길 수는 없는 노릇이다. 나와 몇몇 예술가들은 권력화되어 버린 타헬레스를 비판하기 위해 한겨울에 그 마당에 텐트를 쳤다. 그리고 우리는 매일 작품을 만들었으며 그것들을 전시했다. 우리들이 전시회를 개최했을 때, 타헬레스의 운영자들

의 방식, 즉 예술가들이 생산한 부에 기생하는 도시 정부의 전략을 보여 준다.

2008년 서울시가 발표한 창의문화도시 마스터플랜[36]은 이 흐름을 계승한 것이었다. 이 계획에 따라 서울시창작공간이라는 이름의 소위 2세대 창작공간이 서울시 곳곳에 만들어졌다.[37] 이 전략 역시 플로리다의 창조도시처럼 예술가들을 도시 발전 전략에 포섭하는 데 그 토대를 둔다. 여기서 또 하나의 흥미로운 연결을 발견할 수 있는데 서울시창작공간 초기 추진단장이 오아시스와 랩39를 주도한 예술가 A라는 것이다.[38] 서울시 담당 부서는 그의 활동 이력에 주목하고 접촉했으며 예술가 A는 창작공간에 개입할 목적으로 이를 수락했다. 그뿐만 아니라 문래동의 많은 예술가가 문래예술공장의 운영에 개입하고자 노력했다.

간단히 정리하면 68혁명 이후 신사회운동의 여파로 탄생한 예술 스쾃을 기점으로 오아시스, 문래예술공단, 서울시창작공간

은 '쓰레기 같은 작품을 전시한다'고 하면서 전시 철거를 명령하였다. 이들에게서 어떠한 연대의식도 찾아볼 수 없었다. 타헬레스는 스쾃이 제도공간으로 탈바꿈하고 나서, 공간과 더불어 권력을 갖게 되면, 제도 권력과 다를 바 없는 행태를 보여주는 것의 사례라고도 할 수 있겠다"(오아시스 프로젝트, 『점거메뉴얼북 Art of Squat』, 181쪽). 타헬레스는 2012년 건물이 매각되면서 폐쇄되었다.

36. 서울시, 『창의문화도시 마스터플랜』, 2008.

37. 문래동도 서울시창작공간이 들어선 곳 중 하나다. 문래동에 있는 서울시창작공간인 문래예술공장은 2010년 1월 개관했다.

38. 처음 그는 서울시창작공간 자문단의 전문위원으로 활동하다가 이후에는 서울문화재단에 소속된 단장으로 22개월간 일했다.

으로 이어지는 흐름이 발견된다. 이것은 단순히 예술가 A 개인의 여정으로만 이해할 수는 없다. 이 책은 서울시창작공간을 오아시스의 작업실 담론과 문래예술공단의 지역 예술 활동을 흡수하고자 하는 전략으로 이해한다. 주목할 지점은 서울시창작공간이 공통장의 구성 원리를 따른다는 점이다. 그러나 이는 예술가들의 협력 활동을 도시 발전 전략에 종속시키려 한다는 점에서 전략 공통장[39]의 성격을 띤다.

공통장의 생산과 전유

신자유주의적 지구화에 맞서 싸운 대안지구화 운동에서 공통장이 중요한 담론으로 주목받았지만 그것에 관심을 두는 것은 운동 진영만이 아니다. 역설적으로 들릴지도 모르지만 신자유주의하의 정부와 기업들도 공통장에 의지한다. 동즐로에 따르면, 복지국가의 위기와 함께 "이전에는 국가가 사회의 요구에 응답하는 것이 기대됐다면, 이제는 국가가 중심의 다원화를 통해 자신의 문제들을 사회로 돌려보냄으로써 사회가 그 문제를 해결할 임무를 떠안게 된다."[40] 전국 각지에서 진행되는 도시재생/마을공동체 사업들은 그 대표적인 사례라고 할 것이다. 이러한 사업에서 가장

---

39. 이 책은 전술 공통장과 전략 공통장을 구별한다. 이에 대해서는 2장을 보라.
40. 자크 동즐로, 「사회의 동원」, 『푸코 효과』, 이승철·심성보·이규원·유진·전의령·최영찬 옮김, 난장, 2014, 263쪽.

중요한 문제는 ─ 공통장이라는 용어를 사용하지 않을 때도 ─ 공통
장의 형성이다. 주민들이 협력하여 지역의 문제를 스스로 해결하
는 것이 그 사업의 주된 메커니즘이기 때문이다. 이를 위해 지역
주민들의 조직화에 공을 들이는 이 사업들은 공통장의 생산과
전유를 주제로 삼은 이 책과 핵심적인 질문 한 가지를 공유한다.
도시재생/마을 만들기 사업은 아래로부터 지역 주민들의 공통적
삶을 생성하기 위한 것인가, 과거 국가의 책무로 여겨졌던 것들을
떠넘기기 위한 것인가?

국가가 공통장 형성에 공을 들이고 있다면 기업은 이미 공통
장을 사업의 수단으로 널리 활용하고 있다. 가장 두드러지는 사
례는 물론 페이스북, 유튜브, 트위터 등으로 대표되는 인터넷 소
셜 미디어social media 기업들이다. 이들은 네트워크에서 사용자들
이 협력하여 생산한 가치를 전유하는 알고리즘을 사업의 수단으
로 삼는다. 또한 온라인과 오프라인을 가로지르며 급격하게 성장
하고 있는 소위 공유경제 기업들도 기본적으로 공통장을 작동시
켜 전유하는 구조를 갖고 있다.[41]

이러한 사례들이 의미하는 바는 공통장이 국가와 시장의 대
안인 것만이 아니라 그것에 기능적일 수도 있다는 것이다. 사회적
협력으로 부가 생산되는 곳에는 언제나 기생체가 서식하기 때문

---

41. 다음의 글을 참고하라. 권범철, 「공유가 만들어 가는 세계」, 『인문학연구』,
    51호, 2022, 205~263쪽.

이다. 그러나 공장에서 노동자들의 협업을 통해 부가 생산될 때 그것의 생산자와 착취자가 비교적 뚜렷하게 드러나는 것과 달리, 생산의 장이 사회로 확산되면 부의 생산과 전유는 쉽게 파악되지 않는다. 그러한 상황 속에서 우리는 때때로 공통장과 관련한 혼란을 겪는다. 마을 공모 사업을 성실히 수행하고 있는 나는 자율적 대안을 마련하는 중인가, 국가의 일을 대신하며 착취당하는 중인가? 소셜 미디어는 사용자들이 생산한 부를 갈취하지만 2011년 '아랍의 봄'에서 유럽을 거쳐 월가에 이르기까지 전 세계를 휩쓴 연쇄 봉기에서 그랬듯이 투쟁의 수단이 될 수 있는 것은 아닌가? 우리가 할 수 있는 대답은 공통장이 공유와 협력이 조화롭게 일어나는 무대가 아니라, 갈등과 투쟁의 장이라는 것이다. 또한 공통장은 국가와 시장의 대안으로서 굳건한 담론이 아니라, 자본주의하의 다른 많은 언어들처럼 오염되고 있다. 지금은 현재 진행 중인 그 과정으로부터 공통장을 되찾을 시간이다.

이때 공통장의 생산과 전유라는 문제는 중요하다. 그 메커니즘을 인식해야 우리가 공통의 부를 재전유하기 위한 싸움을 시작할 수 있기 때문이다. 가사노동을 집이라는 공장에서 수행되는 비임금 노동으로 파악한 뒤에야 — 따라서 자신들의 노동이 자본의 공통재로 전유되고 있음을 인식한 뒤에야 — "가사노동에 대한 임금"[42]을 요구할 수 있었던 여성들처럼 말이다. 이제 공장이 된 사

---

42. 〈가사노동에 대한 임금〉 운동에 대해서는 페데리치, 『혁명의 영점』, 1장을

회에서 비임금 노동을 수행하는 건 여성만이 아니다. 이 책은 예술가를 도시라는 공장에서 비임금 노동을 하는 주요한 사례로 들 것이다. 신자유주의 지구지역화glocalization 시대에 도시 간 경쟁이 중요해지고 노동이 비물질화하는 경향 속에서 예술이 경쟁력 향상과 경제 발전이라는 도시 정부의 지상과제에 중요한 도구로 동원되기 때문이다. 창조도시는 이러한 동원 전략의 대표주자이며, 서울시의 창의문화도시 전략과 그 첫 번째 대표 사업인 서울시창작공간은 그 흐름을 이어받은 주요한 사례다. 이 전략의 주요 흡수 대상이 바로 오아시스와 문래예술공단이다. 오아시스가 제기한 작업실 담론은 실제로 서울시창작공간 사업에 반영되었고 문래예술공단이 보여 준 활력이 – 서울시창작공간 중 하나인 – 문래예술공장을 끌어들였기 때문이다.[43] 때문에 오아시스와 문래예술공단 그리고 서울시창작공간으로 이어지는 연결 고리는 공통장이 생산되고 전유되는 흐름과 그 구체적인 메커니즘을 보여 주기에 적절한 사례로 보인다.

보라.

43. 서울시창작공간 중 하나인 금천예술공장은 문래예술공장보다 규모와 예산 면에서 더 중요한 사례일 수 있다. 그러나 전자가 레지던시를 기반으로 운영된다면, 후자는 지역 예술 생태계를 토대로 움직인다. 그러므로 두 곳의 운영 원리에는 중요한 차이가 있으며, 공통장의 흡수라는 이 책의 주제를 감안할 때 후자가 더 적실한 대상으로 보인다. 따라서 이 책은 문래예술공장을 주요 사례로 삼되, 금천예술공장의 레지던시 운영에 대해서도 검토할 것이다.

책의 구성

지금까지 언급한 오아시스, 문래예술공단(특히 랩39), 서울시 창작공간(특히 문래예술공장)은 이 책의 주요 분석 대상을 이룬다. 이 실제 사례들을 검토하기에 앞서 이 책은 먼저 공통장에 대한 논의 일반과 그것이 도시에서 갖는 의미를 살핀다. 이후 실제 사례 분석에서는 도시 스콰-공통장이 지닌 가능성과 의미를 살핀 뒤, 그것이 서울시창작공간이라는 도시 전략과 맺는 관계를 검토한다. 이는 크게 네 범주로 정리할 수 있다.

공통장에 대한 여러 논의를 다루는 1장은 먼저 역사상의 공유지가 어떻게 작동했는지를 살핀 뒤 현대의 공통장 담론을 크게 두 부류로 나누어서 검토한다. 공통장을 제3섹터로 바라보는 관점과 반자본주의적인 대안으로 이해하는 관점이 그것이다. 첫 번째 관점에서는 주로 볼리어와 바우웬스가, 두 번째 관점에서는 네그리와 하트, 데 안젤리스, 페데리치 등이 중점 대상이 된다. 이들은 공통장을 바라보는 관점에서 차이와 공통점을 드러내는데 이 책에서는 이들의 논의를 검토하면서 도시 공통장 분석에 필요한 이론적 자원들을 취하고자 한다.

2장은 플로리다의 창조도시가 어떻게 사회적 공장을 조성하기 위한 전략인지 분석한다. 이 새로운 공장에서 예술가들이 수행하는 노동과 그들이 생산한 공통장이 전유되는 과정을 이론적 수준에서 검토하는 것이 주된 내용이다. 여기서 창조도시 전략은 도시 경쟁력 강화를 위해 예술가들의 공통장에 의존할 뿐 아니라 그것의 생산양식을 차용한다. 이 책은 이 두 수준을 구별하기 위해 드 세르토의 전술과 전략 개념을 빌려 공통장에 적용할 것이다.

3장은 1장과 2장의 논의를 바탕으로 오아시스와 문래예술공단을 각각 하나의 전술 공통장으로 이해하면서 그것의 배경과 진행 과정, 성격, 함의를 분석한다. 가장 중요한 것은 각 공통장이 무엇을, 어떻게 공통화했고 그것이 어떤 의미를 가지는가이다. 이를 위해 공통화의 범주를 공간, 예술, 네트워크로 나누고 실제 사례를 중심으로 분석한다.

4장에서 주로 다룰 대상은 서울시의 창의문화도시 마스터플랜과 그것의 실행 계획인 서울시창작공간, 그중에서도 특히 문래예술공장이다. 우선 전략 공통장으로서 창의문화도시가 가진 성격을 검토한 뒤 그것의 구체적인 실행 단계에서 나타나는 갈등 양상을 분석하는 것이 주된 내용이다. 이를 통해 도시 정부가 어떻게 전술 공통장에 기대고 있는지, 또한 그것의 전유를 위해 어떻게 전략 공통장이라는 장치를 가동하는지 검토한다.

이 책은 직접적인 참여와 관찰을 바탕으로 쓰였다. 나는 2006년 5월 오아시스 후반기에 우연한 계기로 합류하여 오아시스가 출간한 책[44]을 함께 편집했으며, 랩39와 〈예술과 도시사회연구

---

44. 오아시스 프로젝트, 『점거메뉴얼북 Art of Squat』, 2007.

소)의 주요 구성원으로서 시작과 끝을 함께했다. 그 시기 동안 있었던 많은 프로젝트와 프로그램, 연구, 토론회, 회의, 모임, 대화 등이 이 책의 기본 바탕을 이룬다. 이외에도 랩39 구성원을 비롯한 여러 예술가, 기획자와 인터뷰를 진행했고, 오아시스와 문래동, 창의문화도시 전략에 대한 각종 연구 자료, 언론 기사, 서울시 발간자료 등을 참고했다.

분석 틀

지금까지 서술한 연구 대상에서 두 가지 계보를 발견할 수 있다.

A : 68혁명 – (예술)스콰 – 오아시스 프로젝트 – 랩39(문래예술공단)

B : 창조도시 – 창의문화도시 전략(서울시) – 서울시창작공간(문래예술공장)

A가 공통화의 계보라면 B는 사회적 공장의 계보다. 이 두 계보는, B가 A를 모방하거나 의존하는 방식으로 연결되어 있다. 파스퀴넬리에 따르면 플로리다로 대표되는 창조도시 담론은 문화예술과 결합한 젠트리피케이션을 모방한 전략이며,[45] 실제로 유럽의 여러 예술 스콰은 도시 발전 전략에 흡수되기도 했다. 이러

한 점들은 A에 대한 B의 의존과 B에 의한 A의 왜곡을 보여 준다. 물론 그 반대의 과정도 일어날 수 있다. 이후에 검토하겠지만 A는 B에 개입하여 공통영역을 확대하려고 시도한다. 중요한 것은 B는 A에 의해서만 생명을 유지할 수 있다는 점이다. 즉 B는 A에 기생한다.

두 계보의 상호작용을 개괄하면, 신자유주의 도시 정부가 경쟁력 강화 전략으로 선택한 창조도시는 통치성과 사회적 공장(과 삶정치적 도시)의 '생산적' 종합이다. 2장에서 살펴보겠지만 그 전략이 사회적 공장에 개입하기 위해 (통치성의 주된 도구인) 안전장치를 '생산적으로' 활용하기 때문이다. 이를 계승한 서울시창작공간은 이제 예술가 네트워크가 생산한 공통장을 전유하는 장치를 가동한다. 우리는 그 주요 도구로서 레지던시와 기금의 사례를 살펴볼 것이다. 그러나 예술가 네트워크 역시 그 전략에 개입하면서 공통장을 둘러싼 갈등이 전개된다. 이처럼 이 책은 각각의 계보를 설명하면서 두 계보의 관계를 분석하는 데 집중한다. 숙주와 기생체의 관계와 유사한 두 계보의 관계는 상이한 가치 실천들의 갈등과 야합, 협력과 충돌로 이루어져 있다.

---

45. 맛떼오 파스퀴넬리, 『동물혼』, 서창현 옮김, 갈무리, 2013, 245쪽. 이 부분은 2장에서 다시 다룬다.

1 장

공통장에 대한 논의들

—— 제3세터로서의 공통장
—— 반자본주의적 공통장
—— 체계로서의 공통장

존 로크에 따르면 "신은 사람들에게 세계를 공유물common로 주셨다."[1] 하지만 그는 공유지에서 취득한 먹을거리가 한 사람의 삶에 유용한 것이 되기 위해서는 먼저 "그 (사람)의 것이 되어야 한다"고 주장한다. 즉 공유물(공통재)이 사적인 소유물이 되어야 한다는 것이다. 공유물을 사유재산으로 만들어주는 것은 한 사람이 그것에 투입한 자신의 노동이다. "그가 자연이 제공하고 그 안에 놓아둔 것을 그 상태에서 꺼내어 거기에 자신의 노동을 섞고 무언가 그 자신의 것을 보태면, 그럼으로써 그것은 그의 소유가 된다."[2] 로크는 소유권을 다룬 이 글에서 노동과 암묵적이고 자발적인 동의의 개념을 동원하여 부의 집중을 정당화한다.[3] 이렇게 로크는 공유물이 사적인 소유물이 되지 않으면 삶의 재생산이 불가능하다고 가정하지만, 이는 어디까지나 사고 실험의 결과물일 뿐이다. 그는 '공통의 것은 누구의 것도 될 수 없다'고 전제하면서, 공통의 것을 누군가가 사용하기 위해서는 소유권이 필요하다고 주장한다. 그러나 잠시 뒤 살펴보겠지만 사적으로 소유하지 않고도 집합적으로 사용하는 이들이 실재했다. 그것은 역사 속 공유지에서 일어난 일이고 지금도 진행 중인 일이다. 로

---

1. 존 로크, 『통치론』, 강정인·문지영 옮김, 까치글방, 1996, 39쪽.
2. 같은 책, 35쪽.
3. 그러나 앤더스 코어는 로크의 단서 조항이 스콰터, 즉 공통인을 완벽하게 정당화하는 사유가 되었다고 주장하면서 로크의 소유권을 뒤집는다. 앤더스 코어, 「스콰트의 철학, 소유권에 대한 새로운 도전」, 권범철 옮김, 『점거메뉴얼북 Art of Squat』, 2007, 22~39쪽을 보라.

크는 대상을 소유하기보다 대상과 관계 맺는 집합적인 주체를 상상하지 못했고, 이는 그로 하여금 사유재산에 몰두하도록 만들었다.

로크의 생각과 달리 "유럽을 돌아다니는 유령은 모든 것을 공유하는 유령이었다."[4] 피터 라인보우에 따르면 공유지의 유령은 영국 역사의 긴 시기 동안 출몰했다.[5] 공유지라는 용어가 처음 중세 영국 재산법에 등장했을 때, 이것은 공동체가 사용했지만 소유하지는 않은 목초지, 어장, 숲, 토탄지 등의 자산을 뜻했다. 공통인들은 이 자원을 소유하지 않았지만 관습적으로 그리고 집합적으로 사용하고 관리했다. 이러한 이용권은 일반적으로 공통인들과 지주들의 오랜 투쟁의 결과였다.[6] 이는 공유지가 투쟁의 생산물이라는 것을 뜻한다. 그것이 뚜렷한 물질적 형태를 띤다고 하더라도 말이다. 따라서 공유지(공통장)에서 중요한 것은 사물에 대한 객관적 이해를 버리는 것이다. 우리 앞에 덩그러니 놓여 있는 고정된 사물이란 있을 수 없다. 외견상 물질적인 어떤 것도 그러하다. 모든 것은 관계 속에서 특정한 양상을 띨 뿐이며, 따라서 우리가 무언가를 소유한다는 것은 어쩌면 불가능한 일일지도 모른다. 우리는 그 관계 속에서 순간순간 연결될 뿐이다. 그 양상

---

4. 라인보우, 『마그나카르타 선언』, 87쪽.

5. 같은 책, 15쪽.

6. George Caffentzis, "commons," in *Keywords for Radicals*, ed. Kelly Fritsch, Clare O'Connor, AK Thompson, AK Press, 2016.

에 따라 우리와 동떨어져 있는 듯 보이는 그 사물은 상품이 될 수도, 공통재화가 될 수도 있다.

이 장에서는 공통장을 바라보는 다양한 시각들을 살펴본 뒤, 도시 공통장으로 이어지는 접점을 찾고자 한다. 이에 앞서 중세 장원에서 공유지가 수행한 역할을 먼저 살펴볼 필요가 있다. 그것의 성격이 단지 지나가 버린 과거가 아니라 오늘날의 공통장을 이해하는 데에도 유의미한 관점을 제공하기 때문이다. 여기서는 영국 중세의 숲을 중심으로 역사 속 공유지의 작동 방식을 살펴보자.

중세의 자급자족 경제 단위인 장원에서 공유지, 특히 숲은 중요한 경제적 의미를 지니고 있었다. 중세 연구자 비렐에 따르면 당시 나무는 오늘날 우리에게 익숙한 것보다 훨씬 널리 사용되었다. 나무는 건물을 짓고 가구를 만들며 불을 지피고 요리를 하기 위해 꼭 필요한 자원이었다. 토탄과 석탄이 연료로 이용되긴 했지만 나무에 비하면 이용량이 매우 적었고 일부 지역에서만 사용되었다. 또한 나무는 경작지에 울타리를 치거나 삽, 갈퀴, 괭이, 도리깨 같은 도구를 만드는 데도 필수적이었다.[7] 숲이 농촌 공동체에 제공한 가치는 목재의 공급에 그치지 않았다. 숲은 말과 소, 양을 방목하기 위해 필요한 초지를 제공했으며, 도토리와 너도밤나무

---

[7] Jean Birrell, "Common Rights in the Medieval Forest," *Past & Present*, No. 117, Nov., 1987, pp. 22~49.

열매가 있는 돼지 먹이의 공급처이기도 했다. 이처럼 숲은 무수한 필요에 부응했다. 숲의 "나무가 바로 에너지의 원천이었다."[8] 그렇다면 이 자원에 대한 접근은 어떻게 이루어졌는가?

12세기와 13세기에 이미 오랜 시기에 걸쳐 작동하던 공통권 common rights이 그러한 접근을 보장했다. 일반적으로 영주가 숲이 있는 공유지를 소유하고 있었지만 공통인들은 이 권리에 따라 숲의 산물을 이용할 수 있었다. 기록으로 명시되기보다 대부분 관습에 따라 운영된 그 권리는 세 가지 기본적인 필요, 즉 건축과 울타리 치기와 땔감을 위한 나무를 보장했다. 이것은 각각 집수리권housebote, 산울타리권hailbote, 땔감권firebote으로 불리며 일반적으로 에스토버스estovers로 통칭되었다.[9] 즉 에스토버스는 집을 짓거나 울타리를 치거나 불을 지피기 위해 필요한 목재를 취할 수 있는 권리를 말하는데, 코크에 따르면 "생계자급, 영양섭취 및 섭생"을 뜻하기도 한다.[10] 따라서 에스토버스란 "관습에 따라 숲에서 채취하는 것을 가리키며 종종은 생계자급 일반을 가리킨

---

8. 라인보우, 『마그나카르타 선언』, 64쪽.

9. Birrell, "Common Rights in the Medieval Forest." '권'(bote)은 권리를 의미하기도 하고 권리에 따라 취해지는 대상을 뜻하기도 한다(라인보우, 『마그나카르타 선언』, 382쪽). 도구를 만들기 위해 나무를 사용할 수 있는 권리는 짐수레권(wenbote, wainbote), 마차권(cartbote), 쟁기권(ploughbote) 등으로 불렸다(Birrell, "Common Rights in the Medieval Forest").

10. Edward Coke, *The Second Part of the Institute of the Laws of England*, 1642. 라인보우, 『마그나카르타 선언』, 70쪽에서 재인용.

다."[11] 숲의 가치가 목재의 공급에만 한정되지 않은 것처럼 공통권 또한 집, 울타리, 땔감에 대한 권리에 국한되지 않았다. 삼림지대에서 중요한 두 번째 공통권은 동물 방목과 돼지 먹이에 대한 권리로 이루어졌다. 숲과 삼림지대 목초지는 보통 일 년 내내 (게걸스러운) 염소를 제외한 모든 가축에게 개방되었다. 이렇듯 13세기 소작인의 생존에 필수적이었던 목재와 삼림지대 목초지에 대한 접근은 관습적인 권리에 따라 보장되었다.[12]

그러나 그러한 접근권은 무제한적이지 않았다. 삼림지대를 지속적으로 이용하기 위해서는 적절한 관리가 필요했고 그에 따라 에스토버스의 행사는 관습이나 규칙에 따라 제한되었다.

그에 따라 특정 목적을 위해 사용되는 나무의 종류는 보통 명시되어 있다. 특히 오크 나무는 울타리를 치거나 땔감으로 허비하기에는 너무 귀한 것으로 여겨졌기 때문에 대개 건축 목재로만 사용하도록 지정되거나 에스토버스에서 완전히 제외될 수도 있었다. 오리나무, 버드나무, 가시나무, 호랑가시나무처럼 건축 목재로는 다소 부적합하고 저목림 작업에 적합하며, 상당히 빠르게 다시 자라는 흔한 나무들이 보통 울타리 치기나 땔감으로 지정되었다. 땔감을 위해 녹림을 이따금씩 벨 수 있긴 했지만 땔감

---

11. 라인보우, 『마그나카르타 선언』, 70쪽.
12. Birrell, "Common Rights in the Medieval Forest."

권은 보통 죽거나 바람에 떨어진 나무로 한정되었다. 물론 정당하게 "죽은" 혹은 "바람에 떨어진" 나무가 무엇인지는 장작을 구하는 사람들 사이에서 벌어지는 논란과 해석의 대상이었다. 그에 따라 남용을 제한하기 위해 정교한 조항이 발달하기도 했다.[13]

이러한 규제들이 어떻게 개발되고 집행되었는지 명확하게 밝혀지지 않고 있지만 분명한 것은 영지의 나무에 공통권을 행사할 때 영주의 통제가 강하게 이루어졌다는 것이다. 소작인들은 무상으로 혹은 낮은 비용으로 나무와 목초지에 접근할 수 있었지만, 지주의 시각에서 볼 때 그러한 공통권은 자신의 소득 증대를 막는 장벽이었다. 따라서 공통권은 다양한 압박을 받았고 그에 따라 영주와 공통인들 간의 분쟁이 자주, 때로는 폭력적으로 일어났다.[14] 이처럼 중세 장원은 각 신분이 사회질서에서 주어진 위치를 받아들인 정적인 세계가 아니라 끊임없는 계급투쟁의 무대였다.[15]

지금까지 간략하게 살펴본 중세 장원 공유지의 특징을 요약해 보자. 첫째, 공유지는 소작농의 삶의 (재)생산에 필수적이었다. 생산과 재생산이 분리되지 않았던 시대에 공유지는 생계자급의 기반이었다. 또한 "공유지는 농민들이 서로 연대하고 어울릴 수

---

13. 같은 글.
14. 같은 글.
15. 페데리치, 『캘리번과 마녀』, 황성원·김민철 옮김, 갈무리, 2011, 53쪽.

있는 물질적 토대였다. 농민 공동체의 축제, 놀이, 모임은 모두 공유지에서 이루어졌다."[16] 둘째, 공유지는 아무런 규칙 없이 작동하는 공간이 아니다. 자원을 유지하기 위해 필요한 규칙이 만들어지고 관리가 이루어졌으며, 이에 따라 공통권은 때로 제한되었다. 하딘의 이른바 "공유지의 비극"[17]이 성립하지 않은 이유다. 셋째, 공유지는 지주와 공통인 간의 힘 관계에 의해 결정된다. 공통권이 처음 어떻게 만들어졌는지는 명확하지 않지만 분명한 것은 공통권의 행사를 둘러싸고 지주와 공통인 간의 분쟁이 상시적으로 일어났다는 점이다. 지주는 세금, 개간 등의 방법을 동원하여 공통권을 무화시키고 수익을 얻고자 했고 소작인은 소송, 울타리 걷어내기, 숲 습격 등의 방법으로 이에 대응했다. 공통권은 그러한 적대의 산물이었다. 그러한 투쟁을 통해 공유지는 생산되거나 반대의 경우 위축되었다.[18]

오늘날 사람들 간의 사회적 관계가 상품 관계로 나타나는 것과 달리, 공유지는 사회적 관계의 직접적인 표현이었다. 따라서 공유지는 라인보우의 말처럼 "사회적 관계인 동시에 물질적 사물"이다.[19] 다시 말해서 공유지는 단순한 재화가 아니다. 공유지

---

16. 같은 책, 115쪽.

17. Garrett Hardin, "The Tragedy of the Commons," *Science*, 162, 1968.

18. "1551년과 1684년 사이에 많은 반란들과 봉기들이 그리고 혁명이 패배하면서 공통화는 상당히 감소하였다"(라인보우, 『마그나카르타 선언』, 19쪽).

19. 라인보우, 『마그나카르타 선언』, 22쪽.

는 "상품이 아니며 소유의 언어로 환원될 수 없다." 대신 "공통장
은 질적 관계를 표현한다. 우리가 공통장을 '갖고 있다'라고 말하
는 것은 환원적인 진술이 될 것이다. 그럴 것이 아니라 우리는 우
리가 환경, 즉 도시 또는 농촌 생태계의 일부인 만큼 우리 자신
이 얼마나 공통장인가를 알아야 한다. 여기서 주체는 곧 객체의
일부이다."[20]

로크는 주체-객체의 대립을 넘어서지 못했고 따라서 소유의
언어를 꺼낼 수밖에 없었다. 그는 공통장이 "자연과의 관계로부
터 분리될 수 없는 사회적 관계를 표현한다"[21]는 사실을 알지 못
했다. 공통장은 그 분리될 수 없는 사회적 관계로 이루어진 하나
의 삶의 방식이다. 여기서 공통인, 즉 주체의 활동은 다시 자연으
로 기입된다. 아래의 짧은 묘사는 그러한 삶의 양식으로서의 공
통장을 보여 준다.

공통인은 양으로 땅에 똥거름을 주어서 농부가 땅의 질산칼륨
을 회복하는 것을 도왔다.…끝두둑(땅의 경작되지 않는 자투리
들), 가장자리 그리고 두렁길은 스콰터들과 공통인들에게 유제
품을 제공할 암소를 키우는 장소가 되었다.…그 안에 있는 모두
가 이를 잘 이해했으며, 이들은 그 당시에 그 경제의 터를 '공통

20. Ugo Mattei, "First Thoughts for a phenomenology of the commons," in
   The Wealth of the Commons, 2013.
21. 라인보우, 『마그나카르타 선언』, 321쪽.

장'이라고 불렀다.[22]

이처럼 공통장은 공통인들의 상호 협력을 통해 끊임없이 생산되고 재생산되는 하나의 체계다. 그 속에서 공통인들로 이루어진 집합적 주체는 공통재(나무와 목초지)와 분리될 수 없는 관계를 형성했고, 상호 협력과 투쟁이라는 공통화의 활동을 통해 그 체계를 계속 유지해 갔다. 이 집합적 주체, 공통재, 공통화는 서로 얽혀 공통장이라는 체계를 형성한다.[23]

그러나 중세의 공유지는 종획과 함께 점차 사라지기 시작했다. 16세기는 영국에서 종획이 처음 대대적으로 시행된 시기였다. "영국의 사유화가 시작"되었다.[24] 맑스는 공유지의 사유화, 즉 종획을 자본주의의 등장을 위한 주요 조건 중 하나로 이해한다. "피와 불의 문자"로 기록된 수탈의 역사, 즉 "시초축적은 생산자와 생산수단 사이의 역사적인 분리 과정 이외의 아무것도 아니다."[25] 생산수단과 분리된 소작인은 도시로 흘러 들어가 이제 프롤레타리아가 될 것이었다.[26] 공통장은 그렇게 점차 사라지면서 잊혔을

22. Steve Hindle, " 'Not by bread only?' Common Right, Parish Relief, and Endowed Charity in a Forest Economy, c.1600~1800," in *The Poor in England, 1700-1850*, ed. Steven King and Alannah Tomkins, Manchester University Press, 2003, p. 65. 라인보우, 『마그나카르타 선언』, 91쪽에서 재인용.
23. 우리는 이 장의 마지막 절에서 이 문제로 다시 돌아간다.
24. 라인보우, 『마그나카르타 선언』, 78쪽.
25. 마르크스, 『자본 I-2』, 963~964쪽.

뿐 아니라 공격받았다. 하딘은 자신의 유명한 사고 실험을 통해 공유지의 비극을 설파했다. 그에 따르면 아무런 통제와 관리가 이루어지지 않는 개방된 땅에서 목동들은 자신의 이익을 최대한 실현하기 위해 행동할 것이므로 공유지는 과도하게 방목되고 결국 파괴된다.[27]

하딘의 사고 실험에 반론의 근거를 마련한 것은 엘리너 오스트롬의 인류학적 연구였다. 그는 주로 연안 어장, 소규모 목초지, 지하수 지대, 관개 시설, 그리고 지역 공동 산림 등의 사례를 조사하여 하딘의 이른바 '공유지의 비극'은 그의 머릿속에서나 가능하다는 것을 보여 주었다.[28] 현실 세계의 공통장은 자원을 관리

---

26. "역사적으로 보아 시초축적의 역사에서 획기적인 사건은 대량의 인간이 갑자기 폭력적으로 자신의 생존수단에서 분리되어 보호받을 길 없는 프롤레타리아로서 노동시장에 내던져진 그 사건이다"(마르크스, 『자본 I-2』, 964~5쪽). 그러나 소작인에서 프롤레타리아가 되는 과정은 쉽게 이루어지지 않았다. 시초축적 시기 임금 노동은 노예 노동과 다름없는 것으로 간주되었기 때문이다. "새롭게 출현한 부르주아지들은 "노동력의 해방", 다시 말해서 소농으로부터의 공유지 몰수만으로는 프롤레타리아트들에게 임노동을 받아들이도록 강제하기 힘들다는 사실을 깨달았다. 에덴동산에서 추방되자마자 노동에 전념하는 삶을 활기차게 시작한 밀턴의 아담과는 다르게 토지를 몰수당한 소농들과 장인들은 임금을 위해 노동해야 한다는 점에 순순히 동의하지 않았다. 이들은 거지나 부랑자, 아니면 범죄자가 되는 경우가 더 많았다. 훈육된 노동력을 만들어 내는 데는 기나긴 과정이 필요했던 것이다. 16세기와 17세기에는 임노동에 대한 혐오가 너무 극심해서 많은 프롤레타리아트가 새로운 노동조건에 굴복하느니 차라리 교수형에 처할 위험을 감수했다"(Christopher Hill, *Change and Continuity in 17th-Century England*, Harvard University Press, 1975, pp. 219~30. 페데리치, 『캘리번과 마녀』, 198~9쪽에서 재인용).
27. Hardin, "The Tragedy of the Commons."

하는 공동체와 그들이 스스로 설정한 규칙에 따라 관리되고 있었기 때문이다. 볼리어는 하딘이 설정한 가상의 시나리오, 즉 경계도, 규칙도 없는 시스템은 공통장이 아니라 개방 접근open access 체제라고 말한다. "공통장에는 경계, 규율, 사회적 규범, 무임승차에 대한 규제가 있다." 하딘은 공통장을 "주인 없는 땅"과 혼동했으며 그에 따라 공통장을 실패한 자원 관리 패러다임으로 오도하고 말았다는 것이다.[29]

하딘에 대한 오스트롬의 비판은 신자유주의의 전면적인 사유화에 대한 결정적인 대항점이었다.[30] 페데리치는 국가주의적 혁명 모델의 종말과 거세게 불어닥친 신자유주의의 위협이 공통장이 다시 주목받게 된 계기라고 풀이한다.[31] 이런 맥락에서 공통장에 대한 관심이 부활한다는 것은 그것이 국가와 자본 양자에 대한 대안으로 사고된다는 것을 뜻한다.[32] 국가의 권력을 장악해서 사회를 변혁한다는 바람은 점차 사라질 뿐 아니라 의심받고 있고,[33] 신자유주의적 사유화가 재생산에 심각한 위협을 제기하

---

28. 엘리너 오스트롬, 『공유의 비극을 넘어』, 윤홍근 옮김, 랜덤하우스코리아, 2010.
29. 볼리어, 『공유인으로 사고하라』, 51쪽.
30. Caffentzis, "commons," p. 97.
31. 페데리치, 『혁명의 영점』, 236쪽.
32. 권범철, 「현대 도시의 공통재와 재생산의 문제」, 『공간과 사회』, 제27권 2호 (통권 60호), 2017, 119~149쪽.
33. 존 홀러웨이, 『권력으로 세상을 바꿀 수 있는가』, 조정환 옮김, 갈무리, 2002 를 보라.

면서 공적인 것도 사적인 것도 아닌 다른 것에 주목하는 흐름이 부활하고 있는 것이다.

새롭게 부활하는 공통장은 이제 과거와는 비교할 수 없을 만큼 폭넓게 사고된다. 목초지, 숲, 어장 등의 물질적 자원뿐 아니라, "아이디어, 언어, 정동 같은 인간 노동과 창조성의 결과물"[34]까지 포함한다. 그리고 공통장의 다양한 형태만큼이나 그것을 바라보는 관점 또한 다양하다. 이후 절에서는 현대 공통장 담론을 크게 두 가지 흐름으로 나누어 살펴본다. 이 두 흐름은 모두 공통장을 통해 대안을 모색하지만 시장, 국가, 공통장의 관계 설정이나 주안점 등에서 차이를 드러낸다. 그렇지만 여기서는 그 차이에 집중하기보다 각 흐름의 기본적인 입장을 살펴본 뒤 이 책에 필요한 논지를 취하는 데 더 주력할 것이다.

제3섹터로서의 공통장

이 흐름의 주요 인물로는 데이비드 볼리어, 실케 헬프리히, 미셸 바우웬스 등을 꼽을 수 있다. 이들은 〈공통장 전략 그룹〉을 함께 설립하여 『공통장의 부』, 『공통화의 패턴』 같은 책을 출판하고 다양한 콘퍼런스나 프로젝트를 진행하는 등 활발하게 공통

---

34. 마이클 하트, 「공통적인 것과 코뮤니즘」, 『자본의 코뮤니즘, 우리의 코뮤니즘』, 연구공간 L 엮음, 난장, 2012, 34쪽.

장 담론을 이끌고 있다. 카펜치스는 이들을 오스트롬 학파의 추종자들이라고 부른다.[35] 그러나 오스트롬의 연구 분야가 주로 소규모 자연자원의 관리에 국한되었던 반면 이들의 논의에서 공통장은 매우 폭넓게 확장된다. 볼리어를 예로 들면, 그는 자신의 책, 『공통인으로 사고하라』[36]에서 공통장의 다양한 형태를 소개하는데 여기에는 원주민들의 자급 공유토지, 문화, 지식 등을 비롯하여 디지털 공통장(자유 소프트웨어와 이를 둘러싼 라이선스 [CCL, GPL 등]),[37] 사회 공통장(시간 은행, 혈액 및 장기 기증 시스템 등), 보다 큰 규모와 관련된 국가 신탁 공통장과 지구 공통장, 지각과 존재 방식으로서의 공통장까지 포함된다. 이처럼 그의 논의에서 공통장은 단순히 자원 관리의 문제가 아니라 "문화적 정체성"이자 "삶의 방식"이며,[38] "윤리와 내적 감성"의 문제로 이해된다.[39] 그뿐 아니라 공통장은 "지적인 틀과 정치 철학", "사회적 태

---

35. Caffentzis, "commons," p. 99.
36. 원제는 *Think Like a Commoner*. 이 책은 국내에서 『공유인으로 사고하라』 (갈무리, 2015)라는 제목으로 출간되었다.
37. 크리에이티브 커먼즈 라이선스(CCL)에 대한 다른 비판적 관점으로는 드미트리 클라이너, 『텔레코뮤니스트 선언』, 권범철 옮김, 갈무리, 2014를 참고하라. 이 책에서 클라이너는 CCL의 선택적인 라이선스가 저자의 특별한 선호와 취향에 따라 사용자의 자유를 자의적으로 제한한다는 점에서 카피라이트(copyright)의 좀 더 정교한 버전에 지나지 않는다고 주장한다(같은 책, 107~18쪽).
38. 볼리어, 『공유인으로 사고하라』, 64쪽.
39. 같은 책, 231쪽.

도와 헌신", "실험적인 존재 방식이자 심지어는 정신적 성향", "가장 중요한 세계관"으로 확장된다.[40]

여기서 볼 수 있듯이 이들에게 공통장은 단순히 어떤 자원만을 지시하지 않는다. 볼리어는 자원과 공동체 그리고 일련의 사회적 규약이라는 "이 세 가지가 상호의존적으로 영향을 미치면서 통합된 전체"를 공통장으로 이해한다.[41] 또한 이들은 common을 명사가 아닌 동사로 되살린 라인보우의 논의를 이어받아 공통장을 공동체의 활동을 통해 생성되는 어떤 것으로 본다. "공통재화는 우리가 그것을 생산할 때에만 존재한다."[42] 따라서 공통장은 "고정된, 셀 수 있는 자본 및 재고의 저량stocks이 아니라 사회적·생태적 활동의 살아 있는 흐름을 통해 자신의 풍부함을 표현"하는 것이다.[43]

이들 중 바우웬스는 이 책의 중심 주제인 도시 공통장과 관련하여 흥미로운 관점을 제시한다. 그는 가라타니 고진의 교환양식 분류[44]에 맞춰 공통장이 역사적으로 출현한 계기를 설명하는데, 이에 따르면 자본주의 이전 사회에서는 소유가 반反생산적이었기 때문에 '한데 모으기'pooling가 주된 양식이었으며 그러므

---

40. David Bollier & Silke Helfrich, "Introduction," in *The Wealth of the Commons*, Levellers Press, 2013.

41. 볼리어, 『공유인으로 사고하라』, 40쪽.

42. Helfrich, "Common goods don't simply exist — they are created."

43. Bollier & Helfrich, "Introduction."

44. 가라타니 고진, 『세계사의 구조』, 조영일 옮김, 도서출판 b, 2012.

로 상대적으로 강한 공통장이 존재했다. 따라서 앞에서 살펴본 바와 같이 봉건제에서 농민은 공유지에 기반하여 삶을 재생산할 수 있었다. 이것이 첫 번째 형태의 공통장, 자연자원 공통장이다. 자본주의 및 시장 체계의 출현과 더불어 중요해지는 두 번째 형태는 사회적 공통장이다. 종획의 결과 생산수단과 분리된 노동자들의 삶이 매우 불안정해지면서 협동조합, 상호부조 등이 자연자원 공통장과 구별되는 새로운 공통장으로 등장한 것이다. 마지막으로 세 번째 형태의 공통장은 인터넷과 함께 출현한다. 인지 자본주의의 국면에서 출현한 이 지식 공통장과 분산된 네트워크들은 "사회적 자율과 집단적 조직화의 강력한 도구"[45]가 된다. 그러나 우리가 지식을 먹을 수는 없기에 "지식에의 접근이 자율적이고 더 안정적인 생계를 창출할 가능성을 만드는 것은 아니며, 그에 따라 지식 공통장은 일반적으로 자본과 상호 의존하는 상황에 놓여 있다."[46] 따라서 삶의 재생산을 위해서는 지식, 즉 디지털digital과 물리적인 것the physical의 결합이 필요한데, 바우웬스는 그 두 가지가 상호 교직하는 피지털phygital 국면에 우리가 도달했다고 주장한다. 그에 따르면 이러한 상호 교직이 일어나는 첫 번째 장소가 도시 공통장이며, 이것은 본질적으로 디지털 공통

---

45. Michel Bauwens, "The History and Evolution of the Commons," 2017년 9월 28일 수정, 2024년 2월 1일 접속, https://blog.p2pfoundation.net/the-history-and-evolution-of-the-commons/2017/09/28.

46. 같은 글.

장처럼 P2P 방식으로 작동한다. 이것은 도시 공통장이 1) 열린 생산 공동체 2) 공통장의 기반시설을 유지하면서 이 공동체를 지원하는 기반시설 조직 3) 공통인들의 사회적 재생산(즉 생계)을 담보하기 위해 시장/국가와 공통장을 매개하는 생성적 생계 조직으로 이루어져 있음을 뜻한다. 그는 이러한 도시 공통장이 한층 더 심화된 재물질화의 새로운 국면을 준비하고 있다고 주장한다. 요컨대 삶의 재생산을 위해 인지 자본주의의 지식 공통장은 생산적 공통장으로, 다시 말해서 피지털 공통장으로 이행해야 하며 그러한 첫 번째 사례가 도시 공통장으로 출현하고 있다는 것이다.[47]

삶의 재생산과 관련하여 지식 공통장의 한계를 지적하는 바우웬스의 논의는 이후에 다룰 페미니즘적 관점과도 긴밀하게 연결된다.[48] 페데리치를 비롯한 일련의 페미니스트 저자들이, 공통장은 무엇보다 삶의 재생산을 담보해야 한다고 강조한다는 점에서 그러하다. 그러나 바우웬스와 볼리어, 헬프리히 등의 관점은 공통장과 시장·국가의 관계 설정에서 자율주의적·페미니즘적 시각과 차이를 드러낸다.

〈공통장 전략 그룹〉이 기획한 공통장 삼부작[49]의 첫 번째 책

---

47. 같은 글. 다음의 책도 참고하라. 이광석, 『피지털 커먼즈』, 갈무리, 2021. 이광석은 이 책에서 피지털을 플랫폼 자본과 커먼즈가 경합하는 전장으로 설명한다.
48. 클라이너가 쓴 『텔레코뮤니스트 선언』도 비물질 공통장의 한계를 다룬다.

의 부제는 "시장과 국가 너머의 세계"A World Beyond Market and State
다. 그러나 볼리어와 함께 이 책을 편집한 헬프리히는 이 슬로건
을 "일반적으로 지지"하지만 이것이 반드시 "국가와 시장 없는" 세
계를 뜻하는 것은 아니라고 말한다. "우리는 공동체 생활을 위한
공간을 확장하는 국가가 필요하기 때문"이다.[50] 그의 관점에서 공
통장은 국가와 시장 너머에 있지 않으며 공존한다. 이것은 바우
웬스의 글에서 좀 더 분명하다. 그는 자연자원 공통장이 조금씩
사라지면서 자본주의는 사적 영역과 공적 영역 사이에서 진동해
왔지만 두 가지 요인으로 인해 이러한 배치가 변하고 있다고 말한
다. 첫째는 환경 위기, 둘째는 새로운 디지털 공통장의 출현이다.
실제 현실의 공통장은 자신의 환경을 잘 보존해 왔음을 오스트
롬이 보여 준 이래 자연자원 공통장이라는 아이디어가 다시 부
활했고, 디지털 공통장은 P2P 방식으로 공통화의 경험을 선사했
다. 또한 1989년 사회주의권의 붕괴, 2008년 이른바 '자유시장'의
위기는 공통장이 대안적인 의제로 다시 등장하는 계기가 되었다.
그는 P2P 생산이, 공통장이 중심이 된 사회의 미래상을 보여 준
다고 생각한다. 부가가치를 창출하는 기업들이 공통장을 중심으
로 출현하고 이 기업들은 자신이 의지하는 공통장의 유지와 확

---

49. *The Wealth of the Commons*, 2012; *Patterns of Commoning*, 2015; David Bol-
    lier & Silke Helfrich, *Free, Fair and Alive*, New Society Publishers, 2019.
50. Gustavo Soto Santiesteban & Silke Helfrich, "El Buen Vivir and the com-
    mons," in *The Wealth of the Commons*, Levellers Press, 2013.

장에 기여하며, 공공 기관은 공통장을 지원하는 역할을 수행하는 것이다. 이러한 배치를 그는 "새로운 삼두체제"the new triarchy라고 부른다. 이 체제의 핵심에는 공통장의 집합이 있다. 현재 세대와 미래 세대를 위해 공통의 자산을 보호하는 호혜 단체와 신탁 기관이 그 집합을 대표한다. 그리고 공통장은 자신의 자원에 대한 사용 권한을 기업에 임대한다. 즉 기업은 여전히 존재하지만 전통적인 기업과는 달리 그 이윤은 공통장의 유지와 조화를 이루는 목적으로 수렴된다. 국가 역시 여전히 존재하지만 완전히 다른 성격을 가진다. 대부분의 국가 기능은 공통장 기관에 이관되지만 전체 체계를 보장하고 다양한 공통장을 규제하며 공통인을 보호하는 공적 권위로서의 국가는 유지된다. 따라서 이 새로운 P2P 국가는 현재의 국가가 사적 영역에 포섭된 것처럼, 공통장에 포섭되는 국가다.[51]

볼리어 역시 공통장이 시장/국가와 공존한다는 생각을 공유한다. 그는 "사유재산권과 공통장"이 반드시 "적대적인 것은 아니"고 "공존할 수 있으며, 나아가 밀접하게 도움을 주고받을 수도 있다"고 주장한다. 그가 예로 드는 것은 "밖에서 볼 때는 사유재산이지만 안에서 보면 공통장인 토지 신탁, 창작자가 저작권을

51. Michel Bauwens, "The new triarchy : the commons, enterprise, the state," 2010년 10월 29일 수정, 2024년 2월 1일 접속, https://www.boell.de/en/economysocial/economy-bauwens-triarchy-commons-enterprise-state-10482.html.

갖지만 공정 이용과 CCL을 통해 법적으로 합법적 공유가 가능한 디지털 텍스트와 음악, 조합의 이익을 목적으로 조합원에 의해 공동으로 소유되고 관리되는 시장 기업인 협동조합" 등이다.[52] 또한 그는 "사회로부터 완전히 고립된 채 작동할 수 있는 공통장은 거의 없"으며, "사실상 모든 공통장은 어느 정도 국가나 시장에 의존하는 이중적인 존재"라고 말한다. 따라서 중요한 것은 공통장이 자신을 "수호할 수 있는 경계"를 세우고 자율성을 유지하는 것이다. 그렇게 된다면 공통장과 시장의 혼합도 가능하다는 것이 그의 생각이다. 이렇게 국가/시장과의 적대보다 공존을 강조하는 이들의 관점은 좀 더 급진적인 입장에 서 있는 자율주의·페미니즘 흐름에 속한 이들과 분명한 대조를 이룬다.

반자본주의적 공통장

자율주의적 관점

마리오 뜨론띠는 자율주의의 핵심 원리라고 할 수 있는 노동의 우선성과 관련하여 이렇게 이야기한다. "우리조차 자본주의의 발전을 우선시하고, 노동자를 부차적으로 여기는 개념을 가지고 연구해 왔다. 이는 잘못된 일이다. 이제 우리는 문제를 처음으로 되돌려야 하며, 정반대로 역전시켜 출발점에서 다시 시작해야 한

---

52. 볼리어, 『공유인으로 사고하라』, 153~4쪽.

다. 노동자 계급의 투쟁이 그 출발점이 될 것이다."[53] 이러한 자율주의의 관점은 자본의 축적 논리가 사회를 일방적으로 지배하는 힘이라고 보았던 서구 맑스주의의 관점을 완전히 뒤집어 놓았다. 맑스가 자본의 힘에 초점을 맞췄다면 자율주의 이론에서는 이 강조점이 역전된다. 즉 "자율주의 이론은 노동자들의 투쟁에서 시작한다."[54] 이러한 관점은 본 절에서 다루는 네그리와 하트 그리고 데 안젤리스에게서 공통적으로 나타난다. 이들에게 공통장은 투쟁의 산물 혹은 투쟁 과정 그 자체이며, 자본 및 국가와 적대적일 뿐 아니라 그 너머를 향해 가는 것이다. 이러한 점에서 이들은 시장, 국가, 공통장의 공존을 이야기하는 볼리어 등과 스스로 분명한 선을 긋는다.

공통적인 것과 삶정치적 생산

네그리와 하트는 공통장commons 대신 공통적인 것the common 이라는 용어를 사용한다.[55] 앞 절에서 논의한 공통장이 그러했듯

---

53. Mario Tronti, "Lenin in England," in *Working Class Autonomy and the Crisis*, ed. Red Notes Collective, Red Notes, 1979, pp. 1~6. 닉 다이어-위데포드, 『사이버-맑스』, 신승철·이현 옮김, 이후, 2003, 148쪽에서 재인용.

54. 다이어-위데포드, 『사이버-맑스』, 150쪽.

55. "우리는 이것을 'the commons'라고 부르기를 주저한다. 왜냐하면 저 용어가 사적 소유의 도래에 의해 파괴된 전(前) 자본주의적으로 공유된 공간들을 지칭하기 때문이다. 좀 어색하긴 하지만 '공통적인 것'(the common)은 그 용어의 철학적 내용을 조명하며 이것이 과거로의 회귀가 아니라 새로운 발전임을 강조한다"(안토니오 네그리·마이클 하트, 『다중』, 조정환·정남영·서창현 옮

이 공통적인 것 역시 사적인 것도 공적인 것도 아니다. "공통적인 것은 한편으로 사적 소유의 지배와 신자유주의적 전략들에 대립하며, 다른 한편으로는 공적 소유의 지배, 즉 국가의 통제와 규제에 대립한다."[56] 이들이 "개방적 접근과 집단적이고 민주적인 결정 및 자주관리로 정의되는 부의 한 형태"[57]라고 이해하는 이 공통적인 것은 물질적 형태와 비물질적 형태를 모두 포함한다. 우리에게 익숙한 것처럼 수자원, 해양, 토지, 삼림, 대기 등 지구와 그 생태계가 물질적인 형태의 공통적인 것이 될 수 있다. 그러나 이들의 강조점은 비물질적인 형태에 있다. 네그리와 하트는 지식, 정보, 정동, 아이디어, 이미지, 코드 등 비물질적인 형태의 공통적인 것이 현대 자본주의적 생산에서 중심적인 자리를 차지하고 있다고 주장한다.

그러나 공통적인 것은 공적인 것과 사적인 것 사이에서 자신의 자리를 조금씩 잃어버렸다. 한동안 세계를 양분했던 사회주의와 자본주의는 각각 공적인 것과 사적인 것에 집중하면서 공통적인 것을 배제해 왔기 때문이다. 네그리와 하트의 전략은 이 잘못된 양자택일을 가로지르며 새로운 정치의 공간을 여는 것이다. 여기서 중요한 지점은 그 가능성을 현재의 지배 체계 외부에서 찾

김, 세종서적, 2008, 21쪽).

56. 안토니오 네그리·마이클 하트, 『공통체』, 정남영·윤영광 옮김, 사월의 책, 2014, 10쪽.

57. 같은 곳.

는 것이 아니라 그 안에서 발견한다는 데 있다. 신자유주의의 기획에 따라 공통적인 것이 끊임없이 사유화되고 있음에도 현대의 자본주의적 생산 형태들이 "공통적인 것의 확대를 가능하게 하고 심지어 필요로"[58] 한다는 것이다. 이들의 주장에 따르면 "정보·코드·지식·이미지·정동 등을 포함하는 새로운 지배적 생산 형태에서는 생산자들이 공통적인 것에의 자유로운 접근과 함께 더욱 많은 자유를 점점 더 필요로 한다."[59] 예를 들어 재즈의 발달사에서 기존 음악의 자유로운 차용이 더욱 풍부한 음악 생산으로 이어지듯이, 연구 결과물의 자유로운 공유가 더욱 확장된 연구로 이어지듯이 비물질적인 것의 생산성을 극대화하기 위해서는 그것에 대한 접근이 최대한으로 보장되어야 한다. 그뿐만 아니라 비물질적인 것은 쉽게 재생산되기 때문에 사유화나 공적 통제를 벗어나 공통적으로 되려는 경향을 지닌다.[60]

다시 정리하면 현대 자본주의적 생산의 헤게모니[61]를 쥐게 된

---

58. 같은 책, 18쪽.

59. 같은 책, 19쪽.

60. 인터넷상의 다양한 음악, 그림, 영상 파일 등이 대표적인 예다. 자본은 지적재산권을 동원해 인위적인 장벽을 유지하려고 하지만 비물질적인 것의 속성상 그것의 복제와 공유를 막기란 쉽지 않다.

61. 하트와 네그리는 산업이 더 이상 경제에서 헤게모니적 지위를 차지하고 있지 않으며 비물질 생산이 대신 그 자리를 차지하고 있다고 주장한다. 이것은 산업 생산이 양적인 측면에서 우세하지 않다는 의미가 아니다. 그보다는 질적인 측면에서, 즉 아이디어, 정보, 이미지, 지식, 코드, 언어, 사회적 관계, 정동 같은 것들을 생산하는 비물질 생산의 특질이 다른 경제 부문과 사회 전체에 부과되는 경향이 있다는 것이다(하트, 「공통적인 것과 코뮤니즘」, 25~47쪽).

비물질적인 것이 공통적으로 되려는 속성을 지니고 있을 뿐 아니라, 그럴 때라야 최대한의 생산성이 발휘될 수 있으므로 자본은 그것의 공통화에 의존하고 심지어 확대할 수밖에 없다는 것이다. 그에 따라 "이행은 이미 진행되고 있다. 현대의 자본주의적 생산은 자신의 욕구를 따르는 가운데, 공통적인 것을 바탕으로 하는 사회적·경제적 질서의 가능성을 열고 그 토대를 창출하고 있는 것이다."[62]

비물질 생산이란 말 그대로 그것의 생산물이 비물질 형태를 띠는 것을 말한다. 수업을 하는 교사, 고객과 통화하며 정보를 제공하는 상담사, 환자를 돌보는 간병인, 소프트웨어를 만드는 개발자, 식당에서 음식을 나르는 종업원 등 이들은 모두 노동을 하지만 그 결과물은 손에 잡히지 않는 무엇이다. 네그리와 하트는 이러한 노동들이 "사회적 관계와 삶형태들을 점점 더 그 결과물로서 산출"한다고 말한다. 다시 말하면 생산의 결과물이 삶형태 자체라는 점에서 "자본주의적 생산은 삶정치적biopolitical"으로 되고 있다.[63] 상품 생산이 아니라 사회적 관계와 삶형태가 오히려

---

62. 네그리·하트, 『공통체』, 19쪽. 네그리와 하트는 이렇게 비물질적인 것의 속성만으로 이행이 "이미 진행되고 있다"고 서술함으로써, 마치 탈자본주의의 길이 자동적으로 열린다고 주장하는 듯한 인상을 준다. 이후 데 안젤리스의 논의를 통해 이에 대한 하나의 비판을 살펴볼 것이다. 그러나 이후 서술하겠지만 나는 이들의 논의를 대립되는 것으로 보지는 않는다. 또한 네그리와 하트의 이후 저작에는 그 "인상"을 의식한 듯한 문장이 거듭 등장한다. "인류가 절벽을 넘어 공통적인 것으로 도약하기 위해서는 미는 힘이 필요하다."(안토니오 네그리·마이클 하트, 『어셈블리』, 이승준·정유진 옮김, 알렙, 2020, 201쪽)

더 생산의 주가 되는 삶정치적 생산이란 무엇을 말하는가? 그들의 말처럼 맑스는 이를 이해할 수 있는 하나의 단초를 제공한다. 그에 따르면 자본은 물적 존재가 아니라 사회적 생산관계이며, 이 생산관계는 부단히 재생산된다.

> 이 사회적 생산과정은 물질적 존재조건의 생산과정이면서, 또한 특수한 역사적·경제적 생산관계 속에서 진행되는 하나의 과정, 다시 말해서 이 생산관계 그 자체와 이 과정의 담지자, 그리고 이들 담지자들의 물적 존재조건과 그들 담지자 상호 간의 관계(요컨대 이들 담지자의 특수한 경제적 사회형태) 등을 생산하고 재생산하는 과정이다.[64]

이처럼 자본은 상품만이 아니라 "생산관계 그 자체"를 (재)생산한다. 다시 말해서 생산수단에서 분리되어 노동력 이외에 팔 것이 없는 노동자와 생산수단을 소유한 자본가라는 노동–자본 관계를 생산하고 재생산한다. 이렇듯 자본이 본래부터 "특수한 경제적 사회형태"를 생산한다면, 다시 말해 삶정치적 생산의 성격을 지닌다면 네그리와 하트의 특이점은 어디에 있는가? 이들의 강조점은 물론 비물질 노동에 있다. 이들은 현재 진행 중인 노동

---

63. 같은 책, 197쪽.
64. 칼 마르크스, 『자본 III-2』, 강신준 옮김, 길, 2010, 1093쪽. 강조는 인용자의 것.

의 변형을, 비물질 생산이 헤게모니를 차지하는 과정으로 이해한
다. 이 말은,

이미지, 정보, 지식, 정동, 코드, 사회적 관계가 자본주의적 가치
화 과정에서 물질적 상품 혹은 상품의 물질적 측면보다 더 큰 중
요성을 가진다는 것이다.[65] … 이 비물질적 재화(혹은 물질적 재
화의 비물질적 측면)를 생산하는 노동 형태는 흔한 말로 '머리와
마음의 노동'이라고 할 수 있으며, 서비스 노동, 정동노동, 인지노
동을 포함한다. … 이러한 상이한 노동형태들에 공통적인 것은
그 삶정치적 성격에 의해 가장 잘 표현된다.[66]

이 '머리와 마음의 노동'은 다음과 같은 상황을 가리킨다.

---

65. 이러한 비물질적 가치의 상대적 증대는 창조도시론자들이 창조성을 중요시
하는 배경이기도 하다. 가령 사사키 마사유키는 창조도시가 주목받는 이유
를 이렇게 설명한다. "그러나 오늘날의 창조도시가 주목받는 것에는 특별한
의미가 있다. 매뉴얼과 시스템에 따른 물건의 대량생산·대량소비로 인해 유례
없는 도시화가 일어난 20세기가 끝나고, 인간 개개인과 도시·지역이 가진 창
조 작용이 없으면 경제는 정체되고 도시도 앞으로 나아갈 수 없게 되었다. 가
치는 노동으로 만들어진다. 그러나 물건 위에 육체적인 노동으로 가치를 부가
하는 활동보다도 지식과 기술 등의 비물질적인 작용이 대부분의 가치를 만들
어, 가치의 구성에서 물건이 차지하는 비중은 더욱 작아지게 되었다"(사사키
마사유키·종합연구개발기구, 『창조도시를 디자인하라』, 이석현 옮김, 미세움,
2010, 18~9쪽).
66. 네그리·하트, 『공통체』, 198~9쪽.

산 노동에 명령을 내리고 노동자로 하여금 생산하게 만드는 새로운 고정자본, 즉 새로운 기계는 더 이상 물리적으로 식별 가능하고 특수한 처지에 놓인 도구가 아니라, 노동자 자신 내부에, 노동자의 두뇌 안에 그리고 노동자의 영혼 안에 위치하는 경향이 있다.[67]

이제 지식은 더 이상 고정자본, 기계에 결정화되는 것이 아니라 산 노동에 의해서만 발달한다.[68] 자율주의 사상가이자 경제학자인 크리스티안 마라찌는 언어와 소통이 재화와 서비스의 생산에서 핵심적인 역할을 담당한다고 말한다. 이 말은 노동이 점점 자본으로부터 자율적으로 된다는 뜻이기도 하다. 즉 삶정치적 생산에서는 산업 노동과 달리 자본이 생산적 협력을 조직하지 않는다.

맑스는 대규모 산업과 관련하여 자본가가 담당하는 본질적 역할이 협력을 제공하는 것이라는 점을 인식하고 있다. 다시 말해서 공장에 노동자들을 모아서 그들에게 같이 일할 수 있는 도구를 주고 협력계획을 제공하며 협력을 실제로 시행시키는 것이 자본가의 역할이라는 것이다. … 그러나 삶정치적 생산에서는 자본

---

67. 크리스티안 마라찌, 『자본과 정동』, 서창현 옮김, 갈무리, 2014, 131쪽.
68. 크리스티안 마라찌, 『자본과 언어』, 서창현 옮김, 갈무리, 2013, 141쪽.

이 협력관계를 결정하지 않는다.… 인지노동과 정동노동은 일반적으로 자본가의 명령에서 독립하여 자율적으로 협력을 산출한다.… 지식·소통·정동과 연관되는 협력수단은 생산적 마주침들 자체에서 창출되며 외부로부터의 지시를 통해 주어질 수 없다.[69]

자본은 그 사회적 노동의 장에서 산 노동의 협력을 통해 새롭게 창출되는 공통적인 것, 즉 "정보흐름, 소통네트워크, 사회적 코드, 언어적 혁신" 등을 수탈한다. 여기서 자본은 생산 과정에 직접 개입하지 않으며 다만 외부에서 수탈할 뿐이다. 즉 자율적으로 이루어지는 그 과정에 기대어 수탈한다는 점에서 자본은 점점 "기생적 존재가 되고 있다."[70]

네그리와 하트는 '노동의 자본에의 실질적 포섭'이라는 맑스의 개념을 삶정치적 맥락에서 좀 더 포괄적으로 이해한다. 맑스의 실질적 포섭이 노동을 자본의 신체 안에 유기적으로 온전하게 통합하는 것이라면, "삶정치적 맥락에서는 자본이 노동만이 아니라 사회 전체를, 아니 실로 사회적 삶 전체를 포섭한다고 할 수 있다. 삶이 바로 삶정치적 생산에 투여되는 것인 동시에 거기서 생산되는 것이기 때문이다."[71] 그러나 앞서 살펴본 것처럼 삶정치적 노동력은 유기적으로[72] 통합되는 것이 아니라 점점 더 자율적으로 되

69. 네그리·하트, 『공통체』, 208~9쪽.
70. 같은 책, 212쪽.
71. 같은 책, 211쪽.

고 있기 때문에, "삶정치적 과정은 자본을 사회적 관계로서 재생산하는 데 국한되지 않으며, 더 나아가 자본을 파괴하고 무언가 전적으로 새로운 것을 창조하는 자율적 과정을 이룰 잠재력을 제시한다."[73]

요컨대 삶정치적 생산은 삶 자체를 노동으로 포섭하지만 그 노동 과정이 자본으로부터 점점 자율적이고 협력적으로 이루어진다는 점에서 네그리와 하트는 자본을 넘어설 대안이 자본 안에서 이미 마련되고 있다고 주장한다. 자본은 사적인 축적을 위해서는 공통화의 경향을 억압해야 하지만 그것은 생산성에 족쇄를 채우게 되므로, 자본은 점점 그 경향을 확대할 수밖에 없다. 그들은 이러한 과정이 결국 다중multitude의 힘을 증대하는 결과로 나타날 것이라고 주장한다.

네그리와 하트의 삶정치적 생산 개념은 도시적 삶 자체를 노동하도록 이끄는 전략 공통장의 분석에 유용한 도구가 될 수 있다. 전략 공통장의 한 사례인 창조도시가 바로 도시 자체를 창조경제의 공장으로 만들고자 하는 계획이기 때문이다. 또한 실질적 포섭의 한가운데에서 오히려 공통화의 가능성을 발견하는 그들

---

72. 여기서 "유기적"이라는 말은 주어진 역할을 그저 이행하는 것과 관련이 있다. "유기체적 비유는 자주 기능주의적이고 위계적인 관계를 함축하는 것으로 이해되기 때문에 ─ 머리는 명령하고 손은 복종한다는 등의 식으로 ─ 오해를 불러일으킬 수 있다. 우리는 메트로폴리스를 비유기적 신체, 즉 다중의 기관 없는 신체로 이해한다."(같은 책, 349쪽).

73. 같은 책, 204쪽.

의 논의는 우리가 전략 공통장을 이해할 때 반드시 필요한 관점을 제시한다. 즉 전략 공통장은 일방적으로 강제되는 무엇이 아니라 재전유의 대상일 수 있는 것이다.

외부로서의 공통장

데 안젤리스는 공통장을 자본의 외부로 이해한다. 이 외부란 "자본과 다른 것이 되기"의 과정이다.[74] 그는 투쟁의 과정들이 끊임없이 외부를 생성하고 있다고 주장함으로써 자본의 지구화 과정으로 인해 외부란 없다고 이해하는 네그리·하트의 논의와 선을 긋는다.

공통장은 자본이 점거하지 않은 사회적 공간 안에서 작동한다. 이 공간이 자본의 조직 내부에 있든 외부에 있든 그렇다. 따라서 우리는 공동체 조직과 협회, 사회 센터, 마을 조직, 토착적 실천, 가정, 사이버 공간의 P2P 네트워크, 그리고 공동체 활동의 재생산에서 공통장을 발견한다. 우리는 또한 공장의 작업장과 사무실의 구내식당에서 공통장을 발견한다. 점심을 나누고 연대와 상호부조 형태를 개발하면서 서로를 돕는 동료들 사이에서 공통장을 발견한다. 우리는 자본이 언제나 "혁신적인" 자신의 관리 전략에도 불구하고 통제하지 못하는 사회적 노동의 "구멍"에서

---

74. 데 안젤리스, 『역사의 시작』, 418쪽. 강조는 원저자의 것.

공통장과 공통화를 발견한다.[75]

이처럼 공통장은 어디에나 존재할 수 있다. 그러나 공통장은 "자본이 점거하지 않은 사회적 공간"에 그냥 존재하는 것이 아니다. 공통화의 실천들이 그 공간을 채우는 만큼 가능하다. 우리가 삶의 재생산을 위해 필요한 것을 스스로 해결하는 방안을 모색하고 실천하는 그만큼 공통장은 존재할 것이다. 따라서 "많은 공통장들이 이미 사회 내에 잠재해 있으며, 우리의 삶과 지식을 재생산하기 위해 필요한 도움과 자원의 많은 부분을 공급하는 수로水路 역할을 한다. 우리는 일반적으로 하나의 공통장에서 태어난다."[76] 우리가 공통장에서 태어난다는 말은 "모든 행위 양식이 공통장을 필요로 한다"[77]는 것을 뜻한다. 심지어 자본 역시 그러하다. 이러한 맥락에서 데 안젤리스는 공장 역시 하나의 공통장이라고 주장한다. 그는 공통장commons을 공통재common goods와 구별하면서 공통장을 공통재, 공동체, 공통화로 이루어진 하나의 체계로 이해하는데, 공장 역시 이 세 가지 요소를 갖추고 있기 때문이다.

75. Massimo De Angelis, "Crises, capital and co-optation" in *The Wealth of the Commons*, Levellers Press, 2013.

76. De Angelis, *Omnia Sunt Communia*, p. 12.

77. 데 안젤리스, 『역사의 시작』, 443쪽.

공장에 일을 하러 가는 개인들은 상품 생산이 일어나도록 하기 위해서 자연의 요소들과 그리고 다른 사람들과 서로 재결합되어야 한다. 여기서 우리는 모든 공통장을 구성하는 세 가지 요소들과 마주친다. 첫째, 자원의 공동 이용:노동자들은 도구와 정보에 접근할 때 서로 상품교환에 관여할 필요가 없다. 둘째, 노동의 사회적 협력:조립라인에서 각 노동자의 노동은 그녀 앞 누군가의 행동에 의존한다. 셋째, 규칙과 규제를 만들고 출입할 사람을 정의하는 '공동체':공장 출입문은 누구에게나 열려 있지 않으며 그 안에서 모든 행동이 허가되는 것은 아니다. 그러나 우리는 모든 공통장의 이 세 가지 구성적 특징 ─ 공동 이용되는 자원, 노동의 사회적 협력, 공동체 ─ 이 아주 특정한, '비뚤어진' 방식들로 자본주의 공장에 적용된다는 점 또한 알고 있다. 자원의 공동 이용과 노동의 사회적 협력이 상품 생산에 실용적이라는 사실은 인간 재생산에 결정적인 다른 측면들(존엄, 연대, 생태적 지속가능성, 행복)이 하나의 궁극적인 목적 ─ 자본의 축적 ─ 에 종속됨을 뜻한다.[78]

이처럼 공장은 그 내부에서 보았을 때 자원을 공동으로 이용하고, 규칙과 규제를 부과하는 조직이 존재하며, 협력 노동이 존

---

78. Massimo De Angelis, "The tragedy of the capitalist commons," *TURBU-LENCE* #5, 2009.

재한다는 점에서 하나의 공통장이다. 그러나 그곳의 활동이 자본 축적에 종속된다는 점에서 데 안젤리스는 공장을 "비뚤어진" 공통장의 사례로 파악한다.[79]

이렇게 자본주의적 생산이 공통장에 기대는 일은 공장 안에서만 일어나지 않는다. 데 안젤리스는 사회적 안정의 위기라는 교착상태에 빠진 자본이 이를 해결하기 위해 공통장 조정commons fix을 필요로 한다고 주장한다.[80] 가령 영국에서 2010년 이후 공공 지출이 대거 삭감된 이래 시행된 "빅소사이어티"Big Society 비전은 공공 기관의 역할을 공동체에 전가한다. 공동체를 활력화 empowerment한다는 그 비전은 예산 삭감으로 줄어든 공적 지원을 공동체의 공통화에 떠넘기는 방식에 지나지 않았다. 이러한 점에서 자본에게 공통의 부란 "오로지 사적인 것으로, 전유 가능한 것으로, 축적 수단으로, 어떤 생산자 공동체가 다른 생산자 공동체를 이용하기 위한 조건으로 나타날 뿐"[81]이다.

이처럼 데 안젤리스는 공통장을 자본의 외부로 설정하는 한편, 그것이 자본과 관계 맺는 방식을 중요한 문제로 다룬다. 여기서 자본은 자신의 지속가능성을 위해 공통장을 종획하거나 흡수하는 하나의 사회적 세력social force으로 설정된다. 그가 말하는 사회적 세력이란 "하나의 텔로스telos", "또는 자기보전의 코나투

79. 같은 글.
80. De Angelis, "Crises, capital and co-optation."
81. 데 안젤리스, 『역사의 시작』, 444쪽.

스conatus를 지닌 사회적 힘들powers의 연결 혹은 절합"이다.[82] 즉 자본은 "자신의 텔로스와 코나투스가 외부에 있는 모든 것 자체의 해체와 식민화를 요구하는 사회적 세력"[83]이다. 그리고 이 "사회적 세력에 대한 투쟁에 사회적 주체들이 참여할 때면 언제라도 하나의 외부가 구성된다." "이처럼 외부는 투쟁하는 살아있는 주체들에 의해 구성된다. 이러한 의미에서 그것 [역시] 하나의 사회적 세력이다. 이 사회적 세력은 자신을 지배적인 가치들의 외부에 있는 하나의 사회적 세력으로 상정함으로써, 이 다른 가치들을 자신의 목적으로 전환하고 그에 따라 변화를 위해 필수적인 조건들을 정하는 하나의 주체다."[84] 이처럼 공통장과 자본은 서로 대립하기도 하고 연결되기도 하는 사회적 세력이다. 자본이 공통장을 흡수/종획할지, 아니면 공통장이 자본의 "구멍"에 침투하여 번식할지는 두 사회적 세력 사이의 힘 관계에 달려 있다. 이렇게 사회적 세력들 간의 투쟁을 강조함으로써 그는 "탈근대를, 대기 중인 코뮤니즘으로 여기는 관점과 명확하게 거리를 둔다."[85] 물론 그 관점이란 앞서 살핀 네그리와 하트를 가리키는 것이다. 데

---

82. 같은 책, 88쪽. 데 안젤리스는 사회적 세력을 사회적 체계의 특별한 표현으로 이해한다(De Angelis, *Omnia Sunt Communia*, p. 108). 하나의 사회적 체계로서의 공통장에 대해서는 다음 절을 참고하라.

83. 데 안젤리스, 『역사의 시작』, 79쪽.

84. 같은 곳.

85. 같은 책, 27쪽. 데 안젤리스는 네그리와 하트가 탈근대를 마치 코뮤니즘으로의 이행이 예정된 시기로 이해한다면서 비판한다.

안젤리스가 보기에 그들은 "비물질 노동을 하나의 주어진 헤게모니적 경향으로 상정"함으로써 "구성적 문제화의 필요를 소거한다."[86] 물론 네그리와 하트가 ─ 앞서 언급한 자율주의의 특징인 ─ 투쟁하는 주체들의 구성력을 놓치는 것은 아니다. 그러나 그들은 비물질 노동이 그 자체의 속성을 통해 공통적으로 된다고 상정함으로써, 구성되어야 하는 문제 ─ 투쟁하는 주체들 사이에서의 공통성 ─ 를 주어지는 것으로 파악했다는 것이다. 이와 달리 데 안젤리스에게 비물질 노동의 '공통되기'와 자율적 생산은 비물질 노동의 특질에서 기인하는 것이 아니라 자본과 투쟁하며 자본의 것과 다른 척도를 구성하는 과정에서 출현한다.[87]

이렇게 공통되기의 문제를 자본과의 투쟁과 연결하는 데 안

---

86. 같은 책, 315쪽.
87. 데 안젤리스의 강조에도 불구하고 그의 관점과 네그리·하트의 관점이 뚜렷하게 대립된다고 보기는 어렵다. 네그리와 하트의 저술에서 비물질 노동으로부터 코뮤니즘으로의 이행이 경향적으로 서술되는 것은 사실이다. 그러나 그러한 서술은 특이성들의 집합인 다중이 그 내적 차이에도 불구하고 공통으로 행동할 수 있는 조건을 밝히는 것으로 이해해야 한다. 그들은 자신들의 기획이, 맑스가 단일한 노동계급을 가능하게 한 조건이 무엇인지 밝힌 것처럼, 다중이 구성될 수 있는 조건을 밝히는 데 있다고 이야기한다(네그리·하트, 『다중』, 154쪽). 요컨대 데 안젤리스가 다중 내의 분할을 강조하면서 '우리' 되기를 구성의 문제로 강조한다면 네그리와 하트는 '우리'가 될 수 있는 조건을 강조한다. 그 조건에 대한 강조가 구성의 문제를 저버리는 것은 아니므로 ─ 무엇보다 네그리와 하트에게 다중은 경험적인 개념이라기보다 이루어야 할 하나의 기획("다중 만들기")이다 ─, 이것은 주안점의 차이일 뿐 대립되는 관점이라고 보기는 어렵다(권범철, 「현대 도시의 공통재와 재생산의 문제」, 140~1쪽).

젤리스Massimo De Angelis의 논의는 이후 살펴볼 오아시스와 문래예술공단의 분석에 중요한 관점을 제공한다. 오아시스는 빈 공간을 점거한 것만이 아니라 정부기관 및 문화권력과 계속해서 대립했고 문래예술공단의 형성에는 재개발에 대한 대응이 중요하게 작용했기 때문이다. 그리고 그에 따라 출현한 사회적 전선은 다종다양한 주체들을 연결하는 주요 계기로 등장했다는 점에서 투쟁과 공통되기를 연결하는 데 안젤리스De Angelis의 논의는 이 책에서 중요한 자리를 차지한다.

페미니즘적 관점

페데리치는 공통장에 대한 페미니즘적 관점을 강조한다. 이는 "여성이 역사적으로나 지금 시대에나 재생산 노동의 주요 주체로서 남성들보다 더 공통자원에 의존해 왔고, 이를 수호하는 데도 가장 헌신적이었다는 인식"에서 비롯된다.[88] 여기서 알 수 있는 것은 공통장 논의에서 재생산 노동을 중요하게 다룬다는 점이다. 이러한 강조는 마리아로사 달라 코스따, 셀마 제임스, 마리아 미즈 등 일련의 페미니스트 저자들에게서 일관되게 나타난다.[89] 그렇다면 왜 재생산인가?

---

88. 페데리치, 『혁명의 영점』, 243쪽.
89. 다음을 보라. 마리아로사 달라 코스따, 『페미니즘의 투쟁』, 이영주·김현지 옮김, 갈무리, 2020; Selma James, *Sex, Race, and Class, 1952-2011*, PM Press, 2012 [셀마 제임스, 『성, 인종, 계급』, 서창현 옮김, 갈무리, 근간]; 마리

이들의 논의에 따르면 자본주의는 여성의 재생산 노동을 무상으로 전유하는 데 기반을 둔다. 미즈는 자본의 축적 혹은 성장이 "인간적 그리고 인간 이외의 요소들이 식민화되는 조건 아래에서나 가능"하다고 주장하면서 빙산의 비유를 사용한다. 자본과 임금 노동은 수면 위로 드러난 빙산의 일각에 불과하며 "가사노동, 비공식 영역의 노동, 식민지에서의 노동과 자연이 만들어낸 생산"이 수면 아래에서 경제의 대부분을 구성한다는 것이다.[90] 이와 같은 맥락에서 페데리치는 "여성들의 가내부불노동은 결코 전前 자본주의적 잔재가 아니며 역사적으로 노동력을 생산 및 재생산하는 노동으로서 다른 모든 형태의 생산의 기둥"이라고 주장한다.[91] 따라서 여성의 가사노동은 자본주의적 생산에서 가장 중요한 상품, 즉 노동력을 생산한다는 의미에서 그 자체로 생산적이다.[92] 노동력을 재생산하는 여성의 노동이 없다면 다른 어떤

아 미즈, 『가부장제와 자본주의』, 최재인 옮김, 갈무리, 2014.

90. 미즈, 『가부장제와 자본주의』, 23쪽. 이반 일리치는 이를 그림자 경제(shadow economy)라고 부른다. "그림자 경제의 출현에서 내가 주시하는 점은, 임금으로 보상받지도 못하고 시장으로부터 가계의 독립성을 지키는 데 기여하지도 않는 노역 형태가 등장했다는 사실이다. 새로운 비자급자족적 가내 공간에서 주부가 행하는 그림자 노동이 좋은 예다. 이 새로운 종류의 활동은 다른 가족 구성원이 임금 취득자로 계속 일할 수 있게 해주는 필요조건이다. 따라서 그림자 노동은 근대의 임금 노동과 더불어 나타난 현상이지만, 노동 집약적 상품 사회가 존속할 수 있는 조건으로 보자면 그림자 노동이 임금 노동보다 훨씬 근본적일 것이다"(이반 일리치, 『그림자 노동』, 노승영 옮김, 사월의 책, 2015, 8~9쪽).

91. 페데리치, 『캘리번과 마녀』, 9쪽.

생산도 유지될 수 없을 것이기 때문이다. 그러나 자본은 노동력을 확장하고 노동비용을 절감하기 위해 여성의 노동을 '진정한, 생산적인 노동'이 아닌 비생산적인 일로 평가 절하해야 한다. 여기서 임금 관계는 핵심적인 역할을 한다. 여성을 임금에서 배제하여 비노동자로 만드는 것이다.

노동계급 조직들이 분명히 밝히지도 않고 생각해 보지도 않은 것은, 바로 이 임금을 통해서 비임금 노동자에 대한 착취가 조직적으로 이뤄진다는 점이다. 이 착취는 임금이 없다는 점이 착취를 감추기 때문에 훨씬 더 효과적이다. 다시 말해 임금은 공장 내 교섭이 명확히 밝힌 것보다 더 많은 양의 노동을 하도록 만든다. 여성의 경우 그녀의 노동은 마치 자본 밖에서 이뤄지는 사적인 봉사처럼 보인다.[93]

페데리치에 따르면 유럽에서 여성이 비노동자로 정의되는 과

---

92. 제임스는 맑스를 인용하며 이렇게 쓴다. "석유 노동자의 아내는 그 노동자만큼 생산적이다. 왜냐하면 그녀는 매일 "노동력 자체를 직접 생산하고 양성하고 성장시키고 유지하며 재생산하기" 때문이다"(James, *Sex, Race, and Class*, p. 103). 맑스는 『잉여가치학설사』에서 이렇게 썼다. "생산적 노동은 상품을 생산하거나 노동력 자체를 직접 생산하고 양성하고 성장시키고 유지하며 재생산하는 노동이다"(Karl Marx, *Theories of Surplus Value*, Lawrence & Wishart, 1969, p. 172. James, *Sex, Race, and Class*, p. 103에서 재인용).
93. 달라 코스따, 『페미니즘의 투쟁』, 32~3쪽. 강조는 원저자의 것.

정은 봉건제에서 자본주의로 전환되던 17세기 후반에 거의 완성되었다.

이를 잘 보여 주는 것이 선대제하에 있는 가내수공업 노동자들이다.…[이들의] 가족에서 놀라운 것은, 부인이 남편과 나란히 서서 시장에 내다 팔 물건을 만들어도, 그에 대한 보수는 남편이 독차지했다는 것이다.… 잉글랜드에서는 부인이 간병이나 수유와 같은 노동을 한 경우에조차도 "아내의 소득은 법적으로 남편에게 귀속되었다." 그래서 행정교구에서 이와 같은 업무로 여성을 고용한 경우, 보수의 직접수취인을 남편으로 지정함으로써 "흔히 노동자로서의 여성을 은폐했다."[94]

심지어 여성이 집에서 한 일은 그것이 내다 팔기 위한 노동일지라도 비노동이라는 주장도 나타났다. 따라서 여성이 가족이 아닌 사람이 입을 옷을 만드는 경우 이는 "집안일"로 간주되었지만, 남성이 옷을 만들면 "생산적" 노동으로 간주되었다.[95]

이처럼 자본주의 여명기에 여성을 비노동자로 주조하는 임금

---

94. Sara Mendelson and Patricia Crawford, *Women in Early Modern England, 1550-1720*, Clarendon Press, 1998, p. 287. 페데리치, 『캘리번과 마녀』, 159~60쪽에서 재인용.

95. 페데리치, 『캘리번과 마녀』, 151~2쪽.

관계는 "노동의 위계를 구조화하고, 권력을 노동계급의 특정 부문으로 위임하며, 재생산 노동을 비롯한 어마어마한 착취의 영역을 감추고 자연화하는 수단으로 사용"[96]되었다. 페데리치에 따르면 이 시기에 종획을 통한 토지 사유화와 더불어 새로운 성적 분업이 형성되었는데, 그 분업에 따라,

> 프롤레타리아트 여성은 종획 때문에 남성노동자가 상실한 토지의 대체물이자 가장 기초적인 재생산 수단이 되었으며, 또 누구나 뜻대로 전유하고 이용할 수 있는 공동재화communal good가 되었다. … 모든 여성이 공동재화로 변했다. 일단 여성의 활동이 비노동으로 정의되자 여성의 노동은 마치 우리가 숨 쉬는 공기나 마시는 물처럼 누구나 마음껏 쓸 수 있는 천연자원으로 보이기 시작했기 때문이다.[97]

공유지의 종획은 남성과 여성에게 같은 의미로 다가오지 않았다. 페데리치에 따르면 공유지의 사회적 기능은 특히 여성에게 더욱 중요했는데, 이는 여성이 토지에 대한 권리나 사회적 권력이 더 약했기 때문이었다. 따라서 여성은 생존을 위해 공유지에 더욱 의존해야 했다. 이것은 남성에 대한 여성 종속을 완화하는 효

---

96. 같은 책, 9쪽.
97. 같은 책, 157쪽. 강조는 원저자의 것.

과도 있었다.[98] 그러나 공유지를 상실하고 또한 임금에서도 배제됨으로써 남성에 대한 여성의 종속은 더욱 심화되었다. 즉 공유지에서 축출된 남성이 여성이라는 공통재산과 임금을 획득했다면, 그와 달리 여성은 똑같이 공유지에서 축출된 이후 임금에서 배제되었을 뿐 아니라 남성의 재산이 되었다. 여성에게 둘러쳐진 울타리는 하나가 아니었던 것이다. 여성은 '공식적인' 경제에서 배제되었고 그들의 노동은 수면 아래로 자연화되었다.

요컨대 시초축적 시기에 일어난 것은 생산자와 생산수단의 분리만이 아니었다. 맑스는 여성의 신체에 이루어진 종획을 보지 못했다. 노동 내부에 위계를 만들고, 공장의 '생산적' 노동에 비해 재생산 노동을 비가치화함으로써 후자를 전유하기 위한 구조가 형성되었다. 즉 여성의 비임금 노동이라는 새로운 자본의 공통재가 형성되었다. 따라서 페데리치에게 중요한 문제는 자본의 공통재가 된 재생산 노동을 다시 재전유하는 것이다. 앞서 살펴본 바와 같이 데 안젤리스De Angelis가 공통되기를 구성constitution의 문제로 설정했다면 페데리치는 재생산에 필요한 물질적 수단의 공통화가 공통되기를 이루는 주요 메커니즘이라고 주장한다.[99] 재생산에 이어 여기서 주목할 부분은 "물질적" 수단이다. 페데리치는, 공통장이 "우리의 삶의 재생산을 보장해야 한다"[100]고 주장

---

98. 같은 책, 115쪽.

99. 페데리치, 『혁명의 영점』, 245쪽.

100. Caffentzis & Federici, "Common against and beyond capitalism."

하면서 비물질 공통장에 대한 지나친 강조를 경계한다. 페데리치
는 여러 공통장의 사례들을 언급하면서 특히 1980년대와 1990
년대 미국 전역에 확산된 도시 텃밭을 중요한 사례로 꼽는다. 그
것이 "식량생산에 대한 통제력을 회복하고, 환경을 재생시키며
자급에 필요한 물자를 공급하고자 할 때 반드시 필요한 "도비
화"rurbanization 과정으로 가는 문을 열었다"는 것이다.101 그러나
그것이 아직 소규모의 지역적인 운동에 머물러 있고 토지에 대한
접근권을 핵심적인 투쟁 영역으로 만들고자 하는 움직임이 미국
내에 거의 없다는 점을 문제로 지적한다. 거꾸로 말하면 토지에
대한 접근권은 페데리치의 공통장에서 가장 중요한 요소 중 하
나로 볼 수 있다.

　요약하면 페데리치에게 공통장이란 "우리의 삶에 대한 그리

---

101. 페데리치, 『혁명의 영점』, 240쪽. 마리아 미즈는 자급적 관점을 주장하면서
　　이렇게 썼다. "자급 생산, 즉 삶의 생산은 직접적으로 삶을 창조, 재창조, 유지
　　하는 데 쓰이며 다른 목적을 갖지 않은 모든 일을 포함한다. 따라서 자급 생
　　산은 상품이나 잉여가치 생산과는 정반대에 위치한다. 자급 생산의 목적은
　　'삶'인 반면, 상품 생산의 목적은 ─ 점점 더 많은 돈, 즉 자본의 축적을 '생산
　　하는' ─ '돈'이기 때문이다. 이러한 생산양식에서 소위 말하는 삶은 우연적이
　　고 부수적인 효과에 불과하다. 자신이 공짜로 착취하고자 하는 모든 것이 자
　　연의 일부이며 천연자원일 뿐이라고 선언해 버리는 것이 바로 전형적인 자본
　　주의 산업체제이다. 여성의 가사노동과 제3세계 농민의 일, 그리고 자연 전체
　　의 생산성이 여기에 속한다(Maria Mies, "Towards a Methodology for Femi-
　　nist Research," *Theories of Women's Studies*, ed. Gloria Bowls and Renate
　　Duelli-Klein, Routledge & Kegan Paul, 1983, pp. 117~39. 마리아 미즈·베로
　　니카 벤홀트-톰젠, 『자급의 삶은 가능한가』, 꿈지모 옮김, 동연, 2013, 55~6쪽
　　에서 재인용).

고 우리의 재생산의 조건에 대한 통제를 되찾고, 공유와 평등한 접근에 기초하여 자원을 제공하는 자율적 공간"이다. 재생산의 물질적 조건의 확보라는 측면에서 토지에 대한 접근권을 강조하는 그는 도시 텃밭뿐 아니라 스콰트 역시 중요한 사례로 파악한다. 그에 따르면 "1980년대 이후 세계 전역에서 매우 많은 도시 외곽에 형성되었던 스콰터 운동"은 "자기 공급의 실험들"이자 "대안적인 생산양식의 씨앗"이다. 이와 같이 공통장은 "새로운 생산양식을 배아적으로 예시"하면서 "점차 우리의 삶을 시장과 국가에서 구해내는 기지로 존재"해야 한다. 그는 이러한 점에서 그 공통장은 볼리어 등이 말한 것과는 질적으로 다르다고 주장한다.[102]

페데리치가 명시적으로 정리하지는 않지만 그의 논의에서 공통장은 두 가지 형태로 나타난다. 흥미로운 것은 이 두 가지가 서로 대립된다는 점이다. 그가 여성이 비노동자로 정의되는 과정을 고찰할 때 여성은 자본의 공통재로 등장한다. 천연자원과도 같은 이 공통재는 자본주의적 생산양식의 기반이다. 그러나 그가 카펜치스와 함께 쓴 글에서 공통장은 "투쟁의 산물"이자 "대안적인 생산양식의 씨앗"이다. 이것은 공통장에 대한 몇 가지 함의를 드러낸다. 첫째는 자본도 공통재에 크게 의지한다는 점이다. 이것은 앞서 데 안젤리스의 논의에서도 발견되는 지점이다. 물론 페

---

102. Caffentzis & Federici, "Common against and beyond capitalism." 강조는 인용자의 것.

데리치의 논의에서 공통재의 가장 큰 부분을 차지하는 것은 여성의 비임금 노동이다. 둘째는 공통재와 공통장은 다르다는 것이다. 여성이 자본의 공통재가 되었다는 것은 여성 자신의 노동과 그 결과물—남성 노동자의 노동력—이 자신의 통제 바깥에 있는 상황을 가리킨다. 다시 말해서 이것은 공동체가 통제하지 못하는 공통재로서 일종의—앞서 볼리어가 언급한—개방 접근 체제에 있는 재화와도 같다. 이러한 점에서 공통재는 공통장의 한 요소에 불과하다.[103] 셋째, 자본에 의해 전유됨에도 불구하고 여성의 비임금 노동이 공통재로 기능한다는 점은 그들의 노동이 어떠한 부를 생산한다는 것을, 그리하여 여성의 노동이 가지는 생산적인 성격을 보여 준다. 그들 자신이 생산한 부에 대한 통제권을 회복한다면 "대안적인 생산양식의 씨앗"을 심는 것은 가능할 것이다. 따라서 (자본의 공통재가 아닌) 대안적인 공통장에서는 그러한 통제권을 회복할 수 있는, 그리고 그것을 공통의 이해관계로 공유하며 연결되는 집합적 주체의 형성이 중요하다. 이것이 페데리치가, "공통장은 우리가 생산하는 자원을 평등주의적 방식으로 공유하는 실천이 아니라, 집합적 혹은 복수의 집합적 주체들의 창출에 대한 책임이며, 우리의 삶과 정치적 작업의 모든 양상에서 공통의 이해관계를 조성할 책임이고, 따라서 모든 위계와 불평등, 그리고 모든 타자화와 배제의 원리에 대한 거부의 책임이

---

103. 이 지점은 다음 절에서 좀 더 자세히 다룬다.

다"[104]라고 선언할 때 뜻하는 바일 것이다.

이 책은 도시의 예술가들이 "집안의 노동자"[105]인 여성들과 유사한 상황에 있다고 이해한다. 여성이 집안에서 비임금 노동을 통해 남성 노동자의 노동력을 생산한다면, 예술가들은 비임금 노동을 통해 도시의 풍경을 생산한다. 이러한 점에서 그들의 무대, 가정과 도시는 모두 하나의 공장으로 나타난다. 우리는 사회적 공장이 된 도시에서 예술가의 역할을 검토하는 다음 장에서 이 지점을 다룰 것이다. 그 전에 공통장에 대한 기존의 논의를 다시 한번 정리할 필요가 있다. 여기서는 여성이 비노동자로 정의되었지만 사실 수면 아래에 있는 생산적 노동자라는 점을, 그리고 예술가 역시 그와 유사한 위치에 있다는 점만 언급하기로 한다.

체계로서의 공통장

지금까지 살펴본 논의들은 이 책의 내용과 다양한 측면에서 연결된다. 먼저 피지털 공통장과 도시 공통장을 연결하는 바우웬스의 논의는 이 책의 사례와도 상당히 맞닿아 있다. 예술가들이 네트워크를 형성하면서 공유하는 것은 지식, 정보 같은 비물질 자원뿐 아니라 물리적 공간에 대한 접근권까지 포함하기 때문

---

104. Caffentzis & Federici, "Common against and beyond capitalism."
105. 마리아로사 달라 코스따, 『집안의 노동자』, 김현지·이영주 옮김, 갈무리, 2017.

이다. 이러한 점에서 예술가들의 공통장을 피지털의 측면에서 분석할 수도 있을 것이다. 다음으로 자율주의적 관점에서 주요하게 다룬 네그리와 하트의 삶정치적 생산에 대한 논의는 어떻게 현대 도시가 새로운 공장이 되었는지 보여 준다. 이들은 도시를 공통적인 것의 저장소로 이해하면서, 예술가들의 활동이 자본에 포섭되면서도 그것을 넘어설 가능성 또한 품고 있다는 것을 알려 준다. 자율주의 계열에 속하면서도 네그리·하트와 결을 달리하는데 안젤리스는 공통의 이해관계가 구성의 문제임을 강조하면서 우리가 공통장 분석에서 놓치지 말아야 할 지점을 지시한다. 특히 잠시 뒤에 살펴볼 바와 같이 공통장을 하나의 체계로 정리하는 그의 논의는 이 책에서 공통장을 정의하는 방식의 토대를 이룬다. 마지막으로 페데리치를 중심으로 한 페미니스트들의 논의는 이 책에서 도시의 예술가를 이해하는 데 결정적인 관점을 제공한다. 예술가를 사회적 공장의 노동자로 이해하는 이 책의 관점은 여성을 노동자로 재발견한 이들의 논의에 크게 기대고 있다.

이들의 논의를 크게 두 부류 ― 제3섹터로서의 공통장과 반자본주의적 공통장 ― 로 구분했지만,[106] 그리고 후자에 속하는 여러 논자가 자신들의 논의를 전자와 구별 짓지만 둘 사이의 견해가 크게 대립된다고 보기는 어렵다. 가령 바우웬스는 시장, 국가, 공통

---

106. Vangelis Papadimitropoulos, "The Politics of the Commons," *tripleC*, 15(2), 2017, pp. 563~581는 공통장을 자유주의, 개혁주의, 반자본주의의 세 가지로 구분한다.

장의 삼두체제를 주장하지만 데 안젤리스는 국가나 시장을 넘어서는 공동체의 자기 통치를 주장한다. 그럼에도 두 견해는 연결될 수 있다. 데 안젤리스가 아나키즘과 코뮤니즘과 사회주의의 관계를 상호보완적인 것으로 설명하면서 "자본을 극복하기 위한 전투"는 "국가 내에서(사회주의), 국가에 맞서서(아나키즘), 국가를 넘어서(코뮤니즘) 투쟁하는 법을 찾아야"[107] 한다고 말하기 때문이다. 이때 국가가 공통장을 지원하는 형태로 재편되어야 한다는 바우웬스의 주장을 "국가 내에서"의 투쟁으로 이해한다면 둘 사이의 연결점을 찾기란 어렵지 않을 것이다.

이렇게 이 저자들은 공통장을 바라보는 관점에서 조금씩 차이를 드러내지만 상당한 공통점을 찾을 수 있다. 첫째, 공통장은 주어지는 것이 아니라 생산된다. 이것은 비물질 재화만이 아니라 물질 재화에서도 그러하다. 이것이 뜻하는 바는 어떤 재화도 그것 자체의 속성에 의해 공통적으로 되는 건 아니라는 점이다. 특정 재화를 공통의 재화로 만드는 것은 그것에 대한 책임을 가지고 함께 공유하고 규제하며 관리하는 주체들, 공통인들이다. 이들의 활동이 특정 재화를 공통재로 '생산'한다. 따라서 둘째, 공동체 없는 공통장은 있을 수 없다. 여기서 공동체란 배타적인 이해관계를 가지고 타 집단과 분리되는 폐쇄적인 집단이 아니라 페데리치의 말처럼 "인간에 대한, 지구에 대한, 삼림과 바다, 동물에

---

107. 데 안젤리스, 『역사의 시작』, 448쪽.

대한 관계의 질, 협력과 책임의 원칙에 가깝다."[108] 셋째, 스콧을 다루며 언급한 것처럼 공통장은 저항과 구성의 두 선을 지닌다. 먼저 어떤 재화도 그냥 주어지지 않으며 투쟁에 의해서만 공통재로 된다는 점에서 공통장은 저항적인 성격을 띤다. 또한 그것은 연대와 호혜의 관계를 형성하고 자율적으로 자신의 삶을 재생산한다는 점에서, 즉 대안적인 생산양식의 씨앗이 될 수 있다는 점에서 구성의 성격도 가진다. 저항이 기존 제도와 관련된 개념이라면 구성은 새로운 삶에 대한 것이다. 구성이 없는 저항은 역설적으로 기존 질서에 갇힐 수밖에 없고 저항이 없는 구성은 자기기만적일 수 있다. 넷째, 공통장은 하나의 체계다. 데 안젤리스는 앞서 살펴본 바와 같이 공통장을 공통재, 공동체, 공통화라는 세 가지 요소가 상호 결합하면서 이루는 하나의 체계로 인식한다. 이러한 점에서 그는 공통장과 공통재를 분명하게 구분한다.[109] 공통장을 체계로 이해하는 그의 논의를 좀 더 자세히 살펴보자.

우선 공통재는 다수를 위한 사용가치를 가리킨다. 그러나 이것만으로 탈자본주의적인 의미의 공통재를 정의하기엔 충분하지 않은데, 대량 생산되는 상품 역시 다수를 위한 사용가치이기 때문이다. 따라서 어떤 재화가 공통재가 되려면 소유권property rights과는 다른 의미에서 그 재화에 대한 책임감ownership을 주장하는

---

108. 페데리치, 『혁명의 영점』, 247쪽.
109. De Angelis, *Omnia Sunt Communia*, p. 18.

공통인들의 집합이 형성되어야 한다. 이런 의미에서 공통재는 이중적인 성격을 띠게 되는데 그것은 사용가치를 제공하는 재화라는 의미에서 하나의 객체이면서 다수의 주체들의 책임감을 요한다는 측면에서 주체적 성격을 띤다. 바로 이러한 지점에서 우리는 공통장을 사회적 체계로 이해하는 길 ─ 객체와 주체의 얽힘 ─ 을 열 수 있다.[110] 사적소유권에 기초한 체계는 재화를 대상으로 분리하여 소유하려 하지만, 공통장은 그 대상과 서로 분리될 수 없는 관계에 있다. 데 안젤리스는 아프리카, 아메리카, 아시아, 오스트레일리아 같은 지구 전역의 토착 문화를 사례로 들면서 이 문화에서 "동물과 물과 땅은 주체성의 한 유형을 표현하는 것으로, 우리가 균형 잡힌 그리고 공정한 방식으로 관계 맺어야 하는 살아 있는 존재의 일부분으로 간주된다"고 설명한다.[111]

다음으로 공통화는 공통의 행위로서, "공통장 영역 내에서 일어나는 사회적 행위(사회적 노동)의 형태"[112]를 가리킨다. "이를 통해 공통의 부와 공통인들의 공동체는 사물, 사회적 관계, 정동, 결정, 문화의 (재)생산과 더불어 (재)생산된다."[113] 라인보우는 이

---

110. 같은 책, pp. 29~32.

111. 같은 책, p. 133. 에머슨(Ralph Waldo Emerson)의 시는 이 관계를 다음과 같이 표현한다. "그들은 나를 그들의 것이라고 불렀다, / 그렇게 나를 통제했다 / 그러나 누구나 다 / 머물렀다가, 떠났다, / 어찌 내가 그들의 것이 될 수 있으랴, / 그들이 나를 껴안지 못해, / 내가 그들을 껴안고 있는데"(코어, 「스콧의 철학, 소유권에 대한 새로운 도전」에서 재인용).

112. De Angelis, *Omnia Sunt Communia*, p. 121.

와 유사하게 공통화가 "노동 과정에 심겨 있다"고 설명한다.[114] 소작인들이 들판, 고지, 삼림, 습지, 해안을 활용하는 특정한 방식 안에 공통화가 내재되어 있다는 것이다. 그러므로 공통화는 어떤 정리된 원리가 아니라 우리가 함께 특정한 과제를 수행하거나 문제를 해결하는 순간에 출현한다.[115]

마지막으로 공동체는 "다수의 공통인들과 그들의 정동적·사회적 관계"를 가리킨다. 이것의 진정한 성격은 "공통화의 많은 순간 속에서 출현한다."[116] 이러한 공동체가 반드시 공통의 문화적이거나 정치적인 혹은 이데올로기적인 친밀감에 근거하는 것은 아니다. 그러한 동일성이 반드시 삶의 재생산에 필요하지는 않기 때문이다.[117] 따라서 공동체는 어떤 동일성을 바탕으로 상상된 집단이 아니라 현실의 상호교류 속에서 출현하는 사회적 관계다. 즉 "공통장의 인식론에서 공동체는 공통인으로서, 즉 그 자원을

---

113. 같은 책, p. 119.

114. 라인보우, 『마그나카르타 선언』, 75쪽.

115. "공통인들은 먼저 권리증서에 대해서 생각하는 것이 아니라 인간의 행동에 대해서 생각한다. 이 땅을 어떻게 경작할 것인가?"(같은 곳).

116. De Angelis, *Omnia Sunt Communia*, p. 124.

117. 이러한 점에서 공동체(共同體)라는 용어는 오해의 소지를 불러일으킨다. 그것은 정의상 모두가 동일한 조직체를 의미하기 때문이다. 이에 반해 최근 사용되는 공통체(共通體, commonwealth)는 동일성의 의미를 제거하고 서로 연결되는 형태를 지칭한다는 점에서 더 적합한 용어로 보인다. 그리고 이 책에서 사용되는 공동체의 의미는 후자에 더 가깝다. 그러나 공동체가 community의 일반적인 역어로 통용되고 있고, 이 책에서 사용하는 공동체 역시 많은 경우 역어로서 등장하기 때문에 공동체라는 용어로 통일하여 사용한다.

공유하고 돌보고 개발하고 만들고 재창조하는 사람으로서의 주
체들과 그들의 상호관계들의 집합"[118]을 가리킨다.

그렇다면 공통장을 하나의 사회적 체계로 파악한다는 것은
무엇을 의미하는가? 데 안젤리스에 따르면 우리가 사는 세계, "우
리의 사회적 관계들의 체계는 자본주의가 아니다."[119] 우리의 세계
는 자본주의보다 훨씬 더 거대하며, 자본주의는 "훨씬 더 광범위
하고 모든 것을 아우르는 어떤 것, 즉 사회적 재생산 체계에 속한
하나의 하위체계에 불과하다."[120]

> 공동체 관계, 선물 교환, 서로 다른 유형의 가족 및 친족 관계, 연
> 대와 상호부조 관계, 존재하는 것뿐 아니라 상상할 수 있는 것까
> 지, 이 모든 것들은 사회적 협력과 생산 체계들을 이룬다. 이것들
> 은 함께 있고, 다양한 정도로 종종 교차하며, 우리가 자본주의
> 라고 여기는 사회적 협력과 생산 체계에 흡수되거나 그것과 직접
> 적인 갈등을 빚는다. 이 모든 체계들의 집합뿐 아니라 그 체계들
> 의 절합이 우리가 지구에서 살림살이를 재생산하는 방식을 정의
> 한다. 그러므로 자본주의는 전체가 아니다.[121]

---

118. De Angelis, *Omnia Sunt Communia*, p. 126.
119. 데 안젤리스, 『역사의 시작』, 80~1쪽. 강조는 원저자의 것.
120. 같은 책, 87쪽.
121. 같은 곳.

즉 자본주의는 "우리의 세계의 부분 집합"[122]이며, 공통장도 역시 우리의 세계를 이루는 하나의 하위체계, 부분 집합이다. 앞서 언급한, 공통장이 자본주의의 외부에 있다는 말은 바로 이러한 의미에서다. 이 사회적 체계는,

사회적 행동의 어떤 규모에서건 자신의 작용을 통해 자신의 재생산을 추구하면서, 다른 사회적 체계들에 영향을 미치고, 그것들과 충돌하며, 어지럽히고, 포섭하고, 결합하며, 변형시키거나 파괴한다. 이를 통해 사회적 체계는 다른 사회적 체계들을 자신의 개발 수단으로 만든다. 따라서 하나의 사회적 체계는 특정 유형의 가치 실천들을 중심으로 한 복수의 사회적 힘들의 응집 혹은 합성이다.[123]

따라서 자본주의는 '축적을 위한 축적'이라는 가치 실천을 중심으로 다른 사회적 체계들을 포섭하는 하나의 지배적인 사회적 체계라고 할 수 있다. 그렇다면 공통장은 공생공락, 연대와 호혜의 관계 등 다른 대안적 가치들을 중심으로 하는 사회적 체계라고 할 수 있을 것이다. 이렇게 자본주의와 공통장을 각각 하나의 사회적 체계로 이해함으로써 우리는 이후 도시 공통장의 생산과

---

122. 같은 책, 86쪽.
123. De Angelis, *Omnia Sunt Communia*, p. 108.

전유를 분석하기 위한 기초를 마련할 수 있다.

이 책에서 주목하는 지점은 공통장에 영향력을 행사하는 특정한 사회적 체계인 자본주의가 공통장 형태를 띨 수 있다는 점이다. 그것이 공통장의 작동을 흡수하거나 그 작동 방식을 모의한다는 점에서 그러하다. 이것은 데 안젤리스가 "비뚤어진" 공통장으로 이해했던 것과 유사하다. 우리는 그러한 사례를 인터넷의 여러 소셜 미디어에서 쉽게 발견할 수 있다. 페이스북, 유튜브 등의 가치를 생산하는 것은 그 사이트에 접속하여 글, 사진, 영상 등을 업로드하고 공유하며 즐기는 사용자들이다. 이들은 상호교류를 통해 거대한 부를 생산하는 '노동자'지만, 이들이 생산한 부는 그 알고리즘을 설계한 기업으로 흘러 들어간다. 이러한 점에서 그것은 "비뚤어진" 공통장의 사례다. 이러한 사례는 온라인에서만 일어나는 일이 아니다. 창조도시라는 도시 정부의 전략은 도시 자체를 창조경제의 생산 기지로 만들고자 한다. 이러한 전략에서 예술가들의 역할이 중대하다는 것은 말할 필요도 없다. 이들의 활동은 자신의 의도와는 무관하게 특정 지역에 축적되는 집합적 상징자본을 생산한다. 창조도시는 바로 그러한 공통장의 작동을 모의하는 전략이다. 이 책에서는 이렇게 공통장의 작동을 흡수하거나 그 작동 방식을 모의하는 사회적 체계를 전략 공통장으로 정의한다. 그리고 그 안에서 그것에 맞서서 그것을 넘어서는 대안적인 가치 실천을 통해 삶의 재생산을 추구하는 이들의 공통장은 **전술 공통장**이라고 부른다.[124] 이러한 구분은 공통장을 계급 관점에서 이해하기 위한 시도이다. 그 관점에 따라 우리는 도시의 구성이 두 공통장의 힘 관계에 달려 있다고 주장할 수 있다.

이러한 공통장 구분은 앞서 다룬 공통장 논자들―특히 데 안젤리스, 카펜치스, 페데리치, 미즈 등―이 유사한 방식으로 이미 시도한 바 있다. 따라서 이러한 시도가 이루어진 배경과 그들의 논의를 살피면서 이 책에서 다룰 내용과의 관계를 검토할 필요가 있다.

---

124. 전략과 전술, 그리고 전략 공통장과 전술 공통장에 대해서는 2장에서 좀 더 자세하게 다룬다.

2 장

도시, 공통장, 예술

—— 신자유주의와 공통장
—— 창조도시라는 공장
—— 도시 공통장을 둘러싼 갈등 :
　　전술 공통장 대 전략 공통장

1장에서는 공통장에 대한 여러 논의를 살펴보았다. 2장에서는 이 논의에 기대 도시와 공통장 그리고 예술의 문제를 살펴본다. 공통장에 대한 기존 연구들은 주로 자연자원을 다루지만 여기서는 현대 도시에서 공통장이 생산되는 방식과 그것을 둘러싼 갈등을 이론적 수준에서 다룬다.[1] 이 갈등에서 중요한 문제는 신자유주의하에서 공통장이 놓인 이중적인 상황이다. 공통장은 신자유주의적 "새로운 종획"[2]의 대상이기도 하지만 또 한편으로는 흡수의 대상이기도 하기 때문이다. 이러한 이유로 신자유주의 전략에서 공통장은 매우 혼란스러운 모습으로 나타난다. 이 장은 그러한 양상을 검토하는 것으로 시작하여 공통장과 예술(가)의 문제를 다룬 뒤 실제 사례를 분석하기 위한 틀로서 전술과 전략의 개념을 도입한다.

신자유주의와 공통장

신자유주의와 공통장의 흡수

신자유주의는 시공간적인 맥락에 따라 다양한 모습으로 나

---

1. 도시 공통장의 실제 사례는 3장과 4장에서 다룬다.
2. 미드나잇 노츠는 1970년대 중반 이후 축적 과정의 대규모 재조직화에서 비롯된 사태들, 즉 부채 위기, 다양한 사회적 권리의 축소, 사회주의권의 붕괴 등을 "새로운 종획"의 여러 양상으로 이해한다(Midnight Notes Collective, "The New Enclosures").

타났고 그에 대한 이해 방식도 다양하지만 일반적으로 전후 구축된 사회적 거래와 공적인 것 혹은 공통적인 것에 대한 대대적인 공격으로 이해된다. 데이비드 하비에 따르면 신자유주의는 "강력한 사적 소유권, 자유 시장, 자유무역의 특징을 갖는 제도적 틀 내에서 개인의 기업가적 자유 및 기능을 해방시킴으로써 인간 복지가 가장 잘 개선될 수 있다는 점을 제안하는 정치적·경제적 실행에 관한 이론"이다.[3] 이것은 그가 "강탈에 의한 축적"accumulation by dispossession이라고 부르는 것을 주요 메커니즘으로 갖는데, 이는 토지의 상품화와 사유화, 소농 인구의 추방, 공유·집단·국가 자산 등 다양한 형태를 띤 소유권의 배타적 사유재산권으로의 전환, 공통장의 억압, 노동력의 상품화와 대안적인 생산·소비 형태의 억제 등으로 나타난다. 그는 이렇게 신자유주의화의 본질적이고 주된 "업적"이 부와 소득의 창출보다는 재분배에 있다고 이야기하면서 종획의 지속성을 강조한다.[4] 그에 따르면 강탈에 의한 축적은 과잉축적의 문제를 해결하기 위한 자본의 전략이다. 자본주의는 확대재생산이라는 자신의 작동 원리의 필연적인 결과로 과잉축적의 압박에 직면하게 되고 이를 우회하기 위한 수단을 자신의 외부에서 구해야 한다는 것이다. 따라서 '시초' 축적은 더 이상 자본주의와 관련이 없는 과거의 일이 아니라 현재 진

3. 데이비드 하비, 『신자유주의』, 최병두 옮김, 한울, 2007, 15쪽.
4. 같은 책, 194쪽.

행 중인 일이며, 그것의 선봉에 있는 사유화는 공통장의 종획이 라는 효과를 낳는다.[5]

여기서 종획은 신자유주의의 주요 기제 중 하나다. 여러 이론 가가 이 종획의 위험을 공통장이 부상하게 된 계기 중 하나로 설 명한다. 모든 것을 시장 논리에 종속시키려는 그 시도가 대안으 로서 공통장에 주목하도록 만들었다는 것이다.[6] 그러나 그 대안 적 성격에도 불구하고 그 개념은 흡수될 수 있다. 신자유주의가 야기한 사회적 재생산의 위기와 그에 대한 저항으로 인해 자본에 대한 대안이 아닌 자본의 출구 전략으로 공통장이 전유되는 것 이다.[7] 데 안젤리스에 따르면 이것은 신자유주의와 자본을 분리 하여 대응하는 흐름에서 발견된다.

종획과 공통장의 대립이 오늘날 문헌에서 나타나고 있지만 나는 그것의 함의가 지닌 급진성이 충분히 이론화되어 있다고 생각하 지 않는다. 이것은 두 가지 이유 때문이다. 첫째, 종획하는 세력 을 일반적으로 정책(예를 들어 신자유주의적 정책)의 측면에서

5. 데이비드 하비, 『신제국주의』, 최병두 옮김, 한울, 2005.
6. 나오미 클라인은 대안지구화운동의 운동들이 '공통장을 되찾자'는 정신을 공 유한다고 말한 바 있다(나오미 클라인, 「공통재를 되찾기」, 『자본의 코뮤니 즘, 우리의 코뮤니즘』, 연구공간 L 엮음, 난장, 2012).
7. 다음을 보라. Caffentzis, "The Future of 'The Commons'"; 2004; Caffentzis & Federici, "Common against and beyond capitalism"; De Angelis, "The tragedy of the capitalist commons"; 데 안젤리스, 『역사의 시작』.

만 담론적으로 식별하기 때문이다. 이 정책들을 자본 고유의 충동이 지닌 특별한 역사적 형태로 이해하기보다 말이다. 이런 말이 신자유주의 특유의 양상을 인식하는 것의 중요성을 무시하는 것은 아니다. [오히려] 그 반대다. (세계사회포럼이나 유럽사회포럼 같은) 시민사회와 사회 운동의 많은 공공 포럼에서, 문제는 신자유주의가 아니라 '자본주의'라는 것을 우리에게 상기시키는 맑스주의자들은 대개 정치전략적 연결이 아니라 교조적인 연결을 만든다. '신자유주의'라는 용어가 특별한 역사적 시기에 나타나는 자본가의 전략을 식별하기 때문에, 자본의 대안을 다루는 효과적이고 지적인 담론은 다양한 역사적 시기에 공통적인 자본의 내재적인 충동과 역사적 우발성을 절합할 수 있어야 한다. '교조적' 맑스주의자가 전략의 역사적 형태보다 '내용'을 우선함으로써 이 절합에 실패한다면, 운동 내부의 다른 많은 접근들은 '내용', 즉 자본의 충동과 절합하지 않고 역사적 형태만을 강조한다. 따라서 둘째, 이 후자의 접근법에서 공통장은⋯ 자본에 대한 대안으로 존재하는 사회적 실천이 아니라 보통 대안적인 '정책'으로 이해된다. 여기가 자본이 공통장을 흡수할 위험이 있는 곳이다. 예를 들어 창조성과 혁신을 촉진하지만 그런 다음 시장을 통해 다른 공통장에 맞서고 대립하는 형태로 절합되는 사회적 관계들의 공간처럼 말이다.[8]

---

8. 데 안젤리스, 『역사의 시작』, 277쪽. 강조는 인용자의 것.

데 안젤리스가 "운동 내부의 다른 많은 접근"에서 발견하는 공통장은 자본에 대한 대안적인 실천이라기보다 그 역사적이고 특수한 형태 — 신자유주의 — 에 대한 대안적인 '정책'이다. 이를 통해 "공통장이라는 사고는 점점 자본주의적 사회관계에 대한 대안이라기보다는 그것의 구원자로서 기능하는 것처럼 보인다."[9] 이러한 정책이 신자유주의로부터 위기를 맞은 이들이 아니라 자본 자체를 구원하는 데 초점을 맞추기 때문이다. 그러한 사례 중 하나가 "지구 공통장"global commons이라는 개념이다. 카펜치스와 페데리치는 세계은행이 지구 공통장을 보호한다는 명목하에 여러 세대에 걸쳐 살았던 사람들을 숲에서 내쫓고 화폐를 지불할 수 있는 사람들에게 접근권을 부여한다고 주장한다.[10] "세계은행은 시장 — 게임파크나 에코투어리즘 지구라는 형태로 — 이 가장 합

9. De Angelis, "The tragedy of the capitalist commons."

10. 애나 이슬라는 교토 의정서의 청정개발체제(Clean Development Mechanism)가 어떻게 코스타리카에서 자급 공동체를 파괴했는지 보여 준다. 탄소 배출의 주요 원천인 선진산업국은 배출 절감 비용을 줄이기 위해 자국의 배출량을 줄이기보다 발전도상국의 온실가스 감축에 투자하거나 탄소배출권을 매입한다. 이에 따라 우림(rainforest)이 CO_2를 흡수하는 '자연자본'으로 가치화되면서 코스타리카는 대대적인 조림 사업을 벌였고 이 과정에서 자급 공동체를 이루고 있던 수많은 농민 가구가 사업 지역에서 쫓겨나 도시 빈민으로 전락했다. 이러한 종획 이후 해당 지역은 북구 관광객을 위한 에코투어리즘의 명소로 전환되었고, 쫓겨난 이들 중에서도 달리 일자리를 구할 수 없었던 여성들은 마찬가지로 북구 남성 관광객을 위한 섹스투어리즘의 종사자가 되었다(Ana Isla, "Who pays for the Kyoto Protocol?," in *Eco-Sufficiency and Global Justice*, ed. Ariel Salleh, Pluto, 2009, pp. 199~217).

리적인 보존 수단이라고 주장한다. 유엔 또한 세계의 주요 생태
계 ─ 대기, 바다, 아마존 숲 ─ 를 관리하기 위한 권리를 주장하며
그것들을 "인류의 공통 유산을 보존한다"는 명목하에 상업적 착
취에 개방한다."[11]

마리아 미즈와 반다나 시바는 이 개념을 다국적 기업이 지역
공동체의 자원을 사유화하는 첫 단계로 이해한다. 이들에 따르
면 지역 공동체의 사유화는 다음의 단계를 통해 달성된다. "(1) 타
인이나 공동체의 공통장이 '지구 공통장' 혹은 '세계 인류 유산'으
로 선언된다. (2) 다국적 기업들은 이러한 지구 공통장에 대한 자
유로운 접근권을 보장받으며, 이러한 도둑질은 새로운 법(특허
법)에 의해 국가를 '공공선'의 수호자로 선언함으로써 합법화된
다. (3) 사유화, 상업화, 독점화는 진보와 개발이라는 이름으로 합
법화된다. (4) 그 결과 지역 공동체는 몰수되고 빈곤에 빠진다."[12]
따라서 "공통장의 재창조"란 상반되는 두 개념으로 나타난다. 첫
번째는 "우리의 관점"이다. 이것은 풀뿌리 운동을 통해 아래로부
터 공통장을 지키고 개선하고 다시 창조하는 것이다. 두 번째는
바로 "지구 공통장"이다. 이것은 위로부터 고안된 개념으로서 주
로 다국적 기업의 이익을 위해 국제기구나 국제 전문가들에 의해
도입된다.[13]

---

11. Caffentzis & Federici, "Common against and beyond capitalism."
12. Maria Mies & Vandana Shiva, *Ecofeminism*, Zed Books, 1993. 미즈·벤홀
트-톰젠, 『자급의 삶은 가능한가』, 288쪽에서 재인용.

카펜치스의 구분은 좀 더 명시적이다. 그는 공통장 담론이 "필연적으로 반자본주의적"이라는 그릇된 가정 때문에 그 개념을 둘러싼 혼란이 가중되고 있다고 본다. 그는 "(1) 자본주의적 축적과 양립가능하며 그것에 힘을 더하는 친자본주의적 공통장과 (2) 자본주의적 축적에 적대적이고 전복적인 반자본주의적 공통장"을 구분하면서 그 개념이 지닌 이중적인 기능을 밝히려 한다.[14] 그는 대공황의 위기 속에서 케인스주의 경제학이 신고전주의 경제학을 대체하며 지배 계급에게 출구를 제공했던 것처럼 오늘날 신자유주의가 위기를 맞이함에 따라 공통장이 하나의 출구로 고려되고 있다고 주장한다.[15] 그에 따르면 이러한 전환은 1990년대에 시작되었는데 1992년 세계은행이 낸 세계개발보고서는 중요한 전환점으로 여겨진다. 이 보고서는 대규모 기관보다 마을 공동체 같은 미시사회적 제도들이 더 훌륭하게 자원을 관리할 수 있다고 인정한다.[16] 카펜치스는 이러한 입장의 전환을 신자유주의적 토지 및 자원 사유화에 맞서 1980년대부터 진행된 중앙아메리카, 아프리카의 강력한 투쟁들의 결과로 해석한다. 그 저항들이 간단히 무시할 수 없을 만큼 거세짐에 따라 세계은행

---

13. 미즈·벤홀트-톰젠, 『자급의 삶은 가능한가』, 295쪽.
14. Caffentzis, "The Future of 'The Commons.'"
15. George Caffentzis, "A Tale of Two Conferences.," *The Commoner*, 2004, http://www.commoner.org.uk/?p=96.
16. World Bank, *World Development Report 1992*, Washington, D.C., The World Bank, 1992.

은 — 카펜치스가 "플랜 B"라고 부르는 — 대안을 내놓았다는 것이다. 그 대안이란 1980년대 구조조정프로그램을 통해 공동체 토지를 사유재산으로 바꾸었던 "새로운 종획"과는 달리 농지나 숲 등의 공통장을 인정하면서 그것을 자본 축적에 안전한 프로그램으로 흡수하는 것이다.

최근 수년간 세계은행은 공통장 관리의 몇 가지 양상들, 가령 공동자원, 공동체 참여 그리고 사회적 자본으로서의 "신뢰"가 갖는 중요함을 설파했다. 공동체는 신용조합을 만들어 "금융 화폐 공통장"을 통해 저축을 공동으로 이용하고 그것의 분배를 스스로 관리할 수 있지만, 개발 기관은 동일한 원리에 의존하면서 공동체를 은행과 마이크로크레디트microcredit 제도에 묶어두고 이를 통해 그들이 전지구적인 시장 회로에 더욱 의존하도록 만든다. 이러한 방식으로 공통장에서 양성되는 연대와 협력의 유대는 시장 이익에 복무하는 상호 통제와 수치심의 위협으로 바뀐다.[17]

요컨대 공통장은 신자유주의를 비판하지만 자본 자체를 거부하지는 않는 학계와 기관의 새로운 출구 전략으로 흡수되고 있다. 그러나 흡수에 대한 강조가 축적 전략으로서 종획의 기각

17. De Angelis, "Crises, capital and co-optation." "상호 통제와 수치심"의 사례에 대해서는 다음을 보라. 라미아 카림, 『가난을 팝니다』, 박소현 옮김, 오월의 봄, 2015.

을 뜻하지는 않는다. 종획은 여전히 세계 각지에서 진행되고 있는 중요한 문제다. 지구 공통장 개념이 종획의 수단으로 이용된 사례에서도 확인할 수 있듯이 종획과 흡수는 "새로운 자본주의적 전략의 두 가지 상호보완적인 좌표"[18]로 이해되어야 한다.

이렇게 공통장의 흡수를 비판적으로 고찰하는 이들은 그러한 공통장을 "비뚤어진"(데 안젤리스) 혹은 "친자본주의적인"(카펜치스) 등의 수식어를 붙여 구별한다. 하지만 문제는 그러한 구별이 현실에서 쉽게 이루어질 수 없다는 데 있다. 지역 주민/예술가들의 활동이 삶의 가능성을 확장시킬 것인지 아니면 수많은 젠트리피케이션 사례처럼 결국 자본의 이윤 축적 수단으로 기능할 뿐인지 어떻게 알 수 있는가? 전국 각지에서 진행되는 마을 공동체 '사업'들은 아래로부터의 공통장을 확장하기 위한 것인가, 새로운 통치 전략인가?[19] 우리는 이러한 문제들에 쉽게 답할 수 없다. 카펜치스는 인류학자 메이야수가 연구한 남아프리카 공화국의 마을을 사례로 들어 이러한 문제를 제기한다. 메이야수는 그곳의 자급생산 공통장이 노동력 재생산 비용을 저렴하게 낮추고, 남성 노동자들을 현금 작물 경작이나 다른 임금 노동을 위해 "해방"시키려하는 국제 자본주의의 필요에 부응한다고 주장한다. 대부분 여성이 수행하는 "마을"의 노동이 남성 노동자들의 재

---

18. De Angelis, "Crises, capital and co-optation."
19. 다음을 보라. 박주형, 「도구화되는 공동체」, 『공간과 사회』, 제23권 1호(통권 43호), 2013, 4~43쪽.

생산 비용을 절감시키기 때문이다.[20] 그러나 "이것이 공통장의 유일한 역할은 아니다. 파업 기간 중에 노동자에게 음식을 공급할 수 있는 마을이 있다는 것은 사장에게 대항하는 큰 힘이기 때문이다. 사실상 현실에서 공통장의 양 측면을 일반적으로 구별하는 것은 쉽지 않다. 그것은 자본에 대항하는 노동자에게 더 많은 힘을 줄 것인가 아니면 노동자를 더 착취할 수 있는 자본의 능력이 될 것인가?"[21] 그것은 결국 공통장과 자본의 힘 관계에 달려 있으며, 우리는 그것을 선험적으로 판단할 수 없다.

자본이 상호보완적인 전략 – 종획(공통장의 강탈)과 흡수(공통장의 자본주의적 이용) – 을 갖는다는 것은 공통장과 자본의 관계가 대립적인 것만이 아니라 좀 더 복합적이라는 것을 뜻한다. 데안젤리스는 그 양자 간 관계의 예를 간단한 표로 정리한다.

이 표는, 자본과 공통장이 모두 자신의 외부에서 생산된 자원들에 의존한다는 것을 보여 준다. 공통장이 자본주의적 산업의 생산물을 필요로 한다면, 자본은 사이버 공간의 P2P 네트워크에서 창조된 자원에, 가정에서 재생산된 노동력 등에 의존한다. 즉 자본과 공통장은 공생 관계에 있다. 그러나 두 체계가 서로를 이용하는 방식에는 차이가 있는데, 자본/국가가 공통장의 이용에 대가를 지불하지 않는 반면 공통장은 보통 직접적으로 혹은

---

20. Claude Meillassoux, *Maidens, Meal and Money*, Cambridge University Press, 1981. Caffentzis, "A Tale of Two Conferences"에서 재인용

21. Caffentzis, "The Future of 'The Commons'."

공통장	공통장이 의존하는 자본의 복합적 산물
위키피디아	중앙컴퓨터, 케이블, 사적으로 생산된 전기 등을 비롯한 분산된 인프라
공동체 기반 농업 네트워크	트럭, 연료, 전기, 도로 네트워크
자본/국가	자본/국가가 의존하는 공통장의 복합적 산물
대규모 이벤트	자원봉사자와 그들을 뒷받침하는 가정
경찰	마을 감시에서 비롯한 정보, '시민' 행동
노동력	가정의 재생산 노동

표 1. 공통장과 자본/국가의 상호 의존
출처 : De Angelis, *Omnia Sunt Communia*, p. 333의 표를 수정

간접적으로(세금 등) 대가를 지불한다는 것이다. 따라서 우리는 공통장과 자본/국가는 후자가 전자에 기생하는 공생 관계에 있다고 말할 수 있다.[22]

앞서 "자본은 점점 기생적 존재가 되고 있다"는 네그리와 하트의 말은 이렇게 산 노동의 자율적 협력이 만들어 낸 공통장을 자본이 흡수한다는 측면에서 이해할 수 있다. 기생체는 숙주의 죽음을 욕망하지 않는다. 즉 자본은 공통장을 파괴하기보다 그것을 관리하고 조정하려 한다. 다시 말하지만 이것은 종획의 소멸

---

22. De Angelis, *Omnia Sunt Communia*, pp. 334~5.

을 뜻하지 않는다. 다만 지식, 정보, 창조성, 정동 등이 중요한 생산적 기능을 담당하게 될 때 공통장의 파괴보다는 그것의 관리, 조정, 흡수가 오히려 더 중요한 문제로 대두된다는 것이다. 그 비물질적인 생산 과정은 사회적으로 이루어지고 그것의 고정자본들은 "노동자의 두뇌 안에 그리고 노동자의 영혼 안에" 있기 때문이다. 따라서 이제 자본에게 중요한 문제는 공통장을 파괴하기보다 자본주의적으로 전유하는 것이다. 자율적으로 생산되는 공통의 부를 어떻게 특정한 가치회로를 따라 흐르게 할 것인가? 이것은 오늘날 자본에게 가장 중요한 문제 중 하나일 것이다. 이 책은 공통장의 흡수를 주요한 문제로 제기하면서 창조도시 전략을 그것의 대표적인 사례로 이해한다. 이 전략에서 가장 중요한 문제가 창조성의 사회적 생산과 전유이기 때문이다.

도시 공통장의 흡수 : 집합적 상징자본

하비는 「지대의 기법」The Art of Rent이라는 글에서 집합적 상징자본이라는 개념을 통해 도시 공통장의 흡수를 다룬다. "어떤 장소에 특별한 차별성을 부여하는" 집합적 상징자본은 특정한 공간을 유일무이한 매력을 지닌 곳으로 만들어 독점지대를 누릴 수 있도록 하는 힘이다. 여기서 문화예술은 중요한 요소인데 지역이 내세우는 진정성, 독특함, 차별성 등은 문화적인 혹은 역사적인 것을 기반으로 삼는 경우가 많기 때문이다.[23] 어디에도 없는, 복제할 수 없는 그 요소들은 신자유주의에서 경쟁력을 갖추고자 노력하는 도시에 중요한 것으로 여겨진다. "자본은 지역의 차이, 지역 문화의 차이, 미적 의미 등에서 잉여를 뽑아내고 전유하는 수단을 갖고 있다."[24]

이렇게 경쟁력 향상을 위해 노력하는 도시 정부는 도시 자체를 하나의 상품으로 간주한다. 관광객을 불러들이기 위해서든, 외국인 투자를 유치하기 위해서든, "창조계급"을 끌어들이기 위해서든 도시를 잘 포장된 상품으로 가공하는 것은 필수적인 일이 되었다. 집합적 상징자본이라는 개념은 도시라는 상품의 가치에서 가장 중요한 요소는 도시의 상징적 성분이라는 것을 말해 준다. 파스퀴넬리는 오늘날 상품의 전체 가치는 물질 노동과 인지 노동 그리고 공중公衆이 가져온 상징적 가치에 의해 생산된다고 주장한다. 첫 번째 가치가 임금 노동과 이윤으로 설명된다면, 두 번째 가치는 디자인과 지적재산의 가치다. 그리고 세 번째 가치는 "공중들, 매스미디어, 광고의 주목경제에 의해 생산된 브랜드 가치"를 나타낸다. 그에 따르면 이러한 가치의 상징적 성분은 사회적 공장에서 생산되는 가장 중요한 범주다.[25] 따라서 특별하게 여

---

23. 하비는 이렇게 묻는다. "독특함과 특수함, 진정성과 특별함을 주장하는 것이 독점지대를 획득하는 능력의 토대를 이룬다면, 역사적으로 구성된 문화적 산물과 관습, 특별한 환경적 특징(건조환경, 사회환경, 문화환경 등)만큼 내세우기 좋은 것이 있을까?"(데이비드 하비, 「지대의 기법」, 『반란의 도시』, 한상연 옮김, 에이도스, 2014, 183쪽).

24. 같은 책, 192쪽.

25. 파스퀴넬리, 『동물혼』, 264쪽.

겨지는 모든 것이 매력의 원천이 될 수 있다. 예술 스콧도 예외는 아니다. 스콧이 어떤 동기에서 시작되었건 그것은 중요하지 않다. 새로운 삶을 위한 실험들은 이제 도시의 스펙터클, 즉 '유일무이한 매력'으로 전환된다. 도시 예술가들의 다양한 활동에 기반한 (혹은 과잉코드화된) 이미지가 형성되고, 그것은 독점지대의 토대로 전환된다. 그 "비물질적 과정을 통해 가치화되는 물질적 공간에 대한 지대"[26]는 도시 공통장을 흡수하는 장치다.

우리는 여기서 맑스의 말—"자본주의적 생산양식이 지배하는 사회에서 부는 하나의 '거대한 상품 집적'으로 나타"난다[27]—을 변주한 두 사람을 통해 집합적 상징자본의 작동을 이해할 수 있다. 데안젤리스는 그 말을 이렇게 바꾸어 쓴다. "탈자본주의 사회의 부는…공통재의 집합, 공통의 부로 나타난다."[28] 다른 한편 기 드보르는 다음과 같이 쓴다. "현대적 생산조건들이 지배하는 모든 사회들에서, 삶 전체는 스펙터클들의 거대한 축적물로 나타난다."[29] 논의를 이어가기 위해 세 사람의 말을 이어보자. 스콧은 자본주의 사회에서 부로 나타나는 상품을 공통재로 전환하는 활동이다. 그러므로 그것은 탈자본주의 사회를 향한 움직임이기도 하다. 하지만 경쟁력을 추구하는 도시는 그러한 삶 활동을 스펙

---

26. 같은 책, 266쪽.
27. 맑스, 『자본 I-1』, 87쪽.
28. De Angelis, *Omnia Sunt Communia*, p. 29.
29. 기 드보르, 『스펙터클의 사회』, 이경숙 옮김, 현실문화, 1996, 10쪽.

터클로 전유한다. 이것은 마치 출구가 가로막힌, 상품에서 공통재로 다시 스펙터클로 통합되는 현대 도시의 변증법처럼 보인다.

집합적 상징자본을 구축하려는 시도는 자율적인 활동들을 단순히 흡수하는 데 그치지 않는다. 경쟁력 향상을 추구하는 도시 정부는 보다 전략적으로 도시 공통장을 모의하고 양성하며 촉진한다. 그러한 시도는 재생산 영역을 — 가령 교육, 의료, 물, 교통 등을 사유화하면서 — 직접적인 축적의 마디로 전환하는 신자유주의하에서 이미 다양하게 나타났다. 이 책의 맥락에서 중요한 것은 예술가들의 활동을 대상으로 삼는 전략이다. 그 대표적인 사례인 창조도시는 신자유주의하에서 도시 경쟁력 강화 전략의 일환으로 출현했다. 창조성을 경제 발전의 핵심으로 삼는 그 전략에서 가장 중요한 문제는 사회적으로 생산되는 그것을 관리하고 양성하는 문제다. 그 전략의 작동 메커니즘을 파악하기 위해 우리는 신자유주의에 대한 하나의 이해를 살펴볼 것이다.

통치성으로서의 신자유주의

푸코의 신자유주의 분석은 보다 포괄적인 이해의 장을 연다. 푸코에게 그리고 그에 기초하여 신자유주의를 분석하는 이들에게 그것은 시장화를 위한 국가의 정책도, 지배 계급의 이데올로기도 아니다.[30] 푸코는 신자유주의를 하나의 통치성governmentality

---

30. 예컨대 푸코의 논의를 바탕으로 신자유주의가 민주주의에 끼친 영향을 분

으로 파악한다. 그의 정의에 따르면 통치성이란 "인구를 주요 목표로 설정하고 정치경제학을 주된 지식의 형태로 삼으며, 안전 security 장치를 주된 기술적 도구로 이용하는 지극히 복잡하지만 아주 특수한 형태의 권력을 행사케 해주는 제도·절차·분석·고찰·계측·전술의 총체"다.[31] 우리의 분석에서 통치성이 중요한 까닭은 그것이 공통장의 흡수를 이해할 수 있는 중요한 단초를 제공하기 때문이다. 먼저 통치성의 주된 도구인 안전 메커니즘의 특성을 살펴보자.

푸코는 서구 사회에서 출현한 지배 메커니즘을 세 가지로 구별하는데 주권, 훈육, 안전이 그것이다. 주권 메커니즘은 중세에서 시작해 17~18세기까지 이어진 것으로서 행동의 허가와 금지, 그에 대한 처벌로 구성된다. 두 번째인 훈육은 18세기부터 정착된 근대적 체계로서 여기서는 개인을 감시하고 변형하는 기술이 등장한다. 세 번째 안전장치는 어떤 현상을 사건으로 간주하고 그와 관련한 비용을 계산하며 최적의 수준에서 관리하는 형태를 띤다. 푸코는 이 세 가지 메커니즘을 구별하면서도 그것들이 서로 융합되어 있음을 강조한다. 따라서 주권-훈육-안전의 순서

석하는 웬디 브라운(『민주주의 살해하기』, 배충효·방진이 옮김, 내인생의책, 2017)은 신자유주의를 "인간 그 자체를 비롯해 인간의 모든 영역과 활동을 특정한 경제적 이상에 맞춰 변형시킨 통치 합리성", "규범적인 이성의 질서"(8쪽), "존재의 모든 측면을 경제적 관점에서 직조하는 특수한 이성 형태"(16쪽)로 정의한다.

31. 미셸 푸코, 『안전, 영토, 인구』, 오트르망 옮김, 난장, 2011, 162~3쪽.

로 단절된 메커니즘이 연속적으로 등장하는 것이 아니라 세 가지의 상관관계가 변하면서 다른 지배 형태가 등장한다.[32]

지배 메커니즘에 대한 푸코의 분석이 우리의 논의에서 흥미로운 지점은 그것이 공간을 통한 권력의 행사를 다룬다는 것이다. 푸코는 주권과 훈육 그리고 안전이 공간을 다루는 상이한 방식을 보여 준다.[33] 주권에서 도시가 영토의 구축에 입각하여 배치되었다면 훈육에서 도시는 공간의 사용과 주거 계급을 적절하게 배치하여 공간 내에 있는 다양성을 훈육적으로 다룬다. 이와 달리 푸코가 18세기 도시정비를 사례로 들어 설명하는 안전공간은 긍정적 요소와 부정적 요소를 구별하고 전자를 극대화하면서 후자를 최소화하려고 한다. 그러나 부정적 요소는 결코 완전히 제거할 수 없기 때문에 안전은 그와 관련된 확률을 다룬다. 출산율, 사망률, 사고율, 성장률, 감소율 등 확률을 계산하여 무수한 계열을 관리하는 것이 안전 메커니즘의 본질적인 성격이다. 요컨대 안전은 "사건들이나 일어날 법한 여러 요소의 계열에 대응해 환경milieu을 정비"[34]하려 한다.

안전장치의 확률 계산에서 중요한 것은 "생물학적으로 존재하는 개인들의 무리"[35]로 정의되는 인구가 환경 속에서 어떤 자

32. 같은 책, 26~7쪽.
33. 같은 책, 17~53쪽.
34. 같은 책, 48쪽. 강조는 인용자의 것.
35. 같은 책, 50쪽.

연법칙에 따라 움직이는 종으로 설정된다는 사실이다. 환경은 일종의 자연처럼 작동하면서 인구에 효과를 낳는 것으로 이해된다. 따라서 "인간이라는 종의 상태를 바꾸고 싶을 때 주권자는 이 환경에 [일정한] 작용을 가해야 한"다.[36] 여기가 "인간이라는 종의 근본적으로 생물학적인 요소를 정치, 정치적 전략, 그리고 권력의 일반 전략 내부로 끌어들이는 메커니즘의 총체"[37]인 생명권력이 작용하는 지점이다.

그에 따라 주권과 훈육, 안전은 상이한 메커니즘으로 나타난다. 훈육이 모든 것을 규제한다면 안전장치는 방임한다. 안전장치는 사건을 선악으로 평가하지 않고 자연적이기 때문에 필연적이고 불가피한 것으로 이해한다. 또한 집행 방식에서도 차이를 보이는데, 법체계가 하지 말아야 할 것을 규정한다면 훈육은 해야 할 것을 정한다. 반면 안전장치는 허용과 금지의 코드를 갖고 있지 않으며 사건의 본성이라는 수준에서, 사건의 실제적 현실이라는 수준에서 사건을 재포착하려 한다. 그렇게 현실의 요소들로 이루어지는 조절이 안전장치에 근본적인 것이다. 이렇게 현실과의 유희 안에 머무르는 것은 바로 자연의 질서 안에서 행동하는 것이며 이것은 자연의 법칙을 전제하고 따르는 것이다. 이렇게 안전장치는 자유주의와 깊게 연결된다. 인간의 통치를 위해서는 이제 인

---

36. 같은 책, 53쪽.
37. 같은 책, 17쪽.

간의 본성, 자유를 사유해야 한다는 관념, 이것은 이데올로기가 아니라 권력의 테크놀로지다.[38]

이러한 권력의 테크놀로지에서 도시 문제는 핵심적인 사례로 나타난다. 도시를 권력의 중심 메커니즘으로 통합하기 위해 17~19세기에 일어난 이 새로운 권력메커니즘이 바로 안전장치다. 푸코는 이 메커니즘에서 새로운 통치 대상이 된 인구의 자연성이 등장하는 방식을 세 가지로 파악한다. 첫째, 18세기의 사유에서 인구는 일련의 변수에 따라 변하는 것으로 여겨졌다. 즉 주권자의 의지를 단순히 관철시킬 수 없는 자연적 현상인 것이다. 그러나 이것이 개입의 불가능성을 의미하지는 않았다. 인구라는 자연성은 변형의 동인과 기술에 늘 열려 있었고 따라서 계산·분석·고찰을 통해 인구에 영향을 줄 수 있는 기술이 등장한다. 이처럼 변형가능한 자연성이 권력 장치에 중요한 변화를 가져왔다. 둘째, 인구는 상이한 개인들로 이루어져 있고 이들의 행동은 예측할 수 없지만 욕망이 인구를 움직이는 원동력이라는 생각에서 인구의 자연성이 등장한다. 인구의 욕망은 자연적인 것이므로 그것을 부정하는 것이 아니라 반대로 부추겨 이로운 효과를 내도록 만드는 것이 중요한 문제가 되었다. 셋째, 인구의 자연성은 여러 현상의 항구성 속에서 출현한다. 불규칙하게 보이는 현상도 관찰하고 통계화하면 규칙적이라는 것이다. 따라서 인구는 스스로의 법

---

38. 같은 책, 83~8쪽.

칙을 따라 움직이는 자연으로 파악될 수 있다.

결국 인구는 주권자의 의지와 관계를 맺는 사법적 주체의 집합이 아니다. 인구는 일련의 요소로 이루어진 집합, 고유의 규칙에 따라 움직이는 자연이다. 인구와 함께 권력기술의 영역에 일종의 자연이 들어온 것이다. 인구는 한편으로는 인간종이며 다른 한편으로는 '공중'으로서, 생물학적 자연이면서 또한 캠페인, 교육 등을 통해, 변수에 대한 개입을 통해 관리할 수 있는 영역이다. 푸코는 인구와 함께 주권이나 군림이 아니라 통치[39]가 근대 정치의 문제가 되었다고 말한다. 이를 통해 안전-인구-통치라는 계열이 중요하게 대두된다.[40]

그렇다면 이러한 통치성으로서 신자유주의의 특성은 무엇인가? 푸코는 신자유주의에 중요한 문제는 시장을 어떻게 재단하느냐가 아니라 "포괄적인 정치권력의 행사를 시장경제의 원리에 어떻게 맞출 것이냐"라고 말한다.[41] 그러나 이 시장이란 등가에 기초한 교환이 이루어지는 곳이 아니다. 신자유주의자들에게 시장의 본질이란 18세기 자유주의 경제학자들이 가정했던 "교환"

---

39. 이 통치(government)는 오늘날 우리가 이해하는 정부 기관의 정치적 통치만이 아니다. 푸코는 통치라는 용어를 국가뿐만 아니라 자기에 대한 통치, 타자에 대한 통치, 가족 통치, 경제 통치, 국가 통치 등 국가를 넘어서 실행되는 다양한 권력의 테크놀로지들을 지칭하기 위해 사용한다(김주환, 「신자유주의 사회적 책임화의 계보학」, 『경제와 사회』, 제96호, 2012, 213쪽).

40. 푸코, 『안전, 영토, 인구』, 121~4쪽.

41. 미셸 푸코, 『생명관리정치의 탄생』, 오트르망 옮김, 난장, 2012, 191쪽.

이 아니라 "경쟁"에 있다.[42] 따라서 신자유주의자들이 구상하는 사회는 상품교환이라기보다 "경쟁메커니즘이 조절 원리를 구성하는 사회", "경쟁의 역학에 종속된 사회", 즉 "기업사회"다.[43] 따라서 신자유주의의 관건은 사회 내에 "'기업'의 형식을 파급시키는 것", "시장, 경쟁, 그러므로 기업을 사회에 형식을 부여하는 힘"으로 만드는 것이다.[44]

푸코는 이렇게 신자유주의를 하나의 통치술로 해석하면서 인구라는 자연을 관리하는 안전장치의 특성을 보여 준다. 우리가 주목하는 창조성 역시 인구의 '자연적' 생산물이라는 점에서 안전장치는 그것의 관리 메커니즘을 이해하는 데 중요한 단초를 제공한다. 그러나 푸코의 논의는 지배 장치에 집중되어 있으며 그 속에서 작동하는 주체들의 생산 메커니즘에 대한 분석은 누락되어 있다. 그에 따라 "푸코가 최종적으로 파악하지 못하는 것은 생명정치 사회에서 생산의 현실적 동학이다."[45] 이와 달리 이탈리아 맑스주의자들의 논의는 오늘날 도시에서 일어나는 사회적 생산의 동학을 설명하는 데 중요한 이론적 근거를 제공한다. 우리는 이들의 논의를 통해 창조성의 사회적 생산 및 전유 메커니즘에 좀 더 다가갈 수 있다.

---

42. 같은 책, 184쪽.
43. 같은 책, 222쪽.
44. 같은 책, 226쪽.
45. 안토니오 네그리·마이클 하트, 『제국』, 윤수종 옮김, 이학사, 2001, 59쪽.

사회적 공장과 삶정치적 도시

1960년대 이탈리아의 오뻬라이스모[46] 진영에 속한 이론가들에게서 출현한 "사회적 공장"social factory이라는 개념은 사회적 관계가 자본주의적 생산체제에 종속되는 양상을 가리킨다. 오뻬라이스모의 핵심 이론가 중 한 명인 뜨론띠는 이 양상을 이렇게 설명한다.

자본주의 발전이 더욱 진전함에 따라, 즉 상대적 잉여가치의 생산이 더욱더 모든 곳에 침투함에 따라, 생산-분배-교환-소비의 회로는 필연적으로 더욱더 발전한다. 말하자면 자본주의적 생산과 부르주아 사회 사이의 관계, 공장과 사회 사이의 관계, 사회와 국가 사이의 관계는 더욱더 유기적으로 된다. 자본주의적 발달의 최고 수준에서 사회적 관계는 생산관계의 계기로 전환되며, 사회 전체는 생산의 마디로 된다. 즉 사회 전체가 공장의 한 기능으로 살아가며 공장은 자신의 배타적 지배를 사회 전체로 확장

---

46. 오뻬라이스모(operaismo)를 노동자주의로 옮기기도 하지만 하트에 따르면 이것은 문제적이다. "'노동자주의'(workerism)라는 말의 영어 용법과 프랑스어 'ouvrièrisme'는 이탈리아어 'fabrichismo'에 상응한다. 이 용어들은 공장 밖의 사회적 투쟁의 힘을 인식할 수 없거나 인식하지 않으려 하는 사람들을 경멸적으로 지칭하는 데 사용된다"(Michael Hardt, *The Art of Organization*, unpublished Ph.D. dissertation, University of Washington, 1990, p. 249. 니콜래스 쏘번, 『들뢰즈 맑스주의』, 조정환 옮김, 갈무리, 2005, 206쪽에서 재인용). 오뻬라이스모(와 아우또노미아)에 대해서는 쏘번, 『들뢰즈 맑스주의』의 4장과 Steve Wright, *Storming Heaven*, Pluto Press, 2002를 참고하라.

한다.[47]

사회적 공장이라는 명제에서 사회적인 것 자체는 자본주의적 생산관계에 종속된다. 우리는 이 사회적 공장을 앞서 이야기한 삶정치적 생산의 무대로 그려 볼 수 있다. 삶정치적 노동에서는 생산 시간과 여가 시간(삶 시간)의 구분이 흐려지면서 삶 그 자체가 생산의 계기로 되기 때문이다. "생산이 어떤 문제를 해결하는 것을 목표로 하거나 아이디어나 관계를 창조하는 것을 목표로 할 때, 노동 시간은 삶의 전체 시간으로 확대되는 경향이 있다."[48] 가령 게임 회사의 개발자가 잘 풀리지 않는 문제를 집에 가는 버스에서, 저녁을 먹으면서, 혹은 잠들기 전에 고민할 때 이 개발자의 노동 시간을 사무실에서 보내는 시간으로 한정할 수 있을까? 비디오게임 제작사의 한 임원은 자기 회사의 개발자들에 대해 이렇게 이야기한다.

오전 5시에 작동을 멈추는 기계와는 달리, 우리의 기계는 아마 집에 있을 겁니다. [하지만] 그들은 거기서 새로운 아이디어들을 생각하고 있으며, 그들의 전체적인 삶의 경험이 새로운 아이디어

47. Mario Tronti, "Factory and Society," trans. Guio Jacinto. *Operai e Capitale*, 1966, 2013년 7월 1일 수정, 2024년 2월 1일 접속, https://libcom.org/library/factory-society. 강조는 원저자의 것.
48. 네그리·하트, 『다중』, 162쪽.

들을 위한 잠재성을 만들어 내고 있습니다.[49]

이 임원의 인터뷰는 노동 시간이 삶의 전체 시간으로 확장된다는 사실뿐 아니라 뜨론띠가 이야기한 대로 사회적 관계가 생산 관계의 계기로 전환되는 측면을 무심코 드러낸다. 개발자들의 아이디어가 "전체적인 삶의 경험"에서 생겨난다는 것, 다시 말해서 게임 개발을 위한 원천이 그들의 사회적 관계라는 점 말이다. 그들이 경험하는 모든 것이 게임 개발에 응용될 수 있다. 읽은 책, 친구와의 대화, 우연히 마주친 거리의 풍경…이 모든 것이 게임 개발을 위한, 즉 자본주의적 상품 생산을 위한 원료가 된다. 따라서 게임이라는 상품의 생산은 게임 제작사의 사무실 내에서만 이루어지는 것이 아니다. 그 생산 과정은 사회적으로 이루어진다. 이때 "전체적인 삶의 경험"은 상품 생산 과정에서 계산되지 않는, 따라서 자본이 무상으로 취하는 원료다. 즉 그것은 자본의 공통재와도 같다. 현대 도시는 이러한 공통재가 끊임없이 생산되고 떠다니는 장소라고 말할 수도 있을 것이다. 그리고 오늘날 도시적 삶이 사회적 삶을 대변한다고 볼 때 도시 그 자체를 오늘날의 공장이라고 볼 수 있다.[50]

사회적 공장=도시의 특징을 좀 더 자세히 파악하기 위해 네

---

49. 닉 다이어-위데포드·그릭 드 퓨터, 『제국의 게임』, 남청수 옮김, 갈무리, 2015, 126쪽. 강조는 인용자의 것.

50. 권범철, 「현대 도시의 공통재와 재생산의 문제」.

그리와 하트가 이야기하는 삶정치적 도시를 살펴보자. 이것은 그들이 사회적 공장을 말하는 또 다른 표현법이다.

도시 자체가 공장이라는 등식은 자본주의 발전의 새로운 단계에서 도시가 이전과 다른 성격을 띠게 되었음을 뜻한다. 네그리와 하트는 도시의 역사를 세 단계로 구분한다. 먼저 전 자본주의 시대의 상업도시는 생산으로부터 분리된 도시다. 도시가 아닌 다른 곳에서 재화가 생산되기 때문이다. 이때 도시는 교환을 위한 장소를 제공한다. 이와 달리 18세기부터 형성된 산업도시는 말 그대로 생산의 중심지로 나타난다. 공장이 들어서면서 도시가 경제 생산의 중심으로 등장하기 때문이다. 그러나 "공장이라는 공간은 도시 안에 있음에도 불구하고 여전히 분리되어 있다. 산업노동계급은 공장에서 생산을 한 뒤, 다른 생활 활동을 하기 위해 공장의 담을 지나 도시로 나간다." 마지막으로 오늘날 출현한 도시는 삶정치적 도시다. "삶정치적 생산이 헤게모니를 쥠에 따라, 경제적 생산의 공간과 도시 공간이 서로 중첩되는 경향이 생긴다. 생산 공간과 도시 공간을 나누는 공장의 담은 더 이상 존재하지 않는다. … 노동자들은 메트로폴리스 전체에서, 그 모든 구석과 틈새에서 생산한다." 이로써 그들은 이제 이렇게 주장할 수 있다. "메트로폴리스와 다중의 관계는 공장과 산업노동계급의 관계와 같다."[51]

이러한 유비는 현대 도시가 공장의 어떤 특성을 지니고 있음

---

51. 네그리·하트, 『공통체』, 350~2쪽. 강조는 원저자의 것.

을 뜻한다. 네그리와 하트에 따르면 지난 시기 공장은 산업노동계급의 세 가지 중심 활동, 즉 "생산, 내부적 마주침과 조직화, 적대와 반란의 표현"을 위한 조건을 갖추고 있었다. 그렇다면 이제 공장이 된 메트로폴리스 역시 이러한 성격을 가질 것이다. 우선 "메트로폴리스는 삶정치적 생산이 이루어지는 장소"다. "언어·이미지·지식·정동·습관·관행으로 구성"된 "인공적인 공통적인 것이 메트로폴리스의 전 영토를 가로지르며 메트로폴리스를 구성한다." 메트로폴리스에서의 생산은 이 공통적인 것에 기초하여 이루어지고 그 생산물은 다시 메트로폴리스에 기입되어 메트로폴리스를 재구성한다.[52] 그러나 이러한 삶정치적 생산은 자본으로부터 자율적으로 이루어진다. 더 이상 자본가는 이 자율적인 생산을 조직할 수 없다. 다만 생산과정 외부에서 부를 포획할 수 있을 뿐이다. 이 포획 수단이 바로 지대rent다.[53] 따라서 도시의 부동산 가치는 공통의 부가 사적인 것으로 전화되어 표현된 것이라 할 수 있다. 이러한 관점은 오늘날 현대 도시에서 중요하게 거론되는 젠트리피케이션 문제에 중요한 시사점을 제공한다. 도시의 부동

---

52. 르페브르는 이와 비슷한 설명을 하는 구절에서 도시를 하나의 작품으로 이해한다. "요컨대 도시는 부가 축적될 뿐 아니라 지식(connaissances), 기술, 작품(예술작품, 기념비)이 축적되는 사회적·정치적 삶의 중심지다. 이 도시는 그 자체로 '작품'(oeuvre)이다"(Henry Lefebvre, "Right to the city," in *Writings on cities*, trans. and ed. Eleonore Kofman & Elizabeth Lebas, Blackwell Publishers, 1996, p. 66).

53. 네그리·하트, 『공통체』, 350~1쪽.

산 가치는 거의 전적으로 사회적으로 형성된다. 역사·문화 유산, 지역 주민이나 예술가들의 활동, 그것을 재현하는 미디어, 그리고 소셜 미디어에서 유통되는 방문객들의 웅성거림 등이 복잡하게 얽혀 도시의 부동산 가치를 형성한다. 이러한 생산 과정은 누구도 조직할 수 없다.[54] 다만 지대 형태로 외부에서 포획할 수 있을 뿐이다. 따라서 젠트리피케이션은 지대 형태로 포획되는 공통의 부를 둘러싼 전쟁이다. 네그리와 하트의 논의는 이 전장에서 유용한 무기가 될 수 있다. 부동산 가치를 생산하는 사람은 지대의 수취자가 아니라 도시민들이라는 것을 이들의 논의가 보여 주기 때문이다.

둘째, "메트로폴리스는 특이성들 간의 예측 불가능한 마주침이 발생하는 장소"다. 메트로폴리스에서는 다양한 사람들, 상이한 문화들의 마주침이 항시적으로 일어난다. 이 마주침은 공통적인 것이 그러하듯 이로울 수도 있고 해로울 수도 있다. 네그리와 하트는 사실 도시에서 일어나는 마주침의 대다수가 "대립적이고 파괴적이며, 해로운 형태의 공통적인 것을 생산한다"고 말한다. 소음, 교통체증, 환경오염, 범죄 등이 그러하다. 그렇기 때문에 도시민들은 타인을 피하고 서로에게 무감각해지며 둔감해진다. 그리고 소수 특권층은 빗장 공동체gated community 같은 고립된 구

---

54. 물론 문화지구 지정처럼 그러한 생산을 조직하려는 시도가 있었지만 참담한 실패로 끝났다.

역에 스스로를 유폐시킨다. 이때 메트로폴리스는 "더 이상 공통적인 것의 공간도, 타인과의 마주침의 공간도, 소통과 협력의 장소도 아니게" 된다. 따라서 중요한 것은 "기쁜 마주침"을 증진하고 "불행한 마주침"을 최소화하는 것이다. 이 마주침의 조직화는 타자에 대한 개방성, 타자와 관계 맺는 능력, 더 큰 능력을 갖춘 사회적 신체를 창조하는 능력을 필요로 한다. 이것은 마치 공장에서 협업 생산을 위해 노동자들이 배치되는 것과 같다. 그러나 이 마주침은 공장에서와는 달리 자본이 조직할 수 없으며 다중의 자율적인 조직화를 통해서만 조직된다. 메트로폴리스의 정치는 바로 이 마주침의 조직화이며, 이러한 "기쁜 마주침에서 공통적인 것이 발견되고 공통적인 것이 생산"된다. 이처럼 마주침은 삶정치적 생산의 동력이며 따라서 그것은 정치적인 문제인 동시에 경제적인 문제가 된다.[55]

셋째, 메트로폴리스는 공장과 마찬가지로 "적대와 반란의 장소"다. 이것은 메트로폴리스가 공장처럼 "위계와 착취, 폭력과 고난, 공포와 고통의 장소"이기 때문이다.[56] 즉 공장이 사회로 확산됨에 따라 반란의 영역 또한 확대된다. 공장은 적대의 중심지로서의 기능을 상실하며 도시의 모든 곳이 봉기의 발원지가 된다. 메트로폴리스를 끊임없이 분할하는 지대와 부동산 가치는 그 봉

---

55. 네그리·하트, 『공통체』, 353~8쪽.
56. 같은 책, 360~1쪽.

기의 주요한 계기다. 보이지 않는 벽을 세우는 그것이 (재)생산에 필요한 공간에의 접근을 가로막기 때문이다. "기쁜 마주침"의 조직화를 통해 공통적인 것을 생산하려는 이들은 종종 이 벽에 가로막히고 그것과 대결한다. (재)생산을 다른 방식으로 해결하려고 하는 스콰-공통장이 발생하는 이유다.

요약하면 메트로폴리스는 공통적인 것에 기초한 삶정치적 생산의 무대이자, 예측할 수 없는 마주침이 일어나는 장소이며, 적대와 반란의 장소다. 이렇게 푸코에게서 통치술의 핵심 사례였던 도시는 네그리와 하트로 넘어오면서 생산의 핵심 무대로 이해된다. 그러나 이 도시는 서로 다른 것이 아니다. 두 관점은 도시 공통장에 대한 상이한 접근을 보여 줄 뿐이다. 각각은 도시에서 일어나는 사건의 양면을 드러낸다. 한편에서 자율적인 생산이 일어난다면 다른 한편에서는 그것을 '자연'으로 이해하며 관리하는 장치가 작동한다. 이것은 서로 다른 무대에서 일어나는 일들이 아니라 동일한 사건을 둘러싸고 일어나는 양상들이다. 네그리와 하트가 공통장을 통한 도시의 생산 메커니즘을 보여 준다면 푸코는 그것을 통치하는 지배 메커니즘을 보여 준다. 이를 우리의 맥락으로 가져오면, 창조성이라는 공통의 부는 자율적이고 협력적인 생산의 결과물이지만 도시 정부에게 그것은 경쟁력 강화를 위해 취해야 할 자연자원으로 관리되어야 한다.

이러한 배경에서 창조도시는 두 관점을 '생산적'으로 종합한다. 그 전략이 사회적 생산의 동학을 활용하면서 그 장에 개입하려 하기 때문이다. 사회적 공장은 인간의 모든 활동이 자본주의적 생산에 포섭되는 양상을 고찰하기 위해 사용된 개념이었다. 네그리와 하트는 이렇게 외부가 존재하지 않는 실질적 포섭의 시대에 내부로부터 자본을 넘어설 수 있는 방안을 숙고한다. 자본은 생산의 자율성에 의지할 수밖에 없는데 그 자율성이 결국 자본의 함정이 될 수 있다는 것이다. 그러나 창조도시는 이를 완전히 거꾸로 뒤집어서 사회적 공장을 오히려 자본주의적 발전의 밑거름으로 활용하고자 한다. 이 계열의 대표 주자라고 할 수 있는 플로리다는 창조성이 경제 성장의 동력이라고 주장하면서 그것을 극대화할 수 있는 방안을 제시하는데, 이것은 사회적 공장의 논지와 상당 부분 닮아 있다. 차이가 있다면 자율주의 이론가들이 사회적 공장으로 나타나는 실질적 포섭을 넘어서고자 한 반면, 플로리다는 이를 긍정적으로 바라보면서 활성화하려고 한다는 점이다. 푸코가 논하는 안전장치는 이 활성화 전략이 지닌 특성이다. 이제 두 관점이 종합된 창조도시의 특성을 살펴보자.

창조도시라는 공장

창조도시의 생산 동학

창조도시 담론은 신자유주의의 전개 과정에서 출현했다. 1970년대 중반까지 서구의 지방정부는 대체로 국민국가의 하위 집행 단위로서 주민 복지를 중심으로 한 재분배 정책을 담당했다. 국민국가의 역할이 강조되던 포드주의 축적체제에서 도시 간 경쟁은 그리 중요한 문제가 아니었다. 그러나 신자유주의적 지구 지역화의 영향으로 국민국가의 위상이 축소되고 도시가 경제 활동의 중요한 단위로 떠오르면서 지방정부는 이른바 '기업주의'로 전환하게 되었다. "기업주의 도시(정부)란 중앙정부로부터 상대적 독립성을 가지면서, 해당 지역의 경제성장을 촉진하기 위한 개발 정책에 우선적인 관심을 두고 능동적으로 이를 실행하고자 하는 도시를 의미한다."[57] 그에 따라 도시가 기업처럼 '경쟁력'을 갖추어야 한다는 것은 하나의 공리가 되었다. 푸코의 말처럼 기업이 사회를 조형하는 힘으로 등장하는 신자유주의에서 "정부 활동과 기업 활동은 이제 근본적으로 동일"[58]하기 때문이다.

창조도시는 그러한 경쟁력을 갖추기 위해 채택된 하나의 전략이다. 이 전략은 사회적으로 생산되는 창조성 — 즉 공통의 부 — 을 경제 발전의 기초로 삼는다. 이 창조성은 도시 정부의 입장에서 도시에 잠재한 자연자원과도 같다. 이 자원은 물리적인 자원과 달리 주어지는 것이 아니라 만들어지는 자원이지만, 자본의 의지를 직접 관철할 수 없는 '자연적 현상'이다. 그러나 인구라는 자연성이 변형의 동인과 기술에 늘 열려 있는 것처럼 창조성 역시 양성될 수 있는 것으로 여겨진다. 따라서 그 자연적인 현상,

57. 최병두, 『창조경제와 창조도시』, 열린길, 2016, 32쪽.
58. 브라운, 『민주주의 살해하기』, 31쪽.

경제 발전의 초석이지만 자율적으로 생산되는 그 자원을 어떻게 관리, 양성, 촉진할 것인가가 중요한 문제가 된다. 그에 따라 창조 도시론자들은 그 자원이 도시에서 생산되는 법칙을 규명하려 한다. 그렇게 된다면 도시 정부는 그 법칙에 준해 더 높은 경쟁력을 갖출 수 있다는 것이다. 대표적인 창조도시론자인 플로리다가 통계를 통해 찾아낸 법칙은 이른바 3T(기술, 인재, 관용)와 도시 경쟁력 간의 상관관계였다. 그에 따르면 특정 도시의 번영과 쇠락을 설명하는 그 세 가지 요소는 한데 묶여 창조성 지수creativity index라는 척도를 구성한다.[59] 플로리다는 이 척도를 이용하여 도시의 순위를 매기면서 좀 더 창조적인 도시를 만들 것을, 다시 말하면 그 순위에서 좀 더 상위 순번을 획득할 것을 주문한다. 이를 위해 그가 제시한 방식은 '환경'을 조성하는 것이었다. 창조성이 생산되는 과정에 직접 개입할 수는 없지만 특정한 질을 갖춘 장소를 조성함으로써 그 과정을 양성하거나 창조계급을 불러들일 수 있다는 것이다. 그의 논의를 좀 더 자세히 살펴보자.

반복해서 말하지만 플로리다가 자신의 저서, 『창조계급의 부상』에서 논하는 것은 창조성을 통한 경제성장이다. 그에 따르면 "창조성은 경제성장의 동력이며, 창조계급은 영향력의 측면에서

---

59. Richard Florida, *The Rise of the Creative Class*, Revisited, Basic Books, Kindle version, 2012, loc. 3591-6(loc.는 해당 책의 킨들판에 표시된 위치(location)다. 쪽수가 표현되지 않아 부득이하게 loc.를 기재했으며 이후 각주에서는 숫자만 기재한다).

사회의 지배적인 계급이 되었다."[60] 이러한 창조경제에서 우리에게 주어진 핵심 과제는 "모든 인간의 창조성을 인정하고 양성하는 사회를 건설하기 위해 모든 사람들의 창조적 에너지, 재능, 잠재력을 촉발시키는 것이다."[61] 그렇다면 창조성을 어떻게 양성할 것인가? 그는 창조성을 "개인적 현상"이 아니라 "사회적 과정"으로 이해한다.[62] 따라서 창조성이 번성할 수 있는 "독특한 사회적 환경"[63]을 조성하는 것이 그에게 중요한 과제가 된다. 그러한 장소는 창조성이 자라날 수 있다는 점뿐 아니라 창조계급을 끌어들일 수 있다는 점에서 중요하다. 그에 따르면 많은 학자나 도시 리더들의 관심사는 기업을 어떻게 유치할 것인가에 있지만 그보다 더 중요한 문제는 창조적인 사람들을 끌어들이는 것이다. 기업이 창조적인 사람들을 따라가기 때문이다. 즉 기업은 창조계급을 찾아가고, 창조계급은 특정한 장소를 선호하므로, 성장을 원하는 도시는 그러한 장소를 만들어야 한다. 플로리다에 따르면 그러한 장소란 두터운 노동 시장, 다양한 생활방식, 사회적 상호작용, 다양성, 진정성, 정체성, 다양한 씬scene 등을 갖춘 곳을 말한다. 그는 이것을 "장소의 질"[64]이라는 용어로 표현하는데 이러한 특질

---

60. 같은 책, 307.
61. 같은 책, 163.
62. 같은 책, 654.
63. 같은 책, 662.
64. 같은 책, 4269.

이 창조계급을 끌어들이고 결국 이것이 경제 성장으로 이어질 것이라고 주장한다.

사회적 환경의 조성이 창조성의 양성과 어떻게 연결되는지 좀 더 자세하게 살펴보자. 앞서 언급한 것처럼 그에게 있어 창조성의 양성은 사회적으로 이루어진다. 그렇게 확장된 창조성은 경제를 추동하는 힘이자 "경제우위의 결정적인 원천"이다. 따라서 경제를 움직이는 힘은 공장 안에만 있는 것이 아니라 사회 전반에 널리 퍼져 있는 창조적 과정들이 된다. 이것은 "자본주의적 발달의 최고 수준에서 사회적 관계는 생산관계의 계기로 전환되며, 사회 전체는 생산의 마디로 된다"고 이야기한 뜨론띠를 연상시킨다. 플로리다가 이해하는 "창조 시대"란 "사회 전체가 공장의 한 기능으로 살아가는" 시대다. 그에 따르면,

> 장소는 산업 기업을 대신하여 우리 시대의 핵심적인 경제적 사회적 조직 단위가 되었다. 도시는 늘 경제 성장의 중요한 엔진이었지만 오늘날 지식주도 혁신 경제에서 훨씬 더 큰 중요성을 획득하고 있다. 여기서 장소기반 생태계는 경제 성장에 결정적이다.[65]

이제 하나의 경제 단위가 된 도시에서는 무수한 노동이 일어난다. 그러나 그 대부분은 '진정한' 노동으로 인식되지 않으며 따

---

65. 같은 책, 3069.

라서 많은 노동이 무상으로 자본에 흡수된다. 가령 플로리다는 씬에 대한 연구를 인용하면서 보헤미안 마을이 예술적 정체성의 중심일 뿐 아니라 경제적 기능을 제공하는 방식을 설명한다. "중고 양품점, 늦은 밤까지 영업하는 바, 타투 가게, 담배 가게, 갤러리, 외국 식당, 사회 주변부 개인들로 가득 찬 그런 동네는 새로운 소비 양식을 생성하는 진정한 실험실로 기능한다."[66] 이 "실험실"은 기업에 어떤 상품이 가장 선도적이며 젊은이들에게 매력적으로 다가가는지에 대한 통찰을 제공해줄 것이다. 보헤미안 마을의 상인, 예술가, 기획자 등이 자발적으로 수행한 이른바 창조적 활동은 이러한 방식으로 기업의 생산 과정에 연결될 수 있다. 이러한 점에서 그들의 활동은 중요한 경제적 역할을 담당하는 노동이며, 기업이 무상으로 전유할 수 있는 자본의 공통재다. 이렇게 자발적으로 진행되는 '창조성에 대한 헌신'을 전유하는 것은 창조경제의 중요한 작동 방식 중 하나다. 그 과정에서 "자신의 배타적 지배를 사회 전체로 확장"하는 공장을 플로리다는 이렇게 찬양한다.

---

66. Daniel Silver, Terry N. Clark, & Christopher Graziul, "Scenes, Innovation, and Urban Development," in *Handbook of Creative Cities*, ed. David Emanuel Andersson, Åke Emanuel Andersson & Charlotte Mellander, Edward Elgar, 2011, 229~258. Florida, *The Rise of the Creative Class*, 4550에서 재인용.

자본주의는 지금까지 배제되었던 괴짜들과 관행을 거부하는 이들이 지닌 재능을 포획하기 위해 자신의 영향력을 확대해 왔다. 그 결과 놀라운 변화를 잇따라 성취했다. 보헤미안적인 변두리에서 활동하는, 한때는 기이한 이단자로 이해되었던 이들을 붙잡아 혁신 과정과 경제 성장의 중심부에 가져다 놓은 것이다.… 창조적 개인은 더 이상 우상파괴자로 이해되지 않는다. 그 − 또는 그녀는 − 새로운 주류다.[67]

사회 주변부에서 활동하는 괴짜들, 이단자들, 예술가들은 이렇게 사회적 공장의 노동자로 부상한다. 자본주의가 "노동력 비용을 억제하기 위해 부불재생산노동을 필요로"[68] 했던 것처럼, 플로리다의 사회적 공장은 창조성에 헌신하는 비임금 노동을 필요로 한다. 그렇지만 네그리와 하트가 지적하듯이 그 과정은 자본으로부터 자율적으로 이루어진다. 자본가는 이 과정을 조직할 수 없다. 플로리다 역시 창조 공동체의 출현이 위에서부터 진행될 수 있는 과정이 아니라 시간이 흐르면서 점차 아래로부터 출현하는 과정이라고 말한다. 그러나 그는 그 과정을 촉진하는 전략의 가능성을 부정하지 않는다. 오히려 "정반대다. 이미 진행 중인 아래로부터의 공동체 기반 시도들을 인식하고 향상시키는 현명한

---

67. Florida, *The Rise of the Creative Class*, 460
68. 페데리치, 『혁명의 영점』, 27쪽.

전략들은 창조 공동체의 발전을 가속화하는 데 도움을 줄 수 있다."[69] 즉 플로리다는 창조성을 양성하는 사회적 과정 자체를 직접 조직할 수는 없다고 해도 그 과정이 일어날 수 있는 환경을 조성해야 한다고 조언한다. 앞서 언급했듯이 그가 장소의 질을 강조하는 이유다.

그의 논의는 전 세계의 수많은 도시 정부가 채택해야 하는 전도유망한 비전이 되었으며 서울도 예외는 아니었다. 사회적 공장을 건설하자는 ─ 물론 그가 이런 용어를 쓰진 않았지만 ─ 플로리다의 주장은 서울에서 창의문화도시 전략으로 계승되었고, 그 첫 번째 실행과제로 예술 공장(아트 팩토리)[70]이 서울시 곳곳에 지어지기 시작했다. 우리는 이를 4장에서 살펴볼 것이다.

요컨대 창조도시라는 사회적 공장은 삶의 모든 측면을 노동으로 통합하고 노동하도록 강제하는 삶정치적 기계다.[71] 이 공장은 도시의 창조적이고 자율적인 활동들을 자신의 생산라인으로 재배치한다. 예술가들의 집합적 활동이 형성한 언더그라운드 문화가 도시 부동산 경제의 원동력이 된 사례는 이미 널리 알려져 있다. 파스퀴넬리는 이를 2차 젠트리피케이션, 즉 "젠트리피케이션 문법의 전지구적 대중화와 그것의 '집합적 상징자본'과의 접속"[72]으로 설명한다. 이것은 문화예술과 젠트리피케이션이 결합

---

69. Florida, *The Rise of the Creative Class*, 5187.
70. 서울시창작공간은 본래 아트 팩토리(Art Factory)라는 명칭으로 기획되었다.
71. 파스퀴넬리, 『동물혼』, 239~40쪽.

된 국면을 가리킨다. "1960년대 뉴욕 동부 이스트빌리지의 젠트리피케이션에서 예술가, 보헤미안, 힙스터들이 수행했던 역할"과 "1980년대 초반 샌프란시스코에서 '젠트리파이어'gentrifiers로서 게이의 특수한 역할" 등이 그 사례다. 파스퀴넬리는 플로리다가 이러한 이론적 맥락을 가져다가 "지방 대도시를 위한 진부한 마케팅 전략들로 변형해서 '창조도시'라는 새 이름을 부여했다"[73]고 주장한다. 즉 창조도시란 예술과 결합한 새로운 젠트리피케이션의 문법을 모방한 전략이라는 것이다.

이러한 파스퀴넬리의 주장을 받아들인다면 우리는 창조도시가 도시에서 생산되는 공통의 부를 양성하여 그것을 흡수하기 위한 전략이라고 말할 수 있다. 우리의 관점에서 공통장은 아래로부터 자율적인 협력을 통해 생산되는 체계다. 즉 그것은 외부에서 조직될 수 없다. 따라서 자본에게 공통장이란 하나의 자연으로 이해된다. 그것이 자본에 의해서 조직되는 것이 아니라 '자연스럽게' 일어나는 과정으로 나타나기 때문이다. 산업생산에서 자연자원을 채굴하여 생산과정에 투입하듯이, 비물질 생산에서 공통장이라는 자연의 이용은 중요한 문제가 된다. 위의 논의에서도 쉽게 그 흔적을 발견할 수 있는 것처럼 그 이용 전략은 푸코의 안전메커니즘과 흡사하다. 실제로 안전장치에 대한 푸코의 설

---

72. 같은 책, 244쪽.
73. 같은 책, 245쪽.

명과 창조성 양성 방안에 대한 플로리다의 논의를 나란히 놓으면 우리는 많은 유사성을 발견하게 된다. 사회 환경의 '법칙'을 발견하기 위한 통계의 활용, 인구에서 일어나는 사건에 개입하기 위한 '환경'의 정비, 본질적인 목표로서의 '경쟁(력)', 사회의 모델이 된 '기업' 등이 그러하다. 그러나 플로리다는 그러한 개입을 '생산적으로' 활용한다. 다시 말해서 창조도시 전략은 메트로폴리스의 생산 동학―공통장을 통한 생산, 내부적 마주침과 조직화, 적대와 반란―에 개입한다. 창조도시론자들은 네그리와 하트처럼 비물질적인 것의 가치가 오늘날 경제에서 차지하는 비중을 높이 평가한다. 이러한 점에서 그들은 창조성을 중요하게 다루며 그것을 사회적으로 극대화하기 위한 방안을 모색한다. 네그리와 하트의 표현을 빌리면 삶정치적 생산의 생산성을 강화하고자 한다. 이를 위해 도입되는 전략이 마주침이 일어날 수 있는 환경을 조성하는 것이다. 물론 마주침의 과정 자체를 조직할 수는 없겠지만 그 기반을 마련하는 것은 창조도시에서 중요한 전략으로 여겨진다. 예를 들어 플로리다는 지역 음악씬을 지원하는 것이 하이테크 기업에 투자하는 것만큼이나 중요하며 시내 중심가에 쇼핑몰을 짓는 것보다 훨씬 더 효과적이라고 말한다. "기술과 음악씬은 함께 움직인다. 왜냐하면 그것들은 새로운 아이디어, 새로운 사람들, 창조성에 열린 장소를 반영하기 때문이다."[74] 이렇게 그는 도시에서

---

74. Florida, *The Rise of the Creative Class*, 4521.

특정한 마주침의 환경을 조성하여 창조성의 흐름을 강화하는 방안을 모색한다.[75] 마지막으로 적대와 반란은 창조도시 전략에서 부차적인 문제로 다루어진다. 물론 어떤 불평등의 문제를 인식하긴 하지만 경제의 '발전'을 우선한다는 사실에는 변함이 없다. 창조도시는 그렇게 계급 간의 힘 관계를 무시하고 낭만적이고 아름다운 협력의 세계를 그린다. 사실 그들이 기대는 공통의 부가 많은 경우 갈등과 적대의 산물임에도 말이다.

이러한 도시 전략에서 배려의 대상은 도시 내의 다종다양한 삶이라기보다는 도시 그 자체다. 창조계급을 불러들일 수 있는 매력적인 도시환경 조성이란 달리 말하면 다른 유명 해외도시만큼 혹은 그보다 높은 집합적 상징자본을 구축하는 문제다. 그렇기 때문에 그 전략에서 계발될 수 있는 것은 상품으로서의 도시, 경쟁력을 갖춘 도시라는 가상이며, 그 기준은 도시 바깥 어딘가―수많은 '성공' 사례들과 창조성 지수 같은 척도들―에 있다.[76] 이제 도시는 하나의 추상, (도시민의 삶과 무관한) '경쟁력' 그 자체를 추구하며, 여기서 공통장의 관리, 조정, 흡수는 더욱 중요한 문제가 될 것이다. 창조성 같은 비물질적 특질이 생산 과정에서 점점 지배적인 자리를 차지하고 있고 그 특질은 대부분 사회적

75. 우리는 이후 4장에서 서울시의 창의문화도시 전략 역시 이와 비슷한 성격을 띠고 있음을 살펴볼 것이다.
76. 권범철, 「집합적 자기배려의 가능성에 대하여」, 2015년 제7회 맑스코뮤날레 분과세션 〈예술인간의 탄생〉 발제문, 2015.

협력을 통해 생산되기 때문이다. 요컨대 창조도시는 — 파스퀴넬리의 말처럼 삶 활동을 노동으로 통합하는 삶정치적 기계이면서 — '생산적인' 안전장치다.

사회적 공장의 노동들

메트로폴리스가 하나의 공장이 되면 공장의 노동자 역시 새롭게 정의되어야 한다. 해리 클리버는 뜨론띠의 「사회적 자본」[77]을 다룬 부분에서 이렇게 설명한다.

> 노동계급의 재생산은 공장에서의 노동뿐 아니라 가정 및 가정들의 공동체에서의 노동 또한 포함한다. … 축적이란 현역[노동자]군대의 축적만이 아니라 예비[노동자]군의 축적을 의미하며, 노동계급을 재생산하는 노동을 하는 사람들뿐만 아니라 (노동력 외의) 다른 상품들을 생산하는 사람들의 축적을 의미한다. 노동계급이 일하는 '공장'은 전체로서의 사회, 즉 사회적 공장이다. 노동계급은 비공장 노동자까지 포함되도록 재정의되어야 했다.[78]

마리아로사 달라 코스따를 비롯한 페미니스트 이론가들은 비공장 부문에 대한 뜨론띠의 연구를 크게 확장시켰다. 이들은

---

77. Mario Tronti, "Social Capital", *Telos*, No. 17, Fall 1973, 2013년 7월 1일 수정, 2024년 2월 1일 접속, https://libcom.org/library/social-capital.
78. 해리 클리버, 『자본을 어떻게 읽을 것인가』, 173~4쪽.

공장 노동 중 지급되지 않은 부분(잉여노동)뿐 아니라 공장 밖에서의 노동 중 지급되지 않은 부분에 주목했다.[79] 앞서 공통장에 대한 페미니즘 관점에서 살펴본 바와 같이 페미니스트 이론가들은 자본이 막대한 양의 부불가사노동에 의존하고 있다고 주장했다. 그에 따라 페데리치는 "가정과 가사노동을 공장제의 "타자"가 아니라 그 기초"로 이해한다.[80] 노동력을 재생산하는 여성의 가사노동이 자본주의적 생산양식의 기반이라는 것이다. 가치는 공장에서만 생산되는 것이 아니다. 노동력이 재생산되지 않는다면 공장은 당연히 돌아가지 않을 것이다. 자본주의적 생산은 여성의 그러한 비임금 노동을 무상으로 전유하는 데 기초한다. 즉 여성의 비임금 노동은 자본의 공통재다.

중요한 것은 여성의 가사노동이 경제적으로 비가시화되는 방식이다. 페데리치의 말처럼 "가사노동의 차이는 여성에게 강요된다는 점뿐만 아니라 내면 깊이 자리한 여성 특유의 기질에서 비롯된 자연적 속성, 내적 욕구, 열망에서 기인한 행위로 변신했다는 점에 있다."[81] 즉 "가사노동을 사랑의 행위로 바꿔 놓음으로

<hr />

79. 같은 책, 176쪽.
80. 페데리치, 『혁명의 영점』, 24쪽.
81. 같은 책, 38쪽. 비슷한 맥락에서 미즈는 이렇게 말한다. "여성의 가사노동과 양육 노동은 그들의 생리 기능의, 그들이 아이를 낳았다는 사실의, '자연'이 여성에게 자궁을 주었다는 사실의 연장으로 이해된다. 출산 노동을 비롯하여 삶의 생산에 들어가는 모든 노동은 자연과 인간의 의식적인 상호작용, 즉 진정한 인간 활동으로 이해되지 않고 무의식적으로 동·식물을 생산하고 이 과

써"[82] 여성의 가사노동은 '진정한' 노동으로 여겨지지 않는다.

사랑의 행위가 노동으로 여겨지지 않는 까닭은 사랑은 노동과 달리 ─ 물론 노동도 자본주의 사회에서 신성시되지만 ─ 숭고한 것으로 이상화되기 때문이다. 공장에서 일을 하고 돈을 받는 것은 당연하게 생각하지만, 즉 노동을 가격으로 환산하는 데는 익숙하지만 사랑이라는 건 돈으로 매길 수 없는 가치로 여겨진다. 자식을 아낌없이 돌보는 어머니, 남편을 '내조'하는 아내의 돌봄 노동은 헌신적인 사랑에서, 자신의 욕구에 따라 우러나온 것이므로 값을 매길 수 없고, 매겨서도 안 되는 것이다. 이렇게 여성의 노동은 사랑의 이름으로 이상화되어 숭고의 대상이 됨으로써 경제외적인 지위를 획득한다. 숭고의 대상에 돈을 지불하는 건 심지어 모욕적인 일로 치부된다. 우리는 여성의 노동을 찬양할 뿐, 대가를 지불하지 않는다.

페미니스트 이론가들이 여성의 비임금 노동을 가시화할 때 사회적 공장은 중요한 이론적 자원이었다. 그들은 그 개념을 바탕으로 여성 역시 보상이 이루어져야 하는 노동을 수행하고 있다고 주장할 수 있었다. 우리의 관점에서 중요한 것은 이 공장에는 여성들과 유사하게 비임금 노동을 수행하는 또 다른 노동자들이 있다는 점이다.[83] 카펜치스에 따르면 자본주의 사회의 노동은 세

정을 통제하지 않는 자연의 활동으로 이해된다"(미즈, 『가부장제와 자본주의』, 121쪽).

82. 페데리치, 『혁명의 영점』, 40쪽.

가지 기준에 따라 최소한 네 가지 양태로 구분할 수 있다(〈표 2〉 참조).[84] 첫 번째 조립라인의 노동은 일반적으로 유일하게 인정받는 노동이다. 그것은 '자유롭고' 합법이며 임금을 받는다. 두 번째 가사노동은 조립라인 노동처럼 '자유롭고' 합법이지만 임금을 받지 못한다. 노예 노동은 아마도 최악의 노동이다. 강압적이며 임금도 받을 수 없다. 마지막으로 범죄는 불법이라는 점만 빼면 가사노동이나 노예 노동보다 나아 보인다. 카펜치스가 이러한 구분을 시도한 것은 자본주의 사회에서 가치에 대한 결산은 이러한 다양한 부류의 노동을 통합적으로 고려해야 한다는 것을 강조하기 위해서였다. 일반적으로 노동이 임금을 받는 합법적인 '자유로운' 노동, 즉 임금 노동으로만 이해되고 있기 때문이다. 그가 정리한 이 표는 자본주의 사회의 가치가 공장이나 사무실에서뿐 아니라 사회 전반에서 (심지어 범죄 현장에서도) 생산된다는 것을 보여 준다. 물론 이것은 일군의 페미니스트 이론가들이 이미 지적

---

83. 학생은 그러한 비임금 노동자의 대표적인 사례다. 해리 클리버는 조지 카펜치스가 〈가사노동에 대한 임금〉의 이론적 틀에 기대어 학업을 비임금 노동으로, 다시 말해 학생을 비임금 노동자로 분석했다고 설명한다(이 책은 마찬가지로 〈가사노동에 대한 임금〉의 이론적 틀에 기대어 예술가를 비임금 노동자로 분석한다)(Harry Cleaver, "Comradely Appropriation," in ed. Camille Barbagallo, Nicholas Beuret & David Harvie, *Commoning — With George Caffentzis and Silvia Federici*, Pluto Press, 2019, p. 30). 카펜치스가 두 명의 대학원생과 함께 쓴 그 글은 『학생에게 임금을』(*Wages for Students*)이라는 제목의 팸플릿으로 출판되었으며, 다음 주소에서 볼 수 있다. http://www.zerowork.org/WagesForStudents.pdf.

84. 조지 카펜치스, 『피와 불의 문자들』, 서창현 옮김, 갈무리, 2018, 15쪽.

	억압 여부		합법 여부		임금 여부	
	자유	강압	합법	불법	임금	비임금
조립라인	○		○		○	
가사노동	○		○			○
노예노동[85]		○	○			○
범죄	○			○	○	

표 2. 자본주의 사회의 노동들
출처:카펜치스, 『피와 불의 문자들』, 15쪽.

한 것들이다.

이 표에서 중요한 지점은 오히려 각 기준 사이에 그어진 구분선에 있는 것처럼 보인다. 그러니까 자유와 강압을, 합법과 불법을, 임금과 비임금을 나누는 선 말이다. 그 실선이 표에서는 끊기지 않고 그어져 두 영역을 선명하게 나누고 있지만 현실에서 그 구분은 그리 명확하지 못하기 때문이다. 먼저 조립라인의 경우 그 것은 '강압'이 아닌 '자유'로 구분되지만, ─ 서론에서 제기한 문제처럼 ─ 노동을 강제하는 자본주의 사회에 살아가는 우리에게 일하지 않을 자유는 없음을 떠올려 보면 그 구분선은 그렇게 분명

85. 케빈 베일스는 오늘날 노예제가 번창하는 사업이라고 주장한다. 케빈 베일스, 『일회용 사람들』, 편동원 옮김, 이소출판사, 2003을 참고하라.

하게 그을 수 없다. 합법/불법의 여부 역시 한국(뿐만 아니라 지구 전역에 있는 수많은 곳)의 많은 작업장들이 불법적인 요소들 ─ 불법파견, 위장폐업, 오염물질 불법 배출 등 ─ 과 함께 굴러가고 있음을 상기한다면 명확하게 답할 수 없다. 가사노동도 마찬가지다. 결혼, 임신 혹은 출산을 이유로 직장과 노동시장에서 차별받는 여성들에게, 무엇보다 각종 가사노동이 본연의 임무로 주어지는 여성들에게 가사노동은 '자유'인가 '강압'인가? 여기에 분명하게 답할 수 없다면 우리는 가사노동이 노예 노동과 별반 다를 게 없다는 것 또한 인정해야 할 것이다. 이러한 문제들은 현실에서 그 구분선들이 그렇게 명료하지 않으며 그 기준 자체가 자의적으로 구성될 수 있음을 보여 준다. 그러나 더 중요한 것은 그 구분선을 깨뜨리는 운동들이 있었다는 점이다. 1972년 이탈리아에서 시작된 〈가사노동에 대한 임금〉 캠페인은 주요한 사례다. 이 운동은 가사노동이 여성의 본성에 따른 행위가 아니라 보상이 이루어져야 하는 활동이라고 주장했다. 이때 임금과 비임금의 선을 무너뜨리는 것은 가사노동이 노동이라는 것을 가시화하기 위한 중요한 수단이었다. 임금을 주장한 것은 여성들만이 아니었다. 학생들도 노동력 상품이 되기 위해 책을 읽고 기술을 익힌다는 점에서 노동자이며, 68혁명의 학생들은 이를 근거로 임금을 요구했다.[86] 이러한 투쟁들 덕분에 우리는 많은 비임금 노동을 인식할

---

86. 구리하라 야스시, 『학생에게 임금을』, 서영인 옮김, 서유재, 2016. 다음의 글

수 있게 되었고, 그만큼 자본주의가 공장의 부불노동 외에도 얼마나 많은 무상노동에 의존하고 있는가를 알 수 있게 되었다. 이 책에서 중요한 것은 도시의 예술가들 역시 이러한 비임금 노동을 수행한다는 것이다.

우리는 앞서 가사노동이 사랑의 이름으로 숭고화됨으로써 경제 외적인 지위를 가지게 되었다고 이야기했다. 가사노동의 이러한 지위는 예술이 사회적으로 누리는 지위와 유사하다. 한스 애빙Hans Abbing에 따르면,

> 예술의 에토스는 믿음과 도덕적 신념 그리고 적절한 행동을 위해 마련된 각종 규칙으로 이루어져 있다. 이 가운데서 가장 중요한 신념은 예술은 곧 선善이라는 것이다. 게다가 예술가들은 소명의식도 가지고 있는데, 예술가들이라면 응당 예술에 헌신하고, 기꺼이 예술을 위해 희생해야 한다는 것이다. … 이러한 에토스는 지난 19세기, 예술과 엔터테인먼트가 분리되고 대중들이 예술과 실존적인 관계를 맺게 되면서 점차 발전했는데 … 이윤을 추구하거나, 더 나아가 어느 정도 편안한 삶을 바라보기만 해도 이것은 예술을 희생시키는 것으로 여겨졌다. … 이러한 예술의 에토스에 가장 전형적인 슬로건은 다름 아닌 "예술을 위해 모든 것

도 참고하라. George Caffentzis, "Throwing away the ladder," *Zerowork*, vol. 1, 1975, pp. 128~42 ; The wages for students students, *Wages for Students*, 1975, 2024년 2월 1일 접속, http://zerowork.org/WagesForStudents.html.

을"이다.[87]

　"예술을 위해 모든 것을" 희생하는 예술가는 '가족을 위해 모든 것을' 희생하는 어머니를 연상시킨다. "상업적인 것에 대한 거부"는 "예술의 에토스에서 없어서는 안 될 부분"이 되었다. 돈을 잘 벌지 못해 생활고에 찌들어 있지만 "예술을 위해 모든 것을" 포기한 '가난한 예술가'는 곧잘 숭고의 대상이 된다. 이러한 인식 위에서 예술가는 무언가 특별한 사람으로, 그들의 직업적 실천은 노동이 아니라 자신의 욕구에 따라 '선'한 것을 추구하는 행위로 이해된다. 이러한 예술의 '숭고화'는 그것이 무상으로 착취될 수 있는 기반이다. 여성들의 가사노동이 사랑이라는 숭고함의 지위를 획득함으로써 착취되는 것과 마찬가지로 예술가들의 노동 또한 예술이 선의 지위를 획득함으로써 착취된다. 그것이 숭고화될수록 노동의 무대에서 지워지기 때문이다. 카펜치스의 말처럼 그러한 "비가시성은 모든 자본주의적 삶의 비밀을 은폐한다. 사회적 잉여의 원천 ― 비임금 노동 ― 은 박탈되고 자연화되고 체제의 주변부로 만들어져야 한다. 그래야 그것의 생산자들이 더욱 쉽게 통제되고 착취될 수 있다."[88]

---

87. 한스 애빙, 「구조적 빈곤 : 왜 예술경제의 특수성은 계속되는가?」, 제6회 서울시창작공간 국제심포지엄, '노동하는 예술가, 예술환경의 조건' 발제문, 2014, 11쪽.
88. 카펜치스, 『피와 불의 문자들』, 424쪽.

우리의 연구에서 중요한 것은 — 4장에서 살펴볼 바와 같이 — 문화예술을 통해 도시의 경쟁력을 향상시키고자 하는 도시 정부의 전략이 어떻게 예술가들의 노동을 흡수하는가이다. 예술가들의 활동은 공장의 노동사와는 달리 외부에서 조직되지 않는다. 따라서 앞에서 살펴본 바와 같이 마주침의 환경을 조성하는 것은 창조도시의 중요한 전략이었다. 그러나 창조도시론자들이 언급하지 않는 그 환경의 또 다른 측면은 물리적인 것이 아니라 임금 관계다. 베르첼로네에 따르면, "노동의 조직화가 점점 자율적으로 되어감에 따라 … 노동에 대한 통제는 더 이상 직접적인 직무 할당이라는 테일러주의적 역할을 취하지 않는다. 그것은 대부분 임금 관계의 불안정화에 연결된 … 간접적인 메커니즘으로 대체되었다."[89] 임금 노동을 하지 않는/못하는 많은 예술가는 삶의 기반이 매우 취약하다. 그러한 불안정함은 도시 정부가 예술가들을 손쉽게 동원할 수 있는 토대가 된다. 여성이 임금에서 배제되면서 남성에게 의존할 수밖에 없게 된 것처럼, 예술가 역시 임금에서 배제된 까닭에 — 네트워크를 형성하더라도 — 국가에 의존하는 경우가 많기 때문이다.

이제 익히 알려진 공식으로 사회적 공장의 노동들을 정리해 보자. 클리버는 맑스의 자본 순환에 노동력 재생산 과정을 더해

89. Carlo Vercellone, "The new articulation of wages, rent and profit in cognitive capitalism," Trans. Arianna Bove, 2006, 2024년 2월 1일 접속, http://www.generation-online.org/c/fc_rent2.htm.

서 두 순환 과정의 결합을 아래와 같이 정리했다.

$$A : M - C(LP ; MP) \cdots P \cdots C' - M'$$
$$B : LP - M - C(MS) \cdots P^* \cdots LP^* \,^{90}$$

여기서 A는 화폐 순환을, B는 노동력 순환을 나타낸다. A의 과정은 이미 잘 알려져 있다. 자본가는 화폐로 노동력과 생산수단을 구매하고 상품(C')을 생산하여 시장에서 판매함으로써 가치를 실현하고 더 많은 화폐(M')를 얻는다. 즉 $M' = M + \Delta M$으로 정리되는 이 과정에서 노동자는 증가된 잉여분만큼의 부불노동을 수행한다. 그러나 이를 위해서는 노동력이 계속해서 재생산되어야 한다. 따라서 B의 과정에서 노동자는 화폐(임금)로 생계수단(MS)을 구매한다. 그러나 그 수단들, 가령 식사를 위한 재료는 누군가의 노동(P^*)으로 가공되어야 한다. 그 과정을 통해 노동력 LP는 LP^*로 재생산된다. 앞서 언급한 페미니스트 이론가들이 밝힌 것은 P^*가 무상으로 착취되고 있다는 것, 부불노동은 공장만이 아니라 집안에서 이미 이루어지고 있다는 것, 그 노동은 자본주의적 생산과 불가분의 관계를 맺고 있으며, 따라서 가사노동 역시 노동이라는 것이었다.

---

90. M : 화폐, C : 상품, LP : 노동력, MP : 생산수단, P : 생산과정, MS : 생계수단.
Harry Cleaver, "Malaria, the Politics of public health and the international crisis," *Review of radical political economics*, vol. 9, no. 1, 1977, pp. 81~103.

그런데 위에서 카펜치스가 정리한 표를 인용하며 우리가 언급한 사항들은 P*가 가사노동만으로 이루어져 있지 않다는 것이다. 학생들의 노동도 LP를 만들어가는 과정이라는 점에서 P*에 속한다. 이것은 주로 학교라는 공장에서 이루어지는 노동이다. 이제 우리는 여기에 예술가들의 노동을 추가할 수 있다. 지식, 정보 등 비물질 요소가 경제에서 중요한 요소가 되면서, 달리 말해 노동의 비물질화 경향 속에서 노동자에게는 새로운 능력이 요구된다. 이러한 맥락에서 조정환은 오늘날의 시대를 '누구나가 예술가인 시대'로 표현한다. 그 이유는,

다중은 매일매일 예술가이기를 강요받고 있고 그것에 적응하는 과정에서 예술가로 단련되고 있기 때문이다. 노동과정의 미적·예술적 패러다임으로의 변화는 노동하는 사람들의 예술가화를 강제하고 재촉하고 촉진한다. 창조하지 못하는 사람에게는 임금도 없다는 것이 신경제의 논리이다. 포스트포드주의가 구상, 상상의 기능을 노동자에게 떠넘김으로써 더 큰 이윤을 추구하는 것은 이 때문이다. 그 결과, 노동하는 사람들은 실행하는 주체일뿐만 아니라 구상하는 주체, 상상하는 주체, 기획하는 주체, 창조하는 주체로 된다. 매 순간 노동자가 예술적일 것을 요구받는다는 것은 이런 의미이다.[91]

91. 조정환, 『예술인간의 탄생』, 갈무리, 2015, 343쪽.

플로리다가 요구하는 능력은 바로 창조성이다. 그에 따르면 우리가 서로 다르다고 여기는 다양한 창조성 형태들, 즉 기술적 창조성, 경제적 창조성, 예술적 창조성은 사실 깊게 연관되어 있으며 교류와 상호자극을 통해 서로를 강화한다. 그는 이것이 상이한 형태의 창조성을 지닌 이들이 창조 중심지에 모여 서로 교류하는 이유라고 설명한다.[92] 우리가 그의 주장을 받아들인다면 예술가들의 활동은 '창조경제' 시대 노동자들의 노동 능력을 향상시킨다고 말할 수 있다. 이러한 의미에서 예술가들도 P*를 수행한다. 이들 역시 가사노동을 하는 여성처럼, 학업노동을 하는 학생처럼, 예술노동을 함으로써 노동력을 개선하고 재충전하는 비임금 노동을 수행한다. 이들의 노동은 모두 자본의 입장에서 볼 때 "누구나 뜻대로 전유하고 이용할 수 있는 공통재"다.

그런데 예술가들의 노동은 노동력을 재생산하는 데 그치지 않는다. 그들의 활동은 도시의 집합적 상징자본을 ─ 예를 들어 하나의 관광 명소를 ─ 생산할 수도 있다. 예를 들어 어떤 스콰이 유명 관광지가 되는 경우를 생각해 보자. 그곳의 예술가들은 분명 상품 생산을 하지 않는다. 그들은 각자의 욕망을 다양한 방식으로 실현하며, 집합적으로 삶을 재생산한다. 그들의 지향점은 더 많은 화폐 축적에 있지 않다. 그러나 그들의 활동이 주목경제의 과정에 우연히 편입되어 볼거리가 될 때, 도시 정부의 관점에서 그

---

92. Florida, *The Rise of the Creative Class*, 624.

들의 활동은 관광지를 만들어 도시의 경쟁력을 강화하는 과정이 된다. 노동력과 생산수단을 구매하여 조직하는 산업공장의 자본가와 달리 도시 정부는 아무런 구매 활동 없이, 아무것도 조직하지 않고 관광 명소를 갖추게 된다. 이것은 아무런 노력 없이 특수한 자연 명소를 획득한 경우와도 같다. 이때 스쾃은 그 자체가 도시 정부/자본의 공통재로 흡수된다. 이때 만일 스쾃 역시 플로리다가 말하는 "창조 중심지"에 속한다면 예술가들은 이제 이중의 노동을 수행하며, 따라서 이중의 착취를 겪는다. 그들은 한편으로 도시의 집합적 상징자본을 생산하고 다른 한편으로 창조시대 노동자들의 노동력을 재생산한다. 이런 의미에서 그들의 활동은 분명 노동이지만 예술의 숭고화와 함께 그것은 노동으로 여겨지지 않는다. 그들은 많은 노동을 하고 있음에도 불구하고 임금을 받지 못하고 다른 무언가에 의존해야 한다. 그 무언가가 무엇인가에 따라 그들의 행보는 상이하게 나타난다. 그들은 예술가 네트워크에 의존하며 스쾃을 하거나 다른 삶의 방식을 고안할 수도 있고, 국가의 지원에 의존하며 경쟁하는 주체가 될 수도 있다. 현실의 많은 예술가는 대부분 그 사이를 오간다. 도시에서 공통장의 기능이 복합적으로 나타나는 이유다.

사회적 공장에서의 적대

플로리다의 관심은 물론 사회적 공장의 많은 노동 중에서도 창조성을 생산하는 노동에 집중되어 있다. 그는 창조성을 자연자원과도 같은 것으로 여기기 때문에 창조적 에너지의 전유에 몰두하는 그의 논의에는 그 과정에서 발생할 수밖에 없는 힘 관계에 대한 고찰이 없다. 이것은 그가 계급을 정의하는 방식에서도 드러난다. 그가 창조경제의 핵심으로 이해하는 창조계급은 직업적 분류에 따른 것이다.[93] 그러나 우리가 계급의 의미를 힘의 작동과 결부시켜 생각한다면 어떤 직업을 가진다는 것이 그 계급이 된다는 의미는 아니다. 자율주의자들은 노동력과 노동계급을 구분하면서 "노동계급은 자본에 저항하는 투쟁을 통해서 정의된다"고 이야기한다.[94]

자본은 노동을 객체로, 가치를 추출하는 자본순환의 요소로,

---

93. 그는 창조계급을 두 요소로 나누는데 그 핵심 부분에는 "널리 유용한 새로운 형태나 디자인을 생산하는" 집단, 즉 과학자와 엔지니어, 대학교수, 시인과 소설가, 예술가, 엔터테이너, 배우, 디자이너, 건축가, 논픽션 작가, 편집자, 연구자, 애널리스트 등이 있다. 이 핵심 집단 외부에는 창조적 전문가가 있다. 이들은 "특정 문제를 해결하기 위해 복잡한 지식에 의지하여 창조적인 문제 해결에 참여"하는 집단으로 넓은 범위의 지식집약 산업 종사자들이 여기에 속한다(같은 책, 908).

94. Zerowork Collective, "Introduction," *Zerowork*, vol. 1, 1975, p. 3. 다이어-위데포드, 『사이버-맑스』, 148~9쪽에서 재인용. 이러한 점에서 파스퀴넬리는 플로리다의 창조계급의 무용함을 지적한다. "도시적 저항 및 생산의 새로운 형태들은 통상적인 정치적 주체성 개념들을 통해서는 적절하게 이해될 수 없다. 여기에서, 신생 사회적 주체로서 '창조계급' 개념은 전혀 쓸모가 없는데, 그것은 오직 '긍정적'이거나 또는 '진보적인' 패러다임의 토대 위에서만 서술되는, 마찰 없고 갈등 없는 행위자(agency) 개념을 나타내기 때문이다"(파스퀴넬리, 『동물혼』, 258쪽).

즉 노동력으로 통합하려 한다. 그러나 이런 포섭은 늘 부분적으로만 달성될 뿐, 결코 완전할 수 없다. 노동 주체들은 자신을 이런 식으로 환원하려는 자본에 저항한다. 자본에게 노동은 언제나 문제를 발생시키는 '타자'이다. 끊임없이 통제되고 정복되어야 하지만, 계속 이런 지배에서 벗어나거나 이런 지배에 도전하는 타자이다. 노동자는 자본에 의해 조직되기는커녕 자본에 맞서 싸운다. 바로 이런 투쟁이 **노동계급**을 구성하는 것이다.[95]

즉 자율주의자들은 노동계급을 자본의 지배를 빠져나가며 투쟁하는 힘으로 정의한다. 그렇지 않다면 그것은 노동력, 즉 자본의 한 요소일 뿐이다. 노동계급이 있어서 투쟁하는 것이 아니라 투쟁이 노동계급을 만든다. "계급은 공통적으로 투쟁하는 집합체이며 그런 집합체일 수밖에 없다는 점에서 정치적 개념이다."[96] 그러므로 노동계급이란 어떤 과정으로 존재하지만 플로리다는 계급을 기능적인 단위로 이해한다. 그의 창조계급은 언제나 도시의 경쟁력을 강화하고 경제를 발전시킬 자본의 한 요소로만 나타난다. "자본은 노동력을 자본으로서만 이해한다."[97] 이런 의미에서 그가 말하는 창조적인 사람들이란 창조'계급'이라기보다 창조 '노동력'으로 이해해야 할 것이다. 그러나 그 "창조적인 사람

95. 다이어-위데포드, 『사이버-맑스』, 148쪽, 강조는 원저자의 것.
96. 네그리·하트, 『다중』, 153쪽.
97. Tronti, "Factory and Society."

들"이 창조 노동력으로만 기능하는 일은 그의 책에서만 가능하다. 공장과 마찬가지로 "위계와 착취, 폭력과 고난, 공포와 고통의 장소"인 도시에는 언제나 적대와 반란이 잠재해 있으며 또 현상한다. 이렇게 계급에서 힘의 충돌이라는 문제를 고려할 때,

이제 자본/노동력 관계는 자본/노동계급 관계로 변화된다. 따라서 자본주의적 발전의 변증법은 노동계급과의 관계에 의해 지배된다. 노동계급은 이제 자본주의적 발전 내부에서 하나의 독립적 극성polarity을 구성하였다. 이제 자본주의적 발전은 노동계급의 행동이라는 정치적 변수에 의존하게 되었다. 노동력 개념은 더 이상 본질적인 것으로 간주될 수 없었다. 오직 노동계급 개념만이 타당한 것이었다.[98]

이 인용문은 1960년대 초 이탈리아에서 일어났던 자율적인 노동자 투쟁을 다룬 오뻬라이스모 이론가들의 분석에 대한 네그리의 설명이다. 당시 노동계급의 투쟁은 노동조합과 당의 영향력으로부터 자율적으로 혹은 그에 반하여 일어났고 이는 중요한 연구 대상이 되었다. 오뻬라이스모는 이들의 활동을 분석하여 노동계급은 "수동적이고 반사적인 희생물이 아니며" 그 계급의 궁극적 힘은 "투쟁을 주도하고 자본으로 하여금 그 자신을 재조직

---

98. 안토니오 네그리, 『혁명의 만회』, 영광 옮김, 갈무리, 2005, 363쪽.

하고 전개시키도록 밀어붙"인다고 주장할 수 있었다.[99] 클리버는 이러한 관점에서 "궁극적으로 유일하게 계획할 수 없는 자본의 요소는 바로 노동계급이라는 개념"이라고 말한다. 이렇게 "자율적인 노동자들의 힘이 재조직을 강제하고⋯ 자본에 변화를 초래하는 것이라면 자본을 노동계급으로부터 독립된 외부의 힘으로 이해할 수는 없다. 그것은 바로 계급관계로 이해되어야 한다."[100]

대중노동자는 이러한 자율적인 노동자 계급에 붙여진 이름이었다. 그러나 노동자들뿐 아니라 여성들, 학생들이 1969년 '뜨거운 가을'과 함께 등장하면서 대중노동자 개념은 불완전한 것이 되었다. 그 개념은 전통적인 공장의 노동자 투쟁에 초점을 맞춘 것이었기 때문이다.[101] 대중노동자의 투쟁에 대한 자본의 대응으로 생산의 초점이 탈중심화되고 산업 공장으로부터 분산되면서 "그렇지 않았다면 주변적이거나 잠재적인 것으로 이해되었을 사회적 노동 내부의 일련의 기능들 전체는 직접적으로 생산적인 것으로 그리고 '노동계급'으로 재정의"된다.[102] 네그리는 이를 "사회적 노동력"으로의 이동이라고 표현한다. 그것은 "사회 및 사회적 노동 전체에 대한 자본주의적 통제의 보다 광범하고 면밀한 차원

---

99. 해리 클리버, 「맑스주의 이론에 있어서의 계급 관점의 역전」, 『사빠띠스따』, 이원영·서창현 옮김, 갈무리, 1998, 89쪽.
100. 같은 책, 90쪽.
101. 조정환, 「이탈리아 자율주의 운동의 흐름과 전망」, 『동국대대학원 신문』, 2004년 11월.
102. 네그리, 『혁명의 만회』, 367쪽.

들에 상응하는 개념"[103]으로, 실질적 포섭의 국면에 있는 노동력이다. "사회적 노동력의 시간은, 자신의 내부에 생산시간과 재생산시간 사이의 관계를 단일한 전체로서 포함할 뿐만 아니라, 무엇보다도 시간에 대한 고려를 노동시장의 삶-공간 전체로 확장시킬 정도로 확대된 노동일이다."[104]

이 실질적 포섭은 삶 전체를 노동으로 에워쌈에도 불구하고 네그리는 그것을 "자본의 위기의 한 형태"[105]로 이해한다. 실질적 포섭이 진전됨에 따라 "사회적 노동력의 주체적 특질화qualification"로서의 사회적 노동자가 "해결할 수 없는 적대"[106]로 출현하기 때문이다. 이 사회적 노동자는 생산적인 복합체의 모든 주체가 아주 강하게 협력적인 네트워크 속으로 휘말려 들면서 형태를 갖추기 시작한다.[107] 이러한 "생산의 사회적 침입"은 "잠재적으로 생산적인 모든 것을 새롭고 불확정한 노동으로 혼합"[108]한다. 실질적 포섭은 이 사회적 노동자가 형성되는 구조적 차원이며, 창조도시는 이 실질적 포섭을 강화하는 전략이다. 그러나 사회적 노동자는 "가치와 잉여가치의 생산자일 뿐만 아니라, 노동에 필요한

---

103. 같은 곳.
104. 같은 책, 384쪽. 강조는 원저자의 것.
105. 같은 책, 389쪽.
106. 같은 책, 387쪽.
107. 안토니오 네그리, 『전복의 정치학』, 최창석·김낙근 옮김, 인간사랑, 2012, 119쪽.
108. 같은 책, 120쪽.

사회적 협력의 생산자이기도 하다. … 사회적 노동자의 생산적 노동에 있어 가장 중요하고 명백한 특징은 그/그녀가 사회적 협력의 창시자라는 사실이다 … 그것은 협력적 과정을 넘어 통제가 노동자에 의해 재전유되는 것을 의미한다."[109] 이것은 사회적 노동자가 자본으로부터 자율적이고 공통적인 존재가 될 수 있는 가능성을 가리킨다.

이제 다시 스콰의 문제로 돌아오면, 그것은 노동력으로 기능하는 것을 거부한 예술가들에게서 시작되었다. 이 노동거부는 "그것이 공간이나 시간, 에너지를 두루 손아귀에 넣었을 때, 자기가치화[110]의 바로 그 가능성을 창조한다."[111] 이 거부와 자기가치화는 우리가 파악한 스콰의 두 선, 즉 저항과 구성에 상응하

---

109. 같은 책, 122~3쪽.

110. autovalorizzazione, self-valorization. "맑스가 때때로 '자기가치화'라는 용어를 '가치화'의 동의어로서 사용했지만, 네그리는 완전히 별개의 의미를 제출했다. 그 접두어 'auto' 혹은 'self'의 사용은 자본주의적 가치화로부터 자율적인 가치화의 한 과정 — 자본주의적 가치화에 대한 단순한 저항을 넘어 자기구성의 적극적인 기획으로 나아가는 자기규정적인, 자기결정적인 과정 — 을 나타낸다"(클리버, 「맑스주의 이론에 있어서의 계급 관점의 역전」, 365쪽).

111. 같은 책, 368쪽. "노동거부는 노동자들이 착취당하는 것을 원하지 않는다는 당연한 사실만이 아니라 그 이상의 뭔가를 의미한다. 노동거부란 착취로부터 물러나는 일상적 활동, 삶의 가치를 줄이면서까지 자본의 가치를 증식시키고 잉여가치를 생산하라는 의무를 거부하는 행동이 자본주의의 재구조화, 기술적 변화, 사회 제도의 전반적 변형을 가져올 수 있다는 것을 의미한다. … 자율성은 사회의 시간이 자본주의의 시간성에서 독립하는 것을 말한다. 바로 이것이 노동거부의 의미이다"(프랑코 베라르디 '비포', 『프레카리아트를 위한 랩소디』, 정유리 옮김, 난장, 2013, 138~9쪽).

는 것이다. 스쾃의 예술가들은 자본의 틈새에서 공간을 장악하고 그곳을 대안적이고 자율적인 시간들로 채웠다. 이로써 이들은 "노동력 개념이 자본의 구성요소가 되는, 이론이 덧씌운 운명으로부터 명확하게 벗어난다."[112] 사회적 공장이라는 개념은 자본주의적 지배가 사회적으로 완벽하게 실현되는 상황을 뜻하지 않는다. 사회가 공장이 될 때 이것은 노동의 사회화뿐 아니라 적대의 사회화를 의미한다. 즉 "계급적 적대는 사라지는 것이 아니라, 문화적 발전의 역학을 포함하는 모든 것 속에 스며든다."[113]

그러나 스쾃의 활동은 자본의 또 다른 대응을 불러일으킨다. 사회적 공장을 기획하는 창조도시는 대안적이고 자율적인 시간을 도시의 스펙터클로 흡수하려 한다. 이러한 관점에서 서울시의 창의문화도시 전략, 특히 서울시창작공간(문래예술공장)은 오아시스와 문래예술공단이 보여 준 가능성, 도시를 변화시키고 활성화하는 힘을 전유하려는 기획이다. 그 기획 안에서 예술가들은 자신도 모르게 스펙터클의 생산에 연루된다. 이것은 우리가 살펴본 현대 도시의 변증법, 즉 노동력으로의 환원에 대한 거부와 그것에 기초한 자기가치화가 다시 자본의 가치화로 연결되는 회로였다. 창조도시의 예술가들은 이렇게 역설적인 상황에 놓여 있다.

---

112. 네그리, 『혁명의 만회』, 386~7쪽.
113. 클리버, 「맑스주의 이론에 있어서의 계급 관점의 역전」, 338쪽.

예술가들의 노동은 과거의 공장 노동과 달리 자율적으로 일어난다. 빈 공간의 점거나 그에 기반한 다양한 활동들은 공장 노동과 달리 자본에 의해 조직될 수 없는 것이었다. 그러나 "산 노동의 새로운 특성들이 노동의 자기 결정과 생산의 사회적 종말로 명백하게 이어지는 갈등의 발달을 기계적인 방식으로 보장하지는 않는다. 노동의 테일러주의적 통제와는 다르게, 노동자의 바로 그 주체성의 통제에 초점을 맞춘 메커니즘이 일어날 수 있다. 이것은 훈육 사회에서 통제 사회로의 이행이 지닌 중심적인 양상들 중 하나다."[114]

푸코의 안전은 들뢰즈의 통제다. 오늘날 통제 사회가 훈육 사회를 대신하고 있다고 주장한 들뢰즈에 따르면 그 이행의 양상은 아래와 같이 나타난다.

감금은 각기 구별되는 주형들인 반면 통제는 변조인데, 변조라는 것은 순간마다 끊임없이 변화하느라 스스로를 해체하는 틀, 혹은 그물코가 여기저기로 끊임없이 바뀌는 그물망과 같은 것이다.…통제사회에서는 기업이 공장을 대체하는데,…공장은 개인들을 신체로 구성함으로써 대중의 각 요소들을 감시하는 고용

---

114. Carlo Vercellone, "The hypothesis of cognitive capitalism," London, Birkbeck College and SOAS, United Kingdom, 2005.

주와 대중의 저항을 동원하는 조합에게 이중적으로 유리하다. 그러나 기업은 용서할 수 없는 경쟁을 건강한 경쟁인 양, 탁월한 동기부여인 양 끝없이 도입하고, 이 경쟁은 개인들 서로를 대립시킬 뿐만 아니라 각자를 내적으로 분리시킨다.[115]

따라서 통제사회는 "명령 메커니즘들이 더욱더 '민주적'이고, 더욱더 사회적 장에 내재적이며, 시민들의 두뇌와 신체 전체에 퍼져 있는 그런 사회"다. 여기서 "지배에 적합한 사회적 통합과 배제의 행위들은 점점 더 주체들 자체 내부에 내재화된다."[116] 지배 기술이 주체에 내재화된다는 말은 통제사회의 권력이 "모든 개인이 기꺼이 받아들이고 자발적으로 재활성화하는 필수적이고 결정적인 기능이 될 때만, 주민의 전체 삶을 효과적으로 지배할 수 있다"[117]는 것을 뜻한다. 그러므로 관건은 경쟁의 역학을 하나의 정상으로 받아들이는 인간을 생산하는 것이다. "이제 호모 에코노미쿠스는 기업과 생산의 인간"[118]이다.

그러나 이러한 이행을 통해 실질적 포섭이 사회적 생명bios 자체에 스며든다는 것은 거꾸로 그만큼 자본이 그 생명들에 좌우

---

115. 질 들뢰즈, 「통제사회에 대한 후기」, 『대담 : 1972~1990』, 신지영 옮김, 갈무리, 2023, 322~323쪽.
116. 네그리·하트, 『제국』, 52쪽.
117. 같은 책, 53쪽.
118. 푸코, 『생명관리정치의 탄생』, 222쪽.

된다는 뜻이기도 하다. 이 생명들은 네그리의 말처럼 가치 생산에 필요한 사회적 협력의 창시자들이기 때문이다.[119] 따라서,

시민사회는 국가 속에 포섭되지만, 이러한 흡수의 결과, 전에는 시민사회에서 조정되고 매개되던 요소들이 폭발한다. 저항들은 더 이상 주변적이지 않고 네트워크 속에서 열리는 사회의 중심에서 활동한다. 즉 개별적인 지점들은 천 개의 고원에서 특이화된다. 그러므로 푸코가 암묵적으로 구축한(그리고 들뢰즈와 가타리가 분명하게 만든) 것은, 사회생활의 모든 요소를 통합하고 자신 안에 봉합하는(그래서 서로 다른 사회 세력들을 효과적으로 매개할 수 있는 자신의 능력을 잃는) 바로 그때 새로운 맥락을, 즉 최대한의 복수성과 구속할 수 없는 특이화라는 새로운 환경 – 사건의 환경 – 을 드러내는 권력의 역설이다.[120]

공장의 사회화는 무수한 특이성들의 포섭을 뜻한다. 이는 자본이 특이성들의 협력에서 창출되는 가치를 전유할 수 있는, 다시 말해서 자본의 공통장을 창출할 수 있는 기회이지만, 새로운 사건들이 그 협력에서 일어날 수 있는 기회이기도 하다. 네그리와 하트는 그 협력의 가능성을 비물질 생산에서 찾는다. 비물질적인

---

119. 네그리, 『전복의 정치학』, 122~3쪽.
120. 네그리·하트, 『제국』, 55쪽.

것 자체가 외부에서 조직될 수 없는 자율적 협력의 가능성을 창출한다는 것이다. 이렇게 그들은 생산의 핵심에서 생성되는 자율에 기대를 건다. 그러나 생산 속 자율이라는 그들의 주장을 받아들인다고 해도 도시의 변증법이라는 문제는 남는 것으로 보인다. 우리가 스쾃의 사례에서 잠깐 언급한 것처럼, 또한 집합적 상징 자본의 문제에서 본 것처럼 삶정치적 기계는 모든 것을 풍경으로 흡수해 버릴 수 있기 때문이다.

이것은 자본주의라는 사회체의 역동성을 보여 준다. 들뢰즈와 가타리에 따르면 자본주의는 흐름들의 탈영토화와 그것의 재영토화라는 이중 운동을 수행한다.[121] 다시 말해서 그것은 탈영토화하는 흐름들을 자신의 경제의 기초로 만든다. "자본주의적 사회체는 수많은 작은 탈주선들을, 심지어는 창조가 자본주의적 생산관계들 외부에서 작동하도록 허용되는 자율적 지대들을 갖고 있다. … 그러나 그러한 공간들(혹은 탈주선들)은 — 적어도 정상적인 작동에서는 — 자본과 대립하기보다 그것을 풍부하게 한다."[122] 그러므로 "자본의 본질은, 착취의 새로운 영토를 열어 젖히기 위해서, 그것이 지속적으로 그것의 탈주선들(그것의 미친 과학자들, 그것의 대항문화들, 그것의 전쟁광들)을 해방시킨다는 것이다."[123] 자본주의는 그렇게 탈주선들을 따라 계속 확장된

---

121. 질 들뢰즈·펠릭스 가타리, 『안티 오이디푸스』, 김재인 옮김, 민음사, 2014, 71쪽.

122. 쏘번, 『들뢰즈 맑스주의』, 276쪽.

다. 그 과정에서 자본주의 국가의 주요 기능 중 하나는 "재영토화를 행하고, 그리하여 탈코드화된 흐름들이 사회 공리계의 어떤 끄트머리에서도 탈주하지 못하게 막는 일이다."[124] 그러므로 문제는 "욕망적 생산"의 탈영토화된 흐름들이 어떻게 재영토화를 벗어날 수 있는가이다.[125] 들뢰즈와 가타리가 제시하는 출구는 "과정으로서의 탈영토화"이다. 그 과정은 "새로운 대지"를 창조하는 한에서만 자기를 해방할 수 있다.[126] 이 새로운 대지란 무엇인가? 그것은 "욕망적 생산의 과정의 완성과 일치한다." 그리고 "이 과정은 진행하고 있는 한, 그리고 진행하는 만큼 언제나 이미 완성되어 있다."[127] 우리의 관점에서 볼 때 그 새로운 대지란 "공통장을 위한 투쟁이 아니라 공통장을 통한 투쟁"이다. "우리가 다른 유형의 사회적 관계들을 살아가는 그만큼 … '다른 세계는 가능하다.'" 그러므로 중요한 것은 "자본주의 이후의 구성된 미래 상태로서가 아니라 자본주의에도 불구하고 구성적인 과정으로서의 삶"이다.[128]

이것은 충분한 답이 아닐지도 모른다. 그러나 홀러웨이의 말처럼 행위는 언제나 개념을 넘쳐흐르며, 우리는 섣불리 예단할

---

123. 같은 책, 107쪽.
124. 들뢰즈·가타리, 『안티 오이디푸스』, 435쪽.
125. 같은 책, 523쪽.
126. 같은 책, 528쪽.
127. 같은 책, 628쪽.
128. 데 안젤리스, 『역사의 시작』, 437쪽. 강조는 원저자의 것.

수 없다. 우리가 알 수 있는 건 삶과 스펙터클이 끝없는 길항관계에 있다는 것이고, 우리가 발견할 수 있는 건 어떤 가능성의 조건일 뿐이다. 이때 중요한 것은 도시 정부의 전략에 대한 계급 관점을 놓치지 않는 것이다. 이러한 관점을 놓칠 때 우리는 예술가를 노동력으로, 자본을 그들 외부의 독립적인 힘으로 인식하게 되기 때문이다. 따라서 계급 관점을 통해 흡수의 위험을 인식하면서도 대항의 전술을 고민할 필요가 있다. 예를 들어 화폐는 자본가에게는 투자의 수단이지만 임금 노동자에게는 생존수단에 접근하기 위한 방법이다.[129] 페데리치가 재생산 노동을 바라보는 관점도 이와 유사하다.

"재생산"은 서로 모순되는 양 측면을 가지고 있다. 한편으로 그것은 우리를 민중으로 재생산하고 다른 한편으로 그것은 우리를 착취 받는 노동자로 재생산한다. 우리가 제기할 문제는 재생산 노동을 우리의 투쟁의 재생산으로 바꾸는 방법이다.[130]

이러한 관점은 재생산 노동이 노동력을 재생산하는 비임금 노동으로 착취되고 있음에도 불구하고/바로 그 사실 — 자본이 여

129. 카펜치스, 『피와 불의 문자들』, 425쪽.
130. Silvia Federici, "Social Reproduction," Interview with Marina Sitrin, *ROAR Magazine*, Issue #2, 2016, 2024년 2월 1일 접속, https://roarmag.org/magazine/social-reproduction-between-the-wage-and-the-commons.

성의 비임금 노동에 의존한다는 사실 ─ 때문에 재생산 노동을 다르게 재구성한다면 대안적인 생산양식을 향한 길도 열 수 있다는 인식으로 이어진다. 따라서 계급 관점이란 다른 가능성을 파악하기 위한 시도다. 그 관점은 자신에게 주어진 대상을 고정된 것이 아니라 어떤 과정으로 인식할 때만 가능하다. 그래야 개입의 여지가 발생하기 때문이다. 푸코는 일찍이 우리에게 모든 것은 정치적 구성물이라는 것을 알려준 바 있다. 사회가 아니라 사회화가, 국가가 아니라 국가화가 존재한다는 것이다. 우리는 공통장에 대해서도 똑같이 말할 수 있다. 공통장이 아니라 공통화가 존재한다고 말이다. 공통장은 고정된 사물이 아니라 공통화의 과정이자 그것에 의해 발생된 효과다. 우리의 용어로 표현하면 공통장은 그것을 둘러싼 전술과 전략의 효과다. 이러한 이해를 바탕으로 이제 우리는 공통장에 대한 전술과 전략을 이야기할 수 있다.

도시 공통장을 둘러싼 갈등 : 전술 공통장 대 전략 공통장

플로리다는 창조성을 경제성장의 원동력으로 바라보며, 창조적 과정을 고독한 천재의 머릿속에서 나오는 것이 아니라 사회적인 것으로 이해한다. 이처럼 그가 창조성은 "우리를 에워싼 사회에서 함양되어야 한다"고 말할 때, "광범위한 창조 환경이 기술적 창조성을 생성하는 데"[131] 결정적이라고 말할 때 그는 창조성의 사회적 성격을 인식하고 있을 뿐 아니라 공통재의 전유를 이야기하고 있는 것이다. 플로리다의 핵심적인 관심사는 사회적으로 극대화시킨 창조적 에너지 – 사회적으로 생산된 공통의 부 – 를 경제성장에 접목시키는 것에, 즉 사적인 부로 전유하는 데 있다. 따라서 창조적 에너지를 하나의 공통재로 이해할 때, 그것을 둘러싸고 출현하는 두 공통장을 구별할 수 있다. 여기서는 이 두 공통장을 각각 전술 공통장과 전략 공통장으로 부른다. 이를 위해 먼저 전술과 전략을 구별할 필요가 있다.

전술과 전략

미셸 드 세르토는 "의지와 권력을 지닌 주체(기업, 군대, 도시, 과학 제도)"가 행하는 "권력관계의 계산(또는 조작)"을 전략이라고 부른다. 전략은 고유의 장소를 상정하는데, 이는 그 자체로 구분되며 외부성과의 관계를 관리할 수 있는 토대가 된다. 이렇게 자신의 장소와 외부의 단절은 몇 가지 중요한 효과를 수반하는데 그중 하나가 "시간에 대한 장소의 승리"다. 다시 말해 자신의 권력과 의지가 구현되는 장소를 확립함으로써 시간의 불확실성으로부터 벗어나는 것이다. 단절이 가져오는 또 다른 효과는 판옵티시즘panopticism이다. 고유의 장소 안에서 권력은 외부의 낯선 세력들을 관찰할 수 있고 측정할 수 있는 대상으로 바꾼다. 드세르토는 이러한 전략이 "근대 과학, 정치, 군사 전략의 전형적인

---

131. Florida, *The Rise of the Creative Class*, 554.

태도"라고 말한다.

이와 달리 전술은 "위치의 부재로 결정"된다. 전술은 외부와 구분되는 고유의 장소를 갖지 않으며 "적의 시야 안에 있는" 술책이다. 따라서 전술은 전체를 조망하며 계획하는 것이 아니라 유동적으로 흘러 다니면서 지배 질서의 균열에 침범한다. 즉 "전술은 약자의 기술"이며 그것의 "무無장소는 전술적 유동성을 낳는다." 전술적 행동은 "기존 질서의 바위와 골짜기 사이를 몰래 들어가는 바다의 하얀 파도처럼" 자신에게 "부과된 영역을 넘쳐흐르고 부유한다."

요컨대 "전략이 권력의 상정으로 조직"된다면 "전술은 권력의 부재로 결정된다." 전략은 모든 것을 조망하면서 전체를 조직하는 질서를 수립하고 전술은 그 틈새에 출몰하면서 지배 질서를 침식한다. 이러한 전술적 실천은 전략에 하나의 불확실성이다. 전략은 장소를 확립함으로써 시간 = 운동의 침식에 저항한다. 전략의 목적은 "시간적 관계를 공간적 관계로 환원"하는 것이다. 즉 도시를 걸어 다닌 과정을 지도에 하나의 선으로 그 경로만 투영하듯이 운동의 시간과 힘을 제거하는 것이다. 이것은 "기능주의적인 공간 관리가 효율적이기 위해서 수행해야 하는 환원"이다. 반면 전술은 "시간의 현명한 활용에, 그것이 나타내는 기회의 활용에, 그것이 권력의 기반에 도입하는 놀이의 활용에 희망을 건다." 요컨대 전략과 전술은 각각의 행동이 무엇에 의지하는가에 따라 구분할 수 있다. 전자의 경우 그 기반은 장소이며, 후자는 시

간이다.[132]

주의할 점은 전술이 권력의 부재로 결정된다고 해서 힘 자체가 없다는 뜻은 아니라는 것이다. 그것은 불가능하다. 들뢰즈와 가타리에 따르면 "존재 자체가 욕망하는 기계들의 산물, 혹은 더 정확하게 말해서 욕망하는 기계들의 생산 과정"이기 때문이다.[133] 스쾃-공통장과 연결 지어 생각하면 이 욕망이란 새로운 삶에 대한 의지며, 생성하는 힘이다.[134] 따라서 권력의 부재는 전략 주체가 전술 주체에게 기대하는 바람일 뿐이다.

한편 이 책의 맥락에서 전략 주체는 도시 경쟁력 향상을 꿈꾸는 도시 정부다. 이 주체는 전체를 조망하면서 도시의 전술적 실천을 도시 발전의 기능적인 단위로 포섭하고자 욕망한다. 달리 말하면 예술가를 '창조적인 노동력'으로 전유하려 한다. 이 상이한 욕망 ─ 새로운 삶에 대한 욕망과 도시 경쟁력 향상에 대한 욕망 ─ 의 부딪힘이 도시 공통장을 둘러싼 갈등의 계기를 구성한다. 이제 전술과 전략을 공통장에 연결해 보자.

전술 공통장과 전략 공통장

---

132. Michel de Certeau, *The Practice of Everyday Life*, trans. Steven Rendall, University of California press, 1988, pp. 35~9.

133. 마이클 하트, 『들뢰즈 사상의 진화』, 김상운·양창렬 옮김, 갈무리, 2004, 337쪽.

134. "즉 욕망, … 자본주의를 침식하는 것이 바로 이것이다"(들뢰즈·가타리, 『안티 오이디푸스』, 622쪽).

상술한 바와 같이 전략이 전체를 조망하며 질서를 수립하는 지배 권력이라면, 전술은 지배적인 질서의 틈새에 출몰하는 운동이다. 이제 이러한 구분에 공통장을 접목해 보자.

우리의 정의에 따르면 공통장은 하나의 체계다. 그것은 공동의 물질적/비물질적 자원(공통재), 공통의 부를 공유하고 관리하는 주체(공동체), 공통재와 공동체를 (재)생산하는 사회적 노동(공통화)으로 이뤄져 있다. 가령 문래예술공단은 예술가들의 네트워크가 다양한 문화예술을 생산하고 지역에 공유한다는 점에서 하나의 공통장으로 이해될 수 있다. 그들은 소유관계로 촘촘히 짜인, 지대라는 높은 장벽으로 둘러싸인 도시 공간에 우연한 계기로 발생한 틈새에 스며든 집단이다. 또한 그들의 활동은 위에서 기획된 것이 아니라 아래로부터 이루어진 자율적인 실천이었다. 이러한 점에서 문래동의 예술가 집단과 그들의 실천은 전술 공통장의 특징을 갖는다. 즉 전술 공통장은 아래로부터 공통의 부를 생산하는 자율적인 집단의 행동 양식이다. 또한 그들이 기존의 정상화된 질서에서 탈락/탈주한 이들이라는 점에 비추어 볼 때 전술 공통장은 "탈코드화된, 탈영토화된 하나의 흐름"이며, "자본주의의 공리계를 빠져나가는"[135] 혹은 나가려고 하는 실천이다. 오아시스와 문래예술공단이 그렇듯 전술 공통장은 때로 기존의 질서와 대립하며 새로운 공통의 부를 사회적으로 생산한다.

---

135. 들뢰즈·가타리, 『안티 오이디푸스』, 622쪽.

이와 달리 전략 공통장은 사회적으로 생산된 부를 흡수하거나 모의하는 행동 체계다. 그것이 공통장인 이유는 전략 공통장 역시 공통장의 생산 방식을 따르기 때문이다. 데 안젤리스는 "자본도 자본주의적 성장의 문제와 결부된 자신만의 방식으로 공통장을 촉진하고 있다"고 주장한다.[136] 그러나 그것은 전술 공통장의 활동에 기대며 그것을 특정한 가치로 포섭하는 것에 기초한다. 예를 들어 플로리다가 생각하는 창조경제는 사회 전체를 창조적 에토스로 넘쳐흐르도록 하는 데 기반을 둔다. 그는 베버를 인용하면서 프로테스탄트 윤리가 핵심적인 절약, 근면함, 효율성의 정신을 제공하여 초기 자본주의 성장의 원인이 된 것처럼 "창조적 정신에 대한 공동의 헌신은 우리 시대를 움직이는 새로운 창조적 에토스의 근거가 되는 것"이라고 말한다.[137] 이 "공동의 헌신"이 창조경제의 바탕이다. 즉 그것은 사회적으로 생산된 창조성에 바탕을 둔다는 점에서 하나의 공통장이며, 그것을 경제성장의 가치회로로 포섭하려 한다는 점에서 전략 공통장이다. 전략 공통장의 사회적 부 역시 아래로부터 자율적으로 생산되는 것이지만 이 전략적 실천은 그 사회적 생산을 모의하기도 한다. 4장에

---

136. Massimo De Angelis, "On the Commons : A Public Interview with Massimo De Angelis and Stavros Starved," *An Architektur*, Journal #17, 2010, 2024년 2월 1일 접속, http://www.e-flux.com/journal/17/67351/on-the-commons-a-public-interview-with-massimo-de-angelis-and-stavros-stavrides.

137. Florida, *The Rise of the Creative Class*, 453.

서 살펴볼 서울시의 창의문화도시 마스터플랜은 대표적인 사례다. 이 도시 전략이 사회적 생산을 모의하는 방식은 아트 팩토리를 서울시 곳곳에 배치하는 것이었다. 예술가가 노동(작업)할 수 있는 생산수단(공간과 장비)을 제공하는 그곳은 예술가의 활동을 지역 활성화와 연계하면서 사회적 생산을 모의한다.

이렇게 공통장을 전략과 전술로 구분했지만, 그 구분을 상이한 공통장에 대한 것이라기보다는 하나의 공통장에 대한 상이한 접근으로 이해하는 것이 중요하다. 가령 문래동의 예술가 네트워크를 하나의 전술 공통장으로 이해할 때 서울시의 개입 — 전략 공통장 — 역시 동일한 공통장을 겨냥한다는 것이다. 물론 그 전략의 개입 지점은 예술가 네트워크의 작동 메커니즘 자체가 아니라 그것의 조건이긴 하지만 말이다. 다시 말해서 그 전략은 예술가들의 마주침을 직접 조직하는 것이 아니라 마주침의 환경을 특정한 방식으로 조성한다. 이때 우리는 전술 공통장 — 예술가 네트워크 — 을 둘러싼 환경에 개입하여 그것을 관리하고 흡수하는 일단의 메커니즘을 전략 공통장이라고 부를 수 있다.

두 공통장을 간단히 비교해 보자. 앞서 언급했듯이 전술 공통장이 사회주의의 쇠퇴와 신자유주의의 위협 속에서 새롭게 주목받았다면, 전략 공통장은 전술 공통장의 저항에 대한 대응으로 출발했다. 또한 노동의 비물질화 경향에 따라 생산과정이 사회로 확장되면서 자율적인 그 과정을 관리하고 흡수하는 것이 자본의 핵심적인 문제로 대두한 것도 중요한 배경이다. 전략 공통장은 이러한 자본의 관심사에 따라 출현한다. 그것은 전술 공통 장의 대안적 삶을 위한 가치들을 경쟁력 강화의 마디로 절합하려 고 시도한다. 공동체의 협력을 사회적 문제를 해결하기 위한 저렴 한 방편으로 전유하고, '대안적인 삶과 예술' 활동을 도시의 스펙 터클로 흡수한다. 그러나 이러한 시도들에서조차 생산하는 능력 은 공통인들의 네트워크에 있다. 즉 전략 공통장은 전술 공통장 에 기생한다.

이 책의 맥락에서 볼 때, 전략이 "시간에 대한 장소의 승리"였 던 것처럼, 다시 말해 운동하는 분자들의 힘을 제거한 장소를 확 립하는 데 기반을 둔 것처럼, 플로리다가 "장소의 질"을 강조하는 것은 의미심장하다. 플로리다가 자신의 논지를 뒷받침하기 위해 드는 수많은 통계 속 숫자들은 힘 관계를 보여 주지 않는다. 앞서

	전술 공통장	전략 공통장
등장 배경	국가주의적 혁명 모델의 종말 신자유주의적 사유화의 위협	신자유주의의 종획에 대한 저항 생산의 사회적 확장
지향하는 가치	호혜, 연대, 공생공락 등 대안적 삶	경쟁력, 축적
작동 방식	공통인들의 네트워크를 통한 집합적 생산	전술 공통장의 사회적 생산을 관리, 흡수, 모의
상호관계	숙주	기생체

표 3. 전술 공통장과 전략 공통장의 차이

말한 것처럼 그의 장소에는 적대와 반란이 삭제되어 있으며, 창조적 에너지의 협력을 아름답게 긍정할 뿐이다. 그는 이렇게 "장소의 승리"를 꿈꾸지만 그가 모의하는 공통장에서는 언제나 그것을 초과하는 흐름이 생성된다. 도린 매시는 장소를 경계와 정체성이 뚜렷한 곳으로 가정하는 지배적인 시각과 달리 사회적 상호 관계들의 "특수한 결절지", "사회적 관계와 이해들의 네트워크상에서 특정한 순간"으로 이해한다. 이러한 관점에서 볼 때 플로리다가 이해하는 장소는 사회적 관계들에 잠재한 수많은 가능성들의 특정 양상에 지나지 않는다. 장소는 "개방적이고 다공적prorous"이며,[138] 새로운 것의 창조뿐 아니라 갈등과 적대가 함께 상존한다. 그의 긍정이 현실에서 부정될 수밖에 없는 이유다.

가치 실천과 공통장

공통장은 하나의 가치 체계를 이룬다. 맥머트리에 따르면 일반적인 용어 '가치'는 우리가 우선시하는 어떤 것이며, 가치들은 전체 사고 구조structure of thinking로 함께 결합하여 가치 체계들을 낳는다.[139]

---

138. 도린 매시, 『공간, 장소, 젠더』, 정현주 옮김, 서울대학교출판문화원, 2015, 45~6쪽.
139. John McMurtry, *Unequal Freedoms*, Garamond & Kumarian Press, 1998, p. 7. 데 안젤리스, 『역사의 시작』, 64쪽에서 재인용.

따라서 가치 체계는 우리가 세계를 이해하는 하나의 개념 격자다. 그것은 무엇이 좋고 무엇이 나쁜지, 무엇이 정상이고 무엇이 비정상인지, 우리가 무엇을 단념해야 하고, 무엇을 바꿀 수 있는지 (심지어 무의식적으로) 정의한다. … 가치 체계는 격자를, 즉 무엇이 '좋고' 무엇이 '나쁜지'를 선별하는 원리를 제공한다. 이 원리 안에서 특이성들은 사물을 측정[평가]하고 정리하며 그 결과 자신의 행동에 기준점을 부여한다.[140]

예를 들어 주택소유자의 가치 체계에서 임대료 상승은 '좋은 것'이고 하락은 '나쁜 것'이다. 반대로 세입자의 가치 체계에서 전자는 '나쁜 것'이고 후자는 '좋은 것'이다. 데 안젤리스는 이 가치 체계를 가치 실천이라는 개념으로 보충한다. 가치 체계가 "의미 작용과 의미들의 구조가 주어져 있는 하나의 전체성"이라면 가치 실천은 "그러한 가치 체계에 입각해 있을 뿐 아니라 결국 그것을 (재)생산하는 행동과 과정과 관계망"이다.[141] "그 실천과 관계들은 무엇이 '좋고' 무엇이 '나쁜지'를 개념적으로 그리고 담론적으로 선별할 뿐만 아니라 실제로 이 선별에 기초하여 행동함으로써"[142] 가치 체계를 형성한다. 그러므로 가치 실천은 "사회적 형태와 조직 범위, 행위 양식, 공동 생산 및 관계 양식뿐만 아니라 이

---

140. 같은 책, 64~5쪽.
141. 같은 책, 71쪽.
142. 같은 곳.

형태를 낳는 과정들"[143]이다. 따라서 가치 체계는 주어져 있기만 한 것이 아니라 사람들의 행동을 통해 (재)생산된다. 데 안젤리스는 가치를, 그러한 "행동을 이끄는 의미"[144]로 이해한다. 가치는 사람들이 자신의 행동의 중요성을 자기 자신에게 재현하는 방식이다. 이러한 재현을 통해 사람들은 자신의 행동에 대한 지침을 갖는다. 그러나 어떤 행동도 오직 더 큰 행동 체계 속에 통합될 때만 의미를 획득한다.[145] 따라서,

> 개인과 전체의, 부분과 총체의 절합이 함의하는 바는 가치를 추구함으로써 우리는 전체, 즉 공동 생산의 망을 재생산한다는 것이다. 그러므로 가치 추구의 상이한 유형들은 상이한 유형의 전체들, 상이한 자기조직 체계들, 상이한 유형의 '사회들'을 재생산한다.[146]

따라서 주택소유자들은 가격을 담합하고 이른바 혐오 시설의 입주를 저지하며 임대주택 공급을 반대하는 등 다양한 방식으로 자신이 가치화하는 것(임대료 및 주택 가격 상승)을 추구함

---

143. 같은 책, 72쪽.

144. 같은 책, 62쪽.

145. David Graeber, *Toward an Anthropological Theory of Value*, Palgrave, 2001, p. 68 [데이비드 그레이버, 『가치이론에 대한 인류학적 접근』, 서정은 옮김, 그린비, 2009]. 데 안젤리스, 『역사의 시작』, 62~3쪽에서 재인용.

146. 같은 책, 63쪽.

으로써 '부동산이 불패하는' 사회를 재생산한다. 이러한 사회에서 부동산 투자는 가치 체계를 넘어 하나의 가치 프로그램이 된다. 맥머트리에 따르면 "가치 체계 혹은 윤리 체계는 상정된 자신의 가치 구조가 자신을 넘어서는 사고를 배제할 때 하나의 프로그램이 된다."[147] 즉 프로그램은 하나의 '정상'이 된 사고 체계다. 하나의 프로그램이 된 부동산 투자는 화폐를 향한 공통의 욕망 위에 번성한다.

요컨대 하나의 공통장은 특정한 가치 실천들을 통해 구성된다. 창조도시로 돌아오면 플로리다에게 경제성장은 '좋은 것'이고 불황은 '나쁜 것'이다. 그는, 자본주의가 "한때는 기이한 이단자로 이해되었던 이들을 붙잡아 경제성장의 핵심에 가져다 놓았"다고 말하면서 자본주의에 편입되는 것을 '좋은 것'으로 상정한다. 플로리다에게 경제성장은 하나의 가치 프로그램이다. 그는 예술가를 비롯한 창조계급이 사회적으로 생산한 부를 전유하는 것을 하나의 '좋은 전략'으로 이해하면서, 이에 입각하여 특정한 환경을 갖춘 장소를 조성할 것을 주문한다. 다시 말해서 창조도시라는 전략 공통장은 공통의 부를 도시 경쟁력의 핵심 요소로 포섭하는 것을 '좋은 것'으로 이해하고 그것을 추구하는 전략적 가치 실천으로 구성된다. 반면 예술가들의 전술 공통장은 다른 가치

---

147. McMurtry, *Unequal Freedoms*, p. 15. 데 안젤리스, 『역사의 시작』, 65쪽에서 재인용.

들을 추구한다. 이들은 다양한 이유로 지배적인 시장 가치 프로그램에서 소외되어 있다. 따라서 이들은 삶의 재생산을 위해 대안적인 방식을 추구해야 했고, 이것은 다른 가치 실천으로, 다른 사회로 이어질 수 있는 가능성을 품고 있다. 그것은 지배적인 가치 프로그램의 틈새에 출현하는 전술적 가치 실천이다. 이 두 가치 실천 간의 긴장이 공통장을 둘러싼 갈등을 구성한다.

여기서 유의할 점은 무엇이 좋고 나쁜지를 선별하는 가치 판단이 어떤 이데올로기적인 틀에 기초하지 않는다는 점이다. 스피노자에 따르면 사람들은 어떤 것을 선하다고 여기기 때문에 추구하는 것이 아니라 그것을 추구하기 때문에 선하다고 판단한다.[148] 그러므로 기준이 되는 것은 자신의 욕망이다. 주택소유자는 화폐의 축적을 욕망하기 때문에 임대료 상승을 좋은 것으로 판단한다. 그리고 그 판단에 기초하여 행동함으로써 그러한 가치 체계를 (재)생산한다. 요컨대 욕망에 기초한 가치 실천이 하나의 가치 체계, 하나의 공통장을 구성한다. 주택소유자의 욕망에 따른 가치 실천이 사적소유권의 확립과 강화라면 공통인의 가치 실천은 협력을 통한 공통장의 (재)생산, 즉 공통화다. 우리는 앞서 스쾃을 욕망에 기초한 새로운 삶의 실험으로 정의했다. 다음 장에서는 그 실험들, 즉 가치 실천들이 어떻게 공통장을 만들어 가는지 실제 사례를 통해 살펴본다.

---

148. 바뤼흐 스피노자, 『에티카』, 강영계 옮김, 서광사, 2007, 165쪽.

3 장

전술 공통장 :
오아시스와 문래예술공단

—— 공통화의 배경
—— 공통장의 생성과 변화
—— 공통장의 성격
—— 전술 공통장의 함의
—— 전략 공통장의 출현

이 장은 도시의 전술 공통장을 오아시스와 문래예술공단의 사례를 통해 살펴본다. 이 사건들이 발생한 배경에는 무엇이 있는지, 그 사건들은 어떻게 진행되었는지, 공통장으로서 가지는 성격은 어떤 것인지, 마지막으로 전술 공통장이 가지는 함의는 무엇인지를 차례로 분석할 것이다. 이 사건들에서 도시의 예술가들은 공통장을 생산하고 유지하는 주체로 등장한다. 다양한 이유로 공식적인 제도적 환경에서 비껴나 있는 이들은 역설적으로 그로 인해 공통장 생산의 계기를 마련하기도 한다. 그러므로 먼저 예술가의 특성에서 논의를 시작할 필요가 있다.

공통화의 배경

예술가의 직업적 특성

자본주의 사회에서 대부분의 개인은 자신의 노동력을 팔아 삶을 유지한다. 앞서 말했듯이 이들에게 직업 선택의 자유는 있지만 직업을 선택하지 않을 자유, 그러니까 일을 하지 않을 자유는 없다. 그렇지 않으면 생계를 유지할 수 없기 때문이다. 이 노동의 강제가 자본주의 사회의 개인들에게 주어진 기본적인 조건이다. 이러한 점에서 예술가는 매우 불안정한 지위에 있다. 예술가로서 그들의 직업적 행위는 특정 조직에 고용된 임노동과는 대부분 거리가 멀다. 그렇기 때문에 이들은 작품을 판매하는 1인 기업가가 되거나 예술과 관련된 각종 일을 수행하며 살아야 한다. 전자의 경우에 속한 사람들은 매우 드문 성공 사례다. 작품 판매만으로 생계를 유지하는 예술가는 거의 없다.[1] 대부분의 예술가는 아르바이트, 공공 프로젝트, 강의 등 부수입원을 끊임없이 찾아내서 수행해야 살아갈 수 있다. 이렇게 다른 전문 직업군에 비해 제도화된 삶의 경로를 갖지 못한 예술가들은 의도했든 그렇지 않든 제도 바깥에서 삶의 양식을 구축해야 하고 이것이 예술가 네트워크가 구축되는 일차적인 조건이 된다. 〈도시 연구소〉의 2003년 보고서에 따르면 "커뮤니티와 네트워크는 예술가의 커리어에 필수적이다. 그것들은 검증, 물질적 자원, 교육과 직업적 발전, 예술가 작품 유통의 원천에 접근할 수 있도록 돕는다."[2]

　예술가들이 네트워크를 구성하는 것은 구직을 위한 것만은 아니다. 예술 생산 과정에서도 네트워크는 생겨난다. 예술 생산 자체가 집합적으로 이루어지기 때문이다. 이것은 예술 작품이 고독한 천재 예술가의 창조적 영감에서 태어난다는 고전적인 예술론과 배치되는 것이다. 어떤 경우 예술 작품이 집합적으로 일어

---

1. 문화체육관광부에서 발간한 『2018 예술인 실태 조사』를 보면 1년간 예술 활동 수입을 묻는 항목에 '없음'이라고 답한 응답자가 28.8%로 가장 많았다. 또한 예술 활동 개인 수입이 1,200만 원 미만인 경우가 전체의 72.7%에 달했다 (문화체육관광부, 『2018 예술인 실태 조사』, 2018, 12, 27쪽).

2. Maria-Rosario J. et al., *Investing in Creativity*, Urban Institute, Culture, Creativity, & Communities Program, 2003, pp. 65~70. Seifert, Susan C., Stern, Mark J., & Zaman, M., *Artists and their Social Networks, Metropolitan Philadelphia, 2004*, 2005, 2024년 2월 1일 접속, https://repository.upenn.edu/siap_dynamics/6에서 재인용.

난다는 것은 명백하다. 영화나 공연은 감독, 배우, 연출, 작가, 기사 등 수많은 사람의 협업으로 제작된다. 그러나 예술이 집합적 생산물이라는 주장은 이보다 더 넓은 의미를 갖는다. 자네트 월프는 예술 생산의 모든 단계에 기술과 사회적 제도, 경제적 요인 등 다양한 사회적 요인들이 연루되어 있다고 주장한다. 즉 특정한 예술 작품은 오랫동안 축적되어온 기술과 사회경제적 지층의 산물이다.[3] 오아시스와 문래예술공단(특히 랩39)의 경우 이들의 예술 작품은 사물이라기보다 하나의 사건으로 나타났다. 그들은 빈 공간을 점거하는 행위나 프로젝트의 수행 그 자체가 예술이라고 주장했다. 이러한 '작품'들은 그 자체가 여러 사람의 협업을 요구한다는 측면뿐 아니라 다양한 사회적 배경 ─ 예술인회관을 둘러싼 정부 정책과 (사)한국문화예술단체총연합회(이하 예총)의 행위, 문래동에 빈 공간을 낳게 된 도시산업 구조의 변화 등 ─ 에서 출현할 수 있었다는 점에서 집합적이며 사회적인 성격을 갖는다. 그렇기 때문에 그들의 예술 생산은 다양한 영역의 주체들과 연결될 수밖에 없었고 그것이 예술가 네트워크를 구성하는 배경이 되었다.

그뿐 아니라 예술가들은 또 다른 이유로 연결되기도 한다. 임노동을 하지 않는 대부분의 예술가들의 일상은 사회의 '정상성'에서 크게 벗어나 있다. 이것은 주체적인 선택의 결과일 수도 있지

---

3. 자네트 월프, 『예술의 사회적 생산』, 이성훈·이현석 옮김, 한마당, 1988, 48~68쪽.

만, 그럼에도 그 상황은 어떤 불안감, 고독감을 줄 수 있다. 그렇기 때문에 그러한 상황을 극복하기 위한 방안들이 요구되는데, 이것이 예술가들이 특정 지역이나 레지던시에 몰리는 이유 중 하나다.

물론 작가(예술가)들이 모이는 데는 싼 지역이에요. … 예술이라는 게 어차피 이걸로 해서 돈이, 수입이 들어오고 뭔가 이게 해결이 안 되다 보니까 자기가 아낄 수 있는 거, 살 곳은 좀 아낄 수 있기 때문에, 그래서 싼 데를 찾아가기도 하지만 … 그렇게 가 있으면 심리적 안정감을 줘요. 저는 이게 좀 크다고 봐요. 레지던시에서도 작가들이 자꾸 나왔다가 다시 레지던시를 찾게 되는 이유가 경력에 도움이 되고 경제적인 이유도 있긴 하지만 또 큰 이유는, (레지던시에) 있으면 심리적 안정감을, 나 말고도 거리 어딘가에 나와 같은 일을 하고 있는 사람들이 있는 것만으로도 조금 공동체 의식이라든지 그런 것들이 분명 있는 거 같아요. 그래서 그런 이유, 저런 이유들로 해서 작가들이 레지던시를 찾는 거 같아요.[4]

함께 있다는 것이 주는 심리적 안정감은 작업 과정과도 연결된다. 모든 일은 그 일에 대한 평가 과정과 함께 이루어진다. 더군다나 제도적 환경 바깥에서 작업하는 예술가는 다른 누군가의

---

4. 예술가 C(금천예술공장 전(前) 입주 작가) 인터뷰.

인정, 비판 혹은 격려가 절실하다. 삶의 경로가 잘 보이지 않기 때문에 자신이 스스로 길을 개척해야 하고, 자신이 그 길을 잘 걸어가고 있는지 끊임없이 확인해야 하기 때문이다.

> 자기 작업이 어떤 과정을 지금 밟아가고 있는지 스스로 점검해 봐야 하는 상황이 있잖아. 그건 외부랑 같이 있을 때 이렇게 상호작용 안에서 나오는 거잖아요. 혼자서 독단적으로 내가 이렇다, 라고 판단해 본들 뭐할 거야. 그럴 때 이 작가들이, 직접 옆에 (있는) 동료가 뭐 어떤 실질적인 이득을 주는 게 아니어도 그들이 같이 움직여줌으로 인해서 힘이 되는 지점이 분명히 있는 거 같고…5

그 상호작용은 작업에 대한 미학적 비평이나 조언만이 아니라 격려, 옹호 등의 행위까지 아우른다. 이것은 예술가들이 서로 연결되는 데 있어 정동이 중요한 역할을 한다는 걸 보여 준다. 물론 많은 사회적 관계가 그렇긴 하지만 예술가들의 경우 자신들의 직업 행위 과정에서 그 요소가 좀 더 중요한 역할을 한다는 점에서 구별된다고 할 수 있다.

요컨대 예술가의 불안정하고 주변적인 사회적 지위, 다른 전문가 직업군에 비해 상대적으로 부족한 제도적 환경, 예술 생산

---

5. 예술가 D(경기창작센터 전(前) 입주 작가) 인터뷰.

의 집합적 성격 등이 예술가 네트워크를 구성하는 요인이라고 볼 수 있다. 이 네트워크는 이후에 살펴볼 바와 같이 공통재화를 만들고 확산하는 주체라는 점에서 공통장 형성의 중요한 요건이 된다.

도시적 조건

빈 공간의 출현

복잡하고 무언가로 꽉 들어차 있는 것처럼 보이는 도시에도 빈 공간은 존재한다. 빈 공간은 다양한 이유로 생겨난다. 그곳은 산업 구조가 변하면서 공장이 이전하여 비게 된 공장일 수도 있고, 재개발을 기다리며 철거된 빈터일 수도 있으며, 일시적으로 공간 조성이 중단되거나 지연된 곳일 수도 있다.[6]

오아시스가 점거한 예술인회관은 한 민간단체의 무능과 부도

---

6. 조명래, 「자본주의와 도시 빈 공간」, 오아시스 프로젝트 연속토론회 '주거하는 조각-SQUAT' 발제문, 2006.5.22. 또한 특정한 목적을 위해 비워진 곳도 존재한다. 1970년대 뉴욕에서는 재정 위기의 영향 아래 반투자(disinvestment) 라고 불리는 방치 정책이 저소득층 지역을 황폐화시켰다. 나아가 1980년대에는 300여 채의 빌딩을 해체해 몇 개씩이나 되는 시가블록을 철조망으로 둘러싸인 빈터로 만들고 방치했다. '창고업(warehousing)이라고 불리는 이 정책은 한편에서 인위적으로 주택 부족을 낳아 부동산업자와 지주가 돈을 벌 수 있는 호기가 되었으며, 다른 한 편에서 시의 재정을 보강하는 장사가 되었다(이와사부로 코소, 「뜰=운동(avant-gardening) 이후」, 후지이 다케시 옮김, 『점거메뉴얼북 Art of Squat』, 2007).

덕함 그리고 정부의 관리 소홀 속에 공간 조성이 중단된 경우에 속한다. 그곳은 1999년 예산 부족으로 공사가 중단된 이래 2004년 점거 당시까지 약 5년간 방치되어 있었다. 본래 예술인회관은 "문화예술인을 위한 종합복지공간"으로 계획되었으나 사업권을 받은 예총은 단순 임대업을 위한 공간을 계획하고 있었다. 국가보조금을 지원받아 조성하는 공간을 사적인 지대 취득 수단으로 활용할 계획을 세운 것이다. 이러한 계획 속에서 방치된 빈 건물은 부동산 사업을 위한 수단으로 전유되는 조정 상태에 있었던 공간이라고 볼 수 있다. 이러한 예총의 부당한 행태는 오아시스의 예술인회관 점거에 중요한 계기로 작용했다.

한편 문래동은 도시 산업 구조 및 관련 정책의 변화에 따라 빈 공간이 출현한 사례에 속한다. 문래동은 기계 부품 가공 및 제조, 조립금속 제품 설치 및 제작, 가공 처리, 철판 및 철재 가공 판매 등을 하는 업체가 밀집한 지역이다. 이 업체들은 여전히 지역에서 영업 중이지만 서울 산업 구조의 변화와 도시 계획 정책으로 공장이 이전하거나 문을 닫으면서 조금씩 예전의 활력을 잃어가고 있다. 특히 문래동의 철재상은 1990년을 전후로 경기도의 각종 공단을 비롯한 수도권으로 많이 이전하였으며, 그로 인해 철재종합상가 건물 2, 3층 대부분이 비기 시작하였다.[7] 건물주들

---

7. 예술과 도시사회연구소, 『문래 창작촌 연구』, 17쪽. 철재종합상가 건물의 2, 3층에 있던 업체는 주로 1층의 철재상과 고객을 연결하는 기능을 하던 곳으로, 이들은 주로 철재상과 함께 시화, 반월공단 등으로 이주하였다. 현재 남아

은 건물을 방치하면서 재개발을 기다렸지만 준공업지역이라는 특수한 조건은 개발을 어렵게 만들었고 빈 공간에는 먼지만 쌓여 갔다. 즉 그곳은 산업의 전환과 재개발의 유예로 생겨난 틈새였고, 아무도 돌보지 않던 버려진 공간이었다. 이 같은 열악한 시설, 동네를 가득 메운 소음과 분진은 빈 공간을 아무도 찾지 않는 곳으로 만들었고 이로 인해 예술가들은 아주 저렴한 임대료[8]를 내고 입주할 수 있었다.

이처럼 오아시스와 문래동의 기반이 되었던 빈 공간은 시공간적 맥락에 따라 출현 계기와 성격이 상이하다. 이러한 차이는 이후 빈 공간에 접근한 각각의 예술가들의 행태에도 영향을 끼쳤다. 예술인회관은 정부의 예술 정책에 따라 조성된 공간이었고 건립 과정에서 많은 문제점을 낳았기 때문에 그곳을 점거한다는 것은 – 물론 점거 자체가 비합법이기도 했지만 – 어떻게든 정부와 기존 문화 권력과의 직접적인 대치로 이어질 수밖에 없었다. 반면 문래동은 재개발 문제가 있긴 했지만 목전에 닥친 상황은 아니었다. 이것은 그곳의 예술 활동이 특정 주제로 수렴되기보다 다종다양하게 전개될 수 있는 기반이 되었다.

있는 철재상가 1층의 철재상은 사업자가 유통망까지 확보한 업체들이다(같은 곳).

8. 2007년 랩39가 문래동3가 54번지에 있는 철재종합상가 건물 3층의 한 공간에 입주할 당시 임대료는 평당 1만 원 선(보증금 별도)이었고, 경인로에 접한 공간은 그보다 좀 더 비쌌다.

중요한 것은 공간이 비어 있었다는 사실 자체가 공통장의 형성으로 이어진 것은 아니라는 점이다. 그것보다는 빈 공간을 둘러싼 모순이 더 중요했다. 오아시스의 경우에는 예술인회관 건립을 둘러싼 문제가 참가자들을 연결하는 계기 중 하나였고, 문래동의 경우에는 (긴급하지는 않았지만) 재개발 문제가 그러했다. 이러한 쟁점을 중심으로 예술가들이 연결되면서 새로운 주체가 형성되었고 그와 함께 그 공간들은 공통의 공간으로 재전유되기 시작했다.

도시 공간의 장벽과 그에 대한 접근

자본주의 도시에서 모든 공간은 누군가의 소유물이다. 자본주의 자체가 사적 소유를 기반으로 짜여 있기 때문이다. 따라서 한 공간은 그냥 단순히 물리적인 건조물로만 존재하지 않는다. 그 공간 자체보다 어쩌면 더 중요한 것은 그 공간을 둘러싸고 있는 힘들의 얽힘이다. 가령 어떤 공간은 건물주의 투기 수단으로 기능한다. 그 공간에서 영위되는 타인의 삶은 그에게 중요하지 않다. 소유주에게 그곳은 단지 지대를 착취할 수 있는 장치일 뿐이다. 그러나 임차인은 자기 삶의 터전을 지키기 위해 소유주의 약탈에 저항할 수도 있다. 그 권력관계, 즉 힘들의 부딪힘이 이 도시의 풍경을 결정한다. 소유주의 권력이 극단적으로 강화될 때 우리는 "건축=비즈니스만 존재하는 유령 도시"[9]를 목격하게 될지도 모른다. 물론 반대의 경우도 상상해 볼 수 있을 것이다. 그러나 저항하는 다중의 힘은 잘 드러나지 않는다. 그것은 다중의 힘이 단지 미약하기 때문이 아니라 네그리와 하트의 말처럼 다중이 과거 산업노동계급의 공장에 비교할 만한 반란의 장소를 갖지 못했기 때문일지도 모른다.[10] 그러나 억압이 있는 곳에 반드시 저항이 있으며 오늘날 착취와 수탈의 장소가 공장을 뛰어넘어 도시 전역에 확산된다고 할 때 저항은 도시의 어느 곳에서나 일어날 수 있다. 오아시스는 바로 그런 사례 중 하나다.

오아시스는 스쾃을 실천한 집단이다. 오아시스뿐 아니라 세계 각지의 스쾃 예술가들은 공간에 대한 소유가 아니라 사용을 주장하며 사적 소유권에 맞섰다.[11] 그러나 앞서 언급했듯이 자본주의 도시 공간은 모두 누군가의 소유물이며 이 소유권은 현행 법체계에 의해 뒷받침된다. 따라서 자신의 필요에 따라 공간을 이용하고자 하는 사람은 화폐를 지불하고 구입하거나 사용권을 획득해야 한다. 그러나 화폐를 갖지 못한 이들의 사용권은 어떻게 담보될 수 있는가? 터무니없이 높은 도시의 토지와 건축물의 가격 혹은 임대료를 감안할 때 사적 소유권과 공간을 사용할 권리는 충돌할 수밖에 없다. 공간을 사용할 권리, 다시 말해 잠을 자거나 작업을 하는, 즉 삶을 (재)생산할 수 있는 권리는 현행 법체계 내에서는 온전하게 구현될 수 없다. 도시 공간이 사적 소유권에 기

---

9. 이와사부로 코소, 「뜰=운동(avant-gardening) 이후」.
10. 네그리·하트, 『공통체』, 362쪽.
11. 김강, 『삶과 예술의 실험실 스쾃』, 77쪽.

초한 지대의 장벽으로 둘러싸여 있기 때문이다. 이때 선택할 수 있는 방안은 빚을 지거나 삶을 일정 부분 포기하는 것이다. 그러나 빚을 지는 것조차 불가능한 사람들이 있다.[12] 예술가들은 대부분 정기적인 소득이 없고 따라서 대출을 받기가 어려우며 힘들게 받더라도 그것을 감당하기 어렵다. 그렇다면 삶을 일정 부분 포기하는 방안이 남는다. 예술 작업을 중단하거나 축소하고 안정적인 소득을 제공하는 일자리를 구하기 위해 노동 시장에 뛰어드는 것이다. 그러나 앞서 언급한 것처럼 예술가를 위한 제도적 환경 자체가 부실한 탓에 이들이 구할 수 있는 일자리 자체가 많지 않고 그만큼 또 구하기 어렵다. 그리고 그러한 일자리를 구한다고 하더라도 그 이후에는 사실상 예술가로 살아가기가 힘들 것이다. 안정적인 소득과 더불어 충분한 시간까지 제공하는 일자리란 드물기 때문이다. 따라서 예술가로서의 삶은 포기해야만 할 것이다. 그렇다면 빚을 질 수도 없고 일자리를 구할 수도 없으며 예술을, 삶을 포기할 수도 없는 이들이 선택할 수 있는 또 다른 방안은 없는가? 스쾃은 이러한 상황에서 태어났다. 한 스쿼터의 말처럼 "스쾃은 가진 것이 하나도 없으면서도, 창작을 필요로 했던 존

---

12. 들뢰즈는 이러한 조건 속에서 스쾃을 예기하는 듯한 말을 한다. "자본주의가 인류의 4분의 3을 영구적으로 극단적인 불행에 처하도록 한다는 것은 사실이다. 그들은 빚을 갚기에는 너무 가난하며, 갇혀있기에는 너무 많다. 통제는 국경의 흐트러짐뿐만 아니라, 판자촌과 게토의 폭발적 증가와 대면해야 할 것이다"(들뢰즈, 「통제사회에 대한 후기」, 327쪽).

재들에 의해서 만들어졌다."13 현행 법체계가 온전한 삶의 재생산
과 욕망을 억압할 때 "가진 것이 하나도 없"는 이들에게 남아 있
는 선택지는 어쩌면 법의 위반뿐일지도 모른다.

새로운 삶에 대한 욕망

그러나 법을 위반할 만큼의 실천을 하게 되는 이유는 단지 가
진 것이 없기 때문은 아니다. 파리 12구에 있었던 예술 스콰 알
터나씨옹의 한 예술가는 스콰에서 활동하는 이유를 이렇게 말
한다.

개인적으로 나는 기존 사회가 원하는 방식으로 삶을 살아가야
하는 이유를 갖고 있지 않다. 매일 아침 같은 시간에 일어나 회사
에 가서 일하고, 저녁에 퇴근해서 텔레비전을 보다가 잠이 드는
생활은 그 어떤 창조적 에너지도 주지 못한다. 불쌍한 생활이다.
무엇을 위해 그렇게 살아가야 하는가? 그런 생활을 통해서 사회
가 어떠한 보상을 해줄 수 있는지 나는 알지 못한다. 인간은 근
본적으로 창조적인 사고를 가진 자유롭고, 자율적인 존재다. 그
런 존재들이 스스로 만든 체제에 갇혀서 본성이 왜곡된 채로 살
아가고 있는 것이 현대사회다. 나는 다른 방식으로 삶을 살 수
있다는 것을 예술가로서 보여주기 위해 스콰에서 활동하고 있

---

13. 오아시스 프로젝트, 『점거메뉴얼북 Art of Squat』, 5쪽.

다. … 우리는 너무 오랫동안 우리의 삶을 타인이 결정하도록 방치했다. 그것에 대한 반성과 성찰이 내가 스쾃 활동을 하게 된 근본적인 이유다. 스쾃 내에는 자율, 자유, 저항, 연대, 공동체 정신이 있으며 이 모든 것은 인류 모두의 평화를 위한 것이다.[14]

스쾃은 단순한 '예술기획'이 아니다. 그것은 하나의 행사나 공간에 대한 기획이라기보다 삶과 예술에 대한 '총체적인 기획'이다.[15] 스쾃을 했던 오아시스의 예술가들도 점거를 하지 않더라도 어떻게든 삶을 유지할 수는 있었을 것이다. 어떻게든 일자리를 구해서, 아니면 다른 방식이라도 어떻게든 생계를 유지하는 것은 가능했을지도 모른다. 그러나 그들은 그 이상을 원했다. 그들이 원한 건 무엇보다 다른 방식의 삶이었다. 오아시스는 물론 예술인회관 문제를 주요하게 제기했지만 그것은 그러한 공간을 둘러싼 문제와 다른 방식의 삶이 별개의 문제가 아니기 때문이었다. 대안적 삶은 현재 사회의 모순을 외면한 채 이루어질 수 있는 것이 아니다. 새로운 삶을 위해서도 그 기반이 될 수 있는 공간은 필요했고 그것에 대한 접근권을 확보하기 위해서는 기존의 제도 및 모순과 싸울 수밖에 없다. 시간은 모순을 해결해 주지 않기 때문이다. 더군다나 예술인회관은 본래 예술가를 위한 시설로 계획되었

14. 같은 책, 9쪽.
15. 김강, 「지금! 예술 스쾃」, 오아시스 프로젝트 연속토론회 '주거하는 조각-SQUAT' 발제문, 2006.6.19.

기에 더욱 적합한 점거의 명분을 제공해 주었다고 볼 수 있다.

한편 문래동의 작업실은 점거한 공간은 아니다. 건물주의 권리가 그 어느 곳보다 철저히 보장되고 많은 이들이 건물주를 꿈꾸는 사회에서 사적 공간의 점거는 아마도 오아시스가 얻었던 만큼의 공감을 얻기 어려울 것이다. 그러나 버려지다시피 한 그곳은 임대료가 상대적으로 매우 저렴했기에 접근을 막는 장벽이 비교적 낮은 곳이었다. 그렇기 때문에 그만큼 많은 예술가가 모일 수 있었고 그만큼 다양한 실험이 이루어질 수 있었다. 문래동은 점거한 공간은 아니지만 그곳의 많은 이들도 역시 위에서 인용한 스콰터와 비슷한 욕망을 공유했다. 물론 문래동에는 아주 많은 수의 예술가가 있고 이들을 일반화하여 이야기할 수는 없다. 어떤 이는 새로운 삶과 예술을 말하지만, 또 어떤 이는 '성공한' 예술가가 되기를 꿈꾼다. 어떤 이에게 문래동의 작업실은 삶의 터전이지만, 또 어떤 이에게는 그냥 작품을 저렴하게 보관할 수 있는 창고일 뿐이다. 그러나 주류 예술계를 거부해서든, 아니면 그것을 추구함에도 미처 도달하지 못해서든 그들은 '정상적인' 삶에서 비껴나 있다는 점에서 유사한 감각을 얼마간 공유하고 있다. 이것은 가장 일반적으로는 임노동에 대한 거부로 나타난다. 신문사에서 기사 삽화, 광고디자인 일을 하던 한 예술가는 전업 예술가가 되기로 마음을 먹고 문래동에 작업실을 구한 이유를 이렇게 설명한다.

(직장을) 2년 동안 다녔는데, 패턴이 늘 반복됐어요. 미래는 정해져 있고, 고정된 생활이 눈에 보이니까 답답해서 그림 그리는 것에 마음을 쏟기 시작했는데, 직장생활이 그런 마음과 맞지 않는 거죠. 그런 건 회사에서는 필요가 없었고 노하우가 쌓이면 영업을 시키거든요. 원하지 않는 일을 하게 되는 것이 싫었고, 회사의 파벌 같은 게 싫었어요.[16]

한편 베를린에서 미술을 전공하고 한국에 돌아온 또 다른 예술가는,

30대에는 (예술가로 생계를 유지하기가 힘들다는) 그 생각을 해서 취업을 생각한 적도 있어. 그래서 실제로 전시 기획하는 회사에 취업한 적도 있어요.…강남에 예술의 전당 앞에 있는 어느 예술기획회사에 들어가서 석 달 정도 일했어요.…(그런데) 일단 너무 답답해. 일이 진행되는 과정도 무척 답답하고 결재를 받아야 되는 것도 너무 싫고. 아침에 출근하는 게 미쳐버리는 거 같았어. 그때 은평구에 살 땐데 예술의 전당 있는 데까지 출근을 한다고 생각해 봐. 그러면 3호선을 타고 계속 내려가야 되는 상황인 거지. 아침에 그 지하철을 탄다, 라는 게 나에게는 미쳐버리는 일이었던 거 같아요.[17]

---

16. 기획자 C(사회적 기업 운영) 인터뷰.

'답답함', '싫음', '미쳐버릴 것 같은' 정동적 감각은 미래에 대한 불안과 공포를 자양분으로 삼는 현대 사회의 정동적 지배에도 불구하고 이들이 임금 노동에서 벗어나려고 하는 이유다. 이렇게 임노동으로부터의 배제가 예술가의 주체적인 선택이기도 하다는 점에 주목할 필요가 있다. 굳이 사례를 언급할 것도 없이 임노동은 많은 이들에게 억압으로 다가온다. 비포는 "왜 우리가 종신 직장을 위해, 평생 동안 임금 노동에 종속되기를 위해 기도하는 굴욕적 상태로 돌아가야 하는"지 물었다. 그에 따르면 오늘날 널리 통용되는 불안정노동자precariat의 '불안정한'이라는 말은 1977년 이탈리아에서 처음 사회적 개념으로 사용되었다. "역설적이게도 그 당시에 불안정함이란 지루한 평생직장으로부터의 자유를 나타내는 기호였다. 대도시 인디언들, 볼로냐와 로마의 자율주의 운동에서 활동하던 다다이즘 성향의 반란자들은 자신들의 잡지에 이렇게 썼다. '평생토록 착취당하고 싶지는 않다. 불안정한 것은 아름답다.'"[18]

불안은 이제 현시대의 지배적인 정서가 되었다. 그러나 이제 그 정서는 1970년대 이탈리아 반란자들이 생각했던 "자유"가 아니라 궁핍하고 취약한 삶의 기호다. 불안에 수동적으로 매몰된 우리는 자신의 경쟁력을 강화하기 위한 방안에 몰두한다. 자기계

---

17. 예술가 D(경기창작센터 전(前) 입주 작가) 인터뷰.
18. '비포', 『프레카리아트를 위한 랩소디』, 72~4쪽.

발이 중요하게 여겨지는 이유다. 자기의 계발에 몰두하는 삶은 노동 시장에 좌우된다. 그러한 삶은 시장 외에 서로를 매개할 수 있는 방식을 알지 못한다. 이렇게 우리는 닥쳐올 미래의 폭력을 예감함으로써 자기에 몰두하고 사회적 삶에서 분리되며 고독에 빠진다. 그러나 도미야마 이치로는 폭력을 예감한 이들이 취하는 수동성에서 다른 가능성을 찾으려고 한다.

> … '폭력의 예감'이라는 말로 표현하고자 한 것은, 폭력의 구체적인 작동에 한발 앞서 방어태세를 취하고 있는 겁쟁이들이 만들어 내는 새로운 관계성에 대한 예감이다. 폭력을 감지한 자들이 방어태세를 취하는 그 수동성 자체에 의의가 있다는 것, 즉 "수동성에 잠재력이 항상 깃들어 있다는 것"이야말로 중요하다.[19]

수동성에 깃든 잠재력, 즉 새로운 관계성이란 무엇일까? 위에서 예술가들이 임노동에 보인 반응은 폭력에 대한 방어적인 감정이다. 그렇지만 '일하고 싶지 않다'는 말로 요약할 수 있는 그 수동적인 감정이 어쩌면 모든 것의 시작일지도 모른다. 현재의 지배 질서가 우리에게 가하는 폭력 속에서 우리는 "살기 위해 질서를 받아들"이지만, 거꾸로 "살기 위해 모든 것을 무효화하지 않으면 안

---

19. 도미야마 이치로, 『폭력의 예감』, 손지연·김우자·송석원 옮김, 그린비, 2009, 10쪽.

되는 순간"을 여는 것은 아닐까?[20] 새로운 관계성은 아마도 그 순간에 출현하는 무엇일 것이다.[21] 이처럼 '일하고 싶지 않다'는 수동적인 감정은 새로운 삶에 대한 욕망으로 이어질 수 있다. 어쩌면 임노동에 대한 거부와 다른 삶에 대한 욕망이 예술 활동을 지속시키는 가장 큰 원동력인지도 모른다. 그러나 '정상화된' 삶의 궤도를 이탈한 욕망들은 물질적 기반이 약한 탓에 틈새에 출몰할 수밖에 없다. 문래동은 그런 틈새 중 하나였다. 만일 문래동의 임대료가 높았다면 작업실이 많이 생겨날 수 없었을 것이고 설령 공간을 구했다 하더라도 임대료를 내기 위해 돈을 벌 수 있는 일에 몰두할 수밖에 없었을 것이다. 물론 낮은 임대료를 내는 것도 예술가들에게 쉬운 일은 아니었지만 상대적으로 낮은 임대료는 그만큼 더 자유롭고 다양한 활동을 가능하게 만들었다.

요컨대 도시의 높은 임대료는 역설적으로 공간을 구할 수 없는 예술가들을 결집시켰고 스쾃은 이들이 지대라는 장벽을 뛰어넘기 위해 찾은 하나의 방식이었다. 이러한 일종의 임대료 파업rent strike은 임대료를 내기 위해 견뎌야 하는 삶을 거부하는 것이었고 다른 삶의 형태를 추구하는 새로운 공동체로 이어졌다. 그것의 물질적 기반은 지대라는 장벽을, 점거를 통해 무력화함으로써 형성되었다. 한편 문래동은 예외적으로 지대가 낮은, 따라

---

20. 같은 책, 11쪽.
21. 권범철, 「집합적 자기배려의 가능성에 대하여」.

서 진입 장벽이 낮은 곳이었다. 사회적 평균에 미치지 못했던 그곳의 임대료는 많은 예술가가 입주할 수 있는 기반이 되었다. 스쾃이 점거를 통해 지대라는 장벽을 무너뜨렸다면 문래동은 특수한 도시적 조건으로 인해 그 장벽이 상대적으로 낮은 곳이었다. 어쨌든 그 장벽의 철폐 혹은 낮은 수준은 그만큼 화폐 수입에 대한 필요를 줄였고 그만큼 다른 삶을 가능하게 만드는 조건이 되었다.

공통장의 생성과 변화

오아시스 프로젝트

오아시스 프로젝트(이하 오아시스)는 국내에서 최초로 예술 스쾃이라는 이름으로 진행된 점거 프로젝트다. 이들의 활동은 크게 세 가지로 나눌 수 있는데 목동의 예술인회관 점거, 홍대 앞 주차장 거리에서 진행된 예술포장마차, 대학로의 문화예술위원회 소유 건물을 점거한 동숭동 프로젝트 720이 그것이다.

목동 예술인회관 점거

목동 예술인회관은 앞서 살펴본 것처럼 1992년 대선 당시 문화예술인 종합복지공간 조성이라는 공약이 시초가 된 사업이다. 1996년 김영삼 정부는 165억 원의 보조금을 지원해 〈대한민국 예술인센터〉를 짓도록 예총에 맡겼고,[22] 같은 해 10월 8일 예술인회관 기공식이 서울 양천구 목동에서 열렸다. 당시 계획에 따르면 예술인회관은 부지 1,324평에 연면적이 11,864평인 지하 5층, 지상 20층의 건물로 설계되었다. 총사업비는 약 515억 원이며 이중 국가 보조금을 제외한 나머지 액수는 예총이 임대수입(234억 원)과 자체 모금(26억 원)을 통해 조달하기로 되어 있었다. 그러나 1999년 예총이 약속한 자체 재원 조달이 목표액에 크게 미치지 못한 가운데 시공사의 손해 배상 소송, 예총 간부의 비리 혐의 구속, 감사원 조사 등의 파행을 겪으며 공사가 중단되었다. 같은 해 9월 국정감사에서는 예술인회관 건립 대책을 촉구하는 의견서들이 제출되었고 2001년 5월 감사원은 감사를 통해 조속한 공사 재개를 위한 근본 대책 수립 처분을 요구했다. 2004년 감사원은 다시 '예술인회관 건립 지원 및 관리 부적정'을 문화관광부에 지적하면서, 기한 내에 공사를 재개하지 못할 경우 보조금 교부 결정의 취소 및 반환 조치를 추진하고, 과다 지급된 감리비 잔액을 회수하도록 했다.[23]

　　문화예술계에서도 비판이 제기되었다. 2002년부터 〈문화연대〉를 비롯한 문화예술단체들은 성명서 등을 통해 예술인회관

22. 강경지, 「역대 대통령과 문화예술인들의 인연을 보니 … 」, 〈뉴시스〉, 2016년 12월 27일 수정, 2024년 2월 1일 접속, https://mobile.newsis.com/view.html?ar_id=NISX20110115_0007166623.

23. 김강, 「"또 부동산업에 국고보조금을 주겠다고?"」, 『프레시안』, 2010년 1월 18일 수정, 2024년 2월 1일 접속, http://www.pressian.com/news/article.html?no=99036#09T0.

건립 사업의 철회를 지속적으로 제기했다. 문화예술계가 제기한 문제는 단지 공사가 늦어지고 있다는 것이 아니었다. 사업의 취지가 본래 예술가를 위한 "종합복지공간"임에도 불구하고 예총은 지상 20층 건물의 15개 층(6~15층)을 오피스텔로 임대할 계획을 갖고 있었다. 이를 통해 사업비를 조달하겠다는 것이 예총의 방안이었다. 즉 예술인회관 건립이 예술가들의 창작이나 복지 지원과는 무관한 예총의 부동산 임대사업으로 전락한 점과 그러한 사적 이익을 위한 사업에 정부가 보조금을 지원하는 행태를 문제 삼은 것이었다.

이렇게 예술인회관의 문제가 드러나는 가운데 예술인회관 건물은 53%의 건설공정이 진행된 상태로 수년간 방치되어 있었다.[24] 대략 이러한 점들이 2004년 8월 15일 오아시스가 예술인회관을 점거할 당시의 배경이다. 예술인회관은 개인이 아닌 공공 기관이 추진하는 사업이라는 점, 한국 사회에서 일반화된 부동산 임대 사업을 향한 욕망이 노골적으로 노출된 장소라는 점, 그로 인한 공간의 사적 전유와 사회적 필요의 모순이 드러난 곳이라는 점, 그리고 무엇보다 본래 예술가를 위해 계획된 공간이라는 점이 예술가들에게 점거의 명분을 제공했다고 볼 수 있다.

---

24. 오아시스 프로젝트, 『점거메뉴얼북 Art of Squat』, 100~3쪽. 2004년 당시 예술인회관의 내부는 마감이 되지 않은 채 콘크리트가 노출된 상태였으나 유리 외벽이 완성되어 있었고 공사장 인부를 위한 샤워실과 화장실을 갖추고 있었다.

오아시스가 결성된 것은 2004년 2월이다. 이 프로젝트를 처음 기획한 예술가 A와 예술가 B는 2003년 파리에서 처음 스콰트을 알게 되었다. 이들은 알터나씨옹이라는 스콰트에서 생활하면서 그곳을 비롯한 다른 스콰트을 연구하기 시작했고 한국에서도 스콰트을 만들 계획을 세우기 시작했다. 이후 한국에 귀국한 이들은 주변 예술가들과 예술 스콰트에 대한 이야기를 나누는 한편 인터넷에 작업실 관련 글을 올리기도 했다. 이후에도 스콰트에 대한 전시를 하며 관련 담론을 퍼뜨리던 중 빈 상태로 방치되어 있던 예술인회관을 알게 되었다. 이에 오아시스를 2월에 결성하고 현장 답사와 정기 회의를 진행하며 3월에는 '2004, 이제 도시에 오아시스가 생긴다!'라는 제목으로 발족 선언을 한다.[25] 이후 8월 예술인회관 점거 전까지 각종 워크숍과 페스티벌, 토론회 등이 진행되었다. 4월에는 〈오아시스 프로젝트 일일 워크샵 — 불온한 점거〉라는 이름으로, 철거가 예정되어 있던 홍대 앞 카페를 10여 명의 예술가가 점거한 뒤 작업을 설치했고 같은 달 29일에는 〈한국사회에서 예술점거 가능한가?〉라는 제목의 좌담회를 열었다. 이 자리에서는 예술점거의 당위성, 목적, 원칙, 대중과의 소통 등이 논의

---

25. 2004년 3월 27일 자로 발표된 이 글에서 오아시스는 자신을 "방치되거나 죽어있는 빈 건물에 예술로써 생명을 불어넣는 공간재생 프로젝트"로서 "답답한 도심에 숨통을 틔우는 역할을 하고자" 한다고 소개한다. 이것은 오아시스가 작업실을 예술가의 사적 공간이 아니라 지역 사회의 공통 공간으로 인식하고 있었음을 보여 준다.

되었다. 그리고 5월에는 〈숨바꼭질〉이라는 이름으로 현장을 답사한 뒤 6월에는 '예술인회관 1차 임대, 분양안내' 포스터를 오아시스 홈페이지와 문화예술 관련 사이트에 게재하고 서울시 은평구에 있는 사비나미술관 전시에 초대받아 전시장에 분양 사무실을 차렸다. 분양 광고 → 사업 설명회 → 모델 하우스 방문 → 입주 예정일 공고로 이어지는 일반 부동산 회사의 분양 절차를 그대로 본뜬 광고를 통해 이들은 공간 상품화의 절차를 공통화의 절차로 역전시켰다. 이에 예총은 공문을 통해 오아시스에게 광고를 즉시 중단하고 사과문을 발송할 것을 요청하는 한편 서울경찰청에 사기 분양과 무단침입 혐의로 오아시스를 고발했다. 예총과의 갈등이 본격화되는 시점이다.

그럼에도 참여 예술가의 숫자는 늘어갔다. 7월 1일 〈1차 예술인회관 입주 준비위원회 모임〉에는 70여 명이 참가하여 예술인회관의 상황 및 작업실에 관해 논의했고 입주 신청 작가는 300여명으로 불어났다. 7월 12일 쌈지 스페이스 '미디어 씨어터 바람'에서 열린 사업 설명회에는 80여 명의 작가들이 참여했고 7월 17일 모델하우스 방문 페스티벌 및 퍼포먼스에도 70여 명이 참가했다. 오아시스는 이렇게 분양 절차를 비튼 점거 준비 과정을 진행하는 한편 거리에서 세 차례에 걸쳐 게릴라 페스티벌을 진행했다.[26] 특

---

26. 첫 번째 게릴라 페스티벌은 7월 24일 목동 예술인회관 앞에서 '아티스트 벼룩시장'이라는 이름으로, 두 번째 페스티벌은 같은 달 31일 대학로 마로니에 공원에서, 세 번째 페스티벌은 8월 7일 목동 파리공원에서 열렸다.

히 점거를 일주일가량 앞두고 열린 3차 게릴라 페스티벌은 예술
인회관이 있는 목동의 파리공원에서 열렸는데 이는 "예술인회관
에 대한 문제점과 오아시스 프로젝트, 815입주페스티벌을 목동지
역 주민들에게 적극적으로 알리고, 함께 소통하기 위해서"였다.[27]
이처럼 이들은 예술인회관의 문제와 스쾃의 의의를 널리 알리고
자 노력했고 이것은 그들이 어떤 담론 공간의 형성을 중요한 문제
로 여겼다는 것을 보여 준다. 다시 말하면 그들은 빈 공간뿐 아니
라 그 공간을 둘러싼 담론적 지형을 점거하려 했다.

2004년 8월 15일 오아시스는 예술인회관을 점거했다. 점거와
부대 행사는 건물 내외부에서 동시에 진행되었다. 먼저 당일 새벽
예술가 20명과 취재진 등 약 30명이 예술인회관으로 들어갔다.
이들은 그림을 그리거나 설치 작업을 하거나 시를 낭독하는 등
각자 작업을 진행하며 입주 퍼포먼스를 준비했다. 외부에서는 예
술인회관 입주 페스티벌이 오후부터 진행되었다. 이들은 회관 건
물을 두르고 있던 출입 금지 테이프를 가위로 잘라내고 공연과
퍼포먼스를 진행했다. 같은 시각 내부의 점거팀은 예총이 건물에
걸어 놓은 예술인회관 임대분양 광고 현수막을 잘라 버리고 같은
자리에 "시민에게 문화를, 예술가에게 작업실을!"이라는 문구가
적힌 대형 현수막을 내걸었다. 부동산 투기를 위한 상품을 공통
공간으로 바꾸겠다는 선언이었다. 이어서 내부 예술가들이 메시

---

27. 오아시스 프로젝트 싸이 클럽, oasis.cyworld.com.

일자	내용	비고
1992년 대선	대선 공약사업으로 문화 예술인 종합복지공간 조성 추진	
1996.8	국고 150억 원 지원계획 수립	규모 : 부지 1,324평, 연면적 11,864평(지하 5층, 지상 20층) 총사업비 : 약 515억 원(당초 42,415백만 원/추가 9,018백만 원) 부지매입비 : 10,524백만 원(문예진흥원 지원) 별도(동숭동 예총회관을 문예진흥원에 기부 체납하고 문예진흥원이 부지매입비 지원)
1996.10.8.	목동 예술인회관 기공식	김영삼 대통령 참석, '문화와 예술을 진흥시키는 데 국가적 사회적 관심과 함께 실질적인 투자도 늘려 나가야 할 것이라고 말하고, 문예 진흥기금 2백억 원을 내년 예산에 반영하라고 지시'
1999.6	예총이 약속한 자체 재원 조달 부진과 시공사 부도로 공사 중단	첫 번째 시공자였던 쌍용은 밀린 공사대금 80억 원을 지급하라며 공사 포기
1999.9	국정감사에서 예술인회관 건립사업의 조속한 마무리를 위한 대책 촉구	조속한 공사 재개를 위한 근본 대책 수립 처분 요구
2001.5.29.	감사원 감사	
2001.9	국정감사에서 자체조달 자금을 조달하지 못한 예술인회관 건립 대책 촉구	
2002~	문화연대를 비롯한 문화예술단체들이 성명서 발표	예술인회관 건립사업의 철회를 지속적으로 제기

2002	예술인회관 건설시공업체 재선정	알포메, 주금 도시개발 컨소시엄
2002.12.30.	국고지원금 50억 원 추가 교부	
2003.9	국정감사에서 사업추진 주체의 사업추진 능력 및 의지 부족 지적 및 회관의 당초 건립취지를 고려하여 국고 환수할 것을 제기	
2003.10.13.	문화부, 예총의 대안을 촉구하는 공문 발송	
2003.10.30.	예술인회관 관련 건설 비리 의혹 보도	SBS, 〈8시 뉴스〉
2003.11.30.	예술인회관 건립사업의 또 다른 건설 비리 의혹 제기	MBC, 〈시사매거진 2580〉
2004.6	감사원, 〈재무감사보고서 : 문화관광부〉	"예술인회관 건립 지원 및 관리 부적정" 지적, 기한 내 공사를 재개하지 못할 경우 보조금 교부결정 취소 및 반환 조치 추진과 과다 지급된 감리비 잔액 회수를 '조치사항'으로 제시
2004.8.10.	문화예술인 365명 공동성명 발표	문화부와 예총은 "예술인 없는 예술인회관 건립" 사업을 즉각 중단하라!! – '문화관광부의 예술인회관 건립문제 처리 방침 발표'에 부쳐

표 4. 예술인회관 건립 사업 일지
출처 : 오아시스 프로젝트, 『점거메뉴얼북 Art of Squat』, 100~1쪽의 내용을 표로 정리.

지가 담긴 종이비행기와 풍선을 공중에 날리는 가운데 「예술가 독립선언서」가 낭독되었다.[28] 그러나 점거는 오래가지 못했다. 잠

---

28. 「예술가 독립선언서」는 오아시스 프로젝트가 지향하는 바를 잘 보여 준다. 전체 내용은 다음과 같다. "우리는 삭막한 도시에 예술로 새 생명을 불어넣고 자 하는 예술가들이다. 산업화의 시대가 저물고 정보화의 시대가 도래하면서 곳곳에서는 예술에 대한 이해보다는 금전에 대한 가치가 판을 치고, 가난하지만 아름다운 예술을 꿈꾸는 예술가들은 점점 더 설 자리를 잃어버리고 있다. '결국 현대 예술은 돈이면 다 되었다'라는 미국 근대 미술관의 초대 미술관 장인 '알프레드 비아'의 고백에서도 알 수 있듯이, 자본의 권력이 만들어 온 물신주의의 횡포 앞에, 예술은 돈과 권력을 위한 희생의 제물로 전락해 가고 있는 것이다. 이러한 때에 한국의 예술가들은 '황금의 노예'가 되기보다 예술로써 우리 삶을 가치롭게 살 수 있다는 것을 보여주기 위해 오늘 이 자리에 모였다. 21세기가 되어서도, 우리가 언제까지 서구 예술의 흉내만 내며, 그들의 시선 속에 우리를 가두어야 하는가? 몇몇 스타 작가를 보며, 예술의 상업성과 허구에 대해서 한탄만 해야만 하는가? 도대체 언제까지 우리 예술가들이 자본과 제국이 주도하는 놀음에 몸을 맡겨야만 하는가. 언제까지 누가 차려놓은 밥상을 꿈꾸는 헛된 욕망에 사로잡혀 있어야만 하는가. 그래, 명확하다. 예술이 아직 인간 삶에 필요하다면, 아니 인류가 예술을 만들고 예술을 존중하는 가치가 아직 우리 마음속 깊은 곳에 존재한다면, 우리의 예술인회관 입주는 정당하다. 창작과 표현의 욕구가 충만한 그곳에서 항상 새로운 예술의 출현이 있었다는 예술사의 경험을 겸허하게 받아들이면서 예술인회관을 향한 당당한 발걸음을 시작한다. 표현의 다양성과 자유, 창작의 권리가 실현되는 곳. 모든 장르의 예술이 서로 교류하며 새로운 예술을 준비하는 곳. 시민들이 예술과 즐겁게 어우러지며, 유쾌한 삶을 향유하는 곳. 예술이 우리의 상처를 치유해 주고, 우리가 혼자가 아니라는 것을 느끼게 해주는 곳. 어떠한 경직된 사상적 경향도 없이, 각각의 예술적, 내면적 자율성과 예술창작의 정신으로 스스로를 단련시키는 곳. 창작 열정에 불타는 젊은 예술가들이 한데 어우러져 함께 성장하며, 새로운 예술의 흐름을 만들어가는 곳. 이곳은 삶과 예술의 실험실이며 도심의 오아시스 같은 예술공간이 될 것이다. 온갖 비리와 거짓이 난무하는 한국사회에서 상징적인 공간인 이곳을 더 이상 더러운 정치적 거래로써의 공간이 아닌, 예술로써 사회를 치유하고, 예술로써 새 생명을 주며, 한국적 예술의 대안공간, 문화적 실험실을 만들기 위해 이곳에 입주하는 것

시 뒤 이미 현장에 대기하고 있던 경찰과 예총 관계자들이 들이 닥치면서 상황은 종료되었다.

예술포장마차

목동 예술인회관 점거 이후 오아시스는 예술포장마차라는 이름의 새로운 프로젝트를 진행했다. 이것은 예술을 "생활 속에 살아 숨 쉬는 예술로 끌어내고" "삶과 예술의 구분을 없애기 위한 컨셉"에 따라, "미술, 음악, 시, 문학, 춤, 연극, 영상, 독립영화, 사진 등 다양한 장르의 예술가들이 함께 교류하고 실험하는 '예술가들의 플랫폼'"으로 기획되었다. 기존의 많은 예술 스캇이 소수의 전유물이었던 예술을 공통의 것으로 만들고자 했듯이, 오아시스는 거리라는 공간을 점거함으로써 그 기획을 좀 더 직접적으로 실현하고자 한 것이다.

예술포장마차[29]는 거리로 나서기 전 구청에 공간 사용 허가를 받고자 신청했지만 구청은 허가를 내줄 수 없다는 입장이었

이다. 획일화되고 단일화, 상업화되어버린 예술의 죽음을 목도하는 지금, 우리는 현대예술의 최전선에 서서 다른 지평을 열어가는 시도를 시작한다. 2004년 8월 15일!! 오늘은 예술가 스스로의 힘으로 예술인 회관에 입주하게 되는 '예술가들의 독립기념일'임을 선포한다"(오아시스 프로젝트, 『점거메뉴얼북 Art of Squat』, 12~3쪽).

29. 홍대 앞 주차장 골목에 설치된 이 포장마차는 버려진 냉각탑으로 만든 몸통에 테이블 네 개를 길게 달고 지붕에는 파라솔을 꽂은 형태였다. 다리에는 바퀴가 달려 있어 움직일 수 있었다.

다. 그럼에도 오아시스가 포장마차를 거리에 설치하면서 2005년 2월 12일 스쾃이 시작되었다. 예술포장마차는 2명의 공동 디렉터, 1명의 매니저, 6명의 프로그래머로 운영되었으며 이들은 각자 자신의 기획을 예술포장마차에서 펼치고자 했다. 독립 다큐멘터리 감독은 독립영화 및 다큐멘터리 상영회를 진행하고, 연극제 사무국장은 거리극을 실험했으며, 미술가는 그림을 그리거나 전시 프로그램을 열었고, 프린지 네트워크에서 활동했던 한 프로그래머는 인디밴드들이 참가하는 프로그램을 만들었다. 이 프로그램들 외에도 예술품 경매, 버스킹 콘서트 등 월 1~2회의 이벤트와 파티가 열렸으며, 외부 예술가의 제안과 기획에 따라 행사가 진행되기도 했다.30 이렇게 예술포장마차가 진행되면서 다양한 예술가가 그곳을 중심으로 모여들었고 그에 따라 그들의 활동은 더욱 다양하게 확장되었다.

물론 포장마차 운영이 순탄하지만은 않았다. 〈예술포장마차 ─ 오아시스〉는 본래 1년의 장기 프로젝트로 계획되었지만 허가 문제 등으로 6개월로 축소되었고 주변 상인들의 반발에 부딪혔다.31 포장마차가 있던 장소의 관할부서인 공원관리과의 개입역시 위협 요소였다. 공원관리과는 포장마차는 불법이며, 따라서 포장마차의 취사행위, 천막 형태의 구조물을 허가할 수 없다는

---

30. 김강, 『삶과 예술의 실험실 스쾃』, 289~91쪽 ; 오아시스 프로젝트, 『점거메뉴얼북 Art of Squat』, 283~5쪽.
31. 이후 상인연합회와 만나서 협의하고 관계를 구축하면서 갈등은 완화되었다.

입장이었다. 몸통과 테이블은 예술품의 하나로 볼 수 있지만 그 이상은 아니라는 것이 공원관리과의 해석이었다. 이처럼 그 공공 기관은 예술과 비예술을 구분할 수 있는 구체적인 기준을 갖고 있었다. 그리고 그 해석에 따르면 예술은 허용되지만 비예술은 거부될 것이었다. 이러한 관점은 예술이 사회에서 일반적으로 인식되는 상황의 일면을 보여 준다. 예술은 무언가 아름다운 사물이나 활동으로서 장려할 만한 어떤 것이다. 그것은 또한 기존 질서를 어지럽히지 않는 안전한 것이어야 한다. 이후에 살펴보겠지만 오아시스의 활동은 그러한 예술 개념의 전복이기도 했다. 오아시스는 점거=예술을 주장하면서 예술 그 자체를 변화시키고 새롭게 구성하려 했다.

예술포장마차는 2005년 7월 30일 문을 닫았다. 그것은 비록 일시적이었지만 다양한 마주침과 관계들을 생성해 냈고 공적 관리하에 있는 공공공간과 자율적 활동 사이에서 생겨날 수 있는 긴장 관계를 보여 주었다. 가령 공공시설로 여겨지는 지하철 역사를 거대한 쇼핑센터로 바꾸는 ― 민자 역사로 불리는 ― 사적인 계획들은 공공 기관의 지원을 받지만 역시 공공공간인 거리에서 수행되는 자율적인 활동들은 세심한 통제를 받는다. 이러한 상황은 오늘날 공적인 것이 지닌 성격의 한 단면을 보여 준다. 흔히 공적인 것과 공통적인 것은 혼동되곤 하지만 예술포장마차가 보여 준 것은, 공적인 것과 공통적인 것의 차이가 공적인 것과 사적인 것의 차이보다 더 클 수 있다는 것이었다. 오늘날 공적인 것이 사

적인 것을 보조하거나 스스로 그것을 모방하는 상황에서 공적인
것과 공통적인 것의 간극은 더 커져 가는 것 같다. 따라서 공적인
것을 대상으로 한 자율적인 활동, 공통화의 실천들은 어떤 갈등
을 거의 필연적으로 수반한다. 예술포장마차는 그러한 갈등과 새
로운 관계의 생성이 공존하는 무대였다.

동숭동 프로젝트 720

오아시스는 2005년 10월 3일 새벽 동숭동 예총회관 옆에 있
는 한국문화예술위원회(이하 문예위) 소유의 빈 공간을 점거했
다. 이것은 2004년 8월의 점거 이후에도 "장기간 표류하고 있는
목동 예술인회관건립사업의 특별한 계기 마련을 위한 것으로서
720시간(1개월) 동안 멈추지 않는 저항의 예술 활동을 하기 위
해" 진행되었다.[32] 이들은 점거 이전 문예위에 공간사용 신청서를
제출했으나, 해당 건물(동숭동 1-119 부지)이 불법으로 증축되어
곧 철거할 예정이기 때문에 사용할 수 없다는 답변을 받았다. 이
들은 다시 철거 전까지만 사용 허가를 내줄 것을 요구했지만 또
다시 거절당하자 해당 공간을 점거했다. 점거 당일 10여 명의 예
술가들은 쓰레기가 널려 있던 공간을 청소한 뒤 자신의 작품을
전시했고[33] 다음날 오픈행사가 열렸다. 그리고 문예위 위원장과

---

32. 김윤환, 「예술스쾃 오아시스 동숭동스쾃의 경과와 전망」, 『점거메뉴얼북 Art
of Squat』, 2007, 127~131쪽.
33. "정정엽은 〈나의 작업실 변천사 21년 : 1985~2005〉를 21개의 드로잉으로 제

의 면담이 열렸다. 이 자리에서 김병익 위원장은 목동 예술인회관 문제가 시급히 해결되어야 한다고 생각한다면서 "현재 점거를 철수하고 한 달 동안의 행사계획서를 제출하면 공식적인 절차를 통해 사용할 수 있도록 하겠다"고 밝혔다. 이에 예술가들은 저녁에 철수했고 10월 10일부터 11월 9일까지 한 달 동안 공간을 사용하게 되었다. 초기에 10여 명으로 시작한 참여 작가는 한 달 동안 30명이 넘는 예술가들로 불어났고 마로니에 공원 곳곳에서는 거리 콘서트와 퍼포먼스, 공연 등이 이어졌다. 또한 스쾃과 작업실, 예술인회관 문제를 논의하는 토론회가 세 차례 진행되었다.[34] 한 달이 지난 후 점거가 끝나갈 무렵 그 공간을 계속 이어가기 위해 문예위에 공간사용신청서를 냈지만 위원회는 월 100만 원의 임대료를 내야 한다고 답했다. 결국 오아시스는 철수했고 공간의 앞마당에는 펜스가 세워졌다.[35]

작했다. … 김윤환, 김강의 〈스쾃 예술가를 위한 틱시도〉가 벽에 걸렸고, 용해숙은 새벽 내내 비누현관 〈한국문화예술인단체총연합〉을 제작했다. 이호석은 〈쓰레기 튀김〉을 준비하였다. 안현숙은 붉은 형광등을 외부로 향한 유리문의 가장자리에 설치하여 〈푸줏간〉이라 이름 붙였다. 이튿날인 10월 4일 아침 일찍 이중재는 떡볶이 시스템 작업의 일환인 포장마차를 가져왔다"(김강, 『삶과 예술의 실험실 스쾃』, 282쪽).

34. 1회 토론회는 2005년 10월 11일에 〈한국사회 예술스쾃의 의미와 전망〉이라는 이름으로, 2회 토론회는 같은 달 19일에 〈작업실에 말걸기: 예술창작의 장소성과 사회적 의미에 대하여〉라는 이름으로, 3회 토론회는 같은 달 26일에 〈예술인회관 건립사업의 해법 찾기〉라는 이름으로 점거한 그 공간에서 진행되었다.

35. 김윤환, 「예술스쾃 오아시스 동숭동스쾃의 경과와 전망」; 김강, 『삶과 예술

동숭동 프로젝트는 2004년의 예술인회관 점거와는 사뭇 다른 성격을 갖는다. 2004년 점거가 문제 제기와 저항적 실천의 성격을 강하게 갖고 있었다면 동숭동 프로젝트는 거기에 자율적 예술 공간의 성격을 더했다. 그곳은 "전시장이자, 세미나 장소였고, 공연장이자 잠자는 공간"이었다. 즉 2004년의 점거가 일시적 퍼포먼스였다면 동숭동 프로젝트는 자율적 공동체를 짧은 기간이나마 실제로 구현한 곳이었다. 이처럼 동숭동 프로젝트는 "화이트 큐브로 닫혀진 공간이 아닌 삶으로 창이 나있는 공간"을 열면서 삶과 예술을 실험하는 장소였다는 점에서 중요한 의의를 갖는다.

문래예술공단

서울 영등포구 문래동에 작업실이 출현한 것은 2000년대 초반으로 알려져 있다. 본래 이 지역은 철재상과 소규모 가공업체가 밀집하여 왕성한 생산 활동을 벌이던 곳이었으나 서울시 산업구조의 전환 과정에서 조금씩 쇠락해 가고 있었다. 1990년을 전후로 문래동의 많은 철재상이 경기도의 각종 공단을 비롯한 수도권 외곽으로 이전하였으며, 그로 인해 문래동3가에 있는 철재종합상가 건물 2, 3층의 대부분이 비기 시작했다. 이 공간은 소음과 먼지, 냄새가 거리를 에워싸는 외부 환경 탓에 오랫동안 비

의 실험실 스쾃」, 285쪽.

어 있었고 찾는 사람이 없는 까닭에 임대료가 매우 낮게 유지되었다. 이는 예술가들을 불러들이는 일차 요인이 되었고 그렇게 들어온 예술가들이 다시 다른 예술가들을 끌어들이기 시작했다. 2008년 연구에 따르면 이미 철재상가의 2, 3층은 거의 다 작업실로 채워졌고 문래동 전체에는 약 50개 정도의 작업실이 있었다.[36] 예술가들이 늘어나면서 내부 교류도 활발해지기 시작했다. 문래예술공단이라는 이름의 전체 모임이 생겼고 시각 예술가들의 모임도 생겨났다. 이 모든 과정은 정부나 기타 기관의 어떤 지원이나 개입 없이 자생적으로 이루어졌다.

문래동에 이렇게 작업실이 늘어나게 된 이유는 우선 낮은 임대료를 들 수 있다. 대부분 수입이 낮고 불안정한 예술가들은 저렴한 작업실을 찾아다닐 수밖에 없다. 홍대나 대학로처럼 예술가들의 기존 활동 무대였던 지역들이 상업화되면서 임대료가 높아진 것도 문래동이 더 주목받는 계기가 되었다. 또한 건물이 노후화되었기 때문에 소유주의 시설 관리가 까다롭지 않아 예술가들은 자신이 원하는 형태로 자유롭게 공간을 변형할 수 있었다. 일반적으로 환영받지 못하는 낡은 건물이 예술가들에게는 오히려 작업에 유리한 조건이 된다. 또 하나 중요한 유인 요소는 바로 예술가들 자신이다. 우선 예술가들의 밀집은 다른 직업군에 비해 제도적인 환경이 부족한 그들에게 대안적인 지원 체계를 구축할

36. 예술과 도시사회연구소, 『문래 창작촌 연구』.

수 있는 조건이 될 수 있다. 예술가들은 삶을 유지하고 작업을 지속하기 위해 주변 예술가들과의 관계에 크게 의존하는 데, 그러한 지점이 예술가들을 계속해서 끌어들이는 중요한 이유다.

문래동에 작업실이 생겨난 2000년대 초부터 2006년까지 대외적인 활동은 거의 없었다. 이때 문래동의 작업실은 예술가들의 개인적인 창작 공간으로만 기능했다. 2007년 6월 경계없는예술센터의 〈경계없는예술프로젝트@문래동〉 행사, 온앤오프무용단의 〈물레아트페스티벌〉 등 비교적 큰 규모의 행사가 문래동을 중심으로 개최되면서 문래동이 이른바 예술촌으로 알려지기 시작했다. 2008년 6월 문래동에 소재한 〈예술과 도시사회연구소〉[37]가 문래동의 예술 활동에 대한 연구 결과를 공유하는 토론회를 개최한 것도 문래동을 알리게 된 중요한 계기였다. 문래동이 알려지고 예술가들이 늘어나면서 다양한 문화예술 프로그램이 여러 예술가의 협업을 통해 늘어나기 시작했다. 오픈스튜디오, 공공미술프로젝트, 문화예술교육프로그램, 대학 연계 프로그램 등이 진행되었고 이를 통해 문래동의 예술가들과 지역 사회의 교류가 증가했으며 외부 방문객 또한 늘어나기 시작했다.

예술가들의 수가 늘어나면서 모임 또한 다양해지고 분화되기 시작했다. 본래부터 어떤 취지에 따라 모인 것이 아니라 자생적

---

37. 랩39가 2007년 문래동의 작업실을 조사하면서 만든 연구소다. 랩39 구성원들이 연구원을 겸했고 문래동3가 54번지에 사무실을 두고 활동했다.

으로 형성된 마을에서 이것은 자연스러운 과정이었다. 초기에 있던 반상회는 와해되었지만 다양한 소그룹이 생겨났고 이들은 동네에서 다양한 작업을 진행했다. 이 과정에서 문래동의 작업실이 사회화되었다는 점이 중요하다. 작업실은 사실 그 자체로는 매우 사적인 공간에 지나지 않는다. 그러나 예술가들이 늘어나고 그들 간의 교류가 활발해지면서 문래동의 작업실은 학교, 지역 주민, 기존 제조업체, 공공 기관 등과 연결되며 동네의 환경을 변화시켜 나가는 주요한 거점이 되었다. 그 과정에서 각각의 작업실을 마디로 하여 생성되는 예술 네트워크는 문래동을 현재까지 유지하는 가장 큰 힘이 되었다.

문래동의 예술 네트워크는 자생적으로 형성되었지만 외부 변수로부터 자유로울 수는 없었다. 초기의 가장 큰 변수는 재개발이었다. 특히 2008년 5월 상업/주거시설 개발을 용이하게 하기 위한 준공업지역 조례 개정으로 개발 제한 규정이 완화되면서 재개발 압력이 증대되자 문래동의 예술가들은 대응 방안을 모색하기 시작했다. 그것은 '계속 이곳에서 작업하고 싶다'는 공통의 이해관계가 예술가들 사이에서 형성되면서 가능하게 된 일이었다. 또 하나의 변수는 예술가들에 대한 외부 지원이었다. 그 대표적인 사례인 서울시창작공간(문래예술공장)은 문래동 예술가들의 활동에 많은 영향을 끼쳤다. 아이러니한 것은 예술 활동에 적대적인 것으로 보이는 재개발 사업이 그에 대응하고자 하는 동네 예술가들의 관계 형성에 역설적으로 기여했다면, 예술 활동을 지원하고자 하는 사업은 어떤 면에서 예술가들의 관계에 부정적인 영향을 끼쳤다는 점이다. 재개발에 대한 대응은 예술가들의 자율적인 관계 맺기를 통해 이루어졌지만, 외부 지원 사업은 예술가들의 그러한 관계를 대리하는 성격이 강했기 때문으로 보인다. 이에 대한 자세한 사항은 이후 다시 살펴볼 것이다. 여기서는 문래동이 외부와 어떤 식으로든 관계를 형성할 수밖에 없었고 그것이 문래동 공통장의 형성 혹은 쇠퇴에 연결되어 있다는 점을 지적하는 것으로 충분하다.

문래동의 예술 활동이 외부 변수에 의해서만 좌우되었던 것은 아니다. 문래동 예술 활동의 가장 큰 활력은 예술가들 자신으로부터, 그들 사이의 접속에서 출현했다. 예술가들의 숫자와 그들 간의 관계 맺기가 급격하게 늘어가던 2000년대 후반의 문래동은 집합적 삶의 재생산이 끊임없이 시도되던 현장이었다. 공용공간, 자율부엌, 옥상 미술관, 옥상 텃밭, 문래 서비스 센터 등 다양한 실험들이 쇄락을 거듭했다. 그러나 이중 상당수가 문래예술공장이라는 공공 기관의 활동으로 흡수되거나, 혹은 철공소를 대신하고 들어선 카페, 식당 등으로 상품화되고 있다.

공통장의 성격

여기서는 오아시스와 문래예술공단 각각을 하나의 공통장으로 이해한다. 이때 공통장은 단순히 어떤 물질적인 혹은 비물질적인 재화만이 아니라 그 재화를 중심으로 한 사회적 관계와 실천들까지 아우르는 개념이다. 이 공통장은 무엇보다 사람들이 국가나 시장과는 다른 방식으로 자신의 삶을 재생산하는 체계를 가리킨다. 인간의 육체적 필요를 충족하기 위해서는 먹을 것, 입을 것, 잘 곳 등의 재화가 필요하다. 이것을 집합적으로 해결하는 형태를 공통장으로 정의한다면 현대 도시에서 공통장이 가능할까? 숲이나 들판, 어장 같은 곳에서 추출할 수 있는 공통재화는 삶을 유지하기 위한 물질적 필요를 충족시킬 수 있다. 그러나 도시의 공통장에서 이것은 어떻게 가능한가? 이에 대한 답을 찾기 위해 우선 오아시스와 문래예술공단은 무엇을 공통화하는지 살펴볼 필요가 있다. 이를 통해 도시에서 삶의 집합적 재생산이라는 측면에서 두 사례가 보여 주는 가능성을 검토할 것이다.

오아시스 프로젝트

공간의 공통화
가. 목동 예술인회관

오아시스의 스쾃은 빈 공간을 특정한 형태로 재전유하는 활동이다. 따라서 무엇보다 빈 공간이 이들에게 일차적인 공통재화가 된다. 첫 번째 예술인회관 점거에서는 공사가 마무리되지 않았던 빈 건물이, 두 번째 예술포장마차에서는 거리가, 세 번째 동숭동 프로젝트에서는 문예위 소유의 빈 공간이 그 대상이었다. 그러나 이 빈 공간 혹은 거리는 당연히 그 자체로 공통의 재화가 아니다. 역사상 어느 시대에도 공통재가 그냥 주어지는 경우는 없었다. 앞서 살펴본 것처럼 그것은 공통인들의 투쟁을 통해 생산된다. 예술인회관은 방치되어 있던 빈 구조물일 뿐이었지만, 그곳 역시 도시의 다른 여느 공간처럼 그냥 비어 있는 곳이 아니었다. 정부의 무책임과 민간단체의 부패가 그 공간을 에워싸고 있었다.

오아시스는 여러 차례의 성명서, 릴레이 일인시위, 국정감사 참여, 또 다른 공간의 점거를 통해 예총의 부당한 행태를 지속적으로 고발하며 그 문제에 대응했다. 그러나 이것은 예총이라는 문화 권력만을 고발하는 것은 아니다. 오아시스는 예술인회관이 국가의 무책임함과 민간단체의 지대 추구에 포섭된 상황을 적나라하게 드러내고 그러한 포섭이 예술가를 위한다는 허울을 뒤집어쓰고 오히려 그들을 기만하고 있음을 드러냈지만, 중요한 것은 이러한 상황이 비단 예술인회관에 국한된 문제가 아니라는 점이다. 지대 추구를 통해 빈자들의 삶을 파괴하는 소유자와 소유자의 권리를 보호하는 국가의 '연대'는 기실 모든 자본주의 도시 공간을 에워싸고 있다. 그건 자본주의 도시 공간의 숙명과도 같다. 예술인회관은 단지 그중 하나에 불과했지만 앞서 든 이유로 인해―소유자와 국가의 부패한 '연대'를 잘 보여 준다는 점에서―어떤 상징성을 지니고 있었다. 따라서 오아시스의 스쾃은 그러한 상징을 점거함으로써 도시 공간을 부패시키는 힘들을 고발하기 위한 것이었다. 오아시스는 그러한 점을 예리하게 간파했고 공과 사의 부패 연대를 드러낼 수 있는 적절한 공간으로서 예술인회관을 선택했다.[38] 이 점거는 공간을 지배하는 권력과 정면으로 부딪쳐 사적 소유권을 ─ 비록 일시적이었지만 ─ 무력화시켰다. 공유지를 에워싼 울타리를 걷어내는 일과도 같은 이 행동은 힘의 적대를 수반한다. 2004년 8월 15일 일군의 예술가가 그 공간을 점거했을 때 경찰과 함께 달려온 예총 사무총장은 각목을 휘두르며 "내 집에 왜 들어와!"라고 소리쳤다. 사무총장이 손에 쥔 각목은 힘의 적대를 직접적으로 상징한다. 점거에 대한 이러한 대응은 스쾃이 지닌 두 선, 즉 저항과 구성 중 전자의 측면을 뚜렷하게 보여 준다.

　요컨대 소유주인 예총, 소유주의 소유권을 지켜주기 위해 동행한 경찰, 공간을 계획하고 보조금을 지원한 정부, 예총과 정부를 비판하며 공간을 점거한 예술가 집단… 이 모두가 그 공간에 얽혀 갈등을 빚은 힘들이었다. 이렇게 오아시스의 공통재화는 상충하는 힘들 속에서, 좀 더 정확히 말하면 사적 소유권에 대한 저항 속에서 생겨났다. 공통화 과정이 저항과 구성의 두 선을 모두 지닌다면 울타리를 걷어낸 이후 구성의 과정은 어떻게 진행되었는가?

---

38. 오아시스의 주요 기획자인 예술가 B는 오아시스 후반기에 진행된 토론회에서 이렇게 이야기했다. "목동 예술인회관은 단순히 비어 있었기 때문에 점거당한 것이 아니라, 그 공간이 상징하고 있는 바가 한국사회의 모순과 예술계의 모순을 총체적으로 증거하고 있기 때문에 점거당한 것이었다"(김강, 「지금! 예술 스쾃」).

오아시스는 2004년 목동 예술인회관을 점거하기 전에 해당 공간의 운영 방안을 미리 제안했다. 예술인회관의 점거가 당일 종료되면서 실현되지는 않았지만 '공간 운영 프로그램'은 이들이 지향하는 바를 잘 보여 준다. 대략의 내용은 〈표 5〉와 같다.

요점은 예술인회관을 "예술가들의 창작과 소통의 공간이자 시민들에 의한 공공 문화 공간"으로 만든다는 것이다. 이를 위해 자율성, 공동체, 상호 교류, 문화적 다양성, 시민 참여 등이 주된 원리로 제시되고 있으며 이러한 원리는 구성원 모두가 참여하는 운영 회의와 누구나 참여할 수 있는 열린 회의로 담보된다. '공간 운영 프로그램'에서 여러 번 강조되는 자율성은 오아시스의 중요한 가치 중 하나다. 이것은 위계적이지 않은 수평적 조직화의 원리이며 구성원 모두가 참여하는 의사결정기구(공간 운영 회의 등)를 통해 보장된다. 자율성은 또한 자본에 종속되지 않은 자치, 독립의 의미에서의 자율이기도 하다. 하킴 베이의 "일시적 자율 지대"Temporary Autonomous Zone(이하 TAZ)[39]에서 따온 듯한 "예술 자율 지대"는 지배 권력으로부터 해방된 시공간을 추구하는 TAZ의 지향을 공유하는 것처럼 보인다. 이것은 권력을 쟁취하는 것이 아니라 스스로 도시 자체를 변형시켜 나가는, 즉 혁명 이후에 도래할 어떤 세계를 기다리는 것이 아니라 지금 여기에서 새로운 삶을 구성하는 실천이다. 따라서 그것은 전략적이라기보다 전

---

39. Hakim Bey, *TAZ*, Autonomedia ; Subsequent edition, 2003.

가. 프로그램 제안 취지

'공간운영 프로그램'을 통해 예술인회관이 예술가들의 창작과 소통의 공간이자 시민들에 의한 공공 문화공간으로 다시 탄생된다. 또한 예술가들과 시민의 참여, 소통, 상호부조예술의 과정을 통해 실질적인 예술창작 공간, 공공문화 공간, 지역문화시설로 리모델링한다.

나. 운영원리

: 예술스캇 오아시스는 자율성, 공동체 정신, 상호 교류, 문화적 다양성 추구
- 예술자율지대(Zone Autonomic Art contemporary) : 예술가들의 자율적인 공간 운영을 통한 예술 공동체 추구
- 장르의 통합, 해체, 충돌의 장 : 공연예술(연극, 퍼포먼스, 마임, 무용)과 미술, 미디어아트, 독립영화, 문학, 종합예술 등 장르의 통합, 해체, 충돌을 통한 예술실험
- 교류와 소통의 장 : 국내외 예술가들 간의 교류와 소통의 장, 예술가와 지역 사회의 교류와 소통의 장
- 열린 공간_오픈스페이스 : 한국의 예술가뿐 아니라 전 세계 예술가들에게 열린 공간/24시간 공간 개방

(중략)

라. 공간 운영 계획

ㅇ 원칙 : 공간과 회의에서의 동등한 발언권과 자율적/자발적 책임과 운영
- 책임과 역할은 여러 명이 하나의 책임을 맡을 수 있고, 한 명이 여러 개의 책임을 맡을 수도 있다.
- 작업실, 전시실 등 공간을 개방적으로 운영한다(단, 숙소는 제외).
- 매일 작업한다.
- 서로를 존중한다(성별, 인종, 국가, 종교 등의 다양성과 차이를 인정하며 평등한 생활을 지향).

ㅇ 회의 체계

- 공간 운영 회의 : 구성원 모두가 참여하는 의사결정기구
- 층별 운영 회의 : 주1회 정기 모임 운영, 조율 기능 수행
- 정기 열린 회의 : 매주 1일 회의(레지던시 작가와 외부 작가 모두에게 열린 회의로, 작가의 작품 프로젝트나 행사 등을 알릴 수 있으며, 공간 사용에 대한 의견을 개진할 수 있다)

표 5. 목동 예술인회관 공간 운영 프로그램
출처 : 오아시스 프로젝트, 『점거메뉴얼북 Art of Squat』, 72~5쪽.

술적인 실천이며 이것 역시 스쾃 일반이 공유하는 속성으로 볼 수 있다.

요컨대 예술인회관 공간 운영 프로그램이 지향하는 바는 새로운 예술뿐 아니라 삶의 형태를 실험하는 자율적 공동체로 요약할 수 있다. 이러한 계획은 단지 구상에만 그쳤던 것은 아니다. 예술인회관에서 실제 공간 운영은 이루어지지 못했지만 예술인회관 점거 전까지 세 차례 진행된 게릴라 아트 페스티벌과 홍대 앞 거리에서 진행된 예술포장마차는 분명 "예술가와 지역사회의 교류와 소통"을 염두에 둔 실천이었다. 또한 예술인회관 공간 운영 프로그램은 이후 동숭동 프로젝트 720(이하 720)에서도 일부 실현되었다.

나. 예술포장마차와 720

2005년 2월부터 6개월간 진행된 예술포장마차의 특이한 지점은 거리라는 공간을 선택했다는 점이다.

거리나 광장이나 공원은 모두가 사용할 수 있는 곳이고 또 그냥 예술이 아닌 방식으로는 일반 포장마차들도 … 거리를 점유하고 있잖아. 그러면 우리도 할 수 있겠다, 하면 좋겠다, 그런 생각이 있었고. 그런 생각 안에 뭐가 있었냐면 … 거리는 모두의 것이니까 쓸 수 있다, 라는 얘기를 하고 싶었던 게 있었죠.[40]

거리를 모두의 것으로 사용한다는 생각, 그리고 실제로 홍대 앞 거리에서 포장마차를 통해서 이뤄진 다양한 예술 활동은 공공공간에 공통의 영역을 구축하고 확장하는 실천이었다. 공공 공간은 흔히 공유지의 한 형태로 이야기되곤 하지만 그것은 국가의 강한 통제하에 있다는 점에서 공통공간과 다르다.[41] 데 안젤리스는 도시 설계를 "축적 과정과 이윤 동기에 적합한 형태와 패턴으로 인간과 사회적 행동을 종획하려는 중요한 시도"라고 이해한다. 한 예로서 팔걸이나 돌출된 표면이 '종획한' 공공 벤치는 현대의 부랑자들, 노숙인들이 누워서 쉴 수 없도록 만들고, 앉아서 쉴 때조차 "'올바르고' '용인되는' 사회적 행동을 강화하는 사회공

---

40. 예술가 B(랩39) 인터뷰.

41. 이와사부로 코소는 대표적인 공공공간인 공원에 대해 이렇게 썼다. "내 인상에 센트럴파크는 부유층의 조깅장, 혹은 관광객용의 산책로라는 뉘앙스가 강하다. … 아무튼 의미작용으로서의 센트럴파크가 도시적인 문맥에서 표상하는 것은 바로 '자연' 그 자체이다. 이 '자연의 박제' 혹은 '만들어진 자연'의 주요한 정치적 기능은, 공원이 존재하기 전에 그곳에 거주했던 사람들의 역사와 함께 공원을 만드는 데 동원된 기술과 노동을 은폐하는 것이다. 레이몬드 윌리엄스가 영국식 정원의 기원에 대해서 말하였듯이, 그것은 '종획'에서 파생된 귀족용 전원풍경이며, 생산에 관련된 사실이 소실된 회화나 시에 가깝다. 요컨대 그것은 농민사회가 양성해 온 '공유지 혹은 공통의 영역'과는 관계가 없다"(이와사부로 코소, 『유체도시를 구축하라』, 서울리다리티 옮김, 갈무리, 2012, 61쪽. 강조는 인용자의 것). 레이몬드 윌리엄스에 따르면 본래 사냥을 위해 종획으로 만들어진 삼림지대인 공원은 10세기부터 영국에서 나타났다. 16세기에는 새로운 궁전 신축과 관련하여 그 숫자가 급격히 증가했으며, 이것의 대부분은 마을 전체와 보리밭을 제거한 대가로 이루어졌다(레이먼드 윌리엄스, 『시골과 도시』, 이현석 옮김, 나남, 2013, 246쪽).

학의 도구"로 존재한다.[42] 이처럼 공공공간은 특정한 기획을 위해 '조성'된다. 그것은 우리에게 하나의 완성된 형태로 주어지며, 그와 함께 공공공간에 개입할 여지는 점점 줄어든다. 오아시스는 우리를 '위해서 만들어진' 거리를 우리에 '의해서 만들어지는' 공간으로 재구성하려 했다.[43] 거리가 이동 상태로 유지되는 공간이라면 거리를 가득 메운 상점들은 그곳에 상품 유통의 회로를 위한 홈파기를 시도한다. 거리에서 용인되는 '올바른' 행위는 이동하거나 상점에 들어가 상품을 사는 것이다. 예술포장마차는 그러한 거리에서 인디밴드의 공연, 다큐멘터리 상영, 퍼포먼스, 거리극, 전시, 시화전, 파티를 계속 진행하면서 다른 소용돌이를 생성시켰다. 그 소용돌이는 예술을 공유하면서 진행된 공공공간의 공통화 과정이었다.

예술포장마차가 끝나고 2005년 10월 3일 동숭동에 위치한 문예위 소유의 빈 공간을 점거하면서 720이 시작되었다. 이후 합법적으로 사용 허가를 받아 10월 10일부터 11월 9일까지 한 달 동안 진행된 이 프로젝트는 해당 공간을 "프로젝트룸"으로 명명했다. 이후 프로젝트룸에서는 다양한 프로젝트가 진행되었다. 전

---

42. 데 안젤리스, 『역사의 시작』, 281~2쪽.
43. "도시에서 점점 더 많은 공공공간이 우리에 의해서가 아니라 우리를 위해서 만들어지고 있다"(Don Mitchell, *The Right to the City*, Guilford, 2003, p. 18. 최병두, 「도시발전 전략에 있어 정체성 형성과 공적 공간의 구축에 관한 비판적 성찰」, 『한국지역지리학회지』, 제14권 제5호, 2008, 604~626쪽에서 재인용).

시, 퍼포먼스, 비디오 아트·다큐멘터리·독립 영화 상영, 인디 밴드 및 연극 공연, 세 차례의 토론회 등이 그것이다. 이를 통해 프로젝트룸은 전시장이자 세미나 장소로 공연장이자 잠자는 공간으로 또한 교류의 장으로 변신을 거듭했다. 이처럼 예술포장마차와 720은 예술인회관 점거 이후 실제로 다양한 예술 행사가 열리고 사람들이 교류하는 장으로서 기능했다는 점에서 비슷한 성격을 공유한다. 또한 두 사례는 공공영역 속에서 실현될 수 있는 공통화의 가능성을 보여 주었다는 점에서 중요하다. 우리는 예술의 공통화를 다루면서 이 지점을 다시 검토할 것이다.

또 하나 주목할 지점은 목동 예술인회관, 홍대 앞 거리, 문예위 소유의 빈 공간 외에도 오아시스를 진행하기 위한 토대로서 또 다른 공간의 공통화가 중요하게 기능했다는 점이다. 앞서 언급한 〈오아시스 프로젝트 일일 워크숍 — 불온한 점거〉가 열렸던 카페 〈시월〉은 2004년 봄 철거가 예정된 곳이었다. 그렇기 때문에 건물주는 해당 건물에 관심이 없었고 카페를 운영하기도 애매한 상황이었다. 전술 공통장은 언제나 그런 틈새를 찾아 든다. 본래 대안공간 겸 카페였던 그곳에는 미술가와 미술 관계자들이 자주 드나들었고 예술가 A는 처음 이곳에서 사람들을 만나면서 스쾃에 대한 이야기를 나누고 목동 예술인회관에 대한 정보도 접했다. 철거 전까지 그곳에서는 점거 워크숍과 퍼포먼스를 비롯한 여러 행사가 열렸다. 〈시월〉이 철거된 이후에는 쌈지 스튜디오가 또 다른 아지트가 되었다.[44] 예술가 A는 2004년 초 쌈지 스튜디오 입주 작가가 되었고 자신의 작업실과 쌈지 스튜디오에 있던 공연장을 활용했다.[45] 그곳은 8·15 점거 전까지 오아시스의 상황실이자 사랑방이었으며 숙소였다. 일반적으로 작업실은 매우 사적인 공간으로 운영된다. 레지던시 기관의 스튜디오라고 해도 그러한 사실에는 변함이 없다. 그러나 오아시스는 사적인 작업실을 구성원들 모두의 공간으로 공유했고 ─ 작업실 열쇠 자체가 공유되었다 ─ 이로써 그 자체가 하나의 공통공간으로 구성되었다. 이것은 오아시스라는 점거 프로젝트가 공통장을 '위한' 활동이라기보다 그것을 '통한' 과정이었음을 보여 준다. 스쾃-공통장은 점거함으로써 이후에 실현될 목표라기보다는 그 과정에서 이미 작동하는 원리였다.

---

44. 예술가 A의 "개인 창작실인 이곳은 스쾃을 원하는 사람들의 사랑방 구실을 하게 되었다. 예술가뿐 아니라 문화 활동가들, 변호사, 예술기획자, 아나키스트, 양심적 병역 기피자, 단편영화 감독, 인디밴드, 만화가, 다큐멘터리 감독, 평화운동가 등이 속속 모여들었다. 정기적인 회의를 하자고 의견을 모으고 일주일에 한 번 열린 회의를 개최했다. 회의가 거듭될수록 '목동 예술인회관 스쾃'으로 논의가 모아졌다"(김강, 『삶과 예술의 실험실 스쾃』, 240~1쪽).

45. "그런 식으로 카페 시월과 쌈지 스튜디오가 굉장히 좋은 아지트 역할을 했고 결국 쌈지 스튜디오에서 점거 전 마지막 날까지 준비를 했던 거지. 2004년 8월 14일까지 모든 걸 거기서 준비를 했어요. 그러니까 쌈지 그 공간을 잘 활용했고 그래서 주요 회의는 쌈지 스튜디오에서 했고, 그리고 토론 같은 것도 했었는데 그건 쌈지가 공연장이 있었어요. 그 공연장을 빌려서 했지. 그때 한 100명 가까이 모일 정도로 뜨거웠어요. 그때가 6, 7월 정도. 2004년 6, 7월 정도"(예술가 A(랩39, 전(前) 서울시창작공간추진단장) 인터뷰).

다. 담론 공간의 창출

빈 공간의 공통화는 오아시스에 참여한 예술가들에게 작업을 위한 기반을 제공했고, 지역 주민들에게는 예술 참여의 기회를 제공했다. 그러나 그것은 오래 지속되지 못했다. 그들의 공통재화는 매우 불안정하고 일시적이었다. 예술인회관에서는 점거 당일 쫓겨났고 예술포장마차는 6개월, 동숭동 점거는 한 달이 고작이었다. 이러한 일시적인 사건이 어떤 의미를 지닐 수 있을까?

이들의 점거는 일시적이었지만 그것이 어떤 한계만을 뜻하는 것은 아니다. 네그리와 하트는 2011년의 전지구적 투쟁 순환을 다룬 글에서 이 운동들이 새로운 사회를 위한 기반을 준비하고 있었다고 말한다. 즉 광장을 점거한 그 운동들이 실험적인 정치적 실천을 하면서 새로운 주체성을 창출하고 있으며, "새로운 사회를 어떻게 창조할 것인가, 그리고 그 사회에서 어떻게 살 것인가에 관한 매뉴얼을 쓰고 있"었다는 것이다.[46]

오아시스의 활동은 이와 비슷한 지점을 공유한다. 예술인회관 점거가 회관 건립의 문제를 드러내고 스쾃을 알리는 퍼포먼스였다면 예술포장마차와 동숭동 점거는 예술가, 문화 활동가, 연구자 등 다양한 이들이 함께 삶과 예술의 문제를 떠들고 발표하는 장이었다. 이를 통해 그들은 새로운 삶과 예술을 실험하면서 도시 공통장을 생산하는 하나의 경로를 제시했다. 앞서 말한 것

---

46. 네그리·하트, 『선언』, 161~2쪽.

처럼 라인보우는 공통화가 노동 과정에 내포되어 있다고 말했다. '이 땅을 어떻게 경작할까?'라는 물음에서 공통화를 시작하는 소작인들처럼 오아시스는 '작업실을 어떻게 마련할까?'라는 질문에서 출발했다. 이들이 모색한 방안은 스쾃이었고 그 점거 과정 속에 공통화는 심겨 있었다. 이를 통해 그들은 새로운 예술 공간을, 뿐만 아니라 자본주의적 도시에서 자율적 삶의 가능성에 관한 매뉴얼[47]을 쓰고 있었다고 말할 수 있을 것이다. 그것은 우연하게 발생한 일시적인 틈새를 공통화하는 것으로 나타났다.

새로운 삶의 실험은 빈 공간에서의 활동으로 끝나지 않았다. 오아시스가 생산한 공통재화는 빈 공간만이 아니었다. 예술인회관 점거 당시 오아시스 참여 예술가들은 기자들과 함께 건물에 진입했고 건물 밖에서는 입주 행사를 개최하며 자신들의 주장을 알리고자 노력했다. 이러한 점으로 볼 때 삶과 예술의 실험뿐 아니라 점거와 관련된 담론을 널리 확산하는 것 또한 중요한 문제였다. 그리고 이러한 측면에서 이들의 기획은 어느 정도 성공을 거두었고 도시에서 빈 공간이 가진 모순과 가능성, 스쾃의 사회적 의미, 예술가들의 사회적 권리 등을 중심으로 펼쳐지는 담론의 장을 열었다.[48] 이것은 프로젝트를 통해 새롭게 창출된 담

---

47. 이들은 비유적인 의미에서뿐 아니라 실제로도 매뉴얼을 썼다. 오아시스 프로젝트를 해산한 뒤 이들이 낸 책의 제목은 『점거메뉴얼북 Art of Squat』이다. 이 책은 실제로 스쾃을 위한 프로세스와 법적 문제에 대한 조언 등을 담고 있다.

론 공간이었으며 이들은 그 공간에 기대어 후속 프로젝트를 이어갈 수 있었다. 실제로 이들은 목동 예술인회관을 점거한 이후 주요 참가자 3명이 벌금형을 받긴 했지만 스쾃의 명분을 사회적으로 인정받는 데 성공했고, 이것은 이후 거리 공간을 점유하고(예술포장마차), 문예위 공간의 사용권을 확보(동숭동 점거)할 수 있는 기반이 되었다. 요컨대 오아시스는 물리적인 빈 공간을 안정적으로 확보하진 못했지만 스쾃을 둘러싼 담론 공간을 생성했고 그에 대한 권리, 공통권을 일부 인정받았다. 이 담론 공간은 무엇보다 작업실의 필요라는 개인의 문제들을 연결하여 공통의 문제로 제기하는 공간이라는 점에서, 그러한 문제 제기에 따른 권리 인정이 구성원 모두의 편익을 증진시킬 수 있다는 점에서 그리고 이후 실제 빈 공간 사용권을 확보하는 기반이 되었다는 점에서 프로젝트 진행 과정에서 새롭게 생겨난 공통재로 볼 수 있다.[49]

---

48. 여기에는 미디어의 역할이 컸다. 오아시스가 결성되기 전부터 몇몇 언론은 예술인회관 문제를 보도하고 있었다(SBS 8시 뉴스, 「예술인 회관 공사는 '복마전'」, 〈SBS 뉴스〉, 2003년 10월 30일 수정, 2024년 2월 1일 접속, https://news.sbs.co.kr/news/endPage.do?news_id=N0311497536 ; 시사매거진 2580, 「흉물로 변한 예총회관」, 462회, 〈MBC〉, 2003년 11월 30일 수정, 2024년 2월 1일 접속, https://www.imbc.com/cms/CUCNT190/TV0000000038556.html 등). 오아시스는 이러한 언론의 관심을 잘 알고 있었고 자신들의 진행 과정을 언론과 적극적으로 공유했다. 이것은 자신들의 주장을 사회적으로 공론화함과 동시에 프로젝트 참여자에게 가해질 수 있는 법적 처벌로부터 이들을 보호하기 위한 것이기도 했다.

49. 이러한 작업실 담론은 이후 제도화되어 예술가들을 위한 창작 공간 지원사업 형태로 나타나게 된다.

이 담론 공간의 창출은 프로젝트 초기부터 면밀하게 준비한 기획의 결과였다. 오아시스가 채택한 스쾃이라는 전술은 어쨌든 사적 소유권을 위반하는 불법 행위로 간주되기 때문에 그 취지와 명분이 사회적으로 인정받지 못한다면 프로젝트의 성공은 물론 참여자들의 안전 또한 보장받을 수 없었다.[50] 때문에 미디어와의 협력뿐 아니라 스쾃의 의의를 논의하는 좌담회, 토론회 등도 오아시스의 주요 사업으로 함께 진행되었다. 이것은 담론 공간을 창출할 뿐 아니라 함께할 사람들을 모을 수 있는 계기로도 작용했고 이를 통해 담론 공간은 확대재생산되었다. 이렇게 만들어진 담론 공간은 프로젝트가 진행되는 동안 그것을 계속해서 뒷받침한 기반이 되었고 이에 기초하여 물리적 공간의 점거가 진행될 수 있었다. 즉 오아시스는 물질 공간과 비물질 담론 공간이라는 두 가지 공통 공간을 창출했으며, 이 두 가지는 서로를 보완하고 지탱하는 성격을 갖는다.

---

50. "미디어 전략을 세운 이유는 예술적 이유와 현실적 이유가 있었어요. 현실적 이유가 좀 더 컸고…이런 것을 사회나 예술가들에게 제안을 했고 거기에 자발적으로 참여했잖아요. 그런데 어쨌든 이게 법이랑 같이 가는 문제라서 약간의 책임감 같은 것이 있었어요. 이 사람들을 법으로부터 최소한은 지켜줘야겠다…이런 상황을 보호받기 위해서는 어떤 식으로든지 미디어에서 많이 이야기가 된다면 예총에서도 우리를 함부로 하지 못할 것이다, 그런 생각이 있었어요. … 일단 스쾃은 현행법상 불법성을 지니고 있기 때문에, 이런 일은 다수의 사람들이 지지를 보내는 것이 굉장히 중요해요. 좋아해 주는 것. 공간이나 그 일을 시작한 사람들을 보호해 줄 수 있는 일종의 보호막 같은 것"(오아시스 참여자 인터뷰, 김동일·양정애, 「상징투쟁자로서의 예술가」, 236쪽에서 인용).

예술의 공통화

가. 예술 개념의 공통화

오아시스는 분양 광고를 통해 사람들을 모집했고 이들이 함께 점거하여 공통재화를 창출했다. 분양 광고 이전에 이미 오아시스는 결성된 상태였고 또한 일일 워크숍(카페 시월 점거) 등을 진행하며 예술가들이 결합했지만 분양 광고는 프로젝트의 취지를 널리 알리고 함께할 사람들을 공개적으로 모집했다는 점에서 오아시스의 중요한 분기점을 이룬다. 먼저 분양 광고의 내용을 살펴보자.

지상 20층 지하 5층의 꿈의 예술공간!!! 예술인회관 1차 임대, 분양안내 / 소재지 : 서울시 양천구 목동 923-6 예술인회관 / 신청 자격 : 전 장르의 국내외 예술가, 거주할 공간이 필요한 사람 / 1차 분양신청서 접수 : 2004년 6월 18일 금요일부터 7월 15일 목요일까지 / 사업자 설명회 : 2004년 7월 12일 수요일 오후 2시 오아시스 본부(쌈지스튜디오 401호) / 모델 하우스 방문 : 2004년 7월 17일 토요일 오후 2시 예술인회관 집결 / 입주 예정일 : 2004년 8월 15일 일요일(입주를 위한 페스티벌과 입주식) / 평형 : 10, 20평형(작업유형에 따라 연동됨) / 임대 및 분양가 : 품앗이 2회~3회(신청서 접수, 사업자설명회 참석, 모델하우스 방문이 필수 품앗이 사항입니다.) / 건물상태 : 건축율 53% 공정에 외관 매우 견고, 칸막이가 없으므로 칸막이 작업 필요함 / 해당 평형 작업실 수 : 약

여기서 눈에 띄는 것은 우선 신청 자격이다. 광고의 신청 자격에 따르면 "전 장르의 국내외 예술가", 즉 모든 예술가뿐 아니라 "거주할 공간이 필요한 사람"이 모두 참여할 수 있다. 이것은 오아시스가 예술가만이 아니라 공간이 필요한 누구나에게 열려 있었음을 보여 준다.[52] 다시 말하면 오아시스는 예술가들이 주도하는 집단이었지만 그들의 행위는 단순히 어떤 예술의 한 장르적 실천으로 환원될 수 없는 것이었다. 이것은 오아시스가 예술 영역뿐 아니라 다른 영역까지 아우른다기보다는 예술과 다른 영역의 구별을 넘어섰다고 보아야 할 것이다. 이것은 그들이 스쾃을 하나의 예술이라고 주장하며 미술관이나 갤러리 같은 제도적 환경에서 이루어지는 예술의 개념 자체를 뒤흔들고 확장시킴으로써 이루어졌다.

그들의 실천은 실제로 기존의 예술계를 뛰어넘어 진행되었는데 대표적인 사례로 노숙인 스쾃과의 연대를 들 수 있다. 〈더불어 사는집〉이라는 이름을 가진 그곳은 서울시가 보유한 빈 임대 주

---

51. 오아시스 프로젝트, 『점거메뉴얼북 Art of Squat』, 107~8쪽.
52. 실제로 오아시스에 참여한 이들은 아주 다양했다. 예술가들이 주를 이루긴 했지만 그들의 장르도 다양했고 이러한 장르 간 혼합은 예술계에서 흔한 일은 아니었다. 그 외에도 문화기획자, 비평가, 〈문화연대〉 활동가, 양심적 병역 거부 활동가, 변호사, 연구자, 심지어 해방신학 목사도 있었다.

택을 노숙인들이 점거하면서 생겨났다. 오아시스는 이 집단과도 교류를 형성하며 함께 행동했다.[53] 예술가들의 스쾃이 예술이라면 노숙인들의 스쾃도 예술이라고 부를 수 있을까? 네그리는 자연이 인간에 의해 변형된 것으로서만 존재하는 시대에 자연을 표현하는 예술이란 인간의 활동이라는 관점에서만 고찰될 수 있다고 말한다. 즉 예술은 "자연과 역사적 현실을 철저하게 변형시키는 능력으로서의 살아 있는 노동"이며 특이성을 발명하는 것이다.[54] 따라서 중요한 것은 스쾃을 통해 출현하는 삶의 양식이지 스쾃을 하는 주체의 직업이나 정체성이 아니다. 자본이 아닌 다른 것 되기, 즉 자기가치화하는 특이성으로서의 삶이라는 점에서 예술가의 스쾃과 노숙인의 스쾃은 별반 차이가 없다.

이처럼 예술가들의 스쾃만이 아니라 노숙인들의 스쾃 역시 우리가 예술이라고 부를 수 있다면 이때 예술은 단순히 어떤 특정한 행위들, 그러니까 그림을 그리고 조각을 만들고 사진을 찍거나 글을 쓰는 그러한 행위의 양태로 정의되는 것이 아니라 기존의 삶형태를 변형하는 것이라고 말해야 할 것이다. 그에 따라 예

---

53. 오아시스는 〈더불어사는집〉에서 진행한 '노숙인에 의한 노숙인을 위한 무료 급식'에 참여하기도 했고, 토론회(『노숙인들의 반란, 빈집점거』, 2005.4.16)를 함께 열기도 했다. 또한 민예총, 민주노동당 등을 연결하여 〈더불어사는집〉의 활동을 간접 지원하기도 했다. 〈더불어사는집〉에 대한 자세한 내용은 윤수종, 「노숙인 점거공동체 '더불어사는집'의 형성과 변화과정」, 『진보평론』, 2011년 겨울 제50호, 260~300쪽을 참고하라.

54. 안토니오 네그리, 『예술과 다중』, 심세광 옮김, 갈무리, 2010, 38~9쪽.

술은 기존의 삶, 자본에 종속된 삶에 대한 어떤 대안적 실천 모두를 뜻하게 된다. 이러한 예술 개념의 변형과 확장은 기존의 예술 자체를 공통화한다. 즉 예술을 특정한 전문적 기술을 가진 이들의 전유물이 아니라 다른 삶을 꿈꾸는 이라면 누구나 행위할 수 있는 공통의 것으로 바꾸는 것이다.[55] 이를 통해 오아시스는 특정한 전문적 집단에 갇힌 폐쇄적인 공동체가 아니라 누구나 참여할 수 있는 네트워크 형태로 열리게 된다.

나. 공적인 것의 새로운 사용법

예술포장마차는 2004년 한국문화예술위원회(이하 문예위) 다원예술지원행사로 선정되어 기금을 받았다.[56] 많은 예술가가 작업에 필요한 예산을 얻기 위해 기금을 신청한다. 예술포장마차가 기금을 신청할 때는 그러한 이유도 물론 있었을 것이다. 그러나 그게 전부라고 할 수 없는 중요한 다른 이유도 분명 있었다. 예

---

55. 이와 관련하여 예술가 A가 이야기하는 알터나씨옹의 경험은 흥미롭다. "내가 볼 때는 정규교육을 받은 사람은 [알터나씨옹에] 거의 없었던 것 같아요. 미술이나 음악 교육, 이런 정규 교육 받은 사람은 아닌 것 같아. 실력을 보나. … 그 알터나씨옹에서는 누구든지 뭘 하더라는 거예요. 뭔가를 하고 싶을 정도로 자극이 있는[자극을 주는] 거 같아요. '나도 뭘 해봐야지', 이런 식으로. 그러니까 [그건] 아주 숙련된 전공자들만 있는 게 아니었기 때문에 가능한 일이었지 않나 … '저 정도면 나도 하지 않을까?' 이런 정도의 아주 만만한 그런 거? 또 그런 황당한 시도들이 그냥 편하게 자행되는 그런 분위기였던 거 같아요. 그런 게 … '자유는 이런 건가?' 그런 생각까지 들었는데"(예술가 A[랩39, 전 서울시창작공간추진단장] 인터뷰).
56. 김강, 『삶과 예술의 실험실 스쾃』, 289~90쪽.

술포장마차 디렉터였던 예술가 B는 그 이유를 이렇게 설명한다.

예술포장마차는 문화예술진흥기금을 받았어. 그 이유가 뭐였냐면 이게 분명히 불법이고 새로운 게 들어오면 지역 주민이나 이런 사람들이 민원을 넣(을 거)고 경찰은 그걸 철거할 수 있는 명분이 생길 거잖아. 그냥 (기금) 없이 하면. 그래서 일부러 문예위에 기금을 받아서 이거는 일종의 나라의 지원을 받아서 하는 거다, 하는 형태들로 보호막을 씌우려고.[57]

기금의 용도는 '국가 지원'이라는 보호막을 불러내는 것에 그치지 않았다. 예술포장마차는 홍대에서 철수한 뒤 2006년 '예술포장마차 오아시스 전국 투어'라는 이름으로 약 두 달 동안 태백, 정선, 여수, 벌교, 매향리, 대추리, 주문진, 지리산에서 진행되었는데 이때 기금은 각 지역에서의 활동을 위해 공유되었다.[58] 특히 당시 미군기지 문제로 정부와 주민의 갈등이 극에 달했던 대추리에서 문예위의 '소외지역 찾아가는 예술' 행사를 위한 기금은 대추리 활동가들의 투쟁 기금으로 활용되었다.

대추리는 투쟁은 하고 있지만 예산은 없는 데잖아. 그런데 우리

---

57. 예술가 B(랩39) 인터뷰.
58. '예술포장마차 오아시스 전국 투어'는 2006년 문예위의 '소외지역 찾아가는 예술'에 선정되어 기금을 받았다.

는 예산을 받았잖아. 그러니까 우리 예산으로 뭐 공연 팀을 불러올 수도 있고 식사도… 포장마차니까 먹는 것도 같이 할 수 있고 무슨 잔치를 같이 할 수 있고 그렇게 활용을 한 거지. 공적 자산을 우리가 받아서, 그걸 공유 개념으로 보자면 그들한테 필요한 것들을 이제 (기금 예산 집행을 위한) 명분을 만들어서 쓴 거지.[59]

점거 공간의 철거를 막기 위해 '국가가 지원한 사업'이라는 타이틀을 활용하고, 공공기금을 공공 기관에 대한 투쟁 기금으로 변용한 것은 '공적인 것의 새로운 사용법'이었다.[60] 홍대의 예술포장마차가 그랬듯이 이것은 공공영역에서 공통화의 지평을 넓히고 공공성을 공통성으로 재전유하는 흐름이라는 점에서 중요하다. 데 안젤리스는 보건, 실업 급여, 교육, 연금처럼 지난 사회 운동의 결과로 만들어져 제도로 관행화된 일단의 권리들을 사회적 공통장으로 이해한다. 그 권리들은 물론 대상에 대한 통제를 수반하기도 하지만 "어느 정도는 상응하는 노동의 지출 없이 공공의 부에 대한 접근(즉 직접적인 접근)을 가능하게 만들기도 했다"는 점에서 그렇다는 것이다.[61] 그러므로 문예진흥기금을 포함한

---

59. 예술가 B(랩39) 인터뷰.
60. 조정환은 다중이 대의제를 아래로부터 사용한 사례를 "대의제의 새로운 사용법"으로 명명한 바 있다(조정환, 『절대민주주의』, 갈무리, 2017, 399쪽).
61. 데 안젤리스, 『역사의 시작』, 283쪽.

사회복지라는 공적 제도는 공통장의 성격을 일정 부문 지니고 있다. 그러나 그 관리와 집행이 국가기관의 것이라는 점에서, 그리고 그 기관이 공적인 것을 공격하는 신자유주의 정책의 집행자라는 점에서 그 제도의 한계는 뚜렷하다. 따라서 공공성에 내재한 공통성을 확장하는 것이 중요하며 오아시스는 그것을 위한 하나의 시도였다고 볼 수 있다.

네트워크의 공통화

공통재화와 상품을 구분 짓는 것은 그 재화의 사용과 관리, 생산과 재생산, 지속가능성 등을 통치하는 공동체의 유무다. 이처럼 공통재는 다수를 위한 사용가치이면서 그 재화를 관리하는 공동체를 필요로 한다. 공동체는 다양한 의미로 사용된다. 가장 일반적인 의미에서는 경계가 뚜렷한 특정 지역에 얽힌 사람들의 관계망을 가리키기도 하고, 자신의 소속, 출신 지역이나 학교, 취미 등을 공유하는 사람들의 집단을 가리키기도 한다. 여기서 공동체는 오아시스에 참여한 예술가와 활동가들의 네트워크를 가리킨다.

그 네트워크의 시작은 미약했다. 처음 카페 〈시월〉에서 스쾃에 대한 이야기를 나누던 사람들은 10여 명에 불과했고 대부분 예술가 A가 예전부터 알던 미술가들이었다. 그러나 발족 선언을 하고 공개 워크숍과 좌담회를 시작하면서 참가자들이 늘어나기 시작했다. 2004년 4월 29일 쌈지 스페이스에서 열린 '한국사회에서 예술점거 가능한가?'라는 제목의 좌담회에는 50여 명이 참석했고 분양 광고를 낸 뒤 입주 신청을 한 사람들의 숫자는 최종적으로 500여 명에 달했다. 오아시스는 회의나 행사가 있을 때마다 이들에게 메일을 보내고 홈페이지에 공고하는 방식으로 정보를 전달했다. 그러나 숫자만으로 네트워크의 성격을 짐작할 수는 없다.

오아시스가 진행되는 동안 가장 중요한 네트워크 작동 방식은 열린 회의였다. 예술가 B는 프랑스 스콰에서 경험했던 그 방식을 오아시스에서 실험했다. 8·15 점거 전까지는 쌈지 작업실이, 예술포장마차 시기에는 포장마차가 회의 장소가 되었다. 진행 방식은 아주 간단하다. 정해진 날짜(가령 매주 목요일 저녁 7시)에 회의를 정기적으로 열고 관심 있는 사람은 누구나 참석해서 의견을 개진하며 그 자리에 모인 사람들이 함께 결정한다.[62] 이 회의는 오아시스를 이끌어 가는 가장 중요한 작동 원리였고, 때문에

---

62. "격주 목요일 저녁 8시에 오아시스 열린 회의를 개최하기로 하였습니다. 오아시스 열린 회의는 누구나 참여해서, 제안하는 사항을 이야기할 수 있습니다. 또한, 전시회나 콘서트 등 자신이 진행하는 일에 대한 홍보 등도 가능합니다"(「10월 28일 열린 회의 보고」, 오아시스 프로젝트 싸이클럽, oasis.cyworld. com, 2004.10.31).
"매주 수요일 밤 9시에는 예술 포장마차_오아시스에서 누구나 참여해서 시끌벅적 계획하고 있는 사건을 제안하고 공유하고 한'마디 두 마디 여러 마디 나눌 수 있는 '열린 회의'가 있습니다. 누구든 놀러오셈!!"(「매주 수요일 밤 9시 예술 포장마차 '열린 회의'에 참석해주세요」, 예술포장마차 오아시스 싸이클럽, club.cyworld.com/oasiswagon, 2005.04.12).

오아시스의 네트워크는 경계가 명확하지 않았다. 물론 핵심 그룹은 있었지만 열린 회의는 개방되어 있었기 때문에 참석하는 사람들은 정해져 있지 않았고 변화를 거듭했다.

거기(예술포장마차)서 만들어진 것 중에 내가 인상적이었던 게 베트남 이주노동자들을 후원하거나 그들과 함께하는 액티비스트(활동가)들이 있었거든? 그 사람들이 거기서 행사를 하고 싶다고 그래서 그것도 진행하고. 거기서 제안되는 것들은 주체가, 하고 싶은 사람이 준비만 되면 요일마담(요일별 프로그래머)들이랑 얘기해서 그게 (진행)되든, 아니면 거기에 또 사람들이 막 붙어 가지고 더 풍부해지든 그런 방식이었지.[63]

열린 회의는 위계적인 조직 구조에서는 불가능하다. 참여자들이 수평적인 관계를 이룰 때라야 작동할 수 있기 때문이다. 그에 따라 예술포장마차의 경우 그 운영 형태에서 수평적인 관계를 담보하고자 했다.

프랑스에서 경험했던 스쾃의 형태들을 좀 실험하고 싶었던 게 있었는데 그중의 하나가 뭐였냐면 형식적인 부분에 있어서는⋯스쾃은 역할 조직이거든. 수직 조직이 아니라 수평적인. 그래서 각

---

63. 예술가 B(랩39) 인터뷰.

각의 역할들을 그 역할에 있는 사람이 책임질 수 있는….[64]

예술포장마차의 요일별 프로그래머는 스콰의 수평적인 역할 조직을 본뜬 것이었다. 일반적으로 대부분의 예술 공간은 많은 조직들이 그렇듯이 디렉터를 정점으로 한 수직적 구조로 운영된다. 예술포장마차에도 디렉터와 프로그래머는 정해져 있었지만 그것은 문예위 기금을 신청하기 위한 서류상의 직함이었을 뿐 실제로는 열린 회의의 일원일 뿐이었다.

참석자들의 다양성에도 불구하고 오아시스의 네트워크를 범주화하는 것은 가능하다. 크게 두 그룹이 있었다. 첫 번째는 시각, 무용, 연극, 음악, 기획, 비평 등의 예술가 그룹이고, 두 번째는 활동가 그룹으로 〈문화연대〉, 양심적 병역거부 활동가 등이 있었다. 예술가 A와 예술가 B는 이 두 그룹 사이에 어느 정도의 입장 차이가 있었다고 전한다.

(문화연대는) 예술가들을 지원하는 그런 개념? 그런 개념을 느꼈고 이거를 운동적으로 풀려고 한다, 이런 느낌을 받았어요. 그러니까 캠페인성으로 이해가 되더라고요. … 이○○(문화연대 활동가)가 이렇게 이야기를 하거나 제안을 했을 때, 어떤 그런 캠페인 방향으로 해서 사회운동? 이런 쪽에 핀을 맞추고 있었

64. 예술가 B(랩39) 인터뷰.

다는 생각인데 나부터도 그거보다는 공간에 대한 절박함이 있었어요. 그건 좀 다른 거 같아. 정말 공간이 필요한데 문화연대는 정말 공간이 필요한 사람들은 아닌 거지. … 물론 나나 (예술가 B)는 공간 소유를 부정한다든지 이런 거를 전제로 이야기했는데, 공간 소유를 부정하기 위해서 이 스쾃을 했다기보다는 오히려 그 공간을 공통재라고 한다면, 모두가 같이 쓸 수 있는 주인 없는 그 공간을, 젊은 친구들하고 같이 쓰고 싶었던 게 원래의 목적이죠. 그거하고 문화연대는 좀 차이가 있었던 거 같아요.[65]

즉 〈문화연대〉가 주축이 된 활동가 그룹이 목동 예술인회관 건립 문제, 예총의 비리 등을 고발하는 데 더 집중했다면 예술가 그룹은 실제 공간을 사용하는 데 더 관심이 있었다. 그러나 이러한 입장의 차이가 갈등의 요소는 아니었다. 목동 예술인회관을 점거한 이상 그 건물을 둘러싼 예총의 비리, 문화부의 감독 소홀 등은 빼놓을 수 없는 문제였기 때문이다. 오히려 그러한 문제점들과 그에 대한 비판은 스쾃의 명분을 더 높여 주었고 따라서 두 그룹은 상호보완 관계에 있었다고 볼 수 있다.[66]

---

65. 예술가 A(랩39, 전(前) 서울시창작공간추진단장) 인터뷰.
66. 또한 〈문화연대〉가 가진 네트워크와 실행력은 프로젝트를 진행하는 데 큰 역할을 했다. 예술인회관 점거 이전에 열린 게릴라 페스티벌을 비롯하여 주요한 기획들을 〈문화연대〉 활동가들이 맡았고 그들의 기존 네트워크는 오아시

액티비스트 그룹들은 이게 비리고, 돈을 얼마 썼고, 이런 것들을 까발리고 하는 쪽에 좀 더 관심이 많았고 우리는 그것에도 당연히 관심이 있었지만 우리는 예술가들의 창작권이라든지 혹은 공간은 사용자의 것이다, 라는 얘기를 더 했지. 그런데 이 두 개가 갈등 관계라기보다 하나의 공간과 하나의 사안을 놓고 보족적인 관계라고 해야 하나? 서로 보충되는? 왜냐면 그냥 우리가 사용만 하겠다, 라고 했다면 이 정도의 반향은 안 나왔을 거고⋯이게 비리로 만들어진 거다, 라고 하는 건 사실 그전에도 피디수첩 이런데도 나왔지만 특별한 반향은 없었거든. 그런데 그 두 가지가 만나서 두 가지가 동시에 알려지게 되는, 내가 봤을 때는 시너지이지 않았나?[67]

이렇게 활동가 그룹과 예술가 그룹의 구별되는 입장은 스쾃의 두 성격, 저항과 구성에 상응한다. 전자가 국가 권력, 문화 권력에 대한 저항에 초점을 맞추고 그들의 변화를 촉구하는 데 주력했다면 후자는 빈 공간의 재구성, 창조에 중점을 두고 새로운 삶 형태를 스스로 만들어 가는 데 주력했다. 그러나 그 두 가지가 모두 예술인회관 스쾃에 꼭 필요한 요소였다는 것은 저항과 구성이 스쾃의 중요한 두 계기임을 예증하는 것이다.

스와 결합되어 오아시스의 활동을 더욱 풍부하게 만들었다.
67. 예술가 B(랩39) 인터뷰.

〈문화연대〉 활동가들의 결합은 오아시스에서 큰 비중을 차지
했지만 그들이 네트워크의 전부는 아니었다. 열린 회의를 통해 다
양한 욕망을 가진 이들이 네트워크의 마디로 연결되었고 그 마디
들은 또 다른 네트워크의 통로가 되면서 오아시스의 네트워크는
자가증식하는 형태로 확장되었다. 그 네트워크는 일사불란하게
움직이기보다는 각자의 관심사에 따라 새로운 고리로 연결되면
서 작동하는 형태를 띠었다. 그러므로 그 네트워크는 그곳에 접
속하는 이들에게 어떤 가능성의 무대로 열려 있었다. 작업할 공
간이 필요했던 이들뿐 아니라 이주 노동자 문제를 더 알리고 싶
었던 활동가들, 공연 장소와 관객이 필요했던 음악가들, 점거할
빈집이 필요했던 노숙인들이 네트워크에 연결되어 도움을 얻거나
함께 행동했다. 그러한 점에서 오아시스의 네트워크는 스쾃의 주
체이면서 네트워크에 접속한 이들에게 공통의 부로 기능했다. 이
네트워크는 비록 부침은 있었지만 3년이 넘는 기간 동안 오아시
스를 계속 유지시켜 나가는 힘이었다.

문래예술공단

오아시스 프로젝트를 주도했던 예술가 그룹 중 일부는 2007
년 7월 문래동에 프로젝트 스페이스 LAB39(이하 랩39)를 열었
다. 랩39가 만들어진 시기는 문래동이 외부에 알려지며 본격적
으로 작업실이 늘어나던 시기와 겹친다. 랩39는 당시 문래동에서
가장 활발하게 활동한 그룹 중 하나였고, 거의 유일하게 외부에

공개된 예술 공간이었다.[68] 당시만 해도 문래동의 예술 공간은 개인 작업실이 대부분이었고 예술가들 간의, 혹은 외부와의 교류가 이루어지는 열린 공간은 거의 없었다. 그렇기 때문에 개인 작업실이 아니라 다양한 프로젝트에 열려 있던 랩39는 문래동 초기 내부 커뮤니티 활성화에 크게 기여했고, 랩39 그룹이 만든 연구소는 문래동을 연구하며 지역의 활동과 실태를 알리려고 노력했다. 여기서는 랩39의 활동을 중심으로 문래동의 공통화 과정을 살펴본다.

공간의 공통화

프로젝트 스페이스 LAB39는 명칭 그대로 다양한 프로젝트를 진행하는 공간이었다. 문래동3가의 철재상가 건물 3층에 있던 랩39에서는 2007년부터 2013년까지 전시, 공연, 파티, 토론회, 반상회, 포럼, 간담회, 학교, 강연, 카페, 부엌, 도서관 등 다양한 프로젝트가 진행되었다. 이 프로젝트에는 랩39 집단 외에도 문래동 내외부의 다양한 예술가와 활동가, 기획자, 학생, 연구자 등이 참여하였으며 이를 통해 랩39는 단지 구성원들만의 공간이 아닌, 그들과 연결된 네트워크의 공통공간으로 이용되었다. 랩39는 다른 작업실과 달리 늘 열려 있는 공간이었기 때문에 많은 사람이

---

68. 이 책에서 랩39는 문래동3가 54-39번지에 있던 공간과 그 공간을 운영한 집단을 동시에 가리킨다.

수시로 드나들었고 그렇게 만난 이들이 함께 어울리는 과정에서 또 다른 프로젝트가 계속 생성되었다. 이 때문에 랩39는 세밀하게 짜인 기획보다는 사람들과의 마주침을 통해 생겨나는 아이디어들을 따라 유동적으로 운영되었다. 이것은 랩39가 외부에 열려있고 물리적으로도 비어 있었기 때문에 가능한 일이었다. 그렇다면 랩39의 주요 프로젝트를 통해 공간의 공통화가 이루어지는 과정을 살펴보자.

가. 〈옥상 미술관 프로젝트 ― 도시는 우리의 것이다〉

'도시는 우리의 것이다'라는 주제로 진행된 옥상 미술관 프로젝트는 랩39가 있던 건물 옥상에서 2009년 4월부터 11월까지 약 7개월간 진행되었다. 그러나 사실상 옥상 미술관 프로젝트는 랩39가 해당 건물에 입주한 2007년부터 시작되었다고 보아도 무방하다. 랩39가 있던 철재상가 건물은 1970년대에 조성되어 철재상에 분양된 지하 1층, 지상 3층의 건물로 1층에는 철재상이 있고 2, 3층은 관련 업종의 사무실이 있었다. 1990년대 초반 2, 3층에 있던 사무실이 이전하면서 옥상에 쓰레기를 버리고 갔고 그 이후 옥상은 온갖 쓰레기로 가득 차 발 디딜 틈조차 없었다.[69] 옥상 미술관 프로젝트는 이 쓰레기들을 치우고 재활용하는 것에서 시작했다.

---

69. 당시 문래동 철재상가 대부분의 옥상이 비슷한 상태였다.

이 쓰레기는 해로운 공통재, 주류 경제학에서는 "부정적 외부성"으로 정의하는 것이다. 마리아 미즈는 쓰레기를 "부정적 공통재"로 간주한다. 그에 따르면 산업 사회에서 공통장을 재창조하는 것은 자기 지역 내에서 자신들의 쓰레기에 책임감을 갖는 공동체에서 시작할 수 있다.[70] 쓰레기란 시장을 위해 생산하고 시장에서 자신의 필요를 충족하는 자본주의 사회의 부산물이며 쓰레기를 다른 어딘가로 버리는 일은 부정의할 뿐 아니라 지속불가능한 일이다. 따라서 쓰레기에 책임감을 갖는 것은 소비 패턴뿐 아니라 생산 패턴의 변화까지 필요로 하는 일이다. 이를 통해 지역에 대한 공통의 책임감이 형성되며 나아가 공통장의 구축으로 이어진다는 것이다. 옥상 미술관 프로젝트는 이 쓰레기를 조형물로 재활용하고 쓰레기장이던 옥상을 새로운 미술관으로 전환함으로써 부정적 공통재를 새로운 공통재로 재구성했다고 볼 수 있다.

이 프로젝트는 동네에 당면한 재개발 계획과도 무관하지 않았다. 낡은 건물 옥상에 가득 찬 쓰레기는 쇠퇴해 가는 낡은 동네라는 이미지를 재현했고 새로운 것들로 대체해야 한다는 논리를 뒷받침하는 듯 보였기 때문이다.

문래동의 경우 노후된 철재상가 건물의 옥상은 재개발을 예정

---

70. 미즈·벤홀트-톰젠, 『자급의 삶은 가능한가』, 272, 291쪽.

해 두고 있다는 것을 시각적으로 증명이라도 하려는 듯이 온갖 쓰레기들로 채워져 있다. … 조망자들에게는 이곳이 '재개발되어 져야만' 하는 지역으로 인식될 수도 있겠으나, 우리는 이곳이 이미 쇠퇴하여 죽어있는 지역이 아니라 언제나 무언가가 생성되고 창조되는 살아있는 지역이라는 것을 '시각적'으로 혹은 프로그램적으로 제시하고자 하는 것이다. 이는 도시의 재개발이 그 지역의 거주민/근무인의 요구를 핑계로 자본축적의 도구로 기능하는 것에 대한 반대의 의사를 우리식의 표현으로 대적하는 것이다. 우리에게 있어서 문래동의 옥상은 그저 죽어있는 옥상이 아니라 삶의 창조성을 실현하는 공간이자 그것을 발신하고 교류하는 공간으로서의 옥상인 것이다.[71]

위 인용문은 옥상 미술관 프로젝트 총기획자인 랩39의 예술가 B가 쓴 프로젝트 1차 세미나 발제문에서 가져온 것이다. 이 글은 재개발에 대한 대응이 옥상 미술관의 중요한 기획 의도 중 하나라는 걸 잘 보여 준다. 이처럼 외부로부터의 위협은 오히려 내부에서 새로운 실천을 이끌어내는 계기로 작용했다.

2007년 가을 랩39의 초청으로 문래동에 방문한 장 미셸 후비오[72]는 옥상의 쓰레기를 조형물로 바꾸는 작업 계획을 제안했고

---

71. 김강, 「문래동, 옥상, 그리고 예술」, 『옥상 미술관 프로젝트 〈도시는 우리의 것이다〉 자료집』, 2009.
72. Jean Michel Rubio. 프랑스의 스콰터이자 예술가. 프랑스의 툴루즈에 있는

이후 20여 일 동안 매일 랩39 옥상에서 그 작업을 진행했다. 그렇게 해서 11월 10일 〈소비의 탑〉Pagode de Consomation이라는 조형물이 완성되었고 옥상 파티가 열렸다. 쓰레기장이던 문래동의 옥상이 예술 제작과 발표의 공간이자 파티장으로, 교류의 장으로 변하는 첫 번째 순간이었다. 이후에도 포르투갈 철조 조각가 안나마노Anna Mano의 〈철로 만든 정원〉(2008)[73], 안해룡의 〈아이들아, 이것이 우리 학교다〉(2008)[74], SP38[75]의 벽보 작업, 삼겹살 파티, 문래동의 철공소 '사장님'이 예술가들을 대상으로 진행하는 용접 워크숍 등이 열렸다. 이들 전시 오프닝에는 어김없이 옥상에서 바비큐 파티와 공연이 열렸고 문래동 안팎의 예술가들, 철재상 '사장님들', 주민 등이 어울러 즐겼다. 옥상은 점점 다른 공간으로 재구성되고 있었다.

2009년부터 진행된 옥상 미술관 프로젝트에는 모두 7개의 팀 또는 개인이 참여했다. 이들이 진행한 7개의 작업은 매우 상이했는데, 문래동의 폐품을 재활용해 만든 〈로봇정원〉[76]이 있었

청사를 점거한 예술 공간 테르 블랑끄(Terre Blanque)의 디렉터이다.

73. 옥상에 남아 있던 나머지 쓰레기를 치우고 문래동 주변의 철을 모아 만든 작품이다.

74. 일본 아이치현의 도요하시 조선 초급학교를 옥상에 재현했다.

75. 프랑스와 독일을 오가며 작업하는 스콰터이자 예술가.

76. 문래동의 예술가 이소주, 박진휘, 카트린 바움게르트너가 작업했다. 본래 이 작업은 2008년 문래동 작가들이 모여서 진행한 공공미술 프로젝트의 일환으로 만들어져 경인로에 접한 건물의 외벽에 설치되었다. 당시 이 공공미술 프로젝트는 재개발의 위협을 느낀 예술가들이 문래동의 예술 활동을 적극적으로

고 문래동의 극명한 풍경의 대조(아파트와 철재상)를 개념화한 텍스트 작업 〈.../...〉도 있었으며 용산 참사 현장에서 수합한 도시가스 파이프 배관으로 만든 설치 작업 〈Ad Libitum〉도 있었다. 또한 〈SCEF : 번쩍이는 자전거〉라는 제목으로 지리산 산청의 대안기술센터에서 합숙하며 만든 자전거 발전기를 전시한 팀도 있었고 〈Art of the Invisibles〉이라는 제목으로 예술과 삶, 예술과 정치의 문제를 다룬 퍼포먼스를 진행한 동유럽 예술가들[77]도 있었으며 포스터를 만들어 주변에 나누어 주고 사람들을 초대하여 함께 음식을 만들고 나누어 먹는 집단 퍼포먼스 〈Made from city〉를 진행한 일본의 홈리스–예술가[78]도 있었다. 그리고 예술 활동의 기반으로 모색된 〈도시생태텃밭〉도 있었다. 이들의 작업은 매우 상이했음에도 불구하고 공통적인 성격을 갖고 있

외부에 알려 재개발을 저지하려는 의도를 강하게 갖고 있었다. 그중에서도 이 로봇은 건물 외벽의 절반을 채울 만큼 컸고 로봇 옆에는 '문래예술공단'이라는 안내판도 함께 달려 있었기에 문래동을 예술촌으로 상징하고 드러내는 역할을 했다. 그러나 얼마 후 건물주 중 한 명(해당 건물의 건물주는 모두 10명이었다)이 철거를 강력하게 요구했다. 사전에 모든 합의를 한 상황이었음에도 로봇은 철거되었고 2009년 랩39의 옥상에 로봇정원으로 재설치되었다. 로봇이 철거된 이후 그 자리에는 〈문래동 종합철재상가〉라는 거대한 간판이 설치되었다.

77. 동유럽의 에스토니아를 기반으로 활동하는 논그라타(NON GRATA)라는 이름의 다국적 퍼포먼스 예술가 네트워크.

78. 이치무라 미사코는 일본 요요기 공원의 노숙인 텐트촌에서 거주하며 '그림 모임', '여성 노숙인 모임_빵티파티' 등을 진행해 왔다. 그가 문래동에서 한 집단 퍼포먼스는 요요기 공원에서 진행하는 노상밥상을 그대로 옮겨온 것이다. 다음을 보라. 이치무라 미사코, 『저 여기에 있어요』, 신지영 옮김, 올벼, 2009.

었는데 그것은 이 작업들이 모두 도시의 저항을 재현하거나 모순을 드러내고(〈Ad Libitum〉, 〈.../...〉, 〈Art of the Invisibles〉), 대안적인 삶의 형태를 모색하고 도시를 재구성하는(〈로봇정원〉, 〈SCEF : 번쩍이는 자전거〉, 〈Made from city〉, 〈도시생태텃밭〉) 성격을 지녔다는 점이다. 즉 저항과 구성은 옥상 미술관 프로젝트의 작업들을 관통하는 키워드였다. 이것은 스스로 '다른 방식의 삶과 예술'을 질문하고 실험하는 공간이라 칭했던 랩39의 성격을 잘 드러낸다. 또한 이것은 오아시스의 문제의식을 잇는 키워드이기도 하다.

옥상 미술관 프로젝트의 중요한 의의 중 하나는 이 프로젝트를 통해 문래동의 내외부가 연결되었다는 점이다. 우선 이것은 참여자 구성에서 드러난다. 프로젝트는 랩39 구성원과 문래동 예술가 외에도, 환경단체 활동가, 동유럽 예술가 그룹, 일본의 홈리스-예술가 등 다양한 참여자들로 꾸려졌다. 이러한 다양성은 국경과 분야를 가로지르는 교류의 장을 열었다. 이들은 또한 자신의 작업을 통해 문래동과 랩39를 문래동의 외부, 즉 용산 참사 현장과 일본의 노숙인 텐트촌 그리고 지리산의 대안 기술 연구팀과 연결시켰다.[79] 이러한 연결을 통해 랩39의 네트워크는 더욱 확장되었고, 랩39와 옥상은 참여 작가들이 자신의 작업을 진행하

---

79. 옥상 미술관 프로젝트의 한 팀이 만든 자전거 발전기는 이후 용산 참사 현장에 있던 레아 미술관에 전달되기도 했다.

는 공통의 작업실이자 전시장이 되었다. 이렇게 여러 작업이 쓰레기를 대신하여 쌓여가면서 아무도 찾지 않던 옥상은 문래동 주말 거리를 채우는 아마추어 사진가들이 꼭 가야 하는 장소가 되었다.

프로젝트를 통해 연결되는 건 직접적인 참여자들만이 아니었다. 인디 밴드의 공연이나 독립영화가 상연되었던 오프닝 파티에는 많은 동네 예술가들과 주민, 철공소 노동자, 프로젝트 참가자의 지인 등이 서로 어울렸고 이러한 교류를 통해 문래동 내/외부를 가로지르는 네트워크는 더욱 확장되었다. 이로써 랩39와 옥상은 자본주의적 소비 공간과는 다른, 기존의 미술관이나 갤러리와도 다른 가치 실천을 수행하는 이들의 공간으로 공통화되기 시작했다.

옥상 공간의 공통화는 무엇보다 예술가들의 활동이 지닌 성격에서, 그 활동이 문래동과 관계 맺는 방식에서 기인한다. 쓰레기가 옥상을 뒤덮고 있었다는 것은 그곳이 버려진 공간이었음을 뜻한다. 옥상에 쓰레기를 버리고 떠나간 이들도, 옥상에 쓰레기를 이고 영업을 하고 있던 1층의 철재상도 옥상에 아무런 가치를 부여하지 않았다. 그들은 옥상에 쓰레기를 버리면서 그 공간을 함께 버렸다. 이것은 그 공간이 그들의 삶에서 아무런 필요를 주지 않기 때문에 가능한 일이었다. 그들의 생산 활동은 옥상이 아니라 각자의 작업장에서 이루어졌고 그들의 재생산 활동은 문래동이 아니라 다른 어딘가에서, 다른 어딘가의 소비시설이나 집에서 이루어졌다. 그들에게 문래동은 생산을 위한 기능적인 공간일 뿐이었다. 그러나 예술가들에게 문래동이라는 공간은 다른 위상을 갖고 있었다. 하루의 대부분을 문래동에서 보내는 이들에게 문래동은 단순히 기능적인 공간에 그치지 않았다. 다시 말해서 문래동은 생산과 재생산이, 아니 그렇게 분리될 수 없는 삶의 활동들이 뒤섞여서 일어나는 무대였다. 또한 이들의 활동 공간은 자신의 작업실에 국한되지 않았다. 다른 곳 - 시장 - 을 위해 생산하는 기존 업체와는 달리 예술가들은 문래동 자체를 삶의 영역으로 삼았기 때문에 이들의 활동은 문래동의 모든 틈새로 스며들었다. 옥상도 예외는 아니었다. 이들은 옥상을 자신의 무대로 만들기 위해 쓰레기를 치우거나 재활용했고 이를 통해 부정적 공통재 - 쓰레기와 쓰레기로 뒤덮인 공간 - 는 작품으로, 미술관으로, 삶을 위한 공통재로 전환되었다.

이 과정에서 외부의 위협, 재개발이 하나의 계기로 작용했다는 점에 주목할 필요가 있다. 재개발은 특정 장소가 스스로 문제를 해결할 수 없다는 것을 전제로 한다. 그곳은 시설 낙후 등 다양한 문제로 생산이나 재생산을 하기에 더 이상 적합하지 않고, 그 문제를 내부에서 해결할 수 없기 때문에 외부의 개입이 필요하다는 것이다.[80] 이러한 관점에서 해당 공간은 대상화 과정을 겪

---

80. 물론 재개발이 지역 문제의 해결만이 아니라 부동산 가치의 상승을 통한 개발 이윤 획득을 목적으로 한다는 것은 말할 필요도 없다.

는다. 재개발의 논리는 다양한 활동의 뒤얽힘으로 생겨나는 과정의 문제를 순수하게 물리적인 객체의 문제로 치환한다. 가령 옥상의 쓰레기는 해당 공간의 주체들에 의한 탈가치화 과정이 유발하는 문제지만 재개발의 논리에서는 버려진 사물들의 더미로만 인식된다. 따라서 그곳은 재개발을 통해 새로운 공간으로 재탄생되어야만 하는 것이다. 문제를 해결할 수 있는 것은 외부의 자신 — 재개발 주체 — 뿐이다. 옥상의 쓰레기가 실제로 재개발의 근거가 될 수 있는지와 무관하게 옥상 미술관 프로젝트는 재개발의 문제를 의식했고 그 대상화 과정에 개입하고자 했다. 이를 위해 그들은 네트워크를 생성하고 확장했으며, 이는 공간의 공통화를 이루는 기반이 되었다.

나. LAB39R과 공용공간

LAB39R(이하 랩39R)은 랩39가 운영했던 레지던시다. 랩39의 구성원들은 문래동에 공간을 구한 이후 문래동에 대한 연구를 진행하면서 〈예술과 도시사회연구소〉를 만들었는데, 이곳은 랩39 근처의 다른 철재상가 건물에 있었다. 10평이 채 안 되는 공간 한쪽에는 책상과 테이블이 있었고 다른 한쪽에는 2층 침대 2개가 있었다. 레지던시는 이 침대를 공유하면서 시작되었다.[81]

---

81. 2009년 여름 랩39R에서 10일간 머무른 한 고등학생의 글은 레지던시 내부 풍경을 잘 묘사하고 있다. "예술 공단 내에서 내가 묵고 있는 숙소는 예술과 도시사회 연구소. 그러나 사실, 이곳은 후지다. 낙후된 철공소 상가 이층 건물

소개 글에 따르면 "무료의 정신을 나누는" 이곳은 "참여자의 십시일반으로 운영되고 있으며, 침대 4개로 즐거운 일시적 공동체를 만들어 가고 있다. 한국을 비롯한 유럽 및 아시아의 예술가, 액티비스트(활동가)들이 LAB39R과 함께했다."[82] 불과 침대 네 개와 조그만 주방이 전부였지만 이곳은 랩39가 초대한 예술가들이 지낼 수 있는 기반이 되었다.

랩39R 이용에 별다른 규칙은 없었다. 외부 지원이나 서류 심

에 차린 사무실이다. 그 사무실 한 켠에 외국에서 오는 예술가들이나 예술 공단에 찾아오는 손님들을 위한 연대의 침대가 마련되어 있다. 문래역 7번 출구에서 나와서 문래 사거리까지 쭉 걸어와서 철공소들이 늘어서 있는 좁은 거리를 따라 걸어오면 오래된 상가 건물이 있다. 그 건물의 더러운 계단을 올라와 이층 복도에 들어서면 사무실이 있다. 사무실 맞은편은 당구장이다. 화장실은 수세식인데 들어가면서 숨을 참게 되는 그런 곳이다. 어제는 변기에 똥이 묻어있었다. 내가 앉은 책상 밑에는 지네가 죽어있다. 나무로 만든 이층 침대는 잘 삐걱거리고 이불은 더럽다. 방충망은 찢어져서 발에는 모기가 문 자국이 수두룩하다. 샤워실은 없어서 위층에 사는 예술가의 집 샤워실을 이용해야 하는데 그곳도 수도에 연결한 호스에서 찬물만 조금씩 나온다. 찌그러진 맥주 캔을 비롯한 쓰레기와 잡동사니가 있다. 새벽까지도 철공소의 소음, 취객의 소리, 차 소리 등이 끊이질 않는다. 그와 동시에 이곳의 파랗게 칠해진 벽에는 프랑스의 스쾃에서 발행한 포스터, 'Free Tibet'을 외치는 포스터, 문래예술공단에 관한 신문 기사들, 전시회 정보와 사진 등이 붙어있고, 책꽂이에는 예술 관련 서적들과 논문 자료, 보고서 등이 꽂혀있다. 창문에는 빨간색 모직 커튼이 달려 있어서 빛이 들어오면 운치 있고 파랑, 노랑, 빨강으로 칠해진 벽 때문에 공간에서 생기가 느껴진다. 그리고 무엇보다 이곳에는 자본에 반대하고 몸의 편안함보다는 자신들의 신념과 가치를 추구하는 실천적인 삶을 사는 예술가들의 흔적이 배어있다. 그래서 나는 후진 이곳이 좋다"(문래동이야기 블로그, 2009년 7월 4일 수정, 2024년 2월 1일 접속, http://mullaestory.tistory.com/12?category=122238).

82. LAB39 홈페이지, squartist.org.

사 같은 것도 물론 없었다. 이 공간을 가장 많이 이용한 사람 중한 명인 일본의 독립 저널리스트 다케우치는 아무런 연락 없이 찾아와서 이용하기도 했다. 레지던시가 생긴 뒤 많은 예술가가 이곳을 거쳐 갔다. 랩39가 초대한 국내외 예술가들 외에도 개인적인이유로 잘 곳을 구하지 못한 사람들이 머물렀다. 숙소를 구할 돈이 없었던 한 시나리오 작가는 한 달 동안 지내기도 했고 학교에서 열흘간 주어지는 인턴십을 보내려고 문래동을 찾은 한 고등학생이 머무르기도 했다. 문래동 예술가들 역시 밤새 이야기가 이어질 때 이곳을 이용하기도 했다. 옥상 미술관 프로젝트에 참여했던 외국 예술가들, 논그라타와 이치무라 미사코도 프로젝트 기간동안 이곳을 이용했다.

랩39R은 예술가들의 일시적인 생활 기반[83]이 되었을 뿐 아니라 랩39가 다양한 이들과 만나는 통로가 되었다. 누구나 잘 곳은필요했기에 '함께 쓰는 침대'는 잠잘 곳을 구하는 이들과 랩39를연결했고 그렇게 찾은 이들은 다시 랩39의 활동을 풍부하게 만들어 주었다. 그렇게 랩39R은 사적 소유가 아닌 공통의 사용이지닌 잠재성을 보여 주었다. 네 개의 침대를 랩39의 구성원들만이용할 수 있는 폐쇄적인 형태로 운영했다면 아마도 랩39는 그렇게 많은 예술가와 만날 수 없었을 것이고 그들의 활동은 풍요롭

---

83. 랩39의 구성원 중 한 명은 이곳을 자신의 숙소로 삼았기 때문에 일시적인 것만도 아니었다.

지 못했을 것이다. 이렇게 필요에 기초한 공유는 많은 이들을 연결하는 고리가 되었다.

이러한 공유의 또 다른 사례로 공용공간이 있다. 공용공간은 전시, 토론회, 빨래방, 공용 샤워실 등의 용도를 갖춘 공간으로 문래동 예술가들은 누구나 사용할 수 있었다.[84] 이곳은 〈문래동 읽기 ─ 그날〉이라는 문래동 예술가들의 소모임이 함께 사용할 공간을 계획하면서 시작됐다. 경인로에 접한 한 건물의 지하에 있던 이 공간은 본래 주점이었으나 폐업한 뒤 쓰레기만 가득한 채 오랫동안 방치되어 있었다. 건물주는 방치된 공간을 쓴다면 임대료를 받지 않겠다고 했고 덕분에 예술가들은 자유롭게 사용할 수 있었다. 그들은 쓰레기를 치우고 재개발 지역에서 주워 온 가구와 폐목재를 재활용해 생활과 작업에 필요한 공간으로 재구성했다. 공간 한쪽 구석에 마련된 빨래방과 샤워실은 1,000원만 내면 사용할 수 있었다(이 비용은 모두 공과금 지출에 이용되었다). 문래동에서 지내지만 샤워와 빨래할 곳이 없었던 예술가들, 랩39R에 머물렀던 예술가들이 이곳을 이용했다. 또한 독립영화 상영, 전시, 퍼포먼스, 콘서트, 파티, 통기타 무료 강습, 스터디 모임 등이

---

84. 2009년 문래오픈스튜디오를 위해 만들어진 지도에서는 이 공간을 이렇게 소개하고 있다. "아무나 아무거나 아무렇게.. 일시적으로 공간이 필요할 때 누구나 쓸 수 있는 공간입니다. 전시, 워크샵, 이벤트, 공연, 파티, 회의, 강연. 그냥 조용히 책 읽고 싶거나…영화를 크게 보고 싶을 때…." 또한 이곳에는 빔프로젝트, OHP 환등기, 슬라이드 환등기, 스피커, 커피포트, 컵, 기증받은 차, 커피 등이 있어 필요한 사람은 이용할 수 있었다.

열리기도 했고 문래동 예술가들은 무료로 공간을 사용할 수 있었다.[85] 당시 문래동에는 랩39를 제외하면 발표 공간이 부재했기 때문에 공용공간의 이러한 기능은 중요한 의미를 지니고 있었다.

랩39R과 공용공간은 재생산을 집합적으로 해결한 사례에 속한다. 작업실은 있었지만 생활 편의 시설이 부족했던 예술가들은 침대나 세탁기, 샤워실을 공유하면서 문제를 해결하려 했다. 이렇게 생활 기반 시설을 공유하면서 생성된 공통재는 예술가들이 삶을 재생산할 수 있는 기반이 되었다. 물론 이것만으로 완전한 자급은 불가능했지만, 수입이 낮을뿐더러 일정하지 않은 예술가들이 그럼에도 불구하고 살아갈 수 있는 버팀목으로서 어느 정도 작용했다. 그리고 그것이 버팀목으로 기능하는 만큼 자유와 욕망의 영역은 확대되었다. 만일 주택 담보 대출이 있는 사람이라면 일정한 수입이 없는, 즉 임금 노동을 하지 않는 삶을 살아가는 것이 불가능하다. 피터 마르쿠제와 데이비드 매든은 주택 소유라는 경제적 부담이 정치적 중요성을 갖는다고 지적한다. 그들은 소비자 주도 욕망이 정치적 수용주의를 낳기 쉽다는 아이리스 영의 말을 인용하면서 "소유는 가구 구성원들이 다른 활동에 참여할 수 있는 기회뿐 아니라 그렇게 하고자 하는 욕망을" 제한한다고 주장했다.[86] "꿈의 집이라는 목표가 노동자를 일하게

---

85. 예술과 도시사회연구소, 『나의 아름다운 철공소』, 이매진, 2011, 103~5쪽.
86. Peter Marcuse & David J. Madden, *In Defense of Housing*, Verso, 2016, pp. 97~8.

만들고 계속해서 일하도록, 해고를 두려워하도록, 초과근무를 하도록 만"들기 때문에 다른 욕망은 스스로 제한할 수밖에 없다.[87] 랩39R과 공용공간의 사례는 소유가 욕망을 제한하는 것과 달리 공유가 욕망을 실현하는 과정을 보여 준다.[88]

예술의 공통화

예술의 공통화는 공간의 공통화와 무관하지 않다. 옥상이 미술관으로 바뀌면서 문래동을 찾는 많은 사람이 옥상을 거쳐 갔다. 그들은 랩39 옥상에 설치된 로봇정원에서 잠시 쉬기도 하고, '철로 만든 정원'을 감상하기도 하고, 옥상에서 상영된 영화를 함께 관람하기도 했다. 이처럼 공간이 공통화되는 만큼 예술도 공

---

87. Iris M. Young, *Intersecting Voices*, Princeton, Princeton University Press, 1997, p. 143. Marcuse & Madden, *In Defense of Housing*, p. 97에서 재인용. 이와 비슷하게 한 예술가는 작업실을 소유하지 않는 이유를 이렇게 설명한다. "공간을 유지하고 공간을 가졌을 때 그 공간을 먹여 살리기 위해서 사람이 어, 뭐라고 해야 되지? 소모되면서 욕심을 부리게 돼요. 많은 에너지나 자본을 그 공간에 축적시켜 버리려고 하거든요"(예술가 E(랩39, 언메이크 랩) 인터뷰).

88. 랩39R의 소개 글은 이러한 지점을 잘 포착하는 것처럼 보인다. "잠을 자야만 하는 존재인 인간은 잠자는 곳 때문에 많은 돈과 시간을 투자합니다. 그러나 간략한 잠자리만으로도 우리는 만날 수 있습니다. LAB39R은 침대 4개로 한국과 그 외의 나라들의 사람들과 연결되어 즐거운 이야기를 나누고 있습니다"(squartist, 「LAB39R을 소개합니다」, 〈랩39 홈페이지〉, 2009년 9월 18일 수정, 2024년 2월 1일 접속, http://squartist.cafe24.com/bbs/zboard.php?id=freeforum&page=80&sn1=&divpage=1&sn=off&ss=on&sc=on&select_arrange=headnum&desc=asc&no=7511).

통화되었다. 그러나 좀 더 직접적으로 예술이 공유되는 형태도 물론 존재했다. 그러한 사례로 지역 축제, 문화예술교육, 물물 장터 등을 들 수 있다.

이 중 대표적인 지역 축제로는 〈경계없는 예술 프로젝트@문래동〉과 〈물레아트페스티벌〉이 있었다. 전자는 문래동의 경계없는예술센터가 진행한 거리극으로 문래공원을 비롯한 문래동 일대에서 진행되었다. 후자는 문래동의 온앤오프무용단이 주최한 행사로, 2008년의 경우 장르를 불문한 한국, 일본, 대만, 오스트리아, 프랑스, 스위스의 예술가들이 참여했다. 10월 1일부터 한 달간 진행된 이 행사는 전시, 영화 상영, 공연, 문학 행사, 학술 행사를 포함했으며 문래동 철재상가의 작업실과 거리 곳곳에서 진행되었다. 특히 2008년 〈물레아트페스티벌〉은 공중을 위한 행사이면서 동시에 문래동 예술가들에게 발표의 장을 제공했다는 점에서 의의를 찾을 수 있다.

이러한 행사들이 지역 주민의 문화 향유 기회를 확대하는 일회적인 이벤트 성격이 강하다면 문화예술교육은 지역 주민들의 문화적 역량을 확장하는 데 초점을 맞추고 있다. 대표적인 사례인 〈개나리 봇짐〉은 2008년 8월부터 약 5개월 동안 4개의 지역아동센터에서 진행된 '찾아가는 문화예술교육' 프로그램이다. 여기에는 문래동 예술가 15명과 지역 아동 및 청소년 50여 명이 참가했다.[89] 이 프로그램은 문화예술 단체인 〈문화연대〉가 문래예술공단 예술가들과 영등포구 지역아동센터에 제안하여 두 주체를 연결하면서 이루어진 사업이다. 이를 통해 미술, 연극, 무용, 사진 등 예술가들의 작업은 다양한 교육 콘텐츠로 전환되었다. 이것은 예술 작업이 작업실이라는 사적 공간을 벗어나 지역에서 공통화되는 과정이었고, 시장에서 판매되는 상품이 아닌 공통재로 변환되는 과정이었다.

〈개나리 봇짐〉을 비롯한 일련의 프로그램들은 문래동에서 생성되는 다양한 흐름을 보여 준다. 이 흐름은 문래예술공단이 가진 어떤 가능성의 발산이면서, 동시에 그 가능성의 확장이기도 하다. 흐름을 통해 새로운 네트워크가 만들어지면서 문래예술공단이라는 사회적 신체가 더욱 확장되기 때문이다.

우리가 공통장을 하나의 사회적 체계로 이해할 때 그 체계는 저량stocks과 유량flows이라는 두 가지 주요 요소를 갖는다. 데 안젤리스는 "공통장에서 부로 이용할 수 있는, 그리고 공통화 활동들에 의해 매개되고 재생산되는 모든 저량 요소를 가리키기 위해" 공통의 부commonwealth라는 용어를 사용한다. 이 저량은 "세력force을 유발할 수 있는 힘power"으로서 하나의 가능성을 지시한다. 그러나 그 가능성은 실현된 상태가 아니다. 반면 유량(흐름)은 그 힘이 발현된 상태, 즉 사회적 세력을 가리킨다. 이 흐름

---

89. 송수연, 「찾아가는 문화예술교육 '개나리 봇짐'」, 『개나리 봇짐 자료집』, 2009. 이 프로그램은 본래 참여 예술가들의 작업실을 일시적인 교실로 활용하려 했으나 문래동의 거리 환경이 어린이에게 위험할 수 있다는 판단 때문에 지역아동센터를 예술가들이 찾아가는 형태로 바뀌었다.

은 다시 저량으로 돌아와 그것을 다시 보충하고 풍부하게 만든다.[90] 이에 기반 해서 보면 문래예술공단의 여러 작업실과 예술가들은 공통의 부로서 힘들의 집합이다. 그러나 그것은 가능성으로만 존재한다. 그 힘들이 공통의 욕망이나 이해관계에 따라 서로 연결되면서 작동할 때 그것은 하나의 세력으로 실현된다. 그리고 그 세력이 비슷한 가치를 공유하는 다른 세력과 연결되면 더 큰 체계로 확장된다. 따라서 위의 문화예술 프로그램들은 가능성으로만 있던 문래예술공단의 힘들이 외부로 흘러넘치는 과정이자 그 힘 자체의 확장으로 이해할 수 있다.

옥상에 탄생한 새로운 미술관, 지역 축제, 문화예술교육 프로그램 등을 통해 문래동은 주변 지역 공동체와 더욱 긴밀하게 융합될 수 있었다. 그렇기 때문에 예술의 공통화는 문래동이라는 지역 자체가 공통화되는 과정이기도 했다. 고립된 섬과 같던 문래동이 조금씩 외부와 연결되는 흐름 속에 들어가기 시작한 것이다. 물론 예술가들이 있기 전에도 문래동의 철재상과 철공소는 내적으로 긴밀한 생산 네트워크를 구축하고 있었고 외부의 생산

---

90. De Angelis, *Omnia Sunt Communia*, p. 111. 데 안젤리스가 힘과 세력을 구분하는 방식은 레빈의 논의를 따른 것이다. 레빈에 따르면 "힘은 심리학적 세력과 동일한 차원을 갖지 않는다. A의 힘이 B의 힘보다 더 크다는 점이 A가 실제로 B에 압력을 행사할 수 있다는 것은 아니다. 힘의 개념은 다른 개인에게 특정 규모의 "세력을 유발할 수 있는 가능성"을 뜻한다"(Kurt Lewin, *Resolving Social Conflicts & Field Theory in Social Science*, American Psychological Association, 1997, p. 198. De Angelis, *Omnia Sunt Communia*, p. 113에서 재인용).

업체와도 활발하게 교류하고 있었다. 그것은 지금도 여전히 그렇다. 그러나 방림방적 같은 대형 공장이 떠나간 자리에 들어선 아파트와 주상복합 건물 등은 문래동 철재상가 거리를 병풍처럼 둘러싸며 쇠락하고 낡은 제조업 지역의 이미지를 부각시켰다. 새 아파트의 주민들은 철재상 거리에 가지 않았고 소음과 분진 등을 이유로 민원을 제기하기도 했다. 그곳은 재개발되어야 하는 곳에 지나지 않았다. 그러나 옥상 미술관 프로젝트를 비롯한 다양한 워크숍, 프로젝트, 전시, 축제 등은 사람들을 문래동으로 끌어들였고 문래동을 새로운 예술의 발신지로 주목받게 만들었다.

이렇게 외부로 향하는 흐름 외에도 내부에서 진행되는 공통화의 과정도 발견된다. 이 과정은 예술이 공통화되면서 나타나는 개인의 변화와 관련이 있다. 다양한 장르의 예술가들이 밀집하면서 생겨나는 교류는 예술가 개인의 작업에 많은 영향을 준다. 문래동에 작업실을 구해서 일러스트 작업을 주로 하던 한 예술가는 동네에서 사람들을 만나고 그들과 함께 잘 놀 수 있는 궁리를 하다가 독립영화 상영회를 시작했고 그것이 계기가 되어 다양한 프로젝트를 진행하는 기획자로 변신했다. 랩39의 구성원들은 각자의 전공이 다 달랐지만 문래동 연구를 할 때는 모두 연구자가 되었다가 프로젝트를 진행할 때는 기획자가 되었으며 옥상 파티를 열 때는 서버가 되었다. 교류는 예술가 그룹에서만 일어나지 않았다. 세○○밀에서 있었던 일들은 작업실과 철공소가 교류한 대표적인 사례다. 김○○은 수삭업 선반기계 하나와 용접기 등을 갖추고 부품 가공을 주로 하는 조그만 철공소 세○○밀에서 혼자 일했다. 앞서 언급한 것처럼 문래동의 낯설고 열악한 환경에서 예술가들이 지내기 위해서는 다양하고 많은 지식과 기술이 필요했다. 난로의 연통을 설치하고, 수도를 녹이고, 간판을 다는 등 일일이 다 열거하기 어려운 그런 일들에 김○○은 많은 도움을 주었다. 58번지의 쓰레기 쌓인 곳을 온실로 꾸미는 일에도 그의 기술이 동원되었다. 그의 도움은 재생산 노동에만 그치지 않았다. 철공소 노동자와 예술가는 많은 면에서 달랐지만 무언가를 만든다는 공통점을 지니고 있었고 그것은 서로를 연결하는 조건으로 작용했다. 문래동의 한 예술가는 김○○에게 용접 기술을 배웠고 1년 가까이 세○○밀을 작업실로 활용하면서 개인전을 준비하기도 했다. 그의 도움이 없었다면 불가능한 일이었다. 예술가와의 관계가 확장되면서 세○○밀은 예술가들의 워크숍이나 퍼포먼스가 열리는 무대가 되기도 했다.[91] 이와 함께 그의 활동은 작업실 인테리어, 공공미술 작품 제작 등으로 확장되었고 개인 사진전[92]을 열기도 했다.

　요컨대 김○○의 지식과 기술 그리고 작업실이 된 그의 철공

---

91. 2009년 9월 19일 문화사회연구소와 예술과 도시사회연구소가 함께 진행한 〈문래동 ___ 사용하기〉 워크숍의 중간 발표회가 열렸고, 2010년 11월 18일에는 창작 집단 샐러드의 〈샐쇼 1.2 - 문래동에서 만들다〉라는 연극이 열렸다(예술과 도시사회연구소, 『나의 아름다운 철공소』, 143쪽).
92. 〈철공, 예술을 보다〉, 2013.5.31 ~ 6.14, 문래예술공장 3층 포켓 갤러리.

소는 문래동의 많은 예술가에게 하나의 공통재였고 예술가와의 교류는 서로의 영역을 확장시켰다. 예술가들은 용접 기술을 통해 새로운 재료를 다룰 수 있게 되었고 그는 사업 분야를 확장했다. 물론 지식과 기술을 제공하는 사람이 혼자만은 아니었다. 문래동에 형성된 네트워크에 접속한 이들이면 누구나 자신의 정보나 지식, 기술을 공유할 수 있고 또 다른 이의 것을 이용할 수 있었다. 잠시 뒤에 살펴볼 바와 같이 그 네트워크는 문래동 예술장의 중요한 토대로 작동한다.

네트워크의 공통화

지금까지 살펴본 다양한 프로젝트, 축제, 프로그램 등은 마찬가지로 다양한 네트워크에 의해 진행되었다. 이 네트워크는 작업과 일상생활에 필요한 장비와 공간, 지식, 기술, 정보를 공유하는 장이자 새로운 마주침이 생성되는 장이다. 이러한 네트워크의 존재는 다른 직업군에 비해 제도화된 환경이 부족한 예술가들에게 중요한 삶의 기반이 된다. 일반적으로 예술가들은 정기적인 소득이 없는 경우가 많고, 이 때문에 아르바이트를 하거나 문화예술기금을 받는 형태로 계속해서 수입원을 찾아 나서야 한다. 이때 네트워크에 연결된 예술가들은 네트워크를 따라 흐르는 정보와 지식을 공유함으로써 많은 도움을 받을 수 있다. 또한 프로젝트나 작업을 진행할 때도 네트워크와의 연결은 중요하다. 필요한 지식을 습득하고 기술을 배우며 장비를 구하는 일이 모두 이러한 연결을 통해 이루어진다.

또한 네트워크를 통한 마주침은 새로운 부를 창출할 수 있다는 측면에서 중요하다. 네그리와 하트는 마주침이 가진 생산력에 주목한다. 그들에 따르면, "메트로폴리스의 거대한 부는 행복한 마주침이 공통적인 것의 새로운 생산을 낳을 때, 가령 사람들이 각자의 상이한 지식과 능력을 소통해서 협력적으로 새로운 무언가를 만들어낼 때 드러난다. 행복한 마주침은 개별적 신체들이 홀로 있을 때보다 실로 더 큰 능력을 갖춘 새로운 사회적 신체를 생산한다."[93] 이 "거대한 부"는 "거대한 상품의 집적"[94]으로 환원될 수 없는 것이다. 그것은 자본의 가치 실천과는 다른 가치 실천들로 생겨나는 공통의 부다. 문래동의 경우 이러한 마주침은 어떤 프로젝트를 함께 진행하면서, 혹은 동네의 다른 작업실에서, 식당에서, 술자리에서 벌어지는 일상적이고 우연한 만남을 통해 생겨났다. 같은 동네에서 같은 '직업군'을 공유하는 이들이 함께 모여 동네에 대한, 예술에 대한 이야기를 나누는 것은 자연스러운 일이다. 그러한 과정에서 새로운 프로젝트가 시작되었고 이는 또 새로운 네트워크를 생성하는 과정이기도 했다. 물론 네그리와 하트가 말하는 것처럼 마주침의 결과가 언제나 좋지만은 않다. 해로운 마주침은 도시의 소음, 오염, 혼잡 등을 만들고 갈등을 낳

---

93. 네그리·하트, 『공통체』, 356쪽.
94. 맑스, 『자본 I-1』, 87쪽.

는다. 문래동 예술가들의 마주침 또한 언제나 긍정적이지만은 않다. 그러나 그들이 해로운 마주침의 산물을 공통의 부로 전환했다는 것은 분명 사실이다. 가령 쓰레기로 가득 찼던 옥상은 새로운 발표와 교류의 공간이 되었고, 그 쓰레기들은 새로운 조형물이 되었다. 그뿐만 아니라 예술가들의 작업이 지역 아동들과 나누는 교육 콘텐츠로 전환된 것처럼 공통재를 새롭게 생산해 내기도 했다.

이렇게 네트워크가 예술가들의 삶과 예술의 기반이 된다는 점에서 그리고 네트워크를 통한 마주침이 새로운 공통의 부를 생산한다는 점에서 네트워크는 부 자체이자 새로운 부를 창출하는 원천이다. 예술가들은 이 네트워크의 마디로서 삶과 예술을 생산하고 살아간다. 따라서 문래동이라는 예술장에서 가장 중요한 것은 어쩌면 특정한 예술 작품보다는 네트워크 자체다. 그렇다면 이 네트워크는 어떻게 생겨나고 유지되며 확대되는가?

물론 네트워크는 앞서 말한 것처럼 동네에서 일어나는 일상적인 마주침에서 시작된다. 그러나 어떤 마주침이 일어나기 위해서는 공통의 조건이 필요하다. 가령 오아시스가 많은 사람의 주목을 끌 수 있었던 것은 예술인회관 건립과 작업실에 대한 문제 제기가 공감을 얻었기 때문이다. 이를 기반으로 오아시스는 자본주의 도시에서 공간을 둘러싼 모순을 주제로 사람들을 결집시키며 일련의 활동을 전개할 수 있었다. 그러나 문래동은 어떤 특정한 기치를 걸고 모인 사람들이 아니다. 그들은 누군가의 기획으로 모인 것이 아니라 빈 공간에 자생적으로 모여든 집단이었다. 물론 같은 동네에 사는 예술가라는 점이 일차적인 이유지만 개별적인 접촉을 넘어서 보다 큰 커뮤니티를 형성하게 된 첫 번째 이유는 재개발 문제였다.

2008년 5월 서울시의회는 준공업지역의 개발 제한을 완화하는 조례를 통과시켰다. 문래동이 오랜 재개발 예정 지역이었음에도 개발이 진행되지 않았던 이유 중 하나는 준공업지역에 속한 이유로 아파트를 지을 수 없어 재개발 사업 수익을 크게 기대할 수 없기 때문이었다. 그런데 그러한 제한을 완화함으로써 문래동이 재개발 위험에 크게 노출된 것이었다. 각자 입장의 차이는 있지만 계속해서 작업실을 유지하고 싶다는 열망을 공유하고 있던 예술가들은 자신들의 존재를 적극적으로 드러내는 방식으로 이에 대응하고자 했다. 그러한 대응은 조례가 개정되기 전부터 시작되었다. 재개발과 관련한 입소문은 계속 동네를 떠돌고 있었기 때문이다. 2007년 11월 28일 준비모임을 거쳐 같은 해 12월 12일 문래예술공단이라는 모임이 만들어진 데에는 재개발의 위협이 준 위기의식도 작용했다. 이 모임은 한 달에 한 번 열렸고 10~20명의 예술가가 참석했다. 2008년 5월에는 문래비주얼아티스트네트워크가 첫 번째 모임을 가졌다. 문래예술공단이 느슨한 반상회였다면 이 모임은 벽화 작업, 거리 전시, 오픈스튜디오 페스티벌, 아트 간판 등 보다 구체적인 사업을 함께 논의하고 진행하기 위해 만들어졌다. 이후 실제로 추진된 이 사업들은 모두 문래동의 예술 활동을 알리고자 하는 의도를 강하게 지니고 있었다. 이를 통해 예술가들은 자신들의 활동이 도시에서 유의미한 가치를 생산하고 있음을 입증하고자 했다. 벽화와 아트 간판이 시각적으로 예술가의 존재를 드러냈다면, 오픈스튜디오는 작업실을 공개하여 예술가의 삶 속에 공중을 끌어들이는 과정이었다.[95] 〈예술과 도시사회연구소〉가 문래동에 대한 세 차례의 연구보고서[96]를 낸 것도 예술가들의 가치를 기록하고 증명하기 위한 노력이었다고 볼 수 있다. 또한 같은 해 6월 〈예술과 도시사회연구소〉는 〈서울 창작환경 토론회 — 서울 문래동에서 아트 팩토리까지〉라는 제목의 토론회를 열었다. 연구소가 진행한 연구 결과를 공유하고 문래동 예술가들과 논의하는 이 자리에서 처음으로 문래동에 얼마나 많은 예술가가 어떤 활동을 하는지 알려지게 되었다. 이렇게

---

95. 2008년 오픈스튜디오 행사 제안서는 이 의도를 직접적으로 보여 준다. "도심 준공업지역 빈 철재상가에 5, 6년 전부터 예술가들이 모이기 시작해 지금은 50개 작업실, 130여 명의 예술가들이 활동 중이다. 그러나 최근 시의회 조례 개정추진과 준공업지역 재개발 희망 집단 민원(박준식 외 26,887인)은 문래 창작촌의 존립 자체를 위태롭게 하고 있다. 이러한 상황은 언론이 문래동을 주목하도록 만들었고 서울시 당국(도시개발국)도 실태조사를 시작하는 등 대책 마련에 나서고 있다. 문래예술가들도 이러한 주의의 관심에 부응하여 문래창작촌의 실태를 확인할 수 있는 기회를 마련함으로써 서울시의 '지구단위계획'을 수정할 수 있는 계기점을 만들고자 한다"(문래예술공단, 「문래예술공단 프레 오픈스튜디오 행사, "문래동 창작촌을 공개합니다!" 행사 제안서」, 문래예술공단 내부자료, 2008).

96. 예술과 도시사회연구소, 『문래 창작촌 연구』, 2008 ; 『창작공간조성 전략 보고서 작성을 위한 상세조사 연구용역』, 2009 ; 『도시재생의 대안적 미래』, 2010.

예술 행사를 주최하고 그러한 활동을 기록하는 것은 예술가들이 자신의 존재를 알리고 가치를 입증하려는 측면이 강했다. 이러한 과정에서 전체 반상회, 시각예술가 모임 등이 생겨났고 모임을 통한 만남과 공동 작업은 이후 문래동에서 다양한 관계가 형성되는 계기가 되었다.

네트워크 형성의 두 번째 계기는 재생산의 집합적 해결이다. 문래동의 철재상가 건물이나 빈 공장은 거주하기에는 부족한 점이 많은 곳이다. 빈 공간을 사용하기 위해서는 청소를 해야 했고 페인트칠도 해야 했으며 침대나 책상, 테이블, 의자 등 필요한 집기도 구하거나 만들어야 했다. 그러한 재생산 문제의 해결은 여러 예술가의 품앗이로 이루어졌다. 랩39R의 침대는 인근 건물에 있던 디자인 그룹의 손을 빌려 제작되었고, 랩39에 있던 난로 역시 연구소와 같은 건물에 있던 사진작가의 도움으로 설치할 수 있었다. 이러한 '재생산 노동의 품앗이'는 문래동에서 일상적으로 일어났다. 앞서 살펴본 랩39R과 공용공간은 재생산의 집합적 해결이 가시적으로 드러난 형태로 볼 수 있다. 이렇게 재생산 활동을 함께하면서 새로운 관계가 형성되었다. 문래동3가 58번지 골목의 후미진 곳에는 쓰레기가 쌓여 있는 곳이 많았다. 54번지 건물(철재상가)에 예술가들이 들어서면서 빈 공간이 사라지자 옆 블록인 58번지에도 예술가들이 늘어나기 시작했는데 이들은 골목 주변에 있는 쓰레기 더미를 치우고 공동화장실을 유치해 보자는 이야기를 나누면서 자연스럽게 친목 모임을 만들게 되었다. 그리고 실제로 원예 작업을 하는 예술가는 주변 철공소 노동자들과 함께 쓰레기로 가득 찬 구석을 화단으로 바꾸기도 했다. 여기서 화단 자체보다 더 중요한 것은 그 과정을 통해 다양한 관계가 형성된다는 사실이다.

문래동은 일반적으로 낙후하고 쇠락해 가는 오래된 제조업 밀집 지역으로 인식된다. 그러한 인식은 어느 정도 사실일지도 모른다. 실제로 많은 건물이 낡았고 곳곳에는 쓰레기가 쌓여 있다. 이런 환경은 살아가는 일을 힘들고 불편하게 만든다. 그러나 그러한 환경이 아무도 찾지 않는 빈틈을 만드는 조건이 되었고, 그 빈틈에 스며든 예술가들에게 생활의 불편함은 오히려 그들을 연결하는 계기가 되었다. 쇠락한 풍경 자체보다 그 풍경에 내포된 잠재력을 살펴야 하는 이유다. 이렇게 재개발이라는 외부의 위협과 불편한 생활환경이라는 내부의 약점은 오히려 예술가들을 연결하는 계기로 작용했다.

한편 이러한 재생산 활동이 생산 활동과 뚜렷하게 구별되지 않는다는 점에 주목할 필요가 있다. 이것은 우선 작업실이 지닌 이중적 성격에서 기인한다. 작업실은 예술가의 생산 공간이자 재생산 공간이기도 하다. 따라서 작업실을 정비하는 것은 어떤 면에서는 생산 수단을 정비하는 것이지만 또 어떤 면에서는 재생산 수단을 개선하는 것이다. 또한 함께 밥을 먹거나 술을 마시면서 나누는 이야기들이 다양한 프로젝트로 이어지곤 했다는 점에서 이런 만남은 재생산 활동이면서 동시에 생산 활동이기도 하다.

이처럼 문래동에서 노동과 여가, 생산과 재생산의 경계는 흐릿했고 따라서 예술과 예술이 아닌 것의, 예술과 삶의 경계도 모호하게 되었다. 네그리와 하트는 생산과 재생산의 경계가 흐려지는 이 상황을 "노동이 삶정치적으로 되는 과정"으로 이해한다.[97] 즉 문래동 예술가들은 어떤 작품만이 아니라 사회적 관계와 삶 형태를 생산한다. 물론 여전히 그들은 특정한 작품을 만들고 있지만 그 자체가 어떤 삶의 형태를 만들어가는 과정과 함께 이루어진다. 따라서 문래동에서 이루어지는 노동은 이중의 성격을 갖는다. 문래동의 예술가들은 개별적으로는 자신의 작품을 만들고 집합적으로는 네트워크를 (재)생산한다. 그러나 그들은 개별 작품을 생산할 때조차 네트워크의 마디로서 생산하고 그러한 과정이 특정한 삶의 형태, 즉 네트워크에 기초한 예술=삶 형태를 생산한다. 따라서 네트워크는 생산의 주체이자 객체이다. 네트워크가 네트워크를 생산한다. 그리고 이 네트워크가 앞서 살펴본 것처럼 하나의 공통재를 이룬다는 점에서 문래동 예술가들은 네트워크 공통재의 일원으로 살아간다고 말할 수 있다. 이것은 마테이의 말처럼, "우리가 환경, 즉 도시 또는 농촌 생태계의 일부인 만큼 우리 자신이 얼마나 공통장인가를" 보여 준다.[98]

대상화될 수 없는 이 네트워크 공통재는 문래동 예술장의 기

---

97. 네그리·하트, 『공통체』, 201쪽.
98. Ugo Mattei, "First Thoughts for a phenomenology of the commons."

초를 이룬다. 이것은 산업 네트워크가 문래동 산업생산의 기초를 이루는 것과 비슷하다. 문래동의 제조 관련 업체는 크게 세 가지로 분류할 수 있는데 각종 금속을 판매하는 재료판매업체, 주로 동네 외부 기업에서 외주 받은 일을 하는 제조업체, 이들 제조업체로부터 다시 외주를 받는 임가공업체가 그것이다. 예를 들어한 제조업체가 문래동 외부의 대형 업체에서 일감을 수주하면 이업체는 일부 작업을 주변의 다른 임가공업체에 배분한다. 배분받은 임가공업체는 인근 재료판매업체에서 재료를 구입하여 작업을 시작한다. 이 과정이 모두 문래동 내에서 이루어진다. 문래동의 업체들은 선반, 밀링, 표면처리, 열처리, 접합 등 다양한 작업 과정에 특화되어 있으며 이들 업체가 연결되어 마치 하나의 큰 공장처럼 작동한다. 이 과정에서 업체들이 한 동네에 밀집해 있다는 사실은 제조 과정의 큰 이점으로 작용한다. 이러한 산업 네트워크의 이점은 생산 속도나 물류비 절감 등에만 있지 않다. 오랫동안 동네에 축적되어 온 생산 관련 지식과 정보가 산업 네트워크를 따라 공유된다. 많은 업체가 문래동에 머물러 있고 아직도 신규 업체가 문래동으로 입주하는 것은 바로 이 산업 네트워크에 접속하기 위해서다.[99] 이러한 산업 네트워크는 문래동 제조업을 유지하는 기반이 되고 있으며, 예술 네트워크 역시 그렇다.

---

99. 문래동의 산업 네트워크에 대해서는 다음을 보라. 권범철, 「문래동의 뿌리산업 네트워크」, 『서울의 공간경제학』, 서울연구원, 나남, 2018.

재개발과 재생산 문제가 관계 형성의 계기였다면 그 관계가 유지되고 확장되는 문제에 있어 중요한 건 정동적 요소다. 여러 번 언급한 것처럼 문래동의 예술가들은 어떤 공유된 이해관계나 가치관으로 연결된 집단이 아니다. 오히려 무언가를 만들고 진행하고 즐기는 과정에서 형성되는 느낌, 정동이 관계를 유지하는 힘이다.

좋죠. 너무 좋죠. 밖에 나가면 예술 하는 분들 많이 못 만나잖아요. 이 안(문래동)에 들어오면 나와 같은 부류의 사람들을 만날 수 있다는 거 그게 어떤 편안함을 준다는 거죠. … 모두 작가분들이고 … 그런 부분들이 맞는 거 같아요. … 뭔가 편한 그런 연대감, 교감을 할 수 있어요.[100]

(문화연대가 문래동 예술가들과 함께 진행한) 그 캠프가 그런 에너지를 좀 가질 수 있었던 것도 문래동 사람들하고의 정 같은 그런 관계가 있었던 거 같기는 해 … (그때) 모이는 사전 모임을 옥상에서 하고 그랬었거든요. 랩 옥상에서 하고 그때 사람들이 모여서 너무 잘 놀고 갔어요. … 그 캠프가 저는 되게 잘 됐던 거 같아요.[101]

---

100. 예술가 H(무용). 예술과 도시사회연구소, 『문래 창작촌 연구』, 57쪽에서 인용.
101. 기획자 A(랩39, 언메이크 랩) 인터뷰.

물론 서로와의 관계에서 일어나는 마주침이 긍정적이지만은 않다. 부정적인 마주침은 관계를 약화시키는 계기가 되기도 한다.

이렇게 마을, 동네에서 반상회를 하다가, 사람들이 모이고 나중에 차츰차츰 모이지 않게 되고, 언론에 많이 노출되면서, 이래저래 오해도 많이 생기면서 사람들이 뭔가 모일 때, 그 사람이 생각하고 있는 그 사람의 모습대로 보는 게 아니라, 뭔가 이렇게 껍데기가 뭔가 씌어져서 그 사람이 뭔가 얘기할 때 그 사람을 다른 시각으로 보는 그런 게 서로 간에 어느 샌가 생긴 거 같더라고요.[102]

나는 그때 왜 문래예술공장 작가들 중심으로 위원회 만드는 거 했었잖아요. 그때 회의 몇 번 들어가면서 그때 모든 정이 떨어진 거 같아. 사람들한테. 그러니까 뭐 워낙 말이나 표현이 적어서 적극적으로 얘기하지 않았지만, 모인 사람들이 준 에너지라는 게 부정적이었어요.[103]

문래동에서는 수많은 모임과 프로젝트가 생겨났다 사라지기를 반복했다. 문래예술공단은 2009년 봄 와해됐고, 시각예술가

---

102. 기획자 C(사회적 기업 운영).
103. 기획자 A(랩39, 언메이크 랩) 인터뷰.

모임도 비슷한 시기에 사라졌다. 사람들의 접속은 풍부한 생성의 계기였지만, 그만큼 단절의 계기이기도 했다. 많은 술자리에서 새로운 관계와 프로젝트가 시작되는가 하면 비슷한 자리에서 그러한 것들이 끝나기도 했다. 일반적으로 많은 관계들이 그러하듯이 함께 한다는 것이 더 이상 긍정적인 에너지와 즐거움을 주지 못할 때 그 관계는 흐지부지되었다.

DIY 페미니즘은 공유된 믿음들이나 여성 억압에 대해 공유된 감각으로 결속되어 있는 것이 아니다. DIY 페미니즘은 오히려 독립적이고 탈전문화된 문화적 생산성이 지니고 있는 정동적이고, 감정적이며, 활력화하고, 변화를 만들 수 있는 잠재력에 대한 공유된 투자를 통해 결속되어 있다. '생산하고, 만들고, 창조하고, 즐기는' 것에 대한, (사람들을) 결집시키는 열정적인 표현이 바로 DIY 페미니즘의 문화 정치를 이해하는 열쇠다.[104]

프롤레타리아에게는 있고, 농민들에게는 없는 가장 중요한 소통은, 공장에서의 물리적·신체적 함께-있음being together에서 일어난다. 계급은, 그리고 정치적 행동의 기초들은 정보나 심지어 사

---

104. Jayne Armstrong, *DIY Feminism*, PhD diss., University of East London, 2009. Red Chidgey, "Developing Communities of Resistance?," in *DIY Citizenship*, ed. M. Boler and M. Ratto., MIT Press, 2014, pp. 101~13에서 재인용.

상의 유통을 통해서 형성되는 것이 아니라, 오히려 물리적 인접성을 요구하는 정치적 정동들의 구성을 통해서 형성된다.[105]

예술가 네트워크의 작동에는 개인들 간의 이해관계가 분명히 존재하지만 그보다는 함께 함으로써 얻는 에너지, 감각이 어쩌면 더 중요하다. 재개발과 재생산의 문제가 관계 형성의 단추가 되었다면, 함께 "생산하고, 만들고, 창조하고, 즐기는" 과정에서 발생하는 감각은 네트워크의 유지와 확대에서 핵심적인 요소다. 이 "집합적 감각은 단순히 이데올로기나 관념이 아니라, 뭔가 일어나고 있다는 강렬한 느낌을 통해 일어나고" 결국 네트워크를 결속시키고 유지시키는 힘이 된다.[106] 이 감각이 개인에게 긍정적으로 작용할 경우 그 네트워크는 확장되고 반대로 부정적으로 작용하는 경우 그 네트워크는 소멸된다. 공통장을 유지하는 힘은 이해관계에 대한 이성적 판단이라기보다는 서로와의 관계에서 작동하는 정동적 감각인지도 모른다.

전술 공통장의 함의

새로운 운동으로서 스쾃-공통장

---

105. 네그리·하트, 『선언』, 59쪽.
106. 크리스토프 브루너, 「부채와 정동, 그리고 자기재생산하는 운동」, 『금융자본주의의 폭력』, 심성보 옮김, 갈무리, 2013, 202쪽.

스캇은 오아시스와 랩39를 잇는 개념이다. 목동 예술인회관 점거로 시작된 이 그룹은 느슨한 네트워크를 유지하면서 문래동에 정착했다. 물론 문래동에서 랩39가 사용한 공간은 비합법 점거 상태는 아니었다. 랩39는 건물주에게 보증금과 월세를 지불하고 그 공간을 사용했다. 그러나 스캇을 단지 합법/불법의 잣대로 규정할 수는 없다. 그렇다면 스캇이란 어떤 공간을 말하는가?

먼저 스캇이라는 단어는 흥미로운 여러 의미를 담고 있다. 『메리엄-웹스터 사전』[107]에 따르면 squat은 동사로서 '웅크리다', '바닥에 앉다'는 뜻 외에 '스콰터로서 점거하다'라는 뜻도 있다. 또한 '들키지 않으려는 듯 바닥에 바싹 달라붙다'라는 뜻도 있으며 '스콰터로 존재하다', '스콰터가 되다'라는 뜻도 있다. 명사로서 스콰은 '스콰팅squatting 행동', '스콰을 한 장소', '작은 동물의 은신처', '스콰터가 점거한 빈집이나 건물'을 뜻한다. 이 다양한 의미들이 흥미로운 것은 그것들이 스콰이 지닌 공통장으로서의 성격을 드러내는 것처럼 보이기 때문이다. 스콰은 다섯 개의 알파벳으로 이루어진 그 단어 안에 공통인('스콰터로 존재하다')과 공통재('스콰을 한 장소'), 공통화('스콰팅 행동')의 의미를 함께 묶어 둠으로써, 스콰-공통장이 그 세 가지의 분리 불가능한 짜임이라는 걸 말해주는 것만 같다. 이는 '스콰하다'라는 것이 주체화('스콰터가 되

---

107. Merriam-Webster, "squat", 〈Merriam-Webster Dictionary〉, 2024년 1월 24일 수정, 2024년 2월 1일 접속, https://www.merriam-webster.com/dictionary/squat#h3.

다')와 어떤 재화의 공통화가 중첩되어 일어나는 과정이라는 것을 보여 준다. 이것은 앞서 이야기한 공통재의 이중적인 성격과 연결된다. 즉 그것은 사용가치를 제공하는 재화라는 의미에서 객체이면서 주체들의 책임감을 요한다는 점에서 주체적인 성격을 갖는다. 또한 스쾃의 은밀한 의미('들키지 않으려는 듯 바닥에 바싹 달라붙다', '작은 동물의 은신처')는 '약자의 기술'로서의 전술을 가리키는 것처럼 보이기도 한다. 그렇다면 현실의 스쾃은 어떤 곳이었는가? 이제 우리는 오아시스와 문래동으로 돌아간다.

오아시스와 문래예술공단을 어떻게 연결할 수 있을까? 우선 물리적인 시간을 보면 오아시스는 2004년 초에 결성되어 2007년 중순에 해산했다. 문래예술공단은 2000년대 초반부터 현재까지 지속되고 있다. 앞서 살펴본 것처럼 2007년을 문래예술공단이 외부에 알려지고 본격적으로 창작촌으로서의 성격을 갖춰가는 분기점으로 본다면 적어도 시기적으로는 빈틈없이 이어지는 셈이다. 그러나 당연하게도 시점만으로 두 사건을 연결 지을 수는 없으며 실제로 두 사례는 이질적인 지점이 많다. 오아시스가 빈 공간의 예술적 재전유라는 뚜렷한 목적과 가치 아래 형성된 집단이라면 문래예술공단은 특정 지역의 빈 공간에 자생적으로 모여든 집단이다. 그렇기 때문에 전자의 참여자들이 유사한 문제의식을 공유한 반면 후자의 예술가들은 가치관과 이해관계가 상이하다. 그리고 전자가 예술인회관 건립 문제, 예술가의 창작권, 도시 빈 공간 등의 문제를 환기하고 실천적으로 행동하는 운동적 성격이 강했다면 후자는 일상적인 예술 실천이 다양하게 중첩되는 구조를 갖고 있다. 그러나 이러한 차이들에도 불구하고 나는 이 두 사례를 연결되어 진화하는 흐름으로 파악하고 싶다. 그렇다면 두 사례가 연결되는 지점은 무엇일까?

우선 두 사례는 누군가에게 무엇을 요구하는 형태를 띠지 않는다. 다시 말해 자신의 운동 자체가 목적이 되는 사례들이다. 오아시스는 공간을 비합법으로 점거했고 이는 그 프로젝트가 지닌 저항적 성격을 강하게 드러낸다. 그러나 이 저항은 대상의 변화에 목적을 두지 않는다. 물론 오아시스는 예총과 정부의 문제를 지적했고 국가보조금 반환 등을 지속적으로 요구했다. 그러나 그것이 운동의 주목적은 아니었다.[108] 그보다 중요한 것은 빈 공간의 재전유를 통한 새로운 삶과 예술의 실험이었다. 80년대 활발했던 민중미술이 민주화 운동과 결합하여 국가 권력의 변화를 요구하는 움직임이었다면 오아시스는 점거를 통한 스스로의 실천 자체가 목적인 운동이다. 이렇게 외부 대상의 변화가 아니라 자신의 활동 자체가 목적이 된다는 점에서 그것은 자기준거적이며 구성적인 성격을 띤다. 그러나 오아시스의 이러한 구성적 성격, 즉 새로운 삶을 만들어가는 과정은 강하게 드러나지 못했다. 그것은 무엇보다 공간의 점거가 지속적이지 못했고 사회적 의제의 확산

---

108. 물론 오아시스에 속한 일부 그룹, 특히 활동가 그룹은 이 지점에 더 주력했던 것으로 보이지만 그럼에도 그게 전부는 아니었다.

에 집중했기 때문이다. 구성적 성격은 문래동에서 훨씬 강하게 드러난다. 그곳은 공간을 지속적으로 사용하는 것이 가능했기에 그리고 다양한 예술가들과의 교류가 가능했기에 새로운 삶과 예술을 실험하는 장이 형성될 수 있었다. 이러한 관점에서 볼 때 오아시스에서 문래동으로 이어지는 흐름은 저항에서 구성으로 향하는 흐름으로 파악할 수 있다. 물론 저항과 구성은 두 사례 모두에서 나타나는 특색이지만 각각의 지점이 강하게 드러나는 강도에서 차이가 있다. 그럼에도 두 사건의 주체들은 외부 대상의 변화를 요구하기보다 공통화를 통해 스스로가 변화하는 과정에 있었다는 점에서, 즉 새로운 삶과 예술을 공통으로 실험하는 이들이 되고자 했다는 점에서 연결된다.

이렇게 외부의 변화가 아니라 스스로의 실험을 추구한다는 특징은 오아시스와 문래예술공단을 여타의 사회 운동과 구별 짓는다. 일반적으로 대부분의 시민사회단체는 특정한 의제를 중심으로 활동한다. 그리고 그 의제에 반하는 정부/기업의 활동을 저지하고 의제를 제도화하기 위한 입법 활동이나 대중을 상대로 한 캠페인에 주력한다. 이러한 활동들은 공적 영역에서 활동하는 행위자들에게 어떤 가치를 준수할 것을 요구하는 운동이다. 물론 이러한 활동은 중요하고 의미 있는 일이지만 대안적인 일상, 삶의 양식에 대한 고민은 누락되는 경우가 많다. 반대로 외부와 단절된 채 자급자족하는 공동체를 추구하는 운동이 있다. 그러나 이들이 아무리 높은 벽을 쌓더라도 외부의 영향을 피할 수는 없을뿐더러 스스로 고립된 그들의 공동체는 사회 전체적으로 보았을 때 큰 의미가 없다. 요컨대 이 두 부류의 운동은 각각 저항과 구성에만 집중함으로써 한계를 드러낸다. 스쾃-공통장의 중요한 의의 중 하나는 그것이 이 두 가지를 연결하는 시도라는 점이다. 비록 그 시도가 미약할지라도 새로운 운동의 실험이라는 점에서 그 의미는 간과될 수 없다.

새로운 운동으로서 스쾃의 의의는 앞서 사회적 공장의 노동들을 정리한 표의 기준을 따라 검토하면 좀 더 분명하게 드러난다. 그 표의 기준 — "억압 여부" "합법 여부" "임금 여부" — 에 따르면 스쾃 예술가의 노동은 '자유롭고', '불법'이며, '비임금'인 노동이다. 그러나 여기서도 그 구분선은 흔들릴 수 있다. 타헬레스의 사례처럼 현행법상 불법인 그곳을 도시 정부가 '합법적인' 국제예술센터로 전환할 때, 스쾃은 합법인가 불법인가? 예술인가 범죄인가? 그때 범죄자는 예술가인가 도시 정부인가? 국제예술센터를 만들어 낸 예술가들의 노동에는 왜 보수가 주어지지 않는가? 이런 질문에 쉽게 답할 수 없다면 스쾃은 어떤 영역에 속하지 않고 오히려 구분선 위를 가로지르면서 새로운 영역을 창조했다고 볼 수 있을 것이다. 요컨대 스쾃은 사회에 설정된 경계를 넘나들면서 쉽게 정의될 수 없는 회색지대를 창조한다. 그 회색지대는 공적인 것도, 사적인 것도 아닌 공통적인 것의 창출을 통한 새로운 삶의 지대다. 그러므로 스쾃은 흔히 이야기하듯이 교환 가치에 매몰된 도시 공간의 사용 가치를 회복하는 운동이 아니다. 스콧은 사회가 정한 사용 가치를 단순히 회복하는 것이 아니라 새로운 가치를, 새로운 삶의 지대를 창조한다. 그것이 스콧의 본령이다.

재생신의 기반으로서 공통장의 기능성과 한계

페데리치는 집합적 재생산을 공통장의 중요한 문제로 다룬다. 무엇보다 공통장은 우리 일상의 기반이 되어야 한다는 것이다. 이런 맥락에서 그는 네그리와 하트가 비물질적인 것에 초점을 두면서 일생상활의 재생산 문제를 피해간다고 비판한다.[109] 우리가 지식과 정보를 먹을 수는 없으므로 일상생활의 재생산을 위해서는 물질적인 기반이 필요하다. 우리가 현대 도시에서 그런 기반을 구축할 수 있을까? 우리가 지금까지 살펴본 두 사례에서 점거를 통한, 혹은 낮은 임대료로 인한 공간의 확보가 중요한 기반이 되었던 것은 분명하다. 그것을 통해 다양한 예술 프로그램들이 진행될 수 있었고, 또 그 과정에서 구축된 네트워크는 또 다른 기반이 되었기 때문이다. 그러나 공간과 네트워크의 구축만으로 일상이 재생산될 수 없다는 것도 분명하다. 다달이 돌아오는 임대료, 이자, 각종 사용 고지서들은 정기적인 (특히 다달이 받는) 수입을 삶의 기본적인 필요로 만든다. 다시 말해서 그것은 우리가 임금 노동을 수행하는 '정상적인' 삶을 살도록 강제한다. 우리

---

109. 페데리치, 『혁명의 영점』, 242~243쪽.

가 다른 사례에서 보면 오아시스는 일종의 퍼포먼스와도 같았기 때문에 일상의 재생산 체계를 구현하기는 어려웠다. 그렇다면 문래예술공단은 어떠했는가?

재생산을 집합적으로 해결하기 위한 실험들은 문래예술공단 초기에 활발하게 일어났다. 위에서 살펴본 것처럼 랩39R(레지던시)과 공용공간은 가장 뚜렷하게 나타난 사례다. 그 밖에도 랩39의 사례를 중심으로 보면 자율부엌 〈소식〉(2010)은 함께 음식을 준비하고 나누는 공간으로 누구에게나 열려 있었고, 랩39 옥상에서는 도시농업(2011)이 진행되었다. 그곳에서 수확한 다양한 채소는 〈소식〉에서 일상적으로, 혹은 랩39의 행사 뒤풀이 때 쓰이기도 했다. 반핵에너지 프로그램(2011~2012)도 중요한 시도다. 2011년 3월 후쿠시마 원전 사고 이후 랩39에서는 "서울에서 하나의 공간이라도 핵에너지를 사용하지 않는 공간을 만들어 보자"는 취지에서 대안에너지에 대한 세미나와 다양한 실험을 병행했고 〈원전대신 자가발전, 빛요일〉이라는 탈핵 캠프를 청계광장에서 열기도 했다.[110] 그러나 이러한 일련의 시도들은 의미 있는 실험이었음에도 레지던시를 제외하면 지속되지 못했고 랩39 구성

---

110. 탈핵 캠프는 2012년 3월 24일 청계광장에서 열렸다. 랩39는 광장 사용 신청을 하는 과정에서 사용료를 내야 그곳을 사용할 수 있다는 것을 알게 되었다. 그러나 공공공간의 이용에 비용을 지불할 수 없다는 내부 의견에 따라, 사용료를 내지 않고 서울시의 허가 여부와 관계없이 광장을 사용하겠다는 입장문을 담당 부서에 제출하고 행사를 진행했다. 이렇게 탈핵과 연계된 스쾃은 광장이라는 공공공간을 일시적인 공통공간으로 창출했다.

원들의 재생산을 담보하기에는 역부족이었다. 랩39 자체는 자율적이고 실험적인 공간으로 유지되었고 랩39 구성원들과 그들의 네트워크에 접속한 이들에게 공통의 공간으로 운영되었지만, 구성원들의 생계는 각자의 몫으로 남았다. 물론 네트워크가 생계에 아무런 도움이 되지 않은 것은 아니었다. 그들은 서로에게 다양한 일거리를 소개하거나 연결해 주었고 그것은 각자의 생계에 적지 않은 도움이 되었다. 그렇지만 그것은 공통장 외부에서 각자의 노동력을 판매하여 유지되는 생계였다. 많은 예술가가 그런 것처럼, 그들은 여전히 아르바이트를 하고 기금을 받기 위해 노력해야 했다. 랩39뿐 아니라 문래동 예술가 대부분의 상황도 크게 다르지 않았다.

랩39뿐 아니라 문래동 전체에서도 함께 살기 위한 다양한 시도들이 있었다. 여기서 재개발은 가장 중요한 문제였다. 문래예술공단 반상회, 시각예술가들의 모임은 재개발 문제를 함께 해결하기 위한 최초의 시도들이었고 그 방안으로서 예술가들의 존재를 드러내는 데 노력했다.[111] 초기의 모임들이 흐지부지된 이후 2009년 오픈스튜디오는 내부 교류에 초점을 두고 진행되었다. 당시 오

---

111. 이러한 모임이 시도된 것에는 다른 이유도 있었다. 초기 문래동에서 주요한 이슈 중 하나는 적절한 소통 창구가 없다는 것이었다. 문래동이 널리 알려지면서 외부에서 문래동에 접촉하려는 시도가 크게 늘어났는데 만나서 이야기할 모임이 없다는 점이 내외부에서 꾸준히 제기되었다. 문래예술공단은 그러한 문제를 해소하려는 목적도 있었다.

픈스튜디오를 위해 만들어진 작업실 지도에는 각 작업실에서 공유 가능한 물품이나 기술이 정리되어 있다. 새로운 예술가들이 계속 동네에 유입되는 상황에서 내부의 변화된 여건을 정리하고 서로를 알아가기 위한 시도이자, 집합적 재생산을 위한 노력이었다. 그러나 이러한 시도도 지속되지 못했다. 이렇게 전체를 아우르는 모임이 시도와 와해를 거듭하는 사이 소규모 그룹들이 크게 늘어났다. 58번지 철공소 노동자와 예술가들이 함께 문래골 목산악회를 꾸렸고 대안공간을 표방하는 공간들이 생기면서 대안공간네트워크라는 모임도 만들어졌다. 그 외에도 이름을 알 수 없는 많은 모임이 생겨났고 또 사라졌다.

2009년 여름 다시 새로운 전체 모임이 시도되었다. 당시 정부는 일자리 창출 방안의 하나로 사회적 일자리/기업 사업을 적극 추진했고 그 열풍은 문래동에도 일었다. 그해 7월 7일 열린 〈문래동 사회적 기업/사회적 일자리 설명회〉에는 약 40명의 문래동 예술가들이 참여했고 사회적 일자리 정책과 다른 문화예술 분야 사회적 기업/일자리의 사례가 소개되었다. 이후 이어진 모임에서는 활성화되지 못한 과거 사례들을 반면교사로 삼아 당장 사회적 일자리 사업을 준비하지는 않더라도 문래동에서 실제로 필요한 것이 무엇인지 논의하기로 합의하고 공통의 이익을 위한 그룹, 〈문래 서비스센터〉를 구성했다. 소식지 제작 및 배포, 블로그 운영, 소식 공유를 위한 게시판 설치, 공용 화장실, 환경 개선, 공용트럭, 지역화폐, 컴퓨터 수리가 첫 사업으로 결정되었다. 그러나 우선 회의체로 진행하기로 한 〈문래 서비스센터〉는 몇 번의 회의 후 과거 모임들이 그랬듯이 와해되었다. 2012년의 새로운 시도는 협동조합이었다. 2011년 말 협동조합기본법이 통과되면서 문래동 에서도 협동조합을 준비하는 모임이 시작되었다. 2012년 1월 문 래조합 스터디 모임으로 출발하여 문래동 예술가 전체 모임을 거 친 뒤 〈라운드 문래예술공단〉이라는 이름의 협동조합 준비모임 이 꾸려졌다.[112] 〈라운드 문래예술공단〉은 문래동 네트워크의 힘

---

112. 2012년 8월 8일 '협동조합 〈라운드 문래예술공단〉을 위한 집담회'를 위 해 작성된 두 가지 문서 ─ '지금! 여기! 문래 커뮤니티를 위한 제언'과 '협동조 합 〈라운드 문래예술공단〉 창립 취지문(초안)' ─ 는 이 조합의 지향점을 잘 보여 준다.

"우리는 어쩌면 탈락한 예술가, 탈주한 예술가들인지 모른다. 뚜렷한 기준을 갖지도 않으면서 예술을 경쟁시키는 그 주류로부터, 예술이 인간과 자연을 위 한 것이 아니라 자본과 겉치레를 위한 것으로 전락하는 세태로부터. 문화예 술을 핑계로 재개발을 촉진하려고 하는 모든 음모로부터.… 문래동에서 꿈꾸 지 않으면 어디서 꿈을 꿀 것인가? 이것이 내가 말하고자 하는 전부이다.

우리는 탈락/탈주한 자들이다. 우리는 그들의 꿈에 종속될 수 없는 자들이 다. 우리가 꾸는 꿈은 그들이 꾸는 꿈과는 다르다. 그러하기에 우리는 지금! 여 기! 문래동에 있는 것이다.… 우리는 우리 스스로 수평적이고 자율적이며, 공 평하게 운영되는 조직을 만들 수 없는가? 자립적 경제를 형성하고, 상부상조 할 수 있는 최소한의 공통적인 조직구조를 만들 수 없는가? 우리는 우리 스 스로를 조직화할 수 있는 능력이 없는가?… 자립적이고 자존적으로 문래동 에서 철공소와 함께 살기. 그것이 어쩌면 우리 모두의 공통의 예술작품인지 도 모른다"(김강, 「지금! 여기! 문래 커뮤니티를 위한 제언」, 협동조합 준비모 임 〈라운드 문래예술공단〉을 위한 집담회, 2012.8.8.).

"라운드 문래예술공단(이하 문래예술공단)은 문래동의 전통산업과 예술의 '공존도시'를 위한 예술가, 장인, 주민의 문화예술생산조합입니다. 또한 문래 예술공단은 창조적 네트워크의 관계를 통해 생산되는 모든 물적 정신적 재 화를 마을경제의 기본으로 삼습니다. 또한 문래예술공단은 서로의 필요와

을 인식하고 그것을 바탕으로 "탈락/탈주한 자들"의 자립경제를 꾸리고자 했다. 그러나 그 힘은 가능성으로만 남았다. 조합 준비 모임은 조합을 이루지 못한 채 준비모임으로 끝났다. 그 이후 문 래동에서 의미 있는 조직화 시도는 이루어지지 않았다. 반상회 문래예술공단부터 협동조합 라운드 문래예술공단까지 모든 전 체 모임은 오래가지 못했고 모임을 주도했던 여러 그룹은 문래동 을 떠나거나 내부 활동에만 집중했다. 이 일련의 시도들은 왜 지 속되지 못했을까?

오아시스는 스콰트라는 명확한 주제가 있었고 적어도 8·15 점거 전까지는 그 목표를 위해 굴러가는 사회 운동으로서의 성격 이 강했다. 그 운동에 참여한 이들은 스콰트의 의미, 문화부와 예총 의 부패 연대 등을 잘 인식하고 있었고 유사한 지향성을 공유했 다. 이렇게 오아시스가 하나의 운동이었다면 문래동은 생계가 더 중요한 곳이었다. 그곳의 예술가들은 스콰트라는 주제로 수렴되 지 않았고 정치적 지향이나 예술관이 매우 상이했다. 따라서 그 들을 연결한다는 것은 결코 쉽지 않은 일이었다. 물론 과거에 시 도된 이 전체 모임들이 동네에 수직적 위계를 만들고 그 정상을 차지하는 대표 모임 형태는 아니다. 그것은 수평적인 역할 분담을

(속도의) 차이를 이해하는 자유로운 연대를 통해 하모니를 이루는 민주주의 방식을 기본운영원리로 삼는 결사체입니다"(라운드 문래예술공단, 「협동조 합 〈라운드 문래예술공단〉 창립 취지문(초안)」, 협동조합 준비모임 〈라운드 문래예술공단〉을 위한 집담회, 2012.8.8).

위한 조직, 내·외부를 연결하는 소통 창구에 가까웠다. 그럼에도 전체를 연결해서 공동의 사업을 추진한다는 그 모임들의 취지는 성취되기 어려운 것이었다. 수평적인 역할 분담은 일상적인 (재) 생산 활동에서는 자연스럽게 일어났지만 그것이 공식화된 제도로서 시도되었을 때는 모두 실패했다. 이 일련의 시도에서 나타난 서로 간의 불신과 오해는 제도화에 대한 본능적인 거부에서 비롯된 반응이었을지도 모른다. 여하간 이 일련의 실패는 문래예술공단의 집합적 재생산을 위한 노력이 어떤 문턱을 넘어서지 못했음을 뜻한다. 그들은 대안적인 제도화를 이루지 못했고, 그들의 집합적 가능성은 충분히 발현될 수 없었다. 문래동 내부에서 그들은 네트워크로 연결된 공통인들이었지만 외부적으로는 계속해서 불안정 노동자로 남았다.

이처럼 임금 노동을 거부한 새로운 삶의 이면에는 불안정한 삶도 있었다. 자유와 불안은 한 몸이었다. 그들이 형성한 공통장은 화폐 수입에 대한 필요를 해결할 수 없었고, 임금 노동을 거부한 그들은 계속해서 비정기적인 일거리를 찾아야 했다. 이러한 점은 다양한 자본의 산물들이 재생산의 도구로 일상화된 도시적 삶에서 과거와 같은 공통장은 이루어지기 어렵다는 것을 뜻한다. 오늘날 도시는 영국 중세 장원과 다르다. 나무가 물질문화의 핵심이던 그곳에서 숲 공유지는 생계의 기반이 될 수 있었겠지만 현대 도시에서 특정한 자원의 공유만으로 삶을 지탱하기란 어렵다. 우리가 공통장이라는 말로 복가적인 삶을 주창하려는 게 아니라면 말이다. 우리가 일상적 삶을 위해 이용하는 다양한 상품들, 그리고 전기, 수도, 가스, 통신 등의 기반 시설과 임대 공간 등은 정기적인 사용료를 요구한다. 설령 우리가 어떤 공간을 점거하여 살아간다고 하더라도 화폐 수입에 대한 필요는 완전히 사라지지 않는다. 이러한 지점은 사회적 임금에 대한 필요를 가리키는 것처럼 보이지만 우리의 맥락에서는 공통장의 의미에 좀 더 주목할 필요가 있다.

우리가 살핀 예술가들은 공통장과 불안정 노동 사이를 부단히 오가는 사람들이었다. 이것은 한편으로 그들의 취약함을 드러내지만, 그러한 일거리도 공통장에 기대어 구할 수 있었다는 점은 다른 한편으로 공통장이 그 불안정 노동자들의 심리적·물질적 안전망이라는 점을 보여 주는 것이 아닐까? 그리하여 그 안전망이 그들로 하여금 – 자유와 한 몸인 – 불안을 피하지 않고 마주할 수 있게 하는 것은 아닐까? 상품으로 구조화된 도시적 삶에서 임금 노동이 아닌 공통장에 의지한다는 것은 어쩌면 불안과 대면할 용기를 필요로 하는 것인지도 모른다. 그리하여 어쩔 수 없이 불안정한 상황이 지속되더라도 말이다. 중요한 것은 그 용기가 개인적인 결단이 아니라는 것이다. 용기는 개인이 혼자서 낼 수 있는 것이 아니라 타자와 상호작용하는 가운데 창발하는 기운이다. 다시 말해서 고독한 개인에서 벗어나 네트워크의 마디가 될 때 우리는 용기를 얻는다. 문래예술공단은 어느 정도는 그렇게 용기가 창발하는 장으로 기능했다. 또한 그들은 네트워크에 연결되어 다양한 자원을 공유하면서 화폐 수입에 대한 필요를 어느 정도 줄일 수 있었다. 그러므로 공통장의 일원이 된다는 것은 그들이 어쩌면 무모하다고도 할 수 있는 선택, 즉 임금 노동을 거부하고 다른 양식의 삶을 시도할 수 있는, 그런 용기를 낼 수 있는 토대였다. 비록 공통장을 통해 생계를 완전히 해결하는 것은 불가능했지만, 다른 삶을 구상할 수 있는 버팀목은 될 수 있었다. 랩39R이 없었다면 그곳을 숙소로 삼았던 시나리오 작가는 당장 취업 전선에 뛰어들어야 했을 것이다. 요컨대 공통장은 임금 노동을 거부한, 혹은 그것에서 배제된 예술가들이 완전히 자립할 수 있는 기반은 될 수 없었을지라도 새로운 삶의 양식을 시도할 수 있는 정거장은 될 수 있었다. 그리고 우리는 그러한 시도 속에서 또 다른 공통장이 생성되리라고 기대할 수 있다.

그러나 문래예술공단의 경우 좀 더 안정적인 기반을 마련하기 위한 조직화가 실패로 돌아가면서 네트워크의 잠재력은 제한될 수밖에 없었다. 그러한 조직화가 실패하고 소모임들이 각자 활동을 이어가는 가운데 2010년 1월 문래예술공장이 문래동에 들어섰다. 이것은 문래동 생태계 그래프에서 중요한 변곡점을 이루는 사건이었다.

전략 공통장의 출현

오아시스와 문래예술공단은 모두 예술가의 작업 공간을 둘러싼 문제를 새롭게 환기시켰다. 오아시스가 예술가의 작업할 권리를 이야기했다면 문래동은 예술가들의 활동이 가진 잠재력을 보여 주었다. 여기에 국가가 대응하는 혹은 접근하는 방식은 그것을 거부하거나 무시하는 것이 아니라 오히려 그것을 포용하여 새로운 도시 전략으로 전유하는 것이었다. 서울시창작공간 사업은 대표적인 사례다. 이 사업은 문화예술의 힘을 끌어안고 당면한 도시 문제를 해결하고자 했다. 그러한 도시 정부의 접근을 우리가 전략 공통장이라고 부른다면 그것이 개입하는 지점은 어디인가?

오아시스와 문래예술공단은 두 가지 공간을 창출한다. 하나는 점거나 작업을 통해 새롭게 창출되는 실제 공간이다. 여기에는 물리적인 공간뿐 아니라 그와 연관된 커뮤니티와 활동까지 포함된다. 또 하나는 실제 공간 위에 떠 있으면서도 긴밀하게 얽혀 있는 담론 공간이다. 이곳은 스쾃의 사회적 가치, 빈 공간이 품고 있는 잠재력, 새로운 삶의 실험 등 복잡한 문제들이 제기되고 논의되는 공간이다. 앞서 살펴본 것처럼 이 두 공간은 서로를 지지하는 형태로 움직이는데, 가령 예술가들의 점거는 예술가들의 권리와 관련된 담론을 생성하고 여기서 사회적으로 인정된 권리는 다시 예술가들의 점거를 뒷받침할 수 있다. 그러나 국가의 개입은 담론 공간을 실제 공간에서 좀 더 떼어 놓는다. 그 과정에서 담론 공간의 복잡한 문제들은 단순하게 치환되거나 다르게 전유된다. 스쾃이 제기하는 복잡한 문제들은 단순히 작업 공간의 필요라는 문제로 축소될 수 있고 문래동 예술가들의 집합적 활동은 도시재생 정책의 한 요소나 새로운 관광 자원으로 코드화될 수 있다.

예술가들의 활동은 무엇보다 새로운 환경을 구성한다. 의도했든 그렇지 않든 그들은 이전과는 다른 환경을 만들어낸다. 이것은 해당 지역을 다른 지역과 구별 짓게 만드는 힘으로 작용한다. 그에 따라 그곳은 무언가 '색다른' 장소로 부상한다. 문래동은 이제 예술촌, 예술의 발산지 등으로 홍보되고 알려지기 시작한다. 담론 공간이 변형되는 지점이다. 이제 새로운 가상의 장소가 만들어지기 시작한다. 현실에서 유리된 이미지가 널리 퍼지고 그것에 기초하여 각종 정책이 전개되며 결국에는 실제 공간을 바꾸기 시작한다. 우리는 어쩌면 정말로 이미지 속에 살고 있다. 이미지는 실재의 단순한 재현이 아니라 실재를 바꾸는 힘으로 작용한다. 그 이미지가 바로 컬처노믹스 전략 등으로 대표되는 전략 공통장이 등장하는 배경이다. 이 이미지는 현실과는 다른 모습이지만 완전히 벗어나 있는 것은 아니다. 예술가들의 전술 공통장이 없다면 그 이미지는 만들어질 수 없기 때문이다. 이 둘 사이의 관계는 분리되어 있으면서 결합되어 있다. 여기가 전략 공통장이 개입하고, 갈등이 벌어지는 지점이다.

4 장

전략 공통장 :
창의문화도시와 서울시창작공간

—— 서울시의 전략 공통장
—— 공통장을 둘러싼 갈등
—— 자본의 요인으로서의 공통장
—— 전략 공통장의 함의

서울시의 전략 공통장

상술한 바와 같이 공통장은 특정한 가치 실천을 행하는 주체들이 생산하는 장이다. 오아시스와 문래동의 예술가들은 공간, 예술, 네트워크를 공통화하는 실천을 통해 경쟁 시장과는 다른 ─ 비록 시장으로부터 완전히 독립적이지는 않다고 해도 ─ 방식으로 그들의 삶과 예술을 집합적으로 재생산했다. 그 실천은 사유가 아닌 공유를 통해, 고립된 개인이 아니라 자가 증식하는 네트워크를 통해 이루어졌고 이를 통해 화폐의 축적과는 다른 것을 가치화했다. 이것은 부를 사회적으로 생산하는 다른 원리였고, 이때 부는 상품의 집적으로 환원될 수만은 없는 것이었다. 그러나 이들의 가치 실천은 기존의 사회에서 동떨어져 이루어지는 것이 아니라 어떤 식으로든 지배적인 가치 실천, 즉 화폐 축적을 가치화하는 자본의 가치 실천과 연결되었고, 이는 오아시스와 문래예술공단이 생산한 공통장이 전유되는 과정이기도 했다.

창의문화도시 마스터플랜

오아시스는 작업실을 둘러싼 담론 공간을 생성했다. 이 작업실 담론은 일차적으로는 작업 공간을 구할 수 없는 예술가들의 상황을 반영한 것이었다. 그러나 오아시스가 단순히 물리적인 공간만을 원한 것은 아니었다. 오아시스의 예술가들은 알터나씨옹의 스콰터처럼 "기존 사회가 원하는 방식으로 삶을 살아가야 하

는 이유를 갖고 있지 않"았고, 그러한 이유에서 이들을 움직인 동
력은 무엇보다 다른 삶과 예술을 향한 욕망이었다. 빈 공간은 그
욕망의 실현을 위한 재화였을 뿐, 그 자체가 목적이 될 수는 없었
다. 그러나 이들의 욕망은 도시 정부의 전략과 만나면서 왜곡되
기 시작했다. 예술가들에게 중요한 것은 다른 삶을 살아가는 것
이었지만 도시 정부에게 중요한 것은 도시의 경쟁력이었다.[1] 이렇
게 서로 다른 가치 실천이 부딪히면서 작업실 담론은 예술가들에
게 작업 공간을 제공하는 것으로 환원되었다. 물론 이것은 어떻
게든 도시의 경쟁력을 향상시켜야 할 것이었다. 서울시창작공간
은 그 대표적인 사업이다. 먼저 이 사업의 모태가 된 창의문화도
시 계획을 살펴보자.

서울시창작공간은 2008년 민선 4기 서울시의 '창의문화도시'
계획에 따라 조성되었다. 이 계획은 "'창의'와 '문화', '경제'를 계획
기조로 하여" "컬처노믹스"Culturenomics라는 추진전략을 설정하
고 이를 통해 "창의문화도시 서울"이라는 비전을 제시했다.[2] 창의

---

1. 2009년 12월 서울시창작공간 중 하나인 문래예술공장 개관을 앞두고 열린
   토론회에서 당시 문래예술공장 총괄 매니저는 창작공간 사업을 이렇게 설명
   했다. "서울시창작공간 조성사업은 창의문화도시 구현을 위한 서울시 컬처노
   믹스 전략에 따라 예술가와 시민의 창조적 능력을 증폭시킴으로써 도시의 국
   제 경쟁력을 높이기 위한 사업입니다."(박수진, 「예술로 도시를 재생하리라! 문
   래예술촌의 새로운 중심」, 2009 문래 연속 토론회 #2 '문래동을 말한다_문래
   예술공장과 문래동의 상생 전략' 발제문, 2009. 강조는 인용자의 것.
2. 서울시, 『창의문화도시 마스터플랜』, 2008, 13쪽.

비전	창의문화도시 서울

생활공간에 문화예술이 물처럼 공기처럼 흐르는	예술도시
도시공간에 디자인을 매개로 문화의 품격을 입히는	디자인도시
문화산업을 육성하여 문화자본을 축적하고 일자리를 창출하는	창조도시
창의인구가 몰려오고 관광객과 글로벌기업이 늘어나는	세계도시

목표	세계수준의 창의문화인구 창출 디자인을 통한 브랜드 가치창조 창의를 바탕으로 문화산업 육성 도시매력 창출로 관광경쟁력 강화

창의문화인구 (70만명)	도시브랜드 (20위권)	문화산업 (세계 5위)	관광경쟁력 (20위권)
서울 42만('06) 비중 8.5%	서울 44위('06) 건축물 등 도시의 외관상 매력 54위	세계 9위('06) 비중 2.4%	세계 31위('08) ·가격 106위 ·자연자원 80위
런던 55만명 비중 12%('05)	17위 베를린 22위 동경	5위 중국 5.4%	10위 프랑스 23위 일본

그림 1. 창의문화도시 마스터플랜의 비전과 목표
출처: 서울시, 『창의문화도시 마스터플랜』, 12쪽.

와 문화와 경제는 어떻게 결합되는가? 〈그림 1〉을 보자. 창의문화도시 서울은 예술 도시, 디자인 도시, 창조 도시, 세계 도시라는 하위 범주로 나뉜다. 이 네 범주는 긴밀하게 얽혀 있는데, 간단히 요약하면 우선 "문화예술이 물처럼 공기처럼 흐르"게 하고(예술 도시), "디자인을 매개로" 이 문화에 "품격을 입"한다(디자인 도시). 이는 "창의인구가 몰려오"게 하든 "세계수준의 창의문화인구"를 "창출"하든 창의인구의 확대에 기여할 것이었다. 이를 통해, 즉 "창의를 바탕으로" 문화산업을 육성하고 "일자리를 창출"하며(창조 도시), "관광객과 글로벌기업"을 유치한다(세계 도시). 한마디로 요약하면 창의를 통해 도시 경쟁력을 강화한다는 비전이다. 〈그림 1〉에서 제시된 "창의문화인구(70만 명), 도시브랜드(20위권), 문화산업(세계 5위), 관광경쟁력(20위권)"이라는 양적 목표는 창의문화도시 마스터플랜이 전지구적인 도시 위계에서 더 높은 지위를 차지하기 위한 계획이라는 것을 보여 준다. 또한 이것은 각각의 위상을 갖고 있는 것처럼 보이는 네 개의 범주가 실은 경제라는 범주로 환원된다는 것을 뜻한다. 실제로 '창의문화도시 서울'이라는 비전을 달성하기 위해 이른바 "컬처노믹스"가 핵심 전략으로 채택되었고, 이것은 "문화를 원천으로 고부가가치를 창출하고 도시의 경쟁력을 높이는 것"[3]으로 정의되었다. 창의문화도시 마스터플랜에 담긴 당시 서울시장 오세훈의 소개사를 살펴보자.

존경하는 시민 고객 여러분.

지난 1월 저는… 2008년을 서울이 창의문화도시로 거듭나는 해

---

3. 같은 책, 14쪽.

로 삼겠다는 비전을 밝힌 바 있습니다. 그리고 그 핵심 전략으로 문화를 원천으로 고부가가치를 창출하고 도시의 경쟁력을 높이는 '컬처노믹스'를 주창한 바 있습니다.…기능을 넘어 감성이 지배하는 21세기, 도시도 이제 양적인 성장만으로는 더 이상 글로벌 경쟁력을 갖출 수가 없습니다. 세계인들의 감성을 끌어 당길 만한 핵심 기반, 서울만의 '매력'이 필요합니다. 그러한 서울의 매력을 만들어 내기 위한 해법을 서울시는 '문화'에서 찾고자 합니다.…디자인을 통해 도시 공간에 문화적 품격을 높일 것입니다. 문화 산업을 육성해 서울만의 문화자본을 축적하고 새로운 일자리를 창출할 것입니다. 이러한 문화는 더 이상 배부른 사치가 아닙니다. 문화의 이미지가 없는 도시에는 관광객도, 외국인 투자자도 찾아오지 않습니다. 도시가 문화의 옷을 입어야 그 도시에서 만든 제품의 가치가 올라가고 관광객과 외국인 투자가 늘어납니다. 문화는 곧 경제인 것입니다. 이것이 바로 제가 주창하는 컬처노믹스의 핵심입니다.[4]

서울시의 컬처노믹스를 간단히 소개한 이 글에서 문화는 "서울의 매력을 만들어 내기 위한 해법"이며 그 매력은 도시의 "글로벌 경쟁력"을 갖추기 위한 요건으로 제시된다. 그렇게 경쟁력을 갖춘 도시가 되어야 "그 도시에서 만든 제품의 가치가 올라가

---

4. 같은 책.

고 관광객과 외국인 투자가 늘어"날 수 있다. 요약하면 컬처노믹스는 '문화와 디자인 → 매력 창출 → 도시 경쟁력 강화 → 관광객과 외국인 투자 유치'로 이어지는 논리 구조를 갖는다. 즉 요점은 도시 자체를 "문화의 이미지"로 새롭게 재구성하는 것이다. 이것은 도시 자체를 대상으로 삼는다는 점에서 기존의 도시 발전 계획과는 차별성을 띤다. 데 안젤리스에 따르면 "전지구적인 경쟁적 투쟁이 한 국가가 자신의 국경 안에 얼마나 많은 자본을 유치하고 유지할 수 있는가의 측면에서 부분적으로 일어남에 따라 ― 산업 경쟁력이나 분야 경쟁력이 아니라 ― 사회 경쟁력이 점점 전략적 중요성을 획득한다."[5] 마찬가지로 창의문화도시 마스터플랜은 새로운 단계의 경쟁력을 강조한다. 단순히 한 산업 부문의 경쟁력이 아니라 도시 자체가 경쟁력을 갖추어야 한다고, 즉 사회 자체가 새롭게 일신되어야 한다고 주문하는 것이다.

거기에 더해 경제적인 효능에도 관심을 기울여야 합니다. 문화는 도시의 브랜드 이미지를 만들어냅니다. 품격 있는 문화이미지는 수출로 살아가야 하는 한국에 정말 중요합니다. 한국의 문화국가 이미지를 만들려면 대표도시인 서울이 문화도시가 되고, 서울시민이 문화시민이라고 하는 인정을 국제사회에서 받아낼 때 그런 부가가치화가 가능할 겁니다. 서울시를 좀 더 문화도시로

---

5. 데 안젤리스, 『역사의 시작』, 397쪽.

가시적으로 보여줄 수 있는 형태가 필요합니다. 디자인을 강조하는 것도 같은 맥락입니다.[6]

"품격 있는 문화이미지"가 "수출로 살아가야 하는 한국"에 중요한 까닭은 무엇인가? 수출로 살아간다는 건 상품을 해외에 판매한다는 뜻이므로 이 말은 어떤 "이미지"가 상품의 부가가치화를 가능하게 한다는 뜻이다. 우리는 그 브랜드가 사회적 공장에서 생산되는 가장 중요한 가치 성분이라는 점을 살펴보았다. 그러나 오세훈 인터뷰의 특이한 지점은 그가 도시의 브랜드 가치와 도시에서 생산되는 상품의 브랜드 가치를 연결시킨다는 점이나. 특정 산업이 도시의 이미지를 만들었던 것 ─ 예를 들어 흔히 파리＝패션이라는 등식을 떠올리는 것처럼 ─ 과는 달리 여기서는 관점의 역전이 시도된다. 이제 도시의 이미지가 산업(과 그 상품)의 상징적 가치를 생산할 것이었다. 그 이미지를 갖추기 위해 차례로 과제가 주어진다. "대표도시인 서울이 문화도시가 되"어야 할 뿐 아니라 "서울시민"도 "문화시민이라고 하는 인정을" 받아야 한다.[7]

---

6. 김승현, 「오세훈 "문화도시 이미지, 경제효과로 이어져" 놉브랜딩 "창의적 인재 키우려면 예술교육 필수"」, 『문화일보』, 2008년 12월 6일 수정, 2024년 2월 1일 접속, https://www.munhwa.com/news/view.html?no=2008120601031830028010.
7. 이러한 점에서 앞서 인용한 오세훈 시장의 소개사 끝부분은 의미심장하다. "아무쪼록 시민고객 여러분의 많은 관심과 협조를 당부드립니다. 특히 서울시가 제공해 드리는 무료 혹은 저렴한 가격의 다양한 문화예술 공연을 부지런

즉 도시가 문화도시로 재구성되고 서울시민의 삶이 문화적으로 재편될 때 도시의 브랜드가, 경쟁력이 향상된다는 것이다. 요컨대 창의문화도시 마스터플랜은 도시 경쟁력 향상을 위해 도시와 도시민의 삶에 "문화의 옷"을 입혀 가꾸고자 하는 총체적인 기획이다. 여기서 문화가 도시 경쟁력을 위해 도구화되는 것은 말할 필요도 없다. 창의도시가 문화예술 프로그램을 시민들에게 제공한다고 하지만 그런 계획들이 모두 도시 경쟁력 향상에 기여하는 방안으로서 고려되기 때문이다. 이것은 경제 발전, 일자리 창출이 도시 정부가 추구할 수 있는 최선의 이상이며, 그에 따라 다른 모든 업무들은 경쟁력 강화의 일환이 되었다는 것을 뜻한다.

〈표 6〉은 이를 위해 설정된 10대 핵심추진과제를 정리한 것이다. 유휴시설을 문화예술공간으로 조성하고, "유구한 역사를 복원하여 서울의 매력을 만들어 나가"기 위해 서울의 구舊 산업 시설, 역사, 문화, 자연 자원이 동원된다. 그뿐만 아니라 도시의 거리와 경관이 시각적으로 "개선"되고 관광지가 개발되며 관광객을 위한 편의시설과 "환대분위기"가 조성된다. 이러한 사업들은, 도

히 찾아서 마음껏 즐겨 주십시오. 그리고 문화도시 서울에 산다는 자부심, 문화시민이라는 자긍심을 충분히 느껴 주십시오. 시민고객 여러분의 그러한 협조 속에 우리 서울이 세계적인 문화도시로 거듭날 수 있도록 서울시는 더욱더 노력하겠습니다." 서울이 "세계적인 문화도시로 거듭"나기 위해서는 "시민고객"의 협조가 필요하다. 시민은 여기서 "고객", 즉 소비자로 호칭되지만 문화예술 공연을 관람함으로써 스스로 "문화시민"으로 거듭나야 하고 이를 통해 서울을 "세계적인 문화도시"로, 다시 말해 글로벌 경쟁력을 갖춘 도시로 바꾸는 생산자다.

범주	10대 과제	세부 과제
예술적 창의 기반	1. 유휴시설이 문화예술의 창의발신지로 바뀝니다.	1. Art Factory(예술공장) 2. 장르별 창작 스튜디오 3. 창작 아케이드 4. 남산문화예술 창작 클러스터 5. 재개발지역 내 레지던스형 창작 스튜디오
	2. 유구한 역사를 복원하여 서울의 매력을 만들어 나가겠습니다.	1. 삼국시대 유적 복원 및 역사탐방로 2. 성곽복원을 통한 유네스코 세계문화유산 '역사도시' 등록 3. 근·현대 문화유산의 복원 및 활용 4. 역사문화도시 서울의 자산, 북촌 한옥경관의 회복 5. 성북동 전통문화 체험 지대
	3. 문화예술에 대한 기업투자를 활성화하겠습니다.	1. 예술펀드 2. 서울 아트 시드(seed) 3. 완성보증보험제도 도입 4. 민간 문화시설 투자 활성화
도시의 문화 환경	4. 서울을 상징하는 문화 특화지역을 육성하겠습니다.	1. 도심 4축을 문화예술특화거리로 2. 문화자원 밀집지역을 특화지역으로
	5. 한강을 물과 사람이 만나는 서울상징 문화공간으로 만들겠습니다.	1. 용산국제업무지구 조성 2. 마곡 도시개발사업 3. 한강 4대지천 지역 활성화 4. 지구단위계획을 통한 복합문화시설 확대 5. 한강을 자연친화적인 생태문화공간으로 6. 도심 하천의 문화공간화 River 르네상스
	6. 문화갈증을 해소하기 위해 곳곳에 문화의 샘을 만들겠습니다.	다목적 공연장, 야외공연장, 대중음악·뮤지컬 공연장 등 건립
	7. 물처럼 공기처럼 생활 속에 문화가 흐르도록 하겠습니다.	1. 서울대표축제(Hi Seoul Festival) 개발·육성 2. 일상의 생활문화 환경 조성 3. 문화마인드 함양을 위한 시민문화예술교육 4. 녹지공간과 연계한 문화공간 5. IT와 문화의 새로운 만남 6. 문화시정 홍보·마케팅 역점 추진

	8. 서울을 세계 최고의 디자인 도시로 만들겠습니다.	1. 서울디자인올림픽 2008 추진 2. 서울의 정체성 확립을 위한 아이덴티티 개발 3. 서울의 야경경관 개선 4. 시민들이 쉽고 편안하게 즐길 수 있는 공공 디자인 5. 서울의 지하철 환경 개선으로 도시 이미지 제고 6. 디자인서울거리 조성사업 7. 간판이 아름다운 거리 8. 동대문디자인플라자 건립 9. WDC 서울 2010 추진 10. 매력만점 건축물 디자인 향상
도시 가치와 경쟁력	9. 문화의 창의를 바탕으로 문화산업을 육성하여 일자리를 창출하겠습니다.	1. 게임·애니메이션 산업 2. 영화산업 3. 디자인 산업 4. 서울패션산업
	10. 관광객 1,200만 시대를 열어 서울경제에 활력을 불어넣겠습니다.	1. 관광하고 싶은 매력 있는 명소 업그레이드 2. 남산르네상스 추진 3. 관광객이 쉽게 접근할 수 있도록 편의시설과 수용태세 개선 4. 관광객에게 편안함과 감동을 주는 환대분위기 조성 5. 서울만의 독특한 매력을 갖춘 다양한 관광상품 개발 6. 서울의 관광 브랜드 가치를 높이기 위한 다방면의 마케팅 활동

표 6. 서울시 창의문화도시 마스터플랜 10대 핵심추진과제
출처:서울시, 『창의문화도시 마스터플랜』, 15쪽.

시의 경제 발전이 공장과 사무실의 생산성 증대만으로 이루어지는 것이 아니라 도시 전체를 재구성함으로써 사회적으로 이루어진다는 창의문화도시 전략의 전제를 다시 한번 보여 준다. 그 전략에 따르면 서울이 지닌 역사·문화·자연 자원, 도시 인구가 만

들어 내는 거리의 활력 등이 이 도시를 '창의문화도시'로 생산해 낼 것이다. 이러한 점에서 서울은 하나의 사회적 공장으로 전제되고, 그 공장은 "문화의 이미지"라는 공통재를 생산할 것이며, 그 공통재는 서울의 도시 경쟁력 강화와 경제 발전의 밑거름이 된다.

이 공장의 노동자는 바로 '문화의 옷'을 입고 활동하는 도시민들이다. 이들은 "서울시가 제공해 드리는 무료 혹은 저렴한 가격의 다양한 문화예술 공연"을 관람하면서, 혹은 그 문화예술행사를 진행하면서 "문화의 이미지"라는 공통재를 생산하는 사회적 노동력이다. 이로써 도시민들의 삶 활동은 노동으로 전환된다. 이처럼 창의문화도시 마스터플랜은 도시민들의 문화적 실천을 도시 발전의 토양으로 절합하고자 하는 전략적 실천이다. 그 과정에서 도시민들이 생산하는 공통재는 도시 경쟁력 향상을 위한 도시 정부의 전략으로 흡수될 수 있다.

서울시창작공간

이처럼 "서울만의 '매력'"을 위해 10대 핵심추진과제가 설정되었는데 그중 첫 번째가 유휴시설을 "문화예술의 창의발신지"로 바꾸는 것, 즉 이른바 "아트 팩토리"Art Factory 조성사업이었다. 이후 서울시창작공간으로 불리게 되는 이 사업은 "근대산업시대의 유산인 공장이 떠난 자리에 아트 팩토리를 조성해 국내외 예술인의 창작과 교류공간과 함께 공장 지역의 독특한 이미지에 예술성이 접목된 독창적이고 실험적인 문화명소를 만들어 지역 재생의 거점"[8]이 되도록 하는 것을 목표로 삼았다.[9]

서울시창작공간 이전에도 예술가들에게 작업 공간을 지원하는 사업은 물론 있었다.[10] 그러나 초창기의 예술 창작 공간 지원 사업이 '작업실 지원'과 '창작 진흥'을 중심으로 했다면 2000년대 후반의 지원 사업은 '도시재생'과 '지역사회와의 관계'가 추가된 형태를 띤다는 점에서 차이를 드러낸다.[11] 서울시의 창의문화도시 계획과 그에 따른 컬처노믹스 전략 연구를 담당했던 서울연구

---

8. 서울시, 『창의문화도시 마스터플랜』, 16쪽. 강조는 인용자의 것.

9. 근대산업 시설의 이러한 재활용은 물론 당시 이미 전 세계적으로 유행하던 흐름을 쫓은 결과였다. "오세훈 시장은 [2008년] 2월4일(월) 〈현지시간〉 유럽순방의 첫 방문지로 독일 에스링겐의 다스 딕을 방문했다. 이곳은 폐허가 된 공장 건물을 최대한 보존하여 영화관, 식당가, 쇼핑센터, 스포츠센터 등 시민복합 문화공간을 만든 "보존과 개조"의 시범적 모델이 되는 곳으로, 공업도시에서 예술도시로 변모한 흔적을 그대로 살려, 과거 공산품을 생산하는 도시에서, 예술을 생산하는 도시로의 이미지 전환에 성공한 곳이다. 다스딕의 "보존은 최대한, 개조는 최소한, 하지만 매력적이고 실용적인 공간으로의 성공적 변신"은 서울시에서 추진하는 창의문화도시 프로젝트의 하나인 "재생과 활용"이라는 전략과 맥을 같이 하고 있어 다음과 같은 서울시 시책을 추진함에 있어 다스딕을 벤치마킹하고자 한다"(서울시 보도자료, 「오세훈 시장, "보존과 개조의 도시" 다스 딕 방문」, 〈문화정책과〉, 2008년 2월 5일 수정, http://www.seoul.go.kr/culture/2006_culture/newsdata/newsdata/1253438_14041.html).

10. "정부가 '예술 창작 공간 확충사업'의 일환으로 미술창작스튜디오 조성사업을 추진한 것은, 한국문화예술진흥원이 충남 논산과 인천 강화 2곳에 폐교를 활용한 미술 창작실을 조성한 1997년부터이다"(양건열, 『미술창작스튜디오 운영활성화 방안』, 한국문화관광정책연구원, 2004).

11. 서울문화재단, 『서울문화생태계 활성화를 위한 창작공간의 전략』, 2014, 23쪽.

원의 연구원 역시 이 차이를 아래와 같이 강조한다.

> [이전] 창작스튜디오가 말 그대로 작가들의 전업 공간이라면, '아
> 트 팩토리'는 △프로젝트의 창구이거나 △지역개발·발전의 창구
> 라는 점에서 접근했다. 또한 창작스튜디오가 부족한 여건에 처
> 해 있는 작가들을 도와주는 '지원공간'이라면, '아트 팩토리'는 사
> 업을 위한 공간, 즉 '프로젝트를 위한 공간'이란 차원에서 접근했다.
> 때문에 운영의 원리는 다르다고 보는 게 좋을 것 같다.…아트 팩
> 토리는 그것이 어디에 있든 분명한 것은 '작가들을 위한 공간'이
> 아니라 '지역, 주민, 그리고 시민을 위한 시설'이란 점이다. 달리 말
> 해 그 운영 목표는 작가들의 원활한 작업 수행이 아니라, 서울을
> 예술적 문화적 장소로 만드는데 있어 필요한 기반·시스템적 시
> 설이라는 점이다.[12]

"예술인의 창작과 교류공간"이지만 "작가(예술가)들을 위한
공간"은 아닌 그곳에서 예술가들의 활동은 다른 무언가로, "지역
재생"이라는 "프로젝트"를 위한 것으로 환원되어야 했다. 그에 따
라 예술가들의 예술 활동은 그 자체가 목적이라기보다 지역 재생
을 위한 도구이자 '노동'이 된다. 이 지역 재생이란 무엇인가? 도시

---

12. 라도삼, 「(문래동) 아트 팩토리의 역할과 기능, 운영방향에 대한 소고」, '창
　　작공간조성을 위한 정책 세미나, 아트 팩토리 어떻게 할 것인가' 토론문,
　　2008.12.18., 27~8쪽. 강조는 인용자의 것.

재생은 일반적으로 문제해결이 필요한 지역에서 물리적·환경적·사회적·경제적·문화적 환경 여건을 지속적으로 개선하는 통합된 정책과 행동양식으로 정의된다.[13] 따라서 "지역, 주민, 그리고 시민을 위한 시설"이자 "서울을 예술적 문화적 장소로 만드는 데 있어 필요한 기반·시스템적 시설"로 정의된 아트 팩토리는 도시재생을 위한 하나의 도구로 보아도 무방할 것이다. 이 정의는 아트 팩토리의 지향점이 복합적이라는 것을 보여 준다. 아트 팩토리는 "작가(예술가)들을 위한 공간"은 아니었을지도 모르지만 어쨌든 예술가들이 작업을 위해 사용하는 공간이었고, 또한 주민을 위한 시설이자 지역 재생의 거점이었다. 즉 예술 창작 지원, 시민 문화 향유, 지역 재생, 이 세 가지가 서울시창작공간의 주된 목표라고 할 수 있다.[14] 그러나 앞의 두 가지 목표는 마지막 목표, 즉 지역 재생으로 수렴된다. 서울시창작공간의 본래 목표가 유휴산업 시설을 활용하여 지역을 활성화하는 것, 즉 빈 공간을 개조하거나 신축하여 예술가들에게 제공하고 이들의 활동을 지역 주민들에게 공유함으로써 지역의 활력을 도모한다는 것이기 때문이다.

---

13. Peter Roberts & Hugh Sykes, *Urban Regeneration*, Sage Publications, 2000, pp. 19~22.
14. "서울시창작공간은 공간조성 및 운영을 해오면서 예술창작지원 외에도 시민들의 문화향유 확대와 지역 활성화(도시재생)이라는 세 마리 토끼를 잡아야 한다는 지역적, 정책적, 시대적 요구는 물론 각 공간별 특성화와 통합적인 운영전략, 민관거버넌스 등 다양한 숙제들이 주어졌습니다"(서울문화재단, 『2011/2012 서울시창작공간 백서』, 2013, 20쪽).

요컨대 서울시창작공간은 예술가와 도시민의 활동을 지역 활성화에 연결하는 장치다. 그에 따라 서울시창작공간은 창의문화도시 마스터플랜이 구상하는 사회적 공장에 하나의 조립라인으로 배치된다. 이 조립라인은 예술가들에게 노동(창작)할 수 있는 생산수단(작업 공간, 작업에 필요한 장비 등)을 제공한다. 이 조립라인의 생산물은 예술가들의 작품에 한정되지 않는다. 그 작품을 관람하고 다양한 "주목"을 유발하는 주민들의 활동이 어우러져 만들어 내는 '문화의 이미지'가 창의문화도시 마스터플랜의 관점에서는 어쩌면 더 중요한 생산물이다. 그것이 "서울을 예술적 문화적 장소로 만"들어 줄 것이(라고 여기)기 때문이다. 여기서 예술가의 창작 의도나 작품의 성격은 문화적 풍경의 생산에서 중요하지 않다. 문화적 풍경의 생산은 예술가나 주민의 의도에 따른 것이 아니라, 그들의 문화적 활동을 유도하는 조립라인의 성격에 따른 것이기 때문이다.

우리의 관점에서 중요한 것은 이 조립라인이 공통장을 모의한다는 것이다. 실제로 그곳은 우리가 정의한 공통장의 세 가지 요소를 갖추고 있다. 첫째, 자원의 공동이용 : 서울시창작공간 중 하나인 문래예술공장의 경우 공동작업장(스튜디오M30), 박스씨어터, 포켓갤러리, 녹음실, 영상편집실, 예술가호스텔, 세미나실, 회의실 등을 예술가는 무상으로 혹은 저렴하게 이용할 수 있다. 둘째, 노동의 사회적 협력 : 예술가들의 창작 활동은 주변 예술가들과의 협력 관계 속에서, 또한 작업 공간과 장비를 관리하는 노동자의 도움을 받아 이루어진다. 셋째, 공동체: 문래예술공장의 경우 철공소 노동자, 주민, 지역 예술가가 참여하는 운영위원회가 문래예술공장의 운영에 관여한다.[15] 이것은 문래예술공장의 운영 원리가 공통장의 작동 방식에 기대고 있음을 보여 준다. 그러나 그것은 본래 문래동에서 자율적으로 형성된 전술 공통장을 창의문화도시 전략에 절합하기 위해 고안된 것이다. 그러한 점에서, 즉 예술가와 주민의 활동을 문화적 풍경의 생산에, 즉 "서울의 매력"의 생산에 절합한다는 점에서 이것은 전략 공통장이라 할 수 있다.

우리는 앞에서 가사노동이 숭고한 사랑에 의한 행위로 여겨지면서 착취되는 것과 마찬가지로 예술노동은 예술=선의 지위를 획득하면서 착취된다는 점을 이야기한 바 있다. 사랑이나 선함은 보통 본성(자연)에 따른 행위로 간주된다. 전략 공통장은 그렇게 주체들의 활동을 자연적인 것으로 상정함으로써 무상으로 흡수할 수 있다. 이러한 자연화는 자본이 여성의 가사노동과 양육 노

---

15. "2013년 문래예술공장은 그동안의 성과를 토대로 지역과의 좀 더 적극적인 스킨십을 시도하고자 한다. 이제 예술사업의 밑그림부터 채색까지 문래동의 다양한 구성원과 함께 진행하려는 것이다. 그 첫 번째 노력으로 지난 1월 문래예술공장을 공동으로 운영할 예술촌 운영위원이 선출되었다. 의례 관에서 진행하는 특정 몇몇 대표인단의 추천구성이 아니라, 예술가 모두가 추천권을 가지고 스스로 또는 이웃예술인을 추천했다. 그리고 2회의 열린 포럼을 통해 동네 구석구석의 의견까지 반영하여 최종 운영위원을 결정하였다. 예술가뿐만 아니라 58번지 철공골목의 터줏대감 사장님, 동네 아파트 주민, 영등포 구청 관계자까지 다양한 사람들이 운영위원회의 일원이 되었다"(같은 책, 17쪽).

동을 무상으로 전유하여 노동력 재생산 비용을 줄일 수 있는 전 제조건이다. 창의문화도시 플랜 속 예술가와 주민의 활동 역시 이와 비슷하게 규정된다. 예술가들의 예술 활동은 '예술가'라는 명명과 함께 그들의 내적 욕구에 따른 자연적인 것으로 상정되며, "시민 고객"의 예술 향유 역시 자연스러운 활동일 뿐 아니라 심지 어는 당위로 부여된다. 그래야만 "문화시민이라고 하는 인정을 국 제사회에서 받아"낼 수 있고, 그래야 "부가가치화"가 가능하(다고 믿)기 때문이다. 이 자연화의 토대 위에서 예술가들에게 노동(창 작)할 수 있는 생산수단(작업 공간과 장비 등)을 지원하는 일은, 결과적으로 시민들에게 문화 향유의 기회를 제공하는 일은 매우 '자연스러운' 일이다. 그리고 그러한 자연화를 토대로 한 예술 공 장(아트 팩토리) 안에서 예술가와 주민이 자발적으로 비임금 노 동(창작과 향유)을 수행하는 것 역시 '자연스럽다.' 예술 공장이 목표로 하는 생산물 중 하나가 도시에 입힐 수 있는 '문화의 이미 지'이고, 그 공장에서 예술 활동을 하는 예술가와 주민들은 실제 로 그 이미지를 생산한다는 점에서 정말로 노동자임에도 불구하 고, 예술 노동의 자연화와 더불어 그들의 노동은 무상으로 전유 된다.

예를 들어 서울시창작공간에서 진행하는 오픈스튜디오 프로 그램을 보자. 말 그대로 예술가의 작업실을 개방(오픈)하는 이 프 로그램은 서울시창작공간에 입주한 예술가들에게 의무사항으 로 주어진다. 예술가는 오픈스튜디오를 위해 자신의 방을 청소하거나, 작업을 적당히 배치하거나, 혹은 평소와는 다르게 색다른 방식으로 꾸밀 수도 있을 것이다. 그리고 손님 ― 여기에는 일반 주민뿐 아니라 미술 관계자들도 포함된다 ― 이 찾아오면 그들을 환대하고 작품에 대한 설명을 하거나 질의에 대한 답변을 할 것이다. 오픈스튜디오를 진행하는 기관은 이러한 프로그램을 통해 지역에 문화적인 무언가를 제공한다고 생각한다. 그리고 그것을 매우 '자연스러운' 풍경으로 여긴다. 오픈스튜디오 프로그램을 실제 진행하는 예술가도, 풍경의 한 부분을 담당하는 주민들도 자신의 욕구에 따라 행동할 뿐이라고 말이다. 실제로 예술가는 오픈스튜디오를 진행하면서 아무런 금전적인 보상을 받지 않는다. 레지던시 기관은 어쩌면 예술가의 오픈스튜디오 참여를, 작업 공간을 제공받는 것에 대한 최소한의 보답으로 여기는지도 모른다. 그러나 작업 공간의 제공 자체가 "작가들의 원활한 작업 수행이 아니라, 서울을 예술적 문화적 장소로 만"들기 위한 것이라는 점을 상기해 볼 때 입주 예술가들이 어떤 보답을 할 필요는 없다. 노동자가 공장에서 기계를 사용하는 것에 대해서, 사무실에 책상이 놓여 있는 것에 대해서 기업주에게 감사 편지를 쓰는 일은 없는 것과 같다. 당연하게도 그런 장비나 시설은 노동자를 위한 것이 아니기 때문이다.[16] 그러나 외관상 무언가를 지원받은 듯한 입주 예

---

16. 물론 입주 예술가가 레지던시 기관이 기획한 프로그램만 수행하는 것은 아니다. 입주 예술가는 공장의 노동자와 달리 생산수단(작업 공간 등)을 자신의 개인 작품을 만드는 데 사용할 수 있다. 그러나 중요한 것은 그 안에서 자

술가는 오픈스튜디오뿐 아니라 다른 다양한 지역 문화 프로그램에 진행자로 참여할 것을 요청받는다. 그런 프로그램은 물론 의무사항은 아니다. 그러나 그런 일을 할수록 레지던시에 더 머무를 수 있는 확률이 높아지기 때문에 예술가는 자신의 삶이 불안정할수록 그런 일에 매달릴 수밖에 없다. 레지던시 기관의 밑바탕에는 이렇게 예술가들의 불안정한 삶이 자리하고 있다. 전략 공통장은 그들의 불안을 먹고 자란다.

"행정의 자율성"과 레지던시

예술가 A는 스콰을 '규율이 있는 자율성'이라고 불렀다. 그 규율, 즉 규칙은 구성원들이 공동생활을 위해 자율적으로 만든 규칙이었다. 스콰은 아무나 접근할 수 있고, 마음대로 행동해도 좋은 공간이 아닌 것이다. 이러한 점은 역사적으로 나타난 공통장과 유사하다. 역사적 공통장 역시 공통재화를 관리하는 공동체

신의 의지에 따라 작품을 만드는 예술가들이 모여 있다는 사실 자체가 집합적 상징자본의 한 요소가 될 수 있으며, 도시 정부에게는 지역 재생에 동원할 수 있는 잠재 자원으로 인식된다는 사실이다. 그러므로 공간의 제공을 단순한 지원으로 이해할 수는 없으며, 따라서 예술가 공간 이용에 대해 보답을 할 필요는 없다. 예술가는 사회적 가치의 생산자로서 레지던시에 머무르는 것이지, 시혜적으로 주어진 지원을 누리는 것이 아니다. 그렇지만 레지던시에 머무르는 것이 예술가의 작업과 생계에 도움이 되는 것은 사실이며, (쌈지 스튜디오를 스콰 상황실로 공유한 사례처럼) 예술가가 레지던시를 자율적으로 활용할 수 있는 것도 사실이다. 이렇게 레지던시를 비롯한 예술 지원은 이중적인 성격을 갖는다. 우리는 이 문제를 이후 다시 검토할 것이다.

와 그들이 만든 규칙에 따라 운영되었다. 서울시창작공간 역시 공간 사용에 관한 규칙이 있다. 물론 예술가들이 만든 규칙이 아니라 행정에 의해 주어지는 것이었다. 규칙을 정하는 이와 따르는 이가 다를 때, 즉 규칙이 외부에서 주어질 때 그곳엔 언제나 갈등이 잠재한다. 서울시창작공간에 개입하고자 창작공간조성추진단에 들어간 예술가 A는 이 갈등을 아래와 같이 이야기한다.

> 공간의 자율성이 핵심인 거 같아. 확실히. 그 구성원의 규율로 정해져서 운영되는 자율성이 스쾃인데,…아트 팩토리는…행정에 의해서 주어지는, 그 속에서 이루어지는 예술가들의 자율성이란 거지. 행정이 이만큼 크게 있으면, 그 사이에 예술가의 자율성은 하나의 작은 파트라는 거지. 이 공간을, 전체를 대변해 주는 그런 자율성이 아니라는 거지. 어디까지나 이것은 행정의 자율성이다, 이렇게 보인다는 거지. 그래서 난 여기서 한계를 느낀 것 같아. 아, 더 안 되는구나. 이 문제 때문에 나는 내가 이 공간 변화의 주체로 들어가서 엄청난 갈등을 겪었다고. 개별 사람과의 문제가 아니라 행정하고 갈등을 겪은 거거든.[17]

"행정의 자율성"이란 행정의 주도 아래로 예술가의 행위가 종속되는 상황이다. 서울시창작공간 운영 내규를 중심으로 이를 살

---

17. 예술가 A(랩39, 전(前) 서울시창작공간추진단장) 인터뷰.

펴보자.

내규의 2장은 예술가의 레지던시 입주 관련 사항을 규정한다. 먼저 입주를 희망하는 작가 및 단체는 "입주신청서"와 "경력 및 활동내역서 등 기타 공고에서 요청하는 제 서류"를 구비해야 한다. '2017년 서울문화재단 금천예술공장 9기 입주작가 공모요강'을 보면 "제 서류"에는 사업·창작활동계획서, 예술활동 경력서, 지원금 수혜내역, 수상경력, 레지던시 경력, 포트폴리오가 포함된다. 이 서류를 제출하면 예술가는 여느 기업에 지원한 취업준비생들처럼 1차 서류 심사, 2차 프리젠테이션 심사를 거친다. 이를 통과한 예술가만이 레지던시에 입주할 수 있다. 레지던시 입주는 취업과 마찬가지로 경쟁이 치열하기 때문에 쉽지 않다. 이는 레지던시가 예술가로서 성장할 수 있는 좋은 기회로 인식되기 때문이다.

레지던시가 약간… 예술가 등용문이거든. 옛날에 대한민국 미술 대전, 이런 거 있잖아요? 그런 게 등용문이었다가 걔들이 죽고 레지던시가 붐업이 된 거야. 그래서 국제무대로 나가려면 레지던시를 가야되는 거야. 젊은 친구 입장에서는 밑천도 없고 하면. 그래서 레지던시가 경쟁이 치열했던 거예요. 레지던시에 있으면 외국의 큐레이터나 그런 사람들이 와. 와서 작업 쭉 돌아보고 괜찮은 친구 있으면 픽업을 해 간다고. 그러니까 등용문이 된 거지.[18]

---

18. 예술가 A(랩39, 전(前) 서울시창작공간추진단장) 인터뷰.

여기[경기창작센터[19]]가 내가 들어올 때만 해도 거의 30대 1이었어. 900명 이상 지원했다고 들었거든.[20]

그러므로 레지던시에 입주를 원하는 예술가는 지원금 수혜내역, 수상경력, 레지던시 경력 등 입증할 수 있는 경력을 부단히 갖추어야 할 것이다. 입사를 원하는 대학생들이 각종 공모전에 지원하고 인턴 경험을 쌓듯이 말이다. 입주 경쟁이 치열해질수록 그러한 경력을 쌓으려는 경쟁 또한 치열해진다. 요컨대 입주 심사는 예술가가 제도의 기준을 따르도록 추동한다.

내규 2장은 또한 입주 예술가의 의무사항을 규정하고 있다. 제12조 1항에 따르면 "입주자는 입주공간을 매월 최소 15일 이상 (혹은 월 120시간 이상) 사용하여야 한다." 해외여행, 출장 등의

---

19. 경기창작센터는 경기문화재단에서 운영하는 레지던시 시설로 안산시 선감동에 있다.

20. 예술가 D(경기창작센터 전(前) 입주 작가) 인터뷰. 레지던시가 모두 같은 것은 아니다. 국립현대미술관에서 운영하는 레지던시와 경기문화재단에서 운영하는 레지던시를 경험한 한 예술가는 두 곳의 차이를 이렇게 설명한다. "네임밸류의 차이가 있죠. 네임밸류의 차이가 있다는 얘기는 공간에 찾아올 수 있는 사람이 달라요. 그러니까 거기(고양 창작스튜디오)는 어쨌든 국립 미술관에서 운영하는 창작스튜디오잖아. 고양이. 국립현대미술관에서 운영하는 스튜디오이기 때문에 외부에서 누가 와서 한국의 현대미술하는 작가들, 신진 작가들 보자, 했을 때 첫 번째 필터링돼서 보여 줄 수 있는 장인 거예요. 그래서 오는 사람이 달라. 그러니까 거기를 다 들어가려고 하는 거야"(예술가 D(경기창작센터 전(前) 입주 작가) 인터뷰). 그러므로 레지던시는 예술가들 사이에서 위계를 형성하는 힘으로 작용할 수 있다.

사유가 있을 시 "신청서 및 관련 증빙서류를 사전에 제출하여야" 하며, 그 기간은 "입주 기간의 4분의 1을 초과할 수 없다." 이 규정에 따라 최소 사용 시간을 점검하기 위해 예술가의 출입 시간을 확인하는 절차가 도입되었고 이로 인해 마찰이 빚어졌다.

> 갈등이 많았죠. … 이게 이제 레지던시에 있는 예술가들에게 출근카드를 찍게 한다든지, 강제하는 규정들이 자꾸 생기니까 거기에 대한 반발이 있고….[21]

> 저희 때 무늬만커뮤니티라고 있었어요. 작가들이 한 달에 뭐 20일인가? 며칠 거기 출근(해야 하는 기간이 있는데), 거기는 출근도장을 찍어야 돼요. 그거를 거부를 했어요. 안 하겠다고. 그분들은 나중에 쫓겨났죠.[22]

> 7월이 되고, 오늘 서울(시)창작공간 금천예술공장에서 스튜디오를 비워달라는 통보를 받았습니다. … 국공립 창작공간들의 시스템에 대한 여러 문제점들 중 이 입주 기간 의무 사용 양에 대한 부분은 많은 입주 작가들의 예술가적 자존감을 흔드는 사안입니다. 가장 창의적이고 자율적이어야 할 예술가들을 지원하는

---

21. 예술가 A(랩39, 전(前) 서울시창작공간추진단장) 인터뷰.
22. 예술가 C(금천예술공장 전(前) 입주 작가) 인터뷰.

방식에 대입되는 이 제도적 관성의 잣대들이 꼭 맞는 잣대라고 생각하지 않습니다. … 무늬만커뮤니티는 서울시창작공간의 입주 작가 의무사항인 출석체크에 응하지 않은 이유로 입주기일을 두 달 앞둔 오늘 금천예술공장에서 퇴소조치라는 통보를 받게 되었습니다.[23]

왜 시간을 관리할까? 서울시창작공간은 작업 공간을 제공하지만 그곳에서 어떤 작업을 하든 하지 않든 그것은 예술가의 의지에 달려 있다. 레지던시 기관이라고 해도 창작을 강제할 수는 없다. 예술가의 창작은 전적으로 개인의 자율성에 기초하기 때문이다. 즉 생산과정은 자율적으로 이루어지며 외부 기관은 여기에 개입할 수 없다. 이와 달리 만일 내가 자동차 공장의 노동자라면 조립라인에 서 있는 나는 작업을 멈출 수 없다. 나의 생산 리듬은 전적으로 조립라인의 리듬에 종속된다. 컨베이어 벨트가 나에게 부품을 가져다줄 때마다 나는 그것을 다른 부품과 결합하거나 가공해야 할 것이다. 즉 산업적 생산에서 자본가는 생산과정에 적극 개입하고 조직하며 나의 노동을 통제한다. 그러나 예술 같은 창조 노동의 경우 외부에서 작업 과정 자체를 강제하는 것은 불가능하다. 그러므로 레지던시를 일정 기간 이상 사용하도록 하는 시간 관리가 작품 생산에 대한 관리일 수는 없다. 더군다

---

23. 무늬만커뮤니티 블로그에서 발췌, http://likecommunity.tistory.com.

나 입주 예술가가 얼마나 많은 개인 작품을 만들어내는가는 레지던시 기관의 관심사가 아니다. 시간 관리의 목적을 파악하기 위해서는 서울시창작공간의 본래 목적으로 돌아갈 필요가 있다. 앞서 본 것처럼 서울시창작공간은 "작가들을 위한 공간"이 아니라 "프로젝트를 위한 공간"으로 기획되었다. 이 공간이 지역에서 여러 문화예술 프로젝트를 진행하기 위해서는 입주 예술가들의 활동이 절대적으로 필요하다. 레지던시 기관이 예술가들에게 작업 공간을 제공하는 것은 그들을 묶어둠으로써 그만큼 그들을 쉽게 활용할 수 있기 때문이다. 그리고 그 활용을 위해서 예술가들은 우선 가급적 많은 시간 동안 레지던시 내에 상주할 필요가 있다. 그래야 서울시창작공간에서 기획한 각종 프로젝트에 예술가들을 쉽게 동원할 수 있기 때문이다. 그리고 어쨌든 예술 공장이 비어있는 것보다는 예술가들로 차 있어야 — 그 안에서 무엇을 하든 — '문화의 이미지'도 만들어질 것이다. 즉 자율적인 예술 활동을 레지던시를 중심으로 재조직해야 한다. 관리의 필요성은 여기서 생겨난다.

예술가의 활용은 명시적으로 규정되기도 한다. 내규 제14조는 입주 예술가의 준수사항을 다루고 있는데 그중에서도 2항은 입주 예술가가 "서울시창작공간 운영에 필요한 각종 프로그램에 자료 제출, 입주공간 개방, 교육 프로그램, 강의 등에 적극 협조하여야 한다"고 명시한다. 이러한 규정에 기반하여 '2017 금천예술공장 9기 입주작가 정기 공모요강'은 입주하게 될 예술가가 "오픈스튜디오 및 기획전 참여", "입주 기간 내 작가 프리젠테이션 참여"
등을 의무사항으로 준수해야 한다는 것을 알리고 있다. 예술가
들이 해야 하는 일은 이뿐만이 아니다. " '작가들을 위한 공간'이
아니라 '지역, 주민, 그리고 시민을 위한 시설'"로 계획된 서울시창
작공간은 다양한 주민 참여 프로그램을 진행한다.

> (금천예술공장에서) 그런 식으로 이러이러한 것들(시민 대상 예
> 술 프로그램)이 있으니까 관심 있으신 분들(입주 예술가들)은 지
> 원을 해 달라고, 프로그램 어떠어떠한 거 자기가 하겠다, 라고 제
> 안을 해달라고 하고 그쪽(금천예술공장)에서 보고 나서는 이거
> 좋겠다, 하면은 그 작가가 하는 시스템이고요. 그런데 그전에 작
> 가들이 적극적으로 하겠다는 작가들도 있지만 1박2일 프로그
> 램[24]은 작가들한테는 그렇게 막 매력적이지는 않아요. 힘들고.
> 그래서 따로 부탁을 좀 해요. 그쪽에서 작가님 올해 요거 해주십
> 사, 하는 작가들한테 적극적으로 좀 ···.[25]

이러한 사업은 입주 예술가가 아니라 서울시창작공간에서 입
주 예술가의 참여를 전제하고 기획한다. "교육 프로그램, 강의 등
에 적극 협조하여야 한다"는 조항에서 거론한 프로그램은 입주

---

24. 서울시 소재 고등학교 학생들이 예술가와 함께 진행하는 공동창작 워크숍
   을 말한다.
25. 예술가 C(금천예술공장 전(前) 입주 작가) 인터뷰.

예술가 전체를 두고 보았을 때 사실상 의무사항과 같다. 입주 예술가 모두가 참여하지는 않더라도 누군가는 그 일을 해야 하기 때문이다.

이러한 점에서 볼 때 서울시창작공간은 노동자들(예술가들)의 협력을 직접 시행하지는 않지만 ─ 의무 참여로 규정된 기획전이라고 하더라도 예술가의 작품 생산과 그 과정에서 일어나는 협력은 예술가의 자율에 맡겨져 있다 ─ 협력이 일어날 수 있는 환경을 조성하는 공장이라고 볼 수 있다. 문래동의 예술가들이 스스로 작품 활동을 하고 교류하면서 '문화의 이미지'를 지역에서 생산했다면 서울시창작공간은 느슨한 강제를 통해 그 생산 과정을 모의하는 것이다. 그 공간은 협력이 일어날 수 있는 환경을 조성함으로써 예술가들 간의 혹은 예술가와 주민 간의 협력을 의도한다. 그러나 이러한 모의가 서울시창작공간의 의지만으로 이루어질 수는 없다. 그 모의가 추진될 수 있는 건 예술가들이 오히려 적극 협력하기 때문이다.

그런데 그 오픈스튜디오를 작가들이 되게 중요하게 생각해요. … 작가들이 오히려 더, 내가 이번 기회에 내 작업을 소개할 수 있는 좋은 기회라고 생각들을 많이 해요. 왜 그러냐면 내가 아무리 개인전을 하더라도 그만큼의 사람들이 오지도 않고, 미술계 관계자들이 꼭 나를 보러 오는 게 아니라 내 옆방의 작가를 보러 오더라도 내 방을 들르기도 하고 또 그 사람들도 한 번에

와서 여러 작가들을 만날 수 있으니까. 평상시에 갤러리에 안 오는 미술 관계자들도 오픈스튜디오에는 온다고요. 그러니까 오히려 되게 작가들에게 기회죠. 특히 젊은 작가들한테는. 못해서 안달이죠. … 젊은 작가들이 그 일을 마다할 이유는 없고, … 되게 특이한 케이스 아니면 다들 할 거 같아요. 그걸 이용할 거 같아요.26

어디에 노출되느냐가 제일 중요한 거예요. 작가들은. 어디에 노출되어야지 내가 나를 보여 줄 수 있는 기회가 만들어지는 거야. 그래서 전시도 하는 것이고. 근데 전시보다 어떤 점에서 (레지던시가) 훨씬 더 효과적일 수 있죠. 내가 전시를 하나 만들려면 여러 가지 자본이 필요한 상황인데 그 스튜디오(레지던시)에 들어가 있다는 것만으로도 일단 마치 이건 어떤 대기업 시험에 걸렸다고 하는 것처럼, 어떤 소위 어떤 라인을 어떤 선을 어떤 경계에서 누군가로부터 선택돼서 이렇게 인정받은 사람이 모여 있는 지점이 있다 보니까, 뭐 약간 증證 받은 느낌도 있는 그런 지점들이 거기 작가들한테 다 조금씩 있어. 레지던시에 들어갔다는 것만으로 뭐 그렇죠. 그런 게 좀 있는 거죠.27

---

26. 예술가 C(금천예술공장 전(前) 입주 작가) 인터뷰.
27. 예술가 D(경기창작센터 전(前) 입주 작가) 인터뷰.

예술가들이 프로그램에 협조하는 것은 성장/성공을 위해서만은 아니다. 그러한 협조가 좀 더 오랫동안 레지던시에 머물기 위한 방편이 될 수도 있고 (충분하진 않지만) 생계유지에도 어느 정도 도움이 될 수 있기 때문이다.

내가 여기(경기창작센터) 있을 수 있는 것도 그 요구지점을 일정 부분 들어주기 때문에 가능한 일인 거야. 예를 들면 교육프로그램 같은 걸 만든다고 할 때 무척 적극적으로 기획서를 내줘요. 어떤 형식으로 교육하면 이런 프로그램이 가능하다, 내가 여기서 8년 가까이 있으면서 경기창작센터에서 한 교육 프로그램이 몇 갠네. 내가 만들어서. 그리고 이제 5년 6년 차로 지역에 있는 지체 아동들하고 장애우[장애인]들하고 하는 프로그램을 6년째 계속하고 있어요. …
센터에 있으면서 그때는 여기에 공무원 교육을 하면 알바비가 너무 좋았어. 공무원들이 왜 1년에 받아야 되는 연수시간이 있잖아요. 의무적으로 해야 되는. 그런 수업을 받으러 단체로 오는 경우가 많이 있었고…[28]

예술가로서 성장하고자 하는 욕망, 작업 공간의 확보, 어느 정도의 수입원 등은 제도적 환경이 부족하고 소득이 불안정한

---

28. 예술가 D(경기창작센터 전(前) 입주 작가) 인터뷰.

예술가가 레지던시에 지원하고 그 기관이 기획한 프로그램에 적극 협조하게 되는 이유다.[29] 즉 레지던시 기관의 사업은 예술가가 지닌 취약성에 기대고 있다. 사실 이러한 예술가들의 선택은 자발적으로 이루어진다. 오픈스튜디오 참여 등 최소한의 조건만 제외하면 다른 활동은 전적으로 예술가의 선택에 달려 있다. 그러나 예술가의 불안정한 지위는 그들에게 다른 선택의 여지를 거의 남겨 놓지 않는다. 그리고 그들이 자율적으로 레지던시를 이용할 수 있다고 해도 그것은 레지던시 기관의 조립라인 위에서 벌어지

---

29. 이 모든 이유는 결국 새로운 네트워크의 창출로 수렴된다. "이런 기관에 들어와 있다는 건 이 나름의 어떤 미술계의 시스템 안에 들어와 있는 거예요. 회사에 들어가 있는 건 아니지만 아무것도 없을 때 내가 개별적으로 네트워크를 만들어서 움직이는 그 영역하고 이 틀에 들어와서 여기서 주어질 수 있는 네트워크가 또 다른 형태가 있는 거니까. 그러면 개인 입장에서는 두 개의 네트워크가 생기게 되는 거지. 이 시스템에 의해서 나에게 주어질 수 있는 기회가, 그게 직접적으로 앞으로 내가 여기서 나갔을 때도 네트워크가 연결될지 안 될지는 모르는 일이지만 이 공간에 있음으로 인해서 누릴 수 있는 게 있고 단순히 이런 하드웨어적인, 물리적인 공간뿐만 아니라, 저 경기창작센터 작가예요, 이러면서 만날 수 있는 사람하고, 또 뭐, 일을 할 수 있거나 또 내가 프리젠테이션 될 수 있는, 내가 보여 질 수 있는 기회가 만들어지는 것과 아예 아무것도 없을 때 내가 그냥 단순히 포트폴리오 보여 주면서 이렇게 그⋯ 보여줄 수 있는 영역 하고는 차이가 좀 있는 거지. 그러니까 말하자면 두 개를 동시에 같이 가질 수 있기 때문에 레지던시에 들어오려고 하는 거지"(예술가 D(경기창작센터 전(前) 입주 작가) 인터뷰). 레지던시 기간이 끝난 예술가에게 유의미하게 남는 건 새롭게 확장된 네트워크다. 그곳에서 알게 된 기획자들, 다른 예술가들, 문화 분야 관계자들로 이루어진 관계망이 거의 유일하게 남는 자산이다. 그렇기 때문에 레지던시에 머무르는 동안 가급적 많은 사람을 만나고 활동을 확대하는 것, 다시 말해 네트워크를 확장하는 것이 자신의 예술 활동과 생계유지에 도움이 된다고 볼 수 있다.

는 활동이다. 그들은 자발적으로 '문화의 이미지'를 생산하고 지역 활성화를 위해 일하는 노동자가 된다. 물론 예술가들이 생산하는 건 이미지만이 아니다. 그들은 다양한 문화예술 프로그램을 진행하거나 작품을 전시하면서 지역에서 공유될 수 있는 사회적 가치를 생산한다. 주민들은 그것에 참여하면서 문화 향유의 기회를 누릴 수도 있고, 플로리다의 바람대로 창조성을 배양할 수도 있을 것이다. 그러나 예술가들이 ─ 일반적으로 "공공예술"로 불리는 ─ 그런 일들을 직접 조직해서 필요한 예산을 국가에 요구하는 것과 국가가 직접 사업을 기획해서 예술가를 동원하는 것은 전혀 다른 일이다. 전자의 경우 예술가들은 자신의 사업을 어느 정도 통제할 수 있지만 후자의 경우 예술의 자율성은 "행정의 자율성"으로 포섭된다.

공통장을 둘러싼 갈등

오아시스 프로젝트에서 아트 팩토리로

예술가 A는 오아시스 이후 문래동에 공간을 구해서 활동하던 중 서울시의 연락을 받는다. 아트 팩토리 사업 자문단에 참여해 달라는 부탁이었다. 작업실 문제에 관심을 갖고 있던 예술가 A는 이 사업에 개입하려는 의도로 창작공간조성추진단[30]이라는

───────────

30. 2008년 9월 꾸려진 이 자문단은 문화기획, 건축, 예술 분야에서 활동하던 세

이름의 자문단에 전문위원으로 참여하게 된다. 서울시가 그를 섭외한 것은 그의 활동 이력에 주목했기 때문이다. 당시 아트 팩토리 사업을 맡고 있던 서울시 부서의 담당자는 예술가 A의 오아시스 및 문래동 활동에 주목하고 그를 위촉했다. 작업실 문제를 중심으로 활동하던 예술가와 도시 전략 차원에서 작업실의 활용에 관심을 갖고 있던 도시 정부가 연결되는 순간이었다. 또한 이것은 오아시스의 관심사가 도시 전략과 만나는 순간이기도 했다.

앞서 언급한 것처럼 오아시스는 목동 예술인회관을 점거하고 "시민에게 문화를, 예술가에게 작업실을!"이라는 문구가 적힌 대형 현수막을 내걸었다. 이것은 예술가의 작업공간이 그들의 사유재가 아니라 공동체의 공통재라는 선언이었으며, 프로젝트의 주요 기획자들이 이전에 활동했던 파리 스콰 – 알터나씨옹 – 의 경험에서 비롯된 것이기도 했다. 알터나씨옹은 평소에는 굳게 닫혀 외부인의 출입을 통제했지만[31] 페스티발 등을 열며 주민들과 함께하는 장을 열고 있었다.[32] 이러한 스콰에서 영감을 받아 오아

명의 전문위원으로 구성되었다.

31. 이것은 주로 경찰의 침입을 막기 위해서다.

32. "알터나씨옹은 예술가들의 창작과 발표의 공간은 물론 시민단체들의 모임이나 이주노동자들의 파티 등을 위해 공간을 제공해 주기도 한다. 이라크전이 발발했을 때에는 평화 운동가들의 사진전과 서명운동 등이 벌어졌으며, 아프리카 이주민 단체는 파티를 벌이기도 하였다. 전통음식을 만들어 예술가들과 나누었으며, 아프리카 음악 장단에 맞추어 알터나씨옹의 음악가들 또한 즉석 연주회를 벌이기도 하였다. 이들은 갤러리로 쓰이는 넓은 홀에서 파티를 개최하였는데, 전통의상을 입은 어린아이부터 할아버지까지 즐거운 한때를 벌였

시스를 진행했던 예술가 A에게 작업실 또는 창작 공간은 예술가들만의 것이 아니라 당연히 공동체와 함께 호흡하는 공간이었다. 다시 말해서 스쾃은 예술가들의 창작 공간이자 공동체를 문화적으로 풍요롭게 하는 곳이었다. 우리는 이것을 아래로부터의 지역 재생이라고 부를 수 있을 것이다. 그곳에서 예술가의 공간은 자연스럽게 시민의 문화 공간으로 확장되었고, 이러한 모습은 예술가 A를 통해 아트 팩토리의 비전으로 추가되었다.

앞서 살펴본 바와 같이 아트 팩토리는 본래 "지역 재생의 거점"으로 설정되었다. 창의문화도시 마스터플랜의 아트 팩토리 항목은 분명 지역 재생에 방점이 찍혀 있다. 이것은 "창작스튜디오가 말 그대로 작가들의 전업 공간이라면, '아트 팩토리'는 △프로젝트의 창구이거나 △지역개발·발전의 창구"라는 서울연구원의 담당 연구원의 발언에서도 확인된다.[33] 그러나 창작공간조성추진단이 구성된 이후 그 자문단에서 발간한 보고서는 아트 팩토리의 세 가지 비전을 "창의적 예술 활동의 플랫폼", "시민문화향수 공간", "재활용을 통한 도시재생의 거점"으로 정리하고 있다.[34] 당초 지역 재생의 거점이 중심 비전이었던 사업이 예술가와 시민

다. 이처럼 예술가들의 작품 활동 이외에도 시민단체의 회합, 전시, 이민자들의 파티 등이 활발한 곳이기도 하다"(김강, 『삶과 예술의 실험실 스쾃』, 128~9쪽).

33. 라도삼, 「(문래동) 아트 팩토리의 역할과 기능, 운영방향에 대한 소고」.
34. 서울문화재단, 『유휴시설을 활용한 서울시 예술창작공간 조성』, 2009, 7~8쪽.

을 위한 공간 조성으로 확대된 것이다. 물론 아트 팩토리 자체가 예술가들의 활동에 기댈 수밖에 없다는 점에서 어떻게든 그곳은 예술가들의 공간일 수밖에 없었지만 사업의 방향을 정하는 비전이 변했다는 점은 중요하다.

요컨대 파리 스콴의 예술가와 주민의 활동은 대륙을 건너 서울에서 활동하는 예술가들의 프로젝트로 연결되었고 이는 다시 서울시의 아트 팩토리 사업에 반영되었다. 이것은 한편으로는 도시 전략으로의 흡수지만 또 한편으로는 공적 제도 안에서 공통의 영역을 확장하기 위한 시도다. 또한 이와 같은 시도는 단지 아트 팩토리의 비전을 확장하는 데 그치지 않았다. 서울시창작공간이 문래동에도 들어서기로 확정된 이후 그곳, 문래예술공장을 예술가들의 공통공간으로 활용하려는 시도는 계속 이어졌다.

문래예술공장의 공통화를 위한 시도들

2010년 1월 28일 서울시창작공간 중 하나인 문래예술공장이 문래동의 옛 공장 터에 들어섰다. 그러나 문래동에 그 공간을 만든다는 결정은 지역 문화 주체들과 아무런 협의 없이 진행되었고 이러한 일방적인 모습에 지역 예술가들은 우려를 표했다.

실질적으로 아트 팩토리 사업이 2007년 12월에 시정연(서울시정개발연구원)에서 이미 문래동을 알고 있었고, 그런 상황에서 그럼 아트 팩토리가 생기면 문래동에 생기면 좋겠다고 얘기를 했고, 이게 발표된 게, 2008년 4월에 되면서 쭉 추진이 됐는데, 이런 상황을 문래동에서 알고 있는 사람은 많지 않았다는 거예요. 실제로. 그리고 아트 팩토리가 생겨날 거고, 생겨날 것에 반대하는 것이 좋겠느냐, 아니면 이게 생긴다면 우리 것으로 전유하기 위해서 무엇이 필요하겠느냐, 라고 얘기할 수 있는 논의 구조라거나, 정보의 소통이라든가 당시에는 별로 없었다는 생각이 들어요. 그런 과정에서 어느 날 갑자기 뚝 생긴 것과 좋게 관계를 맺을 것이냐 정도로 대부분의 작가들이 생각하고 있다는 생각이 들어요. 당시에 아트 팩토리를 만드는 지점에 있어서 아트 팩토리는 이미 문래동에 만들 것을 기정사실화해 놓고 어떠한 형태로 만들 것인지 자문을 했었지, 문래동에 들어올 것이냐, 들어오는 것에 있어서 우리가 어떠한 입장을 취할 것이냐에 대해선 전혀 우리도 정보도 없었지요. 이미 들어오기로 결정됐고, 부지선정하고. 그 정도 수준에서의, 우리와 아트 팩토리의 처음 만남은 그거라는 거죠.[35]

저는 문래예술공장을 짓지 말았어야 한다고 생각했습니다. 문래동에 그런 것이 왜 필요한지…. 전시장도 있고, 문래동 철재상가의 골목이 전시장이 되고 개인의 작업실이 세미나실이며 숙소이

---

35. 예술가 B(랩39). 예술과 도시사회구소, 『도시재생의 대안적 미래』, 304쪽에서 인용.

고 그렇습니다. 숙박이 가능한 신풍장[36]도 있고요…. 문래예술공장을 누구를 위해 만들었을까라는 생각이 듭니다. 여기에는 예술가들만 있는 게 아니고, 이 공간에서 함께 살아가고 있는 철공소 노동자들도 있고, 차라리 함께 어울릴 목욕탕이 더 필요한 것 아닌가 생각합니다.[37]

예술가들의 우려는 불만의 표출로 그치지 않았다. 일방적으로 결정되긴 했지만 이미 사업이 시작된 이상 그 시설을 문래동 예술가들을 위한 공간으로 만드는 것이 최선으로 여겨졌다. 이것은 서울시가 건립하는 공공시설을 공통화하기 위한 시도로 나타났다. 첫 번째는 문래예술공장의 기본 성격을 규정한 작업이다. 〈예술과 도시사회연구소〉가 첫 번째 문래동 연구를 진행하고 '서울 창작환경 정책 토론회'(2008.6.5, 영등포 문화예술회관)라는 이름의 토론회로 그 결과를 공유했을 때 아트 팩토리를 위한 부지는 매입되어 있었지만 아직 그 용도는 정해지지 않은 상태였다.[38] 그곳이 문래동 예술가들의 활동을 지원하는 공간으로

---

36. 당시까지 문래동3가 54번지에 있었던 오래된 여관.
37. 예술가 G(대안공간 운영). 예술과 도시사회연구소, 『도시재생의 대안적 미래』, 237쪽에서 인용.
38. 당시 토론회에 지정토론자로 참석한 서울연구원의 담당 연구원은 이렇게 말했다. "아트 팩토리의 경우 공장은 이미 구입됐습니다. 그러나 아직 어떻게 쓰겠다는 '용도'의 문제에 대해선 합의를 이루지 못한 상태입니다"(라도삼 질의응답 녹취록에서 발췌, 예술과 도시사회연구소, 『문래 창작촌 연구』, 130쪽).

성격이 규정된 것은 첫 번째 창작공간조성추진단 및 TFT 회의 (2008.9.30)였다.[39] 당시 논의를 하기 전에 준비된 회의 자료에 "영등포 아트 팩토리"라는 이름으로 등장하는 그 공간은 성격이 규정되지 않은 채 1층에는 시민교육프로그램 교육장, 2층에는 창작 스튜디오 20실, 3층에는 공연연습실과 공동작업실, 4층에는 공연장을 갖춘 형태로 계획되어 있었다.[40] 다른 지역에 계획된 아트 팩토리들과 마찬가지로 예술가 스튜디오에 중점을 둔 구성으로,[41] 이미 수많은 작업실이 있는 문래예술공단이 거의 고려되지 않은 형태였다. 그러나 당일 회의 이후 "영등포 아트 팩토리"라는 명칭은 "아트 팩토리 — 문래"로 바뀌었고, 그 공간의 기본 성격은 "기존 자생적 창작촌 입주작가들의 공동창작을 지원하는 작업 인프라"로 규정되었다. 또한 공간 계획도, 1층은 "장비실, 공동작업실 및 전시공간"으로, 2층은 "다목적 발표장"으로, 3층은 "갤러리 카페(회의, 전시공간)"로, 4층은 "운영 사무실, 예술가 호스텔, 공동주방"으로 재구성하는 안이 제시되었다.[42] 이는 분명 랩39의 구성원이 자문위원으로 참석하여 개진한 의견이 반영된 결과였

---

39. 이 회의에는 자문단 성격인 창작공간추진단 3인과 창작공간조성 TFT 4인 (서울문화재단 공간운영팀장이 TFT 팀장을 겸직)이 참석했다.

40. 창작공간조성 TFT, 「창작공간조성 TFT 회의」, 서울문화재단 내부자료, 2008.9.30.

41. 금천예술공장, 신당창작아케이드, 연희문학창작촌 등이 그러하다.

42. 서울문화재단, 「창작공간조성 추진단 및 TFT 제 1차 정기회의 결과보고서」, 서울문화재단 내부자료, 2008.9.30.

다. 또한 그러한 의견을 내고 그것이 회의에서 공감을 얻을 수 있었다는 것은 문래예술공단의 활동이 그만한 가치와 잠재력을 지니고 있음을 인정받았다는 의미이기도 했다. 그러므로 추진단 전문위원으로서 예술가 A의 활동은 단순히 개인의 개입으로 축소될 수만은 없는 것이었다. 실제로 〈예술과 도시사회연구소〉는 문래동 예술가들의 의견을 반영하기 위해 두 번째 문래동 연구를 진행했고[43] 이는 창작공간조성추진단이 이후 발간한 보고서[44]에 수록되었다. 이 보고서에 따르면 당시 문래동 예술가들은 대체로 아트 팩토리가 함께 사용할 수 있는 작업 공간이나 장비를 갖춘 일상적인 교류 공간이 되기를 바랐고, 이는 문래예술공장의 공간 구성에 상당 부분 반영되었다(〈표 7〉과 〈표 8〉 참조).

이로써 문래예술공장은 기본 성격뿐 아니라 실제 공간 구성에서도 문래동 예술가들을 지원하는 형태를 갖추게 되었다. 이것은 분명 문래동 예술가들의 개입이 거둔 성과였다. 자생적으로 형성된 창작촌에 도시 정부의 공공시설이 들어서면 어떤 식으로든 공동체에 영향을 끼칠 수밖에 없다. 그 창작촌에 대한 지원이 만일 공동체 공통의 것이 아니라 사적인 것으로 될 때 그 개입은 공동체 전체에 악영향을 끼칠 수 있다. 스튜디오에 중점을 둔 초기 계획안은 한정된 스튜디오에 입주할 예술가들을 경쟁시킬 수 있

---

43. 이 연구는 〈예술과 도시사회연구소〉 연구원들과 문래동의 다른 예술가가 함께 진행했다.

44. 서울문화재단, 『유휴시설을 활용한 서울시 예술창작공간 조성』, 2009.

다는 점에서 공동체의 관계를 악화시킬 수 있었다. 이를 바꾸기 위한 지역 예술가들의 개입은 창작촌에 대한 지원을 공통의 형태로 바꾸는 작업이었다. 즉 그것은 공공공간을 공통공간으로 바꾸기 위한 작업이었으며 재개발에 대응하는 의미도 함께 담고 있었다.

항목	내용
바라는 공간상 (키워드)	창작촌마을회관, 공용공방, 교류/자극의 공간, 학교 작업실 등
아트 팩토리 사업 인지 수준	아트 팩토리 조성 사실에 대해서는 대부분 인지. 운영방향/층별 운영 방향 등에 대해서는 지난 간담회 2009년 8월 21일 문래동에서 서울문화재단이 진행한 '문래예술공장 사업설명회'를 가리킨다. 에서 공개된 수준 정도 인식
기대하는 것	- 통합적인 공간(Project Space), 유동적/빈 공간 - 다양한 장르 간의 만남이 생성되는 곳 - 타 장르로의 자기 확장이 가능한 곳 - 지역 주민에게 문화향수 제공(예술 체험의 공간) - 예술가와 지역주민의 연계가 가능한 곳 - 자신의 작업실에서 불가능한 작업이 가능한 곳 - 고가 장비의 사용/대여 가능한 곳 - 생활의 불편(빨래, 샤워 등)을 해소할 수 있는 곳 - 특정 개인/단체에게 전유되지 않는 곳 - 아카이브
우려하는 것	- 부족한 의견 수렴 - 성급한 추진 - 공간 운영의 문제

표 7. 영등포 아트 팩토리 사업에 대한 지역 예술가들의 여론
출처:서울문화재단, 『유휴시설을 활용한 서울시 예술창작공간 조성』, 173쪽.

층수	공간 구성
4층	예술가호스텔, 세미나실
3층	녹음실, 영상편집실, 포켓갤러리, 카페
2층	박스씨어터(공연 연습 및 발표 공간)
1층	스튜디오M30(공동 작업장, 다목적 공간) [최근 '갤러리M30'이라는 이름으로 바뀌었다.]

표 8. 현재 문래예술공장의 공간 구성
출처 : 서울문화재단 홈페이지 (https://bit.ly/3Hc3iv0).

실제적으로 문래예술공장 같은 경우에는 지금 문래동을 지원하는 센터적 기능을 한다고 성격이 규정됐는데요. 초기엔 레지던시 프로그램 위주였고요. 그래서 그런 식의 정책을 만들고 성격을 규정하는 데에 굉장히 지독하게 개입하고 연구보고서 내고 하면서 아트 팩토리가 이 창작촌을 지원하는 센터적 기능을 해야 한다, 라고 많이 주장했지요. 그렇게 했었던 이유가 뭐냐 하면, 첫 번째는 재개발 위험이 있기 때문에 서울시에서 하는 문화기관이 여기를 지원한다는 게 공식화되면 도시개발국에서도 함부로 재단하지 못하지 않을까 하는 생각이 들었어요[45]

45. 예술가 B(랩39). 예술과 도시사회연구소, 『도시재생의 대안적 미래』, 198~9쪽에서 인용.

이는 문래예술공장이 창작촌을 지원하는 성격을 갖게 되면, 문래동의 재개발은 문래예술공장의 사업장 ─ 문래예술공단 ─ 을 파괴하는 일이 되므로 섣불리 진행될 수 없으리라는 판단이었다. 당시 서울시의 도시계획은 문래동과 관련하여 모순된 입장을 드러내고 있었다. 2008년 6월 서울시가 발표한 『서남권르네상스 전략계획』에 따르면 문래동은 "문화밀집지역"으로 육성될 것이나, 2009년 발표한 『준공업지역 종합발전계획』에 따르면 문래동은 "우선정비대상구역"으로서 시급히 정비되어야 하는 곳이었다.[46] 즉 서울시는 한편에서는 문래동 문화예술 진흥을 위해 노력하고 또 다른 한편에서는 재개발을 기획하는 이중적인 입장을 취하고 있었다. 따라서 문래예술공장이 문래예술공단을 지원하도록 그 성격을 규정한 것은 나름의 의미를 지닌 것이었다. 그러나 문래예술공장의 운영이 서울시에 맡겨져 있는 한 그 의미는 불완전할 수밖에 없었다. 지역 예술가들을 위한 공간이 그들 자신에 의해서 운영되지 못할 때 그것은 언제나 한계를 지닐 수밖에 없다. 이것은 공적인 것과 공통적인 것을 구별하는 결정적인 차이이기도 하다. 카펜치스와 페데리치는 그 둘의 결정적인 차이는 재화를 관리하는 주체에 있다고 말한다. 공통적인 것이 "우리가 통제하는 것"이라면, 공적인 것은 "국가가 관리하"는 것이다. 그러나 이것이 공적 재화에 무관심해야 한다는 것은 아니다. 오히려,

---

46. 예술과 도시사회연구소, 『도시재생의 대안적 미래』, 50~2쪽 참고.

우리가 직면한 주요한 도전들 중의 하나는 공적인 것에 대한 투쟁을 공통적인 것의 구축을 위한 투쟁과 연결시키는 법을 찾는 것이다. 그것들이 서로를 강화할 수 있도록 말이다. … 우리가 공적인 것이라고 부르는 것은 실제로 우리가 생산했고 우리가 재전유해야 하는 부다.[47]

문래예술공장의 성격 규정에 대한 개입을, 재개발을 막기 위한 하나의 방편으로 본다면 이것은 공적인 것에 대한 투쟁과 공통적인 것의 구축이 연결되는 훌륭한 사례로 이해할 수 있다. 그렇지만 그것이 좀 더 유의미한 성과로 남기 위해선 문래예술공단이 문래예술공장의 운영 주체가 되어야 했다. 그에 따라 문래예술공장을 공통화하기 위한 세 번째 개입, 운영에 대한 개입이 시작되었다. 여기에는 서울시창작공간이 개관하고 본격적으로 사업을 추진하면서 공간을 이용하는 예술가들 사이에서 제기된 여러 불만이 그 배경으로 작용했다. 주로 서울문화재단의 일방적인 공간 운영, 예술가의 관리·동원, 복잡한 행정 절차 등이 그 이유였다. 이에 서울문화재단은 2013년 지역 내 문화예술생태계가 활발한 두 곳의 공간(문래예술공장, 서교예술실험센터)을 거버넌스 시범 운영모델로 선정한다.[48]

47. Caffentzis & Federici, "Common against and beyond capitalism."
48. 서울문화재단, 『2011/2012 서울시창작공간 백서』, 16쪽. 〈예술과 도시사회 연구소〉는 2011년 6월 '서울시창작공간 운영 개선 방안'이라는 이름의 제안서

물론 선정에 앞서 문래동과 홍대의 서울시창작공간 운영에 지역 공동체가 참여하는 방안을 논의하는 자리가 2012년 여름부터 시작되었다.[49] 이 논의 자리에서 〈예술과 도시사회연구소〉가 본래 제시한 운영안은 문래예술공단이 문래예술공장을 공동책임 운영하는 것이었다. 다시 말하면 문래동 예술가, 철공소 종사자, 지역 주민, 관계기관 종사자 등 문래동 지역 구성원들이 참여하는 운영 총회와 운영위원회를 문래예술공장의 사업 및 예산 집행 결정 기구로 두자는 안이었다. 간단히 말해서 지역 공동체가 문래예술공장을 '접수'하겠다는 안이었다.[50]

를 제출한 바 있다. 이 문서는 문래예술공장을 민간위탁공간으로 지정할 것을 제안했다.

49. 〈서울시창작공간 커뮤니티 전략 TFT〉라는 이름으로 서울시창작공간 운영에 예술생태계의 참여 구조를 모색하는 첫 회의가 2012년 7월 28일 열렸다. 이 TFT 참여자의 소속 단체는 문화연대, 일상예술창작센터, 〈예술과 도시사회연구소〉, 논아트밭아트, 시민자치문화센터, 바람부는연구소, 서울프린지네트워크, 서울문화재단 등이었다. 이 TFT는 4차 회의 이후 지역 예술가들이 참여하는 확대 회의 형태로 지역별로 운영되었다.

50. 당시 회의에 참석했던 문래동의 한 기획자는 그 자리가 "좋은 기회"였다고 이야기한다. "문래예술공장 민간 거버넌스를 만드는 TFT팀처럼 있었어요. … 저는 이게 되게 좋은 기회였다고 생각하거든요. … 대부분 내용은 민간이 주도해서 이걸 잘 짜면 그에 맞게끔 우리(서울문화재단)는 따라가겠다, 라는 걸아예 백지수표처럼 내준 거야. 그래서 난 이게 되게 좋은 기회였고 … (예술가 A)가 좋은 아이디어를 제안을 하신 것도 있죠. 아예 그냥 우리가 통으로 관리하겠다, 우리가 협동조합 만들어서 우리가 사무 보고 우리가 매니저 해서, 뭐문래동 기획 잘하는 친구 한 명 와서 매니저하고 돈 주고 예산 나오면 그 친구가 돌아다니면서 사람들 만나서 (얘기)하고 하겠다(는 안이었죠)"(기획자 B(대안공간 운영) 인터뷰).

그러나 이러한 안은 2007년 이후 문래동에서 잇따라 실패한 대표체 구성과 비슷한 구조를 갖고 있었다. 문래예술공단이 문래예술공장을 '접수'할 만큼의 대표체를 꾸리기 위해서는 내부 공동체의 결속과 신뢰가 필요했지만 문래예술공단은 그만큼의 공동체를 꾸리지 못했다. 결국 지역 공동체 참여를 논의하는 TFT에서 그 안은 통과되지 못했고 2013년에 초기안보다 권한과 위상이 크게 축소된 1기 운영위원회가 꾸려졌다.[51] 이후 운영위원회의 역할은 대체로 문래예술공장 운영진이 제시한 안건에 의견을 개진하는 수준에 머물렀다.

문래예술공장을 공통화하려는 예술가들의 시도는 어느 정도 성과를 거두었다. 문래예술공장이 문래예술공단을 지원하는 기관으로 규정된 것이나, 작업 공간과 장비를 예술가들이 공유할 수 있는 형태로 문래예술공장의 공간 구성을 바꾼 것은 의미 있는 성과였다. 우리는 이것 역시 '공적인 것의 새로운 사용법'으로 파악할 수 있다. 그러나 문래예술공장을 '접수'하려는 시도가 실패로 돌아가면서 그 공간은 지역 주체'에 의한' 공간이 아니라 지역 주체'를 위한' 공간으로 유지되었고 그곳을 이용하는 지역 예술가들은 어떻게든 사업의 주체가 아니라 대상으로 남게 되었다.

---

51. 2018년 개정된 문래예술공장 운영위원회 내규에 따르면 운영위원회는 모두 11명으로 지역 예술가/기획자(6명), 지역 상공인(1명), 지역 주민(1명), 외부 예술계 전문가(1명), 영등포구 문화체육과 담당주무관(1명), 서울문화재단 창작지원본부장(1명)으로 구성된다.

지역 예술가의 대상화는 문래예술공장의 창작 지원 사업, 즉 기금 사업에서 가장 두드러지게 나타난다.

기금에 의한 예술장의 왜곡

예술가의 대상화

문래예술공장은 '유망예술지원사업 MAPMullae Arts Plus'52과 '문래창작촌 지원사업 MEET'(이하 미트 프로그램)라는 이름의 기금 사업을 매년 진행한다. 여느 문화예술기금처럼 예술가의 기획안을 심사한 뒤 예산을 지원하는 사업이다. 예술 활동에 필요한 예산을 지원하는 일 자체를 나쁘다고 할 수는 없겠지만 그것이 좁은 공동체 내에서 진행될 때 예술가 개인에 비해 비교할 수 없을 만큼 큰 자본을 가진 문래예술공장은 그 힘을 바탕으로 공동체의 활동을 흡수할 수 있다. 이 과정에서 본래 예술가들이 자율적으로 기획했던 일들은 서울시의 사업이 되고, 예술가들은 그 사업을 시행하는 하청기관으로 전락한다.

하나의 예로 간판 사업을 살펴보자. 2008년 문래동의 예술가들은 각자의 작업실에 간판을 다는 프로젝트를 계획했다. 예산 부족 등의 이유로 흐지부지되었던 이 사업은 서울문화재단의 지원 하에 문래예술공장의 개관에 맞추어 재개되었다. 그러나 '문래

---

52. 최근 'BENXT'(비넥스트)라는 이름으로 바뀌었다.

간판 프로젝트 〈관계, 시작을 내어달다〉'라는 사업명을 단 이 사업은 예술가들의 프로젝트를 지원하는 것이 아니라 정말로 서울시의 '사업'이었다. 그렇기 때문에 사업자등록증이 없는 예술가는 사업에 참여할 수 없었을 뿐만 아니라[53] '갑'과 '을'이 설정된 계약 형식을 따라야 했다. 이에 반발한 랩39와 〈예술과 도시사회연구소〉는 서울시와 서울문화재단의 일방적이고 관행적인 방식의 사업 진행에 동의할 수 없다는 의사를 전달하고 사업 참여를 취소했다. 이 에피소드는 예술가들의 활동이 전유되는 하나의 사례를 보여 준다.

2008년 예술가들이 간판을 달고자 했을 때 그건 어떤 가치를 지닌 것이었을까? 본래 간판 사업은 예술가들 간의 교류를 좀 더 활성화하는 한편 예술가의 존재를 가시적으로 드러내고자 하는 의도를 갖고 있었다. 2008년 당시 서울시의회에서 (문래동이 포함되는) 준공업지역의 개발 제한을 완화하는 조례가 통과되면서 재개발의 가능성이 높아지자 이에 대응하기 위해 채택한 하나의 방식이었던 것이다. 그러므로 이때의 간판은 재개발에 맞서 공동체를 보전하고 활성화하기 위한 방안이었다. 당시 진행된 공공미술 사업도 마찬가지다. 이 사업은 문래동의 시각예술가모임이 주체가 되어 진행했으며 이 또한 예술가들의 존재를 부각하기 위한

---

53. 문래예술공장과 예술가의 협상에 의해 사업이 '협약' 형태로 변경되면서 이 문제는 이후 해소되었다.

성격이 강했다. 당시 이 사업은 영등포구의 지원을 받았지만 구청은 조력자의 역할에 머물렀다. 그러나 문래예술공장의 개관에 맞춰 재개된 간판 사업은 예술가들이 진행함에도 불구하고 서울시의 '사업'이었다. 그렇기 때문에 진행 과정에서 서울시가 요구하는 각종 행정 절차들과 요건들을 따르고 갖추어야 했다. 그 과정에서 간판 사업은 재개발에 대응한다는 본래의 의미는 사라지고 "문래창작촌의 열악한 환경을 예술적 상상력으로 개선하는 환경개선 공공예술프로그램"[54]이 된다. 이로써 공동체의 운동은 정치적으로 살균된 예술 프로그램으로 변신한다.

또 중요한 지점은 예술가들의 계획이 서울시의 '사업'이 되면서 예술가들이 계획의 주체에서 심사의 대상이 된다는 점이다. 이제 예술가들은 사업을 위해 자신의 활동 실적을 증명해야 한다. 심사위원들이 이제 그들을 평가할 것이었다. 그 과정에서 외부의 척도가 예술가들에게 적용된다.

> 좀 애매한 거는 자기들(문래예술공장)이 취사선택을 하지 않는다고 이야기하지만, 약간 취사선택되는 거지. … 메탈을 주로 하는 페스티벌을 하는 친구가 있어요. … 그래서 이제 작년인가 재작년에 국내에 메탈을 하는 진짜 유수한 데를 다 모아서 페스티

---

54. 서울문화재단, 「문래예술공장 개관기념 프로그램관련 공모 및 사업설명회 개최 안내」, 서울문화재단 내부자료, 2009.

벌을 한 번 했었어. 그런데 페스티벌 지원 사업을 내니까 공장에
서는 할 수 없다, 문래예술공장에서는. 이유가 그거를 예술로 보
기 힘들다(는 거야). 자기들이 선택을 해 버리는 거야.[55]

공모사업으로 지원되는 기금이 공통의 것이 아니라 사적인
것으로 되면서, 기금의 관리 주체가 예술가들이 아닌 공공 기관
이 되면서 예술가들은 외부적으로는 평가의 대상이 되고 내부적
으로는 경쟁 관계가 된다.

모든 정보가 심사위원에게 있으면, 누가 되고 누가 떨어지는 걸
서로 모르잖아요. 자기는 열심히 했지만, 쟤가 됐대? 쟤 허접한
데 하고 있어요, 꼰지르고 막. 이런 게 우리를 되게 의심하게 만드
는 구조라고 생각해서…공공재를 다 쪼개가지고 이제 이거 내
거, 하고 하니까,…이제 (서로 지원받은 사업에 대해서) 이야기를
안 하는 거지.…지금의 공모사업을 봤을 때 점점 사람들을 더
쪼개고 더 작은 단위로 협소하게 폐쇄적으로 만들고 하는 거를
계속 보면서, 이게 참…획기적인 변화가 있어야 되지 않을까라
는….[56]

---

55. 기획자 B(대안공간 운영) 인터뷰.
56. 기획자 B(대안공간 운영) 인터뷰.

이처럼 문래예술공장이라는 공간과 자본을 가진 지원 시설은 예술가들의 활동을 자신의 사업으로 흡수하고 예술가들을 평가의 대상으로 만들며 개별화시킬 수 있다. 이러한 일이 지닌 또 하나의 문제는 예술가들에게서 공통화를 위한 필요를 제거해 버린다는 점이다.

> 그런데 이제 그 이후에는 딱히 (과거 공용공간 같은) 그런 관점으로는 한 게 없는 것 같아. … 문래예술공장이 들어서고 그 문래예술공장도 우리가 생각하는 공공재(공통재)라고 생각하는 사람이 있고 … 공공재(공통재)라고 보는, (그 공간을) 잘 쓰는 사람들은 우리가 또 만들어야 돼? (라고 생각하는 거지.)[57]

물론 이것은 문래예술공장에 대한 공통화 시도가 거둔 성과이기도 하다. 그러나 문래예술공장의 운영이 지역 주체들이 아니라 도시 정부의 것으로 남게 되면서 예술가는 단순 이용자로 전락한다.

예술장의 왜곡

문래예술공장을 비롯한 서울시창작공간의 가장 중요한 목표는 지역을 활성화하는 것이었다. 앞서 살펴본 것처럼 레지던시 시

---

57. 기획자 B(대안공간 운영) 인터뷰.

설이 협력이 일어날 수 있는 환경을 조성하여 공통장의 생산을 모의하고 그것을 지역 활성화의 동력으로 전유한다면 레지던시 시설이 없는 문래예술공장에서 그것은 어떻게 가능한가? 예술가의 생산은 자율적으로 일어나므로 생산 과정 자체에 개입할 수는 없다. 그러나 생산 활동을 유도하는 것은 가능하다. 기금 사업의 역할이 바로 그것이다. 예산은 긍정적이든 부정적이든 예술 생산의 촉매가 될 수 있다. 더군다나 예술가의 불안정한 경제적 여건은 그들로 하여금 기금 사업에 뛰어들게 만든다. 물론 예술가 개인이 기금을 받아 작업하는 것을 문제 삼을 수는 없다. 그러나 문래동 예술장 전체의 관점에서 볼 때 외부의 촉매에 의한 예술 생산의 가속화는 지역 예술생태계의 교란으로 이어질 수 있다.

문래예술공장의 대표적인 기금 사업인 '미트 프로그램'은 "문래동 지역(문래창작촌 중심)을 거점으로 활동하는 예술가(단체), 기획자, 지역예술생태계 구성원의 창작 역량을 개발하고 새로운 아이디어를 발굴하는 프로그램"이다.[58] 여기서 중요한 것은 이 사업의 대상지가 "문래창작촌 일대"[59]에 한정된다는 점이다. 물론

---

58. 서울문화재단 홈페이지, www.sfac.or.kr.

59. 문래예술공장 '2021 문래창작촌 지원사업 MEET' 사업 공고문에 따르면 "문래창작촌 일대"에는 문래동 1~6가와 인접한 동(당산1동·양평1동·영등포동·영등포본동·도림동·신도림동)이 포함된다(「[공모] 『2021 문래창작촌 지원사업 MEET』 프로젝트 공모」, 〈서울문화재단 홈페이지〉, 2021년 4월 20일 수정, 2024년 2월 1일 접속, https://www.sfac.or.kr/artspace/artspace/mullae_notice.do?cbIdx=979&bcIdx=120411&type=).

이것은 문래예술공단을 지원하도록 규정된 문래예술공장의 기본적인 성격에 따른 것이다. 그러나 문래예술공장을 지역의 공통공간으로 만들고 재개발 사업의 방어벽으로 만들기 위한 노력의 일환이었던 그 성격 규정이 이제 부메랑이 되어 돌아오는 것처럼 보인다. 문래예술공단'에 대한' 지원이 문래예술공단'에 한정된' 지원이 되면서 사회적인 평균을 상회하는 기금이 문래동에 집중되고 이는 지역에 커다란 변화를 초래한다. 물론 이것이 "문화밀집지역으로" 문래동을 "육성"한다는 계획(서남권르네상스 전략계획)이 뜻하는 바일 것이다. 그러나 문래예술공장은 마치 질량을 가진 물체가 중력장을 만들어 주변의 시공간을 왜곡시키듯이, 자신을 중심으로 하는 새로운 예술장을 생성하고 주변의 활동을 왜곡시킨다. 왜곡된 시공간에서 달이 지구를 벗어나지 못하는 것처럼 예술가 개인은 문래예술공장으로 쏠린 예술장 속으로 미끄러져 들어가기 쉽다. 문래예술공장의 기금은 그러한 예술장을 만드는 힘이다. 과거 문래동의 예술장이 예술가들의 네트워크에 기초했다면 이제는 기금이 그 기초를 점차 대신한다. 물론 지금도 예술가들의 네트워크는 남아있지만 기금으로 쏠린 왜곡된 성격을 띤다. 그러므로 문래예술공장의 기금은 단지 예술가들을 자신의 주변으로 끌어당기는 힘이라기보다는 지역의 예술 생태계를 변형시키는 힘이다. 우리는 이것을 P2P 네트워크에서 서버-클라이언트 모델로의 변화로 부를 수도 있을 것이다. 개인들의 협력을 통해 자율적으로 이루어지던 활동들이 이제 통제

(심사)를 동반하는 서버(문래예술공장)에 의존한 형태로 바뀌고 있다.

기금이 커질수록 새로운 예술장이 만드는 왜곡은 심화된다. 이는 그 예술장의 시공간이 기금으로 더욱더 기울어진다는 것을 뜻한다. 다시 말해서 기금은 새로운 예술장에서 매우 민감한 사안이 된다. 미트 프로그램의 예산은 보통 연 오천만 원가량이었으나 2018년에는 GS SHOP의 후원을 받아 2억 원으로 확대 편성되었다. 이에 문래예술공장 6기 운영위원회는 늘어난 예산을 감안하여 외부 예술가/단체에도 신청 자격을 줄 것을 제안했다. 그러나 이 제안은 문래동에서 큰 논란을 불러일으켰고 심지어 운영위원회의 해체로 이어졌다.

그때 (6기 운영)위원들이 뭘 결정했냐면, 외부에도 (미트 프로그램을) 열어주자, 금액이 많으니까, 그랬는데, … 문래동에 있는 작가들은, 안 된다, 그런 거 많이 봤다, 그런 거 할 때만 작업실 잠깐 쓴다 해놓고 (말만 그렇게) 하는 사람 많이 봤다, 이게(이런 반응이) 있었던 거지. 이러면서 … 지금의 운영위를 없애는 데 주요한 역할을 했던 사람들이 우리만 받아야지, 왜 외부에 하냐, 그리고 위원들은 또 여기 작가들하고 (외부와) 협업하면 좋으니까 열어두자, 이런 … 그게 (운영위 해체) 문제가 됐던 1번이고 … [60]

---

60. 기획자 B(대안공간 운영) 인터뷰.

P2P 네트워크가 개인들이 자유롭게 접속하는 탈집중화되고 분산된 구조라면 서버–클라이언트 모델은 활동의 흐름이 서버로 집중된다는 점에서 폐쇄적인 성격을 띤다. 전자의 개인들이 자원의 공급자이면서 동시에 사용자라면 후자의 개인들(클라이언트)은 자신의 자원을 공유하지 않고 서버에 자원을 요청한다. 그러나 무한 복제될 수 있는 온라인 세계의 비물질 자원과 달리 문래예술공장–서버의 기금은 한정된 자원이다. 따라서 서버에 접속하는 클라이언트는 다른 클라이언트의 증식을 바라지 않는다. 문래예술공단의 네트워크는 누구나 접속하여 이용할 수 있는 공통의 부였고 그 부는 접속자가 증가할수록 확장되는 특징을 지녔지만 문래예술공장의 기금은 접속자가 증가할수록 고갈된다. 예술가–클라이언트들이 폐쇄적으로 변하는 이유다. 그러나 기금이 한정된 지역에 집중되는 일은 장기적으로 보았을 때 접속된 예술가들에게도 결코 이롭지 않다. 기금이 만들어낸 새로운 예술장으로 미끄러지는 건 예술가들만이 아니기 때문이다. 기금의 집중은 문래동의 풍경을 급격하게 변화시키며 이는 변화된 풍경을 전유하려 하는 새로운 세력을 끌어들인다. 먼저 문래동 풍경의 변화에서 기금이 수행하는 역할을 좀 더 자세히 살펴보자.

문래예술공장이 만들어낸 새로운 예술장의 특징은 문래동의 '문화적인' 풍경의 생산을 가속화한다는 것이다. 여기서 '문화적인 풍경'이란 "어떤 장소에 특별한 차별성을 부여하는" 힘, 즉 집합적 상징자본을 뜻한다. '〈2018 문래창작촌 지원사업 MEET〉 프로젝트 공모 안내문'에 따르면 미트 프로그램의 기금은 "문래창작촌 일대"에서 활동하는 예술가에게만 주어지고[61] 사업의 결과물, 즉 공연, 전시, 축제, 워크숍 등은 "반드시 문래창작촌 지역 내에서 이루어져야" 한다. 이처럼 미트 프로그램은 문래동의 '문화적인' 풍경을 집약적으로 압축하여 생산하는 데 초점을 맞추고 있다. 그것이 아니라면 사업의 결과물이 반드시 문래동에서만 발표되어야 할 이유는 없을 것이다. 이러한 점에서 〈미트 프로그램〉은 문래동을 하나의 거대한 갤러리로 여기는 것처럼 보인다. 그 갤러리의 디렉터는 예술가들이 자신의 예산으로 다른 갤러리에서 전시하기를 원하지 않는다. 그렇다면 이 갤러리는 어떻게 운영되는가? 이 갤러리에서 기금이 추동하는 생산 과정을 살펴보자.

디렉터의 관심사는 '문화적' 풍경을 조성하는 것이다. 이를 위해 디렉터는 기금으로 그 생산을 예술가에게 위탁한다. 예술가는 그 기금을 받아 자신의 작품을 생산한다. 이 작품이 '문화적' 풍경의 필수 요소라는 점에서 기금은 순수한 지원이라기보다 예술가

---

61. 2018 미트 프로그램 안내문은 신청 자격을 이렇게 규정한다. "문래창작촌 일대에 활동 거점을 (거주지, 작업실/연습실, 스튜디오 등) 두고 2018년 4월 현재 6개월 이상 활동 중인 예술가/단체 및 예술공간, 기획자, 활동가 전체." 또한 신청자는 "창작촌 내 거점공간 6개월 이상 활용에 대한 증빙서류(계약서, 확인서 등)"를 제출해야 한다(2021년 사업 안내문의 신청 자격도 거의 같으나 "6개월 이상"이라는 문구가 삭제되었다). 단, 2018년 미트 프로그램의 경우 기업 후원으로 예산이 늘어나 외부 예술가에게 예외적으로 신청 자격이 부여되었다. 그러나 그러한 경우에도 프로젝트는 반드시 문래동 내에서 이루어져야 한다.

에 대한 임금에 가깝다. 그러나 사실 그것은 임금이 아니다. 임금의 기능은 노동력을 재생산하는 것이지만 기금은 공식적으로 생산 과정에만 쓰여야 한다. 따라서 그것은 생산수단의 구매를 위한 것이지 노동자(예술가)의 재생산을 위한 것이 아니다. 재생산되는 건 그 갤러리에서 전시되는 일련의 작품들뿐이다. 그러므로 기금의 투입으로 갤러리 자체는 안정적으로 유지되지만 갤러리의 노동자들은 불안정한 상태로 남는다. 예술과 예술가의 기묘하게 이원화된 공존 ― 각광받는 예술과 주변화된 예술가 ― 이 지속되는 이유다.

P2P 네트워크에 접속한 문래동 예술가들이 개별적으로는 자신의 작품을 만들고 집합적으로는 네트워크를 (재)생산한 것처럼, 기금을 받은 예술가는 개별적으로는 자신의 작품을 생산하고 집합적으로는 문래동의 '문화적' 풍경, 즉 집합적 상징자본을 생산한다. 그뿐만 아니라 ― 앞서 레지던시의 예술가들처럼 ― 예술가들의 작품이나 프로그램은 지역 주민들에게 문화 향유의 기회를 제공하는 사회적 가치를 생산한다. 따라서 예술가는 자신의 작품과 '문화적' 풍경 그리고 사회적 가치를 생산하지만 보수를 받지 못한다. 상품의 잉여가치가 노동자의 부불노동으로 만들어지듯이, '문화적' 풍경과 사회적 가치는 예술가의 비임금 노동으로 생산된다. 이 비임금 노동은 디렉터가 무상으로 전유하는 공통재다. 그러나 공장의 노동자가 임금을 받는 것과 달리 예술가에게 남는 것은 자신의 작품과 프로필에 추가할 수 있는 알량한

기록 — 가령, '2018 문래예술공장 〈MEET 프로그램〉 참여 작가' — 뿐이다. 그 작품이 시장에서 판매되는 경우란 거의 없기 때문에 기금을 통해 예술가가 자신을 재생산하는 것은 불가능하다. 다만 프로필에 추가된 경력이 쌓이면 그 예술가는 향후 레지던시나 기금 공모에 지원할 때 조금 더 경쟁력을 갖추게 될지도 모른다. 그러나 그것은 되풀이되는 불안정화의 경로일 뿐이다. 결국 그 사업들이 예술가에게 약속할 수 있는 것은 없다.

그 대신 기금이 약속하는 것은 문래동의 '문화적인' 풍경이다. 기금이 늘어날수록 '창작촌', '예술촌'으로서 문래동의 이미지는 강화될 것이다. 미트 프로그램이 끝나는 2018년 말 문래동에는 이제 2억 원치의 '문화적인' 풍경이 펼쳐질 것이다. 물론 지금도 왜곡된 예술장을 벗어나 독립적인 활동을 이어가는 흐름이 있지만 2억 원치의 풍경에 비하면 미약하다. 물론 '문화적인' 풍경의 가속화는 '지역예술 활성화'로 표현된다. 그러나 그 내용이 무엇이든 기금이 촉발한 '문화적' 풍경의 가속화는 다른 업종과의 공존을 점점 어렵게 만든다. 3층짜리 철재상가 건물이 줄지어 서 있는 문래동3가 54번지의 경우 2010년대 초반까지만 해도 층별 영역 분리가 선명했다. 1층은 철재상의 영역이었고 나머지 2, 3층과 옥상, 지하 공간은 예술가의 영역이었다. 문래예술공단은 그러한 각자의 영역을 존중하는 의미를 담아 만들어진 명칭이었다. 그러나 '문화적인' 풍경의 가속화와 함께 그 풍경을 차별화된 콘텐츠로 삼으려는 업종들이 철재상가 1층 곳곳에 침투하고 있다. 문래동의 젠트리피케이션이 시작되었다.

자본의 요인으로서의 공통장

풍경의 변화

예술가들의 공통장 생산은 의도와 무관하게 주변의 풍경을 특이하게 만드는 효과를 낳는다. 과거 문래동 예술가들은 재개발에 대응하기 위해 자신들의 가치를 입증할 필요가 있었다. 그에 따라 자신들이 활동하는 공간이 쇠락해 가는 곳이 아니라 새로운 움직임이 활발하게 일어나는 곳임을 대외적으로 보이고자 했다. 문래동3가의 한 식당 위쪽 벽에 식당 노동자들의 사진을 오려 붙인 작업, 버려진 쓰레기를 모아 만든 로봇 등과 같은 공공미술 작업이나 오픈스튜디오는 그러한 의도에서 이루어졌다. 그렇게 진행된 예술 프로그램들은 누구도 찾아오지 않던 동네를 주목하게 만들었고 실제로 많은 사람이 찾아오기 시작했다. 재개발에 대한 대응이 젠트리피케이션의 촉매가 된 것일까?

예술가들이 자신의 의도와 무관하게 현대 도시에서 젠트리파이어가 된 사례들은 이미 널리 알려져 있다. 1990년대까지 뉴욕에서 스쾃을 했던 알렉 레오하르트는 당시 부동산 개발업자들이 거리에서 예술가들을 만나면 계속 따라다녔다고 전한다.[62] 왜

---

62. 스쾃 좌담회의, LAB39, 2007.11.3.

그림 2. 문래동의 공공미술 작업
출처 : 저자 직접 촬영 (2009.7.5.)

냐하면 예술가들이 가는 곳이 투자할 가치가 있었기 때문이다. 즉 예술가들은 특이한 풍경을 생산했고 그것은 집합적 상징자본의 구축으로 이어졌다. 오래된 철재상과 철공소가 빚어내는 소음과 분진, 철가루 냄새로 가득하던 문래동 역시 이제 예술 활동이 축적되면서 특이한 풍경을 가진 곳으로 주목받기 시작했다. 오랫동안 문래동에서 문화예술 공간을 운영해 온 한 기획자는 동네의 변화를 다음과 같이 설명한다.

변화 많이 느끼죠. … 예전에는 작가들이 자기 공간을 하다가 잘 안되니까 카페나 할래요, 그래서 약간 이상하게 어색하게 카페처럼 차리고 … 있었는데, 요즘은 그런 작가는 없고 거기에 식당을 하겠다고 들어온 사람들이 하나둘 있는 거죠. 나는 그게 2차라고 생각해. 그러고 나서 이 사람들이 작가랑 친하게 지내요. 그 사람(작가들)이 고객이기도 하고, 동네를 잘 모르니까.⋯근데 그 다음 시기가 뭐냐면 진짜 아무것도 모르고 그냥 건물을 사서 자기가 1층에 장사를 하는 사람이 있는 거야. 그 사람들한테는 작가들이 중요하지 않아. 단골이라고 해봐야 돈도 별로 안 쓰고. 그런데 그 사람들은 자기만의 방식으로 맛집 블로그에 올리고 홍보를 해서 문래동의 힙한 공간에 되게 맛있는 집으로 계속 (홍보)하는 거야. 그래서 사람들이 문래동을 왔을 때⋯그 집에 가서 (식사)하고, 아 문래동에 있는 그런 곳이야 하는⋯그 안에 인테리어도 작가가 한 것처럼 하고 하면은⋯하나의 문래동의 공공 이미지라고 해야 하나?⋯너 어디서 사업해? 했을 때 사당에서(라고) 하면, 아 그 사당 복잡한 데서 해? (라고 말)하지만 문래동이라고 하면 어! 작가들 많고 그런 곳이야, 어 좋은 것 같아, 거기 되게 재미난 작가도 많고 재미난 활동도 많다지, 하는데, 그 사람이 장사하는데 마케팅에는 도움이 되지만 그 사람이 지역에 환원한다든지, 지역을 위해서 하는 건 하나도 없는 거지. 그런 게 이제 대로(경인로)변에 빵빵빵빵 들어와 있는 거죠.[63]

예술가들이 지역에 축적한 활동은 '예술가들이 많이 있는 곳,

---

63. 기획자 B(대안공간 운영) 인터뷰.

'예술창작촌' 등으로 이미지화되어 이제 식당이나 카페 사업을 위한 밑거름이 된다. 문래동에 작업실이 늘어나기 시작하던 2000년대 후반에는 개인 작업실 외에 다른 상업 공간은 찾기 어려웠다. 물론 이전부터 철공소와 철재상가 '사장님'들이 가는 식당과 다방은 있었지만 그마저도 업체들이 불황을 겪으면서 예전에 비해 크게 줄어든 상태였다. 그러나 예술가들이 늘어나면서 예술가들이 직접 운영하는 카페나 식당이 생기기 시작했다. 이 공간은 전시 공간을 겸하는 경우가 많았고 동네 예술가들이 손님의 대부분이었다. 규모나 운영 방식 등을 볼 때 본격적인 상업 시설이라고 보기는 어려운 곳들이었다. 그러다 좀 더 그럴듯한 외관을 갖춘 상업 시설이 생겨나기 시작했다. 위 인터뷰에서 "2차"라고 표현된 이런 곳들은 예술가가 아닌 사람들이 정말로 장사를 하기 위해 만든 곳들이다. 그러나 이들이 어느 정도 내부 커뮤니티에 참여한 것과 다르게, 최근 들어선 카페나 식당들은 이전의 공간과는 결을 달리한다. 이들은 우선 시각적으로 크게 구별된다.

지금 오는 사람들은 이상한 세련됨을 찾아오는 거 같아. 나는 겉멋이라고도 표현을 하고 싶은데, 왜 (랩39가 있던 건물) 2층에 생긴 플랫빈가? 그런 카페들.…그런 것들이 세련되게 보이지만 그렇게 편하지 않고. 다정하지 않고 불편한 것 같고, 이런 것들? 그러니까 이질적인 것들?…반면 예전에 왔던 그런 비주류 사람들이 다른 지점은 공간과의 융화가 있었던 것 같아요. 자연스럽게 스며들어 가는 그런 것들? 최근에 오는 사람들은 공간을 다 바꾸잖아요? … 아까 그 왜 가죽공방의 세련됨이라든가 … 그러니까 새로 생기는 공간들이 얼마만큼 그 건물하고 융화되고 있는가를 보면 재밌을 거 같거든요? 그런데 저는 이상한 세련됨을 사람들이 갖는 것 같아요. … 그러니까 예전에는, 지금은 잘 모르겠는데 그럴 거라고 예상이 되는데, 사진 찍으러 오는 사람 되게 많았잖아요. 예전에는 진짜 철공소에만 있는 공간들, 허름한 철문이며 옥상에 버려진 거며, 쓰레기 이런 거를 찍었다면은, 지금 오는 사람들은 세련되고 예쁜 걸 찍지 않을까라는 생각도 들거든요.[64]

기존의 풍경에 스며들기보다 이질적인 '세련됨'을 추구하는 이곳들은 내부의 관계보다는 외부의 고객 유치에 더 주력하는 곳들이다. 그들에게 기존 공간과의 융화는 중요한 문제가 아니다. 그것이 중요했다면 철재상 사이에 끼여 있는 카페에서, 호이스트가 철재를 들어 트럭에 싣는 모습을 통유리창 너머로 바라보며 커피를 마시는 기이한 광경이 만들어지지는 않았을 것이다. 이들에게 중요한 건 문래동이라는 이미지다. 이른바 '힙한 공간'의 이미지가 실제로 마케팅에 도움이 될 수 있기 때문이다. 그 이미지가 실제 문래동과 얼마나 부합하는가는 알 수도 없을뿐더러 중

---

64. 기획자 A(랩39, 언메이크 랩) 인터뷰.

그림 3. 철재상 사이에 들어선 카페
자료 : 직접 촬영(2018.10.11).

요하지 않다. 문래동에 찾아오는 사람들이 가진 그 이미지는 각자가 다양한 경로를 통해 문래동을 접하면서 나름의 방식으로 조각조각 짜 맞춘 것이기 때문이다. 트렌디한 그 카페와 식당 들에게 중요한 것은 무언가 예술적이고 '힙한' 이미지를 제공하여 사람들이 기대하는 바에 가급적 부합하는 것이다. 따라서 가장 보편적인, 일반적으로 '예술적'이라고 통용되는, '작가가 인테리어를 한 듯한' 그런 이미지, 즉 기존의 문래동 풍경과는 이질적인 '세련됨'이 추구된다.

그러한 가게들은 점점 늘어가고 있다. 문래동3가 58번지 골목 귀퉁이에 있던, 철공소 중에서 예술가와의 교류가 가장 잦았고 그런 까닭에 예술가들의 워크숍이 진행되기도 했던 그 철공소는 고깃집이 되었고, 이탈리아 식당, 와인바, 스시집이 경인로를 중심으로 생겨났다. '예술적인' 이미지가 쌓여가고 이를 자양분으로 삼으려는 '힙한' 가게들이 늘어나면서 임대료는 상승하기 시작했고 이는 동네의 새로운 갈등 요소로 이어지고 있다.

공장 사장님이 불만이 쌓여가지. 1층에서 그냥 몇십 년간 월세 전혀 부담 없이 했는데, 공장 아저씨도 임대료 내는 임차인이잖아. 그래서 집주인이 이제 이, 삼십 년간 까먹고 있다가 갑자기 와서 10만 원 올려줘, (이러면) 아저씨들은 장사가 잘되면 올려 주겠는데 장사가 계속…안 되는데 월세 부담까지 올라가면, 그러면 나이 드신 분은 접을 때가 됐나보다, 젊은 사람들은 시화공단으로 가야 하나, 어디로 가야 하나…그 아저씨들이 그런 걸(임대료 인상 통보를) 받으면 임대인하고 싸우든가 부동산하고 싸워야 하는데, 주로 누구랑 싸우냐면 작가들하고 싸우는 거야. 너희들이 들어와서 동네가 지금 이렇게 됐지 않냐. 근데 작가들도 아니야. '저두요 월세 내느라 힘들고요, 제가 들어와서 그런 게 아니고요….' 결국에는 상업적인 공간을 하기 위한 그 집주인을 욕을 해야 되는데 그 사람들한테는 우리가, 아저씨들이 (이야기를) 잘 못하고…실제 그걸 만들고 한 사람들한테 불만이 모아져서 (행동)하는 게 아니라 임차인들끼리 너희들 때문에 이러지 않냐, 이러면서 이제…동네 아저씨들이 작가들하고 싸우기도 하고….[65]

2000년대 후반 예술가들이 본격적으로 입주하던 시기만 해도 문래동 철재상가를 가득 메운 거친 쇳덩어리들은 그 무게만큼이나 상업화의 흐름을 막아줄 보루처럼 여겨졌다. 그러나 이제 철재가 쌓여 있던 그 공간에 세련된 카페와 식당이 하나둘 들어서고 있다. 이러한 변화의 시발점에는 물론 예술가들의 활동이 있다. 그 의도가 무엇이었든 예술가들의 대외적인 활동은 사람들의 시선을 붙잡았고 발길을 이끌었다. 그러나 그 활동으로 이 모든 변화를 설명할 수는 없다. 문래동의 변화에는 다양한 힘들의 얽힘이 그 계기로 작동한다.

---

65. 기획자 B(대안공간 운영) 인터뷰.

젠트리피케이션의 동력

문래동은 이제 하나의 명소가 되었다. 그것이 어떤 의미를 지니든 문래동이 도시의 특이한 장소가 되었다는 것은 부정할 수 없는 사실이다. 사람들은 그 특이함에 이끌려 문래동을 찾는다. 사람들은 이제 그곳을 욕망한다. 그 욕망은 개인적인 것에 그치지 않고 다른 이들의 욕망과 공명하며 사회화된다. 그런 사회화된 욕망이 어떤 장소를 명소로, 관광지로 만든다. 비포에 의하면 "자본주의는 물리적 에너지의 착취에 근거하며, 기호자본주의는 사회의 신경성 에너지의 예속에 기반을 둔다."[66] 여기서 신경성 에너지를 욕망으로 바꾸면 이렇게 말할 수 있을 것이다. 관광지는 그곳을 중심으로 형성된 욕망들을, 특정한 방식으로 구획된 회로를 따라 흐르게 하는 것에 그 성패가 달려 있다고 말이다. 지금 문래동이라는 명소에는 어떤 욕망들이 흐르고 있을까?

먼저 그 욕망의 형성 계기를 살펴야 한다. 첫째는 물론 예술가들의 활동이다. 그들의 활동은 의도와 형식과 내용이 무엇이든 문래동이라는 장소를 특별하게 만든다. 그 예술 활동이 쓰레기로 가득 찬 옥상을 공통화하든, 골목에 화단을 만들든 결국 '문래동의 예술'로 호명되기 때문이다. 이렇게 특정한 지역과 결합한 예술은 전체적으로 볼 때 어떻게든 그 지역의 특별함을 생산하는 데 기여한다. 더군다나 그 활동 무대가 철재상 거리였다는 점

---

66. 프랑코 베라르디 '비포', 『죽음의 스펙터클』, 송섬별 옮김, 반비, 2016, 70쪽.

은 문래동의 예술 활동을 더욱 주목받게 만들었다. 이러한 특별함은 미디어를 통해 '철공소에 핀 예술' 등으로 재현되면서 널리 알려진다.[67] 이제 사람들이 동네를 찾아오기 시작한다. 2000년대 후반 특별한 행사가 있을 때를 제외하면 문래동을 찾는 사람들의 대부분은 큰 카메라를 손에 쥔 아마추어 사진가들이었다. 당시 랩39와 그 옥상은 거의 유일하게 외부인에게 개방된 곳이었고, 〈로봇 정원〉, 〈소비의 탑〉 등과 같은 조형 작업이 설치되어 있어 그들이 꼭 들러야 하는 곳 중 하나였다. 이때 문래동은 특이한 풍경을 담을 수 있는 대상으로 소비되었다. 그들은 문래동 풍경의 소비자이면서 자신의 소셜 미디어를 통해 문래동을 재현하는 이미지의 생산자이기도 하다. 문래동은 그렇게 매스미디어와 소셜미디어를 횡단하면서 다양하게 재현되기 시작했다. 미디어에 의한 재현은 문래예술공장의 지원으로 '문래동의 예술'이 가속화되면서 급격하게 증가한다. 미디어와 문래예술공장의 지원은 상승효과를 일으키면서 문래동의 '문화적 이미지'를 강화한다. 요컨대 문래동의 집합적 상징자본은 문래예술공장이 추동하는 예술가의 노동뿐 아니라 공중과 미디어들의 웅성거림에 의해서도 생

---

67. 양효경, 「[삶·사람·도시] 예술로 지역 개발 … '철공소에 핀 예술꽃, 문래 예술공단'」, 〈MBC 뉴스데스크〉, 2008년 7월 11일 수정, 2024년 2월 2일 접속, http://imnews.imbc.com/replay/2008/nwdesk/article/2184335_18843.html.; 정성호, 「철공소 거리에 핀 예술」, 〈KBS 뉴스9〉, 2008년 10월 10일 수정, 2024년 2월 1일 접속, http://mn.kbs.co.kr/news/view.do?ncd=1648593.

산된다. 그리고 문래동의 '문화적인' 풍경은 새로운 욕망을 끌어들이고 있다. 이제 '문화적인 것'들을 영업 수단으로 삼는 카페와 식당이 들어선다. 이들은 어떻게 '문화적인 것'을 활용하는가?

그들이 문래동에 가게를 차리는 이유는 문래동의 '문화적인' 풍경들을 사업의 토대로 여기기 때문이다. 따라서 예술가의 노동은 이중의 착취 과정을 겪는다. 문래예술공장이 예술가들의 비임금 노동을 무상으로 전유한다면 새로운 상업 자본들은 그 노동으로 생산된 풍경을, 그러므로 결국 예술가의 노동을 다시 한번 전유한다. 이러한 의미에서 상업 자본들 역시 전략 공통장의 특성을 갖는다.

이 상업 자본은 문래예술공장의 예술장과는 또 다른 장을 형성한다. 소위 '핫플레이스'가 이 장의 다른 이름이다. 이제 문래동을 찾는 이들은 아마추어 사진가만이 아니다. 그보다 훨씬 더 많은 이들이 전시나 공연뿐 아니라 심지어 맛집을 가기 위해 문래동을 찾는다. 그러므로 이 새로운 상점들 역시 문래동의 풍경을 생산하는 과정으로 이끌려 들어간다. 예술가와 카페와 맛집은 어쩐지 잘 어울리는 동료들처럼 문래동의 새로운 풍경을 생산하는 조립라인에 나란히 서 있다. 이들은 각각 그림을 그리거나, 커피를 내리거나, 요리를 할 뿐이지만 집합적으로 연결되어 예술과 핫플레이스가 뒤섞인 복합적인 풍경을 생산한다. 그리고 이 복합적인 풍경을 욕망하는 이들이 문래동을 방문하고 각자의 방식으로 문래동에 대한 이미지를 다시 생산한다.

요컨대 문래동에는 다종다양한 욕망이 흐르고 뒤섞인다. 새로운 삶에 대한 욕망이 문래동의 출발을 알렸다면, 그것을 계기로 문화를 통한 도시 경쟁력 향상을 꿈꾸는 욕망, '문화적' 풍경을 사업의 양분으로 삼으려는 욕망, 특이한 풍경을 즐기려는 욕망이 다양한 미디어를 통해 서로 뒤얽히면서 문래동을 하나의 명소로 만든다. 그러므로 각각의 욕망 주체들은 모두 문래동을 하나의 명소로 만드는 사회적 공장의 노동자들이다. 그 공장이 생산하는 '문화적인' 이미지, 실체가 불분명한 그것에 이제 새로운 기생체가 등장한다. "모든 비물질적인 공간에는 그 공간에 대한 물질적 기생체들이 있다."[68] 이 복합적인 욕망들이 함께 생산하는 브랜드 가치가 지대 상승으로 나타나는 것이다. 건물주는 영문도 모른 채 세입자에게 임대료 인상을 통보하여 그 가치를 실현한다. 예술가들의 활동을 시초로 복잡한 사회적 과정을 거쳐 생산된 부, 그러나 측정할 수 없고 때로는 실체를 가늠하기 어려웠던 그 부는 건물주의 통장에서 선명하게 자신의 모습을 숫자로 드러낸다.

　　이러한 과정은 다양한 욕망 주체들의 행위가 결국 지대 상승으로 귀속되는 암울한 흐름을 보여 주지만 우리는 오히려 그 과정에서 다른 결론을 끌어낼 수 있다. 그들의 다양한 행위가 지대 상승으로 나타난다는 것은 그 행위가 가치를 생산하는 노동이라

---

68. 파스퀴넬리, 『동물혼』, 222쪽.

는 걸 말해준다. 그들이 문래동을 방문하고, 전시를 관람하며, 사진을 찍고, 공유하는 그 모든 삶의 행위들은 사회적 공장의 노동이다. 그러므로 우리는 그 욕망 주체들이 사회적 공장의 노동자로서, 지대 상승으로 귀결된 그 가치에 대해 일정한 지분을 가진다고 말할 수 있다. 물론 지대는 공통장의 부패로 인한 양상이다. 그럼에도 달라지지 않는 점은 우리가 그 가치의 생산자라는 사실이다.[69] 공장이 된 사회에서 우리는 모두 사회적 노동자다. 이 말은 한편으로는 자본에 의한 포섭을 뜻하지만 다른 한편으로는 그 공장의 기생체를 드러내며, 그에 따라 우리는 공통의 부를 되찾기 위한 싸움을 시작할 수 있다. 그것이 우리가 1970년대 여성들의 투쟁에서 배운 교훈이다.

전략 공통장의 함의

예술 생산에서 예술가의 비임금 노동

레지던시와 기금으로 진행되는 생산 과정을 정리해 보자. 도시에 예술을 저렴한 비용으로 공급하기 위해 마련된 이 두 가지 방안은 작동 방식에서 서로 차이가 있다. 레지던시가 일정한 시설을 갖추고 예술가를 모집한다면, 기금은 좀 더 공통장에 의존하

---

69. 이에 근거하여 시혜적으로 주어지는 것이 아니라 생산자의 권리로서 기본소득이나 보장소득을 주장할 수도 있을 것이다.

는 형태를 취하기 때문이다. 또한 이 두 방안은 산업 공장에서 일어나는 생산 과정과도 다르다. 먼저 레지던시의 생산 과정을 살펴보자.

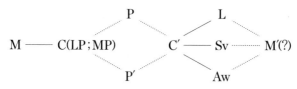

L:풍경, Sv:사회적 가치, Aw:예술 작품

레지던시 기관은 정해진 예산(M)으로 생산수단(MP:작업 공간, 장비 등)을 구매하고 노동자(예술가)를 모집한다. 그리고 생산 과정을 거쳐 상품(C′)[70]을 생산한다. 이 과정은 임금을 받는 생산(P)과 그렇지 않은 생산(P′)으로 나뉜다. 전자는 레지던시 기관에서 기획한 프로그램에 참여하는 경우다. 예를 들어 지역 청소년 문화예술 교육 프로그램을 진행하는 입주 작가는 예산의 일부로 배정된 임금을 받는다. 후자의 사례로는 입주 작가에게 의무사항으로 주어지는 오픈스튜디오와 기획전 등이 있다. 입주 작가는 작품 생산에 필요한 예산 – 작업 도구 구매 등을 위한 – 은 받을 수 있지만 자신의 노동에 대한 보수는 받지 못한다. 이렇게 임금의 유무로 구별되는 노동은 마치 과거 봉건제에서 지주의 농

---

70. 물론 레지던시 기관의 생산물을 상품으로 부르는 것은 무리한 표현일 수 있다. 그러나 그 기관이 도시 경쟁력 향상이라는 도시 정부의 전략에 복무하는 한 그 생산물이 상품으로 의도된다는 것 또한 사실이다.

지에서 일하는 ─ 따라서 노동의 결과물이 전적으로 영주에게 귀속되는 ─ 날과 자신의 땅에서 일하는 ─ 따라서 노동의 결과물이 자신의 재생산으로 귀속되는 ─ 날이 구분되어 있는 농노를 연상시킨다. 그러나 예술가의 노동은 임금을 받든 그렇지 않든 부불노동을 수행한다는 점에서 다르다. 그것은 예술가의 노동 생산물이 복합적인 형태로 나타나기 때문이다. 첫 번째 생산물은 도시의 경쟁력을 향상시킬 것으로 기대되는 '문화적' 풍경(L)이며, 두 번째 생산물은 지역에서 공유되는 사회적 가치(Sv)다. 이것은 지역 주민에게 여가 선용의 기회를 제공할 뿐 아니라 창조성을 배양할 것으로 기대된다. 마지막으로 예술 작품(Aw)이 있다. 이 세 가지 생산물은 서울시창작공간의 세 가지 목표, 즉 지역 재생, 시민들의 문화 향유, 예술 창작 지원에 각각 상응하는 것이다. 따라서 예술가는 임금을 받는 경우에도 자신의 작품을 생산하는 데 그치지 않고 '문화적' 풍경과 사회적 가치를 생산한다 ─ 이 생산 과정에는 예술가뿐 아니라 주민(이용자)까지 참여한다 ─ 는 점에서 부불노동을 수행한다. 그러나 그 생산물들(C′)은 시장에서 직접 판매되지 않기 때문에 새로운 가치는 분명 생산되지만 우리는 그 가치를 측정할 수 없다. 달라진 지역 이미지, 참여 주민들이 겪은 심미적 변화, 공동체에 끼친 효과 등을 어떻게 측정할 것인가? 게다가 도시 정부의 바람은 여기서 그치는 것이 아니다. 그것은 M′로 실현되어야 한다. 좀 더 정확히 말하면 직접적인 화폐 실현이라기보다 도시 경쟁력 강화에 기여해야 한다. 그리하여 관광객과 외국인 투자가 늘어나고 좀 더 '창조적인' 노동력이 만들어져야 한다. 그러나 '문화적' 풍경이 실제로 도시의 경쟁력을 향상시킬 것인지, 그렇다면 그것은 어떻게 측정할 수 있을지 불확실하다. 또한 예술가의 노동이 사회적 가치를 생산한다고 어느 정도 기대할 수는 있지만 그것이 정말 '창조적인' 노동력을 만들어 낼 수 있을지는 알 수 없다. 그뿐만 아니라 계획할 수 없는 요소인 노동계급은 플로리다의 기대와는 달리 '창조적인' 노동력이 아닌 다른 길을 선택할지도 모른다. 그에 따라 예술가들의 노동은 의심받는다. 그들의 노동은 정말 '경제적인' 가치를 생산하는가? 그렇다면 그것은 어떻게 측정할 수 있는가?[71]

이처럼 이 세 가지 생산물은 시장에서 가치로 실현될 여느 상품과는 차이가 있다. 그것의 가치는 측정할 수 없고 그것이 정말 화폐 축적에 기여할지 장담할 수 없기 때문이다. 그러한 측정불가능성, 불확실성이 예술가들의 부불노동을 가리는 데 기여한다. 그러나 창조도시가 이러한 것들을 의도하고 있으며 예술가의 부불노동에 기대려 한다는 것, 그에 따라 실제로 예술가들이 부불노동을 수행한다는 것은 변하지 않는 사실이다. 예술가들이 부불노동을 한다고 하더라도 그들에게는 자신의 작품이 남는다고 말할지도 모르겠다. 그러나 그들의 작품이 시장에서 판매되는 경

---

71. 이러한 불확실성은 국가가 예술에 지원하는 것을 망설이게 만든다. 좀 더 가시적이고 시급한 경제 지표 개선이 요구되는 시기에 예술에 대한 지원이 철회되는 것은 흔한 일이다.

우란 거의 없기 때문에 그것은 부불노동에 대한 보상이 될 수 없다.[72] 그리고 예술가의 생계는 레지던시 기관의 관심사가 아니다. 정리하면 레지던시라는 공장은 예술가의 부불노동에 기생하며, 이때 그 노동이란 도시 정부가 무상으로 사용할 수 있는 공통재와도 같다.

이제 기금에 의한 생산을 보자. 이 과정은 기금을 투입하여 예술가의 공통장에 생산을 위탁한다는 점에서 차이가 있다.

De Angelis(2017:193)의 그림을 재구성했다. M:화폐, C:상품, NC:비상품, Cg:공통재화, An:예술가 네트워크, Cs:공통장, Cm:공통화.

이 그림은 예술가 네트워크(An)가 공통재화(Cg)를 이용하여 공통장(Cs)을 재생산하는 모습을 보여 준다. 그런데 이 공통장은 앞서 본 것처럼 자본의 산물인 상품을 이용한다. 다시 말해 예술가들은 작업을 위해 다양한 도구들과 공간이 필요하다. 이

---

72. 더군다나 레지던시 기관에서 기획한 프로그램을 진행한 예술가에게 물질적인 작품이 남는 경우는 거의 없다. 프로그램을 진행하는 예술가는 수업을 하는 교사처럼 비물질 노동을 수행하기 때문이다. 그에게 남는 건 이력서에 추가할 수 있는 한 줄의 기록뿐이다.

때 필요한 화폐(M)는 기금으로 − 경쟁을 거쳐 − 충당할 수 있다. 거꾸로 말하면 도시 정부는 기금으로 생산과정을 아웃소싱한다. 공모에서 선정된 문래동의 어느 예술가는 기금으로 필요한 재화를 구입하여 작품을 만들 것이다. 그 결과물은 레지던시의 생산물과 같다. 기금을 받은 예술가는 '문화적인' 풍경과 사회적 가치와 자신의 작품을 생산한다. 다른 점은 기금의 경우 임금이 전혀 주어지지 않는다는 것이다. 앞서도 언급했지만 기금은 공식적으로 생산수단에만 쓸 수 있다. 따라서 예술가에게 돌아올 수 있는 임금은 없으므로[73] 기금을 통한 생산은 완전한 부불노동 과정이다. 예술가들은 자신의 작품 외에도 풍경과 사회적 가치를 생산하지만 그것에 대한 보수를 바래서는 안 되는 것이다. 그러나 많은 예술가가 기금을 자신의 재생산을 위해 비공식적으로 사용한다. 그것은 물론 그들이 기금으로 만든 작품이 먹을 수 있는 요리나 잘 수 있는 집이어서가 아니라 지원금을 일부 전용하기 때문이다. 감독기관은 이것을 횡령으로 여길지도 모르지만, 나는 자신의 노동에 대한 보수를 받지 못하는 비임금 노동자(예술가)들의 − 예술가들 자신이 그렇게 인식하지 않더라도 − 계급투쟁이라고

---

73. "문래예술공장 〈2018 문래창작촌 지원사업 MEET〉 참여 프로젝트 공모 안내"문은 "단체 대표자 혹은 지원사업자 본인에게 집행되는 인건비성 사례비"는 "지원금 사용이 인정되지 않는 경비"임을 명시한다. 2021년 공고문을 보면 인정 불가 경비 목록에서 이 항목은 삭제되었지만, "지원금 사용가능 항목"에 인건비는 없으며 "상근직원 인건비"는 여전히 인정되지 않는 경비 항목에 들어 있다.

생각한다. 이것은 아주 소극적으로 보일지도 모르지만 이를 통해 그들은 '예술노동에 대한 임금'을 미약하게나마 실현한다. 횡령의 주체는 알량한 임금을 전유한 예술가들이 아니라 예술가들의 비임금 노동에 기생하는 도시 정부다.

이렇게 예술 노동자의 부불노동이 가능하게 된 이유 중 하나는 누차 언급한 바와 같이 예술의 숭고화에 따른 것이다. 숭고화된 예술의 실천은 노동이 아니게 되었고 예술가 또한 노동자가 아니라, 생계 문제에 시달리면서도 자신의 '이상'을 추구하는 이해할 수 없는 사람이 되었다. 그에 따라 예술가는 노동자가 누릴 수 있는 권리를 규정한 법의 적용을 받지 않는다. 레지던시에 입주해서 4대 보험의 적용을 받고 1년 동안 입주한 뒤 퇴직금을 받는 예술가는 보지 못했다. 예술은 노동이 아니기 때문이다. 반면 같은 레지던시 기관에 종사하는 다른 직원들은 분명 그러한 권리를 누릴 것이다. 그들은 오픈스튜디오 행사가 열리는 날이면 예술가들과 함께 짐을 나르고 손님을 맞이하며, 예술가들이 작품을 소개할 때면 옆에서 장비를 조작할 수도 있을 것이다. 무엇이 노동이고 무엇이 아닌가? 무엇이 예술이고 무엇이 아닌가?

요컨대 공장의 노동자와 예술 공장의 예술 노동자는 분명히 다르다. 전자는 정기적인 임금으로 정상화된 질서를 살아가는 것이―비록 착취 받고 궁핍한 삶이라고 해도―가능하지만 후자는 예술이라는 명명 덕분에 일을 하고도 임금을 받지 않은 채 살아가야 하는 놀라운 인물이 되었다.

통제 메커니즘으로서 서울시창작공간

서울시창작공간이 지원하는 건 예술이지 예술가가 아니다. 예술가 개인의 안정은 그 시설의 관심사가 아니다. 그곳이 필요로 하는 것은 예술가가 아니라 인격화된 예술이기 때문이다. 이러한 의미에서 그 공간이 자신의 미션 중 하나로 (예술가가 아니라) "예술창작지원"[74]을 든 것은 정확한 표현이다. 그곳은 예술 창작 활동만을 지원한다.

이것은 우선 서울시창작공간의 주요 사업인 레지던시와 기금 지원이 실제로 예술가의 직업적 성공과 생계를 담보할 수 없다는 것을 뜻한다. 레지던시의 경우 물론 그곳에 있는 것이 어느 정도 도움이 되긴 하지만 불과 1년, 길어야 2년 정도 머무를 뿐이다. 많은 예술가가 이러한 단기 거주의 문제를 지적한다.[75] 그러한 운영 방식이 예술가의 창작 환경 안정에 별다른 도움이 되지 않기 때문이다. 또한 기금의 경우 그 돈의 대부분은 작업 과정에 투여되고 정기적으로 약속된 것이 아니므로 간헐적인 작품 생산에는 도움이 되겠지만 생계 수단이 될 수는 없다. 이러한 문제들은 서울시창작공간의 지원 사업들이 예술가의 안정을 위한 사업이 아니라는 걸 보여 준다.

---

74. 서울문화재단, 『2011/2012 서울시창작공간 백서』, 9쪽.
75. "전셋집에 들어가 있을 때의 불안감 같은 거 있잖아요. 그래서 은행 대출을 받더라도 내 집을 마련하고 싶은? 그런 게 있어요. 그 안(레지던시)에 들어가 있으면"(예술가 C(금천예술공장 전(前) 입주 작가) 인터뷰).

그러나 도시 정부의 입장에서는 문제 될 게 없다. 레지던시 입주를 희망하는, 기금을 받으려는 수많은 예술가가 있고 그 자리는 다시 누군가로 채워지기 때문이다. 창의문화도시 전략은 도시경쟁력의 향상을 위해, 그리고 그것에 필요하다고 여기는 '문화적인 이미지'의 생산을 위해 예술가들의 노동을 필요로 한다. 그렇기 때문에 그 노동은 보전되어야 한다. 그러나 이것이 예술가인 '나'의 안녕을 보장한다는 뜻은 아니다. 그것이 보장하는 것은 집합적 노동 그 자체다. 그 노동의 수행 주체가 꼭 나일 필요는 없는 것이다. 따라서 예술가들의 집합적 노동과 그것의 생산물인 예술 자체는 안정적으로 유지되지만 예술가 개인은 계속해서 불안정 노동자로 남는다. 이것이 중요한 지점이다. 그 불안정함이 서울시창작공간의 실질적 토대이기 때문이다. 예술가의 불안정함이 사회적으로 유지되어야 레지던시는 지금처럼 누군가로 손쉽게 채워지고 기금 역시 누군가에 의해 집행될 것이다. 다시 말하면 레지던시와 기금은 예술가의 불안정함에 기대면서 그것을 유지하는 데 기여한다.

지원의 대상이 예술가가 아니라 예술이라는 말이 뜻하는 또 다른 의미는 서울시창작공간을 사회적 공장의 조립라인으로 생각할 때 쉽게 이해할 수 있다. 기업과 노동자의 관계는 서울시창작공간과 예술가의 관계와 유사하다. 기업이 노동자를 지원하는 것이 아니라 그의 노동력을 구매하듯이, 서울시창작공간도 예술가를 지원하는 것이 아니라 그의 노동력을 구매한다. 그러나 정규직 노동자가 기업에서 최소한의 고용 안정을 보장받는 것과 달리 서울시창작공간의 노동자(예술가)는 계약 기간이 끝나면 집으로 돌아가야 하는 비정규직 노동자다. 1997년 외환위기 이후 사회 전반에서 가속화되어온 고용 불안정화 경향에 비추어 볼 때 레지던시 입주 예술가의 노동 조건은 일반 기업들이 바라는 궁극적인 상태인지도 모른다. 언제든지 필요한 만큼만 이용할 수 있는 '유연한' 노동력이기 때문이다. 또한 레지던시 예술가들은 조직되어 있지 않고 파업을 하지 않는 노동자들이라는 점에서도 그러하다. 따라서 레지던시는 "궁극적으로 유일하게 계획할 수 없는 자본의 요소"인 노동계급을 계획 가능한 노동력으로 바꾸려는 시도이기도 하다.

또한 레지던시와 기금의 운영은 예술을 예측 가능한 방식으로 저렴하게 생산할 수 있는 방안이다. 예를 들어 문래예술공장의 초기 설계안 ― 레지던시 위주 ― 은 서울시의 입장에서 볼 때 현재 형태 ― 공동 작업을 위한 공간 ― 보다 좀 더 선호할 수 있는 방안이다. 문래동에 아무리 작업실이 많다고 해도 그것의 지속가능성은 누구도 보장할 수 없으므로, 오랜 재개발 예정 지역에 있는 작업실보다는 그 위험에서 벗어나 있는 레지던시가 좀 더 계산가능한 방편일 수 있다. 작업실이 만약 철거되더라도 레지던시는 정해진 숫자를 어려움 없이 채울 수 있을 것이다. 기금도 계획 가능한 방식으로 예술을 생산한다. 작업실이 모여 있다는 사실은 예술 생산의 가능성을 의미하지만 기관의 입장에서 중요한 것은 그

가능성을 실현하는 것이다. 이때 예산은 예술의 생산을 보장하고 그 규모를 예측 가능하게 만드는 방편이 된다.

요컨대 레지던시와 기금은 자율적으로 진행되는 예술가들의 노동을 통제하기 위한 메커니즘이다. 다시 말해서 예술가들의 자율적인 가치 실천을 도시 경쟁력 향상이라는 가치 회로 속으로 조정, 관리, 흡수하기 위한 메커니즘이다. 경쟁력 향상이라는 목표를 위해 "장소의 질"을 높이고 싶어 하는[76] 도시 정부는 예술가들의 노동이 필요하다. 그것을 가장 저렴하게 이용할 수 있는 방안은 예술가가 아니라 예술 생산을 정해진 예산 내에서 지원하는 것이다. 기생체가 숙주의 죽음을 욕망하지 않는 것처럼 도시 정부는 일정한 규모의 예술 생산을 지원함으로써 도시 전략에 필요한 예술 노동을 지속적으로 활성화할 수 있다. 일상적인 불안정에 시달리는 예술가는 그것에 의존할 수밖에 없다. 레지던시와 기금에 지원하는 노동 시장은 불안정 노동자인 예술가들로 포화 상태다. 그에 따라 최소한의 지원금으로 예술을 생산하는 것이 가능하다. 또한 레지던시와 기금으로 대표되는 그러한 지원은 제도적 환경이 거의 부재하다시피 한 예술가들에게 공식적인 하나의 경로를 제시한다. 레지던시가 예술가들에게 등용문으로 인식

---

76. "문화는 돈입니다. 그러나, 문화가 돈이 되기 위해선 환경이 필요합니다."(서울시 문화국, 「Seoul Culturenomics」, 『창의문화도시 마스터플랜』 발표 자료, 2008년 4월 16일 수정, 2024년 2월 1일 접속, https://opengov.seoul.go.kr/public/31232).

된다는 것이 이를 입증한다. 그러나 그것은 아주 좁은 문이다. 그 문을 통과하기 위해 예술가들은 부단히 자신을 계발하고 알리기 위해 노력한다. 다시 말해 경쟁 관계에 돌입한다. 이 경쟁은 예술가들이 스스로를 훈육하는 과정이다. 자기 훈육하는 예술가로서 그들은 자신을 계발하고, 스스로가 계발에 몰두하도록 강제하는 이중 직무를 수행한다. 이 모든 과정의 바탕에는 예술가의 불안정한 삶이 있다.

레지던시와 기금의 지원 대상이 예술가가 아니라 예술임에도 불구하고 누군가는 혜택을 입는(것처럼 보인)다. 실은 비임금 노동을 수행하더라도 말이다. 그에 따라 예술가는 노동자가 아니라 수혜자로 인식되고 그러한 인식이 강해질수록 그들의 비임금 노동은 수면 아래로 사라져 보이지 않게 된다.

이처럼 '예술이라는 선, 그리고 그것을 위해 자신의 내적 욕구에 따라 활동하는' 도시의 예술가는 '사랑이라는 숭고함, 그리고 그것을 위해 자신의 본성에 따라 행위하는' 집안의 여성과 유사한 위치에 있다. 그러한 자연화는 두 사회적 노동자의 노동을 자본이 자신의 공통재로 활용하기 위한 전제 조건이다. 여성이 임금에서 소외되면서 남성에게 종속되는 것처럼, 예술가는 불안정한 상태로 유지되면서 국가에 흡수된다. 전자가 공장의 노동력을 저렴하게 재생산하기 위한 메커니즘인 것처럼, 후자는 도시라는 사회적 공장의 경쟁력을 저렴하게 강화하기 위한 메커니즘이다. 이를 통해 여성과 예술가는 불안정하고 주변화된 비임금 노동자로

(재)생산된다.

공통장이라는 전장

서울시창작공간을, 자율적인 예술생산을 관리하고 조정하기 위한 통제 메커니즘으로 이해하는 것이 그것에 대한 절대적 부정, 개입의 불가능성을 뜻하는 것은 아니다. 앞에서 살펴본 것처럼 예술가들의 개입이 그것의 성격을 복잡하게 만들기 때문이다. 실제로 서울시가 문래동에 조성한 창작공간, 문래예술공장은 쉽게 단정 지을 수 없는 복합적인 성격을 지니고 있다. 창의문화도시 마스터플랜이 지향하는 것은 '경쟁력 있는 도시'라는 추상이다. 그 지향 속에서 예술은 경쟁력을 강화할 수 있는 중요한 도구로 취급되었다. 이 말은 예술이 그러한 기능을 할 수 있는 한에서만 그 가치를 인정받는다는 것을 뜻한다. 서울시의 컬처노믹스 자료에 등장하는 "문화는 돈입니다"라는 문구가 뜻하는 바가 그것이다. 그 문구가 애써 설득하려고 하는 것은 문화가 한낱 놀음이 아니라 정말 '가치'를 지니고 있다는 것, 그러니까 '돈을 벌 수 있다'는 것이다. 그러므로 창의문화도시의 가치란 "돈"이며, 문화예술 역시 그 안에서만 존재가치를 인정받을 수 있다. 이러한 지향을 가진 도시 전략의 첫 번째 주요 핵심사업으로서 아트 팩토리는 당연히 그 가치에서 자유로울 수 없다.

그러나 문래예술공장이 실제로 계획, 건설, 운영되는 과정에서 지역 예술가들의 개입은 그 공간의 성격을 크게 바꾸어 놓았다. 그들은 예술가들을 경쟁시킬 수 있는 사업을 공동체 전체에 대한 지원으로 바꾸었고, 운영위원회를 통해 그 공간의 운영에 어느 정도 관여하기도 했다. 그러나 기금의 문제는 여전히 남아 있다. 문래예술공장과 문래동 예술가들 사이에서 가장 중요한 문제는 바로 그것이다. 임금이 한편으로는 노동계급을 분열시키고 다른 한편으로는 투쟁을 결집시키는 수단이 될 수 있는 것처럼, 이 기금 ─ 임금은 아니지만 ─ 의 이중적인 성격이 중요하다. 기금은 분명 예술가들의 작업에 도움을 준다. 예술가들은 기금을 통해 자신의 기획을 실현할 수 있다. 지역 주민들이나 방문객들은 예술가들의 프로그램을 통해 문화적 가치를 누릴 수도 있다. 그러나 기금은 또한 예술가들을 경쟁시키고 관계를 악화시킬 수 있다. 그뿐만 아니라 기금은 예술가들의 부불노동을 흡수한다. 그 과정에서 예술가들이 생산한 상징자본은 젠트리피케이션의 기초가 되어 결국 그들의 터전을 파괴할 수도 있다. 기금은 예술가들을 지원하는 자원인가, 아니면 그들을 착취하고 결국 내몰리게 만드는 도구인가? 공통장이 이 기금을 이용할 때, 공통장은 대안적인 삶을 위한 양식인가, 아니면 자본에 기능적인 도구인가?

이러한 모호함은 공통장에 대한 계급 관점을 요청한다. 우리가 전술과 전략이라는 용어로 공통장을 구분한 것은 그 관점을 도입하기 위해서였다. 도시 정부가 공통장을 흡수/모의하는 전략을 취하면서 현실에서 공통장의 문제가 매우 복잡하게 되었기 때문이다. 그러한 전략을 비판하는 문헌들도 최근 늘어나고 있다.

주로 푸코의 통치성 개념을 비판의 도구로 가져오는 그 문헌들 속에서 사회적인 것의 복원을 시도하는 이들은 신자유주의 통치에 포섭된 주체로 이해된다.[77] 공동체를 동원하는 전략이 일반화되고 있는 오늘날 이러한 비판은 중요하지만, 이 논의를 의미 있는 것으로 수용할 때도 통치를 일방적인 과정으로 이해하는 것은 피해야 할 것이다. 우리의 맥락에 비추어 볼 때 서울시창작공간을 통제 메커니즘으로만 이해하면 우리는 그곳에 개입하는 예술가들의 힘을 놓치게 된다. 우리가 본 것처럼 사실 그것의 성격은 결정되어 있지 않으며 계쟁의 장에서 열려 있다. 따라서 우리에게 필요한 것은 주체의 포섭을 인식하면서도 통제 메커니즘을 재전유하는 힘을 고찰하는 것이다. 우리는 공통장과 자본의 상호작용을 포섭이나 탈주라는 양극단이 아니라 끝없는 교전으로 이해해야 한다. 자본에 기능적이면서도 그것에 개입하고 재전유한 예술가들의 사례처럼 말이다. 우리가 이 책에서 발견한 것 중 하나는 비임금 노동을 수행하면서도 그것에 대한 임금을 (미약하게나마) 실현하고 공공기금을 투쟁의 자원으로 재전유하며 예술공장을 공통의 공간으로 바꾼 전술들이었다.

이렇게 자본과 공통장의 공생 관계는 착취와 재전유, 갈등과 야합의 지속적인 뒤얽힘 속에 있다. 우선 필요한 일은 그 공생 관계에서 누가 기생하는가를 밝히는 일이다. 생산이 사회로 확장될

---

77. 김주환, 『포획된 저항』, 이매진, 2017을 보라.

때 누가 가치를 생산하며, 누가 기생하는지 식별하는 일은 점점 더 어렵게 된다. 노동 과정 자체가 수면 아래로 가라앉아 무엇이 노동인지 구별하는 일조차 쉽지 않기 때문이다. 그에 따라 누가 기생체인가를 밝히는 일은 가치 생산자를 복권하기 위한 노력에서, 그에 따라 공통의 부를 재전유하기 위한 싸움에서 점점 더 중요한 일이 되고 있다.

그러나 기생체를 지목하는 우리의 손은 많은 경우 엉뚱한 곳을 가리키는 것처럼 보인다. 임금에 기초해야만 무리 없이 재생산 수단에 접근할 수 있는 생활 양식은 임금에서 소외된 이들을 의존적인 존재로, 기생체로 묘사하며 혐오하게 만들기 때문이다. '맘충'이라는 말의 바탕에는 '진정한' 노동, 즉 임금 노동을 하지 않으면서 집에서 '노는' 여성에 대한 혐오가 자리한다. 학생들에 대한 혐오를 표현하는 '급식충'이라는 말 역시 마찬가지다. 임금 노동이 사회의 정상(규범)으로 자리 잡은 사회에서 우리는 그것에서 소외된 이들을 이른바 "무임승차자"로 간주하며 혐오한다. 우리는 여성을, 학생을, 노숙인을, 장애인을, 난민을 혐오한다. 대신 우리는 경쟁에서 살아남은 자들에게 박수를 보낸다. 불안이 일상화된 사회에서 이제 임금 노동을 하는 것은 부단히 자신을 계발하여 경쟁을 뚫고 승리한 자에게 주어지는 보답으로 여겨진다. 경쟁은 공정한 규칙이 되었고(서바이벌 프로그램에 대한 열광을 보라), 우리는 경쟁하는 주체가 되도록, 경쟁력을 갖추기 위해 부단히 노력하도록 자신을 훈육한다. 우리의 신체는 통제사회의 출발점이다. 역설적인 것은 기생'충'을 혐오하며 열심히 경쟁하는 우리의 꿈이 기생하는 자 – 지대 수취인, 즉 건물주 – 가 되는 것이라는 사실이다.

임금 노동이라는 정상[규범]에서 탈락한 이들을 혐오하고 정상성을 갖추기 위해 경주하는 실천 속에 공통장이 들어설 자리란 없는 것처럼 보인다. 또한 지대 수취인이 되고자 하는 꿈은 분명 부패한 욕망이다. 그러나 그 꿈의 배경에는 일상화된 불안이 있다는 사실에 주목해야 한다. 불안이라는 정동적 지배하에서 그러한 꿈이 자라난다는 점은, 우리가 정말 혐오하는 것은 사실 "무임승차"가 아니라 경쟁과 임금 노동이며, 우리가 욕망하는 것은 불안에 떨지 않는 우리라는 것을 뒤틀린 방식으로 보여 주는 것은 아닐까? 우리는 경쟁하는 주체가 되어야 한다고 자신을 오랫동안 훈육해 왔지만, 그 억압의 결과물인 지대 수취인의 꿈은 그것의 왜곡된 형태에도 불구하고 공통의 부에 대한 욕망을 드러내는 것은 아닐까? 공통의 부가 부동산 가치로 일그러진 도시에서 지대 수취인이라는 꿈은 공통의 부에 대한 욕망이 억압된 결과물이며, 따라서 공통장은 우리의 무의식으로 남아 있는 것인지도 모른다. 그러나 우리가 전술 공통장이라는 이름으로 살핀 사례들은 그 욕망이 완전하게 억압될 수 없으며 도시의 틈새에 출몰한다는 것을 알려 주고 있다.

도시 공통장과 '우리'의 삶

우리가 지금까지 살핀 전술/전략 공통장은 오늘날 도시 공통장에 대한 몇 가지 시사점을 제시한다.

첫째는 도시 공통장의 부패한 형태를 가려내는 일의 필요성이다. 오늘날 공통장과 그 언저리에 있는 공유, 주민참여, 공동체 같은 말들은 유행이 된 지 오래일 뿐 아니라 선한 가치로 여겨진다. 그 용어들은 우리가 함께함으로써 우리에게 주어진 많은 난제를 헤쳐 나갈 수 있다고 말한다. 물론 그럴 수 있다. 그러나 우리가 살핀 예술가 공통장의 사례는 그러한 말들이 그리는 아름답고 조화로운 세계가 누군가에 대한 착취를 감출 수도 있다는 걸 말해 준다. 그 누군가는 바로 무언가를 공유하고 협력하는 우리다. 예술가들에 대한 착취가 예술적 환상으로 은폐되어 있는 것처럼 위에서 주어지는 협력의 메커니즘은 '함께하기'라는 선한 용어로 착취를 감출 수 있다. 그뿐만 아니라 앞에서 살펴본 것처럼 사회적 공장의 노동자로서 예술가들의 노동 조건이 노동 유연화의 극대화된 형태를 취한다는 점은 도시가 공장이 될 때, 더

욱이 그 공장의 노동이 공유와 참여라는 외피를 입을 때 일어날 수 있는 불안정한 노동 조건을 지시한다. 그 공유와 참여로 포장된 노동이, 노동이 아니라 '선한' 행위로 혹은 자발적인 실천으로 이해될 때 그것은 노동자의 권리를 보장하기 위한 기존의 법률을 우회하는 도구가 될 수도 있다. 따라서 소위 공유 경제가 주목받고 성장하는 오늘날 우리가 전략 공통장이라는 이름으로 지금까지 살핀 공통장의 부패한 형태들이 뒤집어쓴 외피를 벗겨 내는 작업은 시급해 보인다. 이 책에서 살핀 예술가들의 사례는 이를 위한 발판이 될 수도 있을 것이다.

둘째는 도시 공통장의 가능성과 한계, 그리고 대안적인 방향 설정에 대한 지점이다. 하나의 사회적 체계로서 공통장이 가질 수 있는 가장 큰 의의는 대안적인 방식으로 삶을 재생산할 수 있는 그 능력에 있다. 기본적인 물리적 생계 수단에 접근하기조차 어려운 도시에서 그것이 가능한가? 자본주의 도시에서 자율적 삶은 가능한가?

우리가 검토한 예술가들의 사례는 이 지점에서 도시 공통장이 가지는 가능성과 한계를 함께 보여 준다. 앞서 살펴본 것처럼 그 가능성이란 임금노동을 거부한 이들이 다른 삶의 양식을 시도할 수 있는 기반이었고, 그 한계란 그럼에도 불구하고 여전한 그들의 취약함이었다. 그러므로 우리가 살핀 사례에서 예술가들이 이룬 공통장의 가능성과 한계는 동전의 양면과 같다. 새로운 삶과 불안정한 삶은 한 몸이었다. 이것은 도시 공통장이 '틈새에 출몰하는' 전술로만 남을 때 불가피하게 맞닥뜨리게 되는 취약함을 시사한다. 따라서 우리는 전술적 실천으로 만족할 수 없다. 그 실천들이 지배 질서의 균열에 침범하여 번식하더라도 서로 연결되어 더 큰 흐름을 이루지 못한다면 잔물결로 흩어져 사라질 것이다. 고립된 소규모 공동체는 우리의 대안이 될 수 없다. 여기서 우리가 살핀 예술가들은 전술의 한계를 드러내지만 또 다른 길도 암시하는 것처럼 보인다. 공적인 것의 새로운 사용법은 하나의 예다. 공공 기금의 재전유와 공공시설의 방향 전환 같은 그 실천들은 비록 작은 사례에 불과할지도 모르지만 공적인 것 안에서 공통 영역의 확장이라는 중요한 방향을 제시하는 것처럼 보인다. 이것은 '권력으로 세상을 바꾸는' 실천이 아니라 지배 질서를 그 내부에서 '오염'시키는 아래로부터의 '전략'일 것이다.

요컨대 공통장을 전유하기 위한 전략들이 크게 부상하는 오늘날 우리에게 필요한 것은 그 전략들을 재전유하는 실천이다. 도시 정부가 비합법 점거 공간을 관광지로 흡수한 것처럼 우리는 다시 그 전략을 재전유할 수 있다. 마을공동체 '사업'은 한편으로는 공동체 활력의 전유일 수 있지만 다른 한편으로는 우리의 연대를 강화하는 도구가 될 수도 있다. 문래동에서 그랬던 것처럼 기금은 지역 예술가들을 분할하는 데 이용될 수 있다. 그러나 예술포장마차가 보여 준 것처럼 그것은 투쟁의 자원으로 사용될 수도 있다. 이것은 기금의 성격이, 나아가서는 전략 공통장의 성격이 단순히 우리의 사용법에 달린 문제라고 말하는 것이 아니다. 그것은 언제나 상충하는 힘들의 역학 관계에 좌우된다. 중요한 것은 경쟁 관계를 조장하는 레지던시와 기금을 서버-클라이언트가 아니라 P2P 네트워크의 확장을 위한 자원으로 만들 수 있는가, 나아가서 공통장을 전유하는 전략 일반을 어떻게 새로운 연대의 도구로 만들 수 있는가의 문제다.

계급 관점은 그 문제를 문제화하기 위한 출발점이다. 우리는 그 관점에 기초하여 자본과 공통장의 끝없는 교전을 이야기할수 있다. 이 싸움에서 우선 필요한 일은 누가 가치를, 공통의 부를 생산하는가를 인식하는 일이다. 공통장의 생산자는 예술가만이 아니다. 도시에서 일어나는 수많은 마주침 속에서 우리는 모두 삶-노동자다. 자본의 기관으로 기능하는 노동이 아니라 다른 삶의 기초를 놓는 실천을 위해서 우리는 어떤 공통장을 생산하며, 생산할 수 있는지, 어떤 '우리'가 될 수 있는지 깨달을 필요가 있다.

:: 감사의 글

이 책은 나의 박사학위 논문을 수정하고 보완한 것이다. 논문을 마치기까지 많은 분들의 도움을 받았으니 이렇게나마 감사의 마음을 전하려 한다.

무엇보다 먼저 언급해야 하는 사람은 당연히 썬이다. 어쩌다 결혼과 동시에 박사과정생(무직)이 된 사람과 함께 살게 된 썬은 내가 무사히 논문을 마칠 수 있게 한 가장 큰 조력자다. 고된 임노동을 하며 이 책 쓰기의 물질적 토대를 마련한 썬에게 이 책을 바친다. 그리고 어린이집부터 유치원을 거쳐 초등학교에 이르기까지 낯선 사회생활에 훌륭하게 적응하며 아빠에게 많은 시간을 선물한 세람에게 감사의 마음을 전한다(아울러 각각의 선생님들께도 감사드립니다). 주 양육자로 살며 논문을 쓰는 건 시간 확보와의 싸움이었다. 틈틈이 그리고 심사를 앞두고는 꽤 긴 시간을 양가 부모님의 돌봄 도움을 받았다. 네 분께 깊이 감사드린다. 또한 같은 동네 주민이 된 누나에게도 고마운 마음을 전한다.

책의 내용과 관련하여 먼저 고마운 마음을 전해야 하는 사람은 물론 문래동에서 오랫동안 함께 활동한 LAB39 친구들과 그곳에서 만난 많은 분들이다. 이 책은 그들과의 공동작업이라고 해도 무방하다. 이제는 거의 볼 수 없게 되었지만 그 시절의 친구들에게 감사의 마음을 전한다.

그 활동을 글로 정리할 수 있었던 것은 무엇보다 짧지 않은 시간 동안 다중지성의 정원에서 많은 분들과 함께했던 세미나 덕분이다. 조정환 선생님과 다지원 활동가 선생님들, 이제는 이름도 잘 기억나지 않지만 함께 책을 읽고 이야기를 나누었던 분들께 감사드린다. 그리고 이 책에서 빼놓을 수 없는 참고문헌들을 출판하고, 부족한 (게다가 판매를 기대하기도 어려운) 나의 논문을 책으로 출간할 것을 제안해 주신 것에 대해 갈무리 출판사에 감사드린다.

마감이 없기에 늘 연기되던 나의 논문이 어쨌든 끝날 수 있었던 것은 지도교수님의 적극적인 지도 덕분이었다. 학위논문을 이끌어주시고 많은 도움을 주신 남기범 선생님께 감사드린다. 이광석 선생님께 특별히 감사드리고 싶다. 전혀 알지 못했던 대학원생의 심사를 흔쾌히 맡아주시고, 심사 과정에서 응원을 아끼지 않았으며, 심사 이후에는 다른 활동의 장으로 이끌어 주신 것에 대해 깊이 감사드린다. 논문에 대해 전혀 확신이 없던 나에게 선생님이 심사 중에 보내주신 응원은 너무나 큰 힘이 되었다. 그뿐만 아니라 박사 과정까지 했으니 학교를 오래 다니긴 했지만 학술장과 특별한 접점이 없던 나는 선생님 덕분에 『문화/과학』에서 활동하며 많은 분들을 만날 수 있게 되었다. 이 점에 대해서도 늘 감사드린다.

논문을 쓰는 동안 동네 도서관에서 함께 시간을 보낸 재성

형에게도 고마운 마음을 전한다. 공부할 때 혼자가 아니라는 것이, 낮 시간에 집 안에서 아이와 둘만 있을 때 만나서 이야기할 사람이 있다는 것이 큰 힘이 되었다.

승표에게도 고마운 마음을 전한다. 그가 스크리브너(글쓰기 프로그램)를 알려주지 않았다면 나는 아직 한글 프로그램에서 '도시 공통계의 생산과 전유_최종_4.hwp'를 위아래로 끝없이 스크롤하며 시간을 보내고 있었을지도 모를 일이다.

논문과 관련하여 크게 언급할 말은 없지만 언제나 소중한 친구인 동동과 막내에게도 늘 감사의 마음을 전한다(물론 이들도 LAB39에 놀러 오긴 했다). 집 안의 연구자인 나를 집 밖으로 끌어내주는, 그래서 큰 활력소인 『문화/과학』 선생님들, 요즘 너무 많은 일을 함께하는 〈생태적지혜 연구소〉 선생님들, 졸업 후 많은 도움을 주신 동아대 〈융합지식과 사회연구소〉 김주환 선생님께도 감사드린다.

2024년 1월 7일, 세람 열 번째 생일에

집에서

:: 참고문헌

1. 단행본, 연구 논문

가라타니 고진, 『세계사의 구조』, 조영일 옮김, 도서출판 b, 2012.

가타리, 펠릭스, 『분자혁명 : 자유의 공간을 향한 욕망의 미시정치학』, 윤수종 옮김, 푸른숲, 1998.

구리하라 야스시, 『학생에게 임금을』, 서영인 옮김, 서유재, 2016.

권범철, 「공유가 만들어 가는 세계 : 자본의 공통장과 기존 질서를 유지하는 '참여' 전략으로서의 공유경제」, 『인문학연구』, 51호, 2022, 205~263쪽.

_____, 「문래동의 뿌리산업 네트워크」, 『서울의 공간경제학 : 산업과 공간으로 본 서울의 경제』, 나남, 2018.

_____, 「현대 도시의 공통재와 재생산의 문제」, 『공간과 사회』, 제27권 2호(통권 60호), 2017, 119~149쪽.

김강, 『삶과 예술의 실험실 스쾃』, 문화과학사, 2008.

김동일 · 양정애, 「상징투쟁자로서의 예술가 : 〈오아시스 프로젝트〉(2003~2007)을 중심으로」, 『문화와 사회』, 제14권 1호, 2013, 177~223쪽.

김윤환, 『예술사회』, 책으로여는세상, 2013.

김주환, 『포획된 저항 : 신자유주의와 통치성, 헤게모니 그리고 사회적 기업의 정치학』, 이매진, 2017.

_____, 「신자유주의 사회적 책임화의 계보학 : 기업의 사회책임경영과 윤리적 소비를 중심으로」, 『경제와 사회』, 제96호, 2012, 210~251쪽.

김현숙, 「현대 미술에서 예술가의 역할에 관한 연구」, 홍익대학교 대학원 석사학위 논문, 2008.

네그리, 안토니오, 『전복의 정치학 : 21세기를 위한 선언』, 최창석 · 김낙근 옮김, 인간사랑, 2012.

_____, 『예술과 다중 : 예술에 대한 아홉 편의 서신』, 심세광 옮김, 갈무리, 2010.

_____, 『혁명의 만회 : 복지국가에서 전쟁국가로의 이행과 새로운 사회적 주체성』, 영광 옮김, 갈무리, 2005.

네그리, 안토니오·하트, 마이클, 『어셈블리』, 이승준·정유진 옮김, 알렙, 2020.

─────, 『공통체』, 정남영·윤영광 옮김, 사월의 책, 2014.

─────, 『선언』, 조정환·유충현·김정연 옮김, 갈무리, 2012.

─────, 『다중』, 조정환·정남영·서창현 옮김, 세종서적, 2008.

─────, 『제국』, 윤수종 옮김, 이학사, 2001.

다이어-위데포드, 닉, 『사이버-맑스 : 첨단기술 자본주의에서의 투쟁주기와 투쟁순환』, 신승철·이현 옮김, 이후, 2003.

다이어-위데포드, 닉·드 퓨터, 그릭, 『제국의 게임 : 전 지구적 자본주의와 비디오게임』, 남청수 옮김, 갈무리, 2015.

달라 코스따, 마리아로사, 『페미니즘의 투쟁 : 가사노동에 대한 임금부터 삶의 보호까지』, 이영주·김현지 옮김, 갈무리, 2020.

─────, 『집안의 노동자 : 뉴딜이 기획한 가족과 여성』, 김현지·이영주 옮김, 갈무리, 2017.

데 안젤리스, 맛시모, 『역사의 시작 : 가치 투쟁과 전 지구적 자본』, 권범철 옮김, 갈무리, 2019.

도미야마 이치로, 『폭력의 예감』, 손지연·김우자·송석원 옮김, 그린비, 2009.

동즐로, 자크, 「사회의 동원」, 『푸코 효과 : 통치성에 관한 연구』, 이승철·심성보·이규원·유진·전의령·최영찬 옮김, 난장, 2014, 251~265쪽.

드보르, 기, 『스펙터클의 사회』, 이경숙 옮김, 현실문화, 1996.

들뢰즈, 질, 「통제사회에 대한 후기」, 『대담 : 1972~1990』, 신지영 옮김, 갈무리, 2023.

들뢰즈, 질·가타리, 펠릭스, 『안티 오이디푸스 : 자본주의와 분열증』, 김재인 옮김, 민음사, 2014.

라인보우, 피터, 『마그나카르타 선언 : 모두를 위한 자유권들과 커먼즈』, 정남영 옮김, 갈무리, 2012.

로크, 존, 『통치론 : 시민정부의 참된 기원, 범위 및 그 목적에 관한 시론』, 강정인·문지영 옮김, 까치글방, 1996.

마라찌, 크리스티안, 『자본과 정동 : 언어 경제의 정치학』, 서창현 옮김, 갈무리, 2014.

─────, 『자본과 언어 : 신경제에서 전쟁경제로』, 서창현 옮김, 갈무리 2013.

맑스, 칼, 『자본 III-2』, 강신준 옮김, 길, 2010.

─────, 『자본 I-1』, 강신준 옮김, 길, 2008.

─────, 『자본 I-2』, 강신준 옮김, 길, 2008.

매시, 도린, 『공간, 장소, 젠더』, 정현주 옮김, 서울대학교출판문화원, 2015.

미즈, 마리아, 『가부장제와 자본주의 : 여성, 자연, 식민지와 세계적 규모의 자본축적』, 최재인 옮김, 갈무리, 2014.

미즈, 마리아 · 벤홀트-톰젠, 베로니카, 『자급의 삶은 가능한가 : 힐러리에게 암소를』, 꿈지모 옮김, 동연, 2013.

박세훈, 「도시문화의 새로운 지평을 찾아서」, 『창조도시를 넘어서 : 문화개발주의에서 창조적 공동체로』, 나남, 2014.

박주형, 「도구화되는 공동체 : 서울시 〈마을공동체 만들기 사업〉에 대한 비판적 고찰」, 『공간과 사회』, 제23권 1호(통권 43호), 2013, 4~43쪽.

베일스, 케빈, 『일회용 사람들 : 글로벌 경제 시대의 새로운 노예제』, 편동원 옮김, 이소출판사, 2003.

볼리어, 데이비드, 『공유인으로 사고하라 : 새로운 공유의 시대를 살아가는 공유인을 위한 안내서』, 배수현 옮김, 갈무리, 2015.

브라운, 웬디, 『민주주의 살해하기 : 당연한 말들 뒤에 숨은 보수주의자의 은밀한 공격』, 배충효 · 방진이 옮김, 내인생의책, 2017.

브루너, 크리스토프, 「부채와 정동, 그리고 자기재생산하는 운동」, 『금융자본주의의 폭력 : 부채위기를 넘어 공통으로』, 심성보 옮김, 갈무리, 2013.

'비포', 프랑코 베라르디, 『죽음의 스펙터클 : 금융자본주의 시대의 범죄, 자살, 광기』, 송섬별 옮김, 반비, 2016.

_____, 『프레카리아트를 위한 랩소디 : 기호자본주의 불안정성과 정보노동의 정신병리』, 정유리 옮김, 난장, 2013.

사사키 마사유키 · 종합연구개발기구, 『창조도시를 디자인하라 : 도시의 문화정책과 마을만들기』, 이석현 옮김, 미세움, 2010.

스피노자, 바뤼흐, 『에티카』, 강영계 옮김, 서광사, 2007.

쏘번, 니콜래스, 『들뢰즈 맑스주의 : 민중이 없는 시대의 소수정치』, 조정환 옮김, 갈무리, 2005.

예술과 도시사회연구소, 『나의 아름다운 철공소 : 예술과 도시가 만나는 문래동 이야기』, 이매진, 2011.

오스트롬, 엘리너, 『공유의 비극을 넘어 : 공유자원 관리를 위한 제도의 진화』, 윤홍근 옮김, 랜덤하우스코리아, 2010.

월프, 쟈네트, 『예술의 사회적 생산』, 이성훈 · 이현석 옮김, 한마당, 1988.

윌리엄스, 레이먼드, 『시골과 도시』, 이현석 옮김, 나남, 2013

윤수종, 『자율운동과 주거공동체』, 집문당, 2013.

_____,「노숙인 점거공동체 '더불어사는집'의 형성과 변화과정」,『진보평론』, 2011년 겨울 제50호, 260~300쪽.

이광석,『피지털 커먼즈 : 플랫폼 인클로저에 맞서는 기술생태 공통장』, 갈무리, 2021.

_____,『옥상의 미학 노트 : 파국에 맞서는 예술행동 탐사기』, 현실문화, 2016.

이와사부로 코소,『유체도시를 구축하라』, 서울리다리티 옮김, 갈무리, 2012.

_____,「뜰=운동(avant-gardening) 이후」, 후지이 다케시 옮김,『점거메뉴얼북 Art of Squat : 자율적 예술공동체를 위한 실천 지침서』, 2007.

이치무라 미사코,『저 … 여기에 있어요 : 노숙공동체를 떠난 한 여성에게 부친 편지』, 신지영 옮김, 올벼, 2009.

일리치, 이반,『그림자 노동』, 노승영 옮김, 사월의 책, 2015.

조정환,『절대민주주의 : 신자유주의 이후의 생명과 혁명』, 갈무리, 2017.

_____,『예술인간의 탄생 : 인지자본주의 시대의 감성혁명과 예술진화의 역량』, 갈무리, 2015.

최병두,『창조경제와 창조도시 : 이론과 정책, 비판과 대안』, 열린길, 2016.

_____,「도시발전 전략에 있어 정체성 형성과 공적 공간의 구축에 관한 비판적 성찰」,『한국지역지리학회지』, 제14권 제5호, 2008, 604~626쪽.

카림, 라미아,『가난을 팝니다 : 가난한 여성들을 착취하는 착한 자본주의의 맨얼굴』, 박소현 옮김, 오월의봄, 2015.

카펜치스, 조지,『피와 불의 문자들 : 노동, 기계, 화폐 그리고 자본주의의 위기』, 서창현 옮김, 갈무리, 2018.

코어, 앤더스,「스쾃의 철학, 소유권에 대한 새로운 도전」, 권범철 옮김,『점거메뉴얼북 Art of Squat : 자율적 예술공동체를 위한 실천 지침서』, 2007.

클라이너, 드미트리,『텔레코뮤니스트 선언 : 정보시대 공유지 구축을 위한 제안 카피파레프트와 벤처 코뮤니즘』, 권범철 옮김, 갈무리, 2014.

클라인, 나오미,「공통재를 되찾기」,『자본의 코뮤니즘, 우리의 코뮤니즘 : 공통적인 것의 구성을 위한 에세이』, 연구공간 L 엮음, 난장, 2012.

클리버, 해리,『자본을 어떻게 읽을 것인가 : 정치경제학적 읽기, 철학적 읽기를 넘어 정치적 읽기로』, 조정환 옮김, 갈무리, 2018.

_____,「맑스주의 이론에 있어서의 계급 관점의 역전」,『사빠띠스따 : 신자유주의, 치아빠스 봉기, 그리고 사이버스페이스』, 이원영·서창현 옮김, 갈무리, 1998.

파스퀴넬리, 맛떼오,『동물혼 : 공유지에 서식하는 기생체, 히드라, 독수리 세 가지 형상을 통해 현대자본주의의 동학과 대안적 주체성을 설명하는 동물우화집』, 서창현 옮김, 갈무리, 2013.

페데리치, 실비아, 『혁명의 영점 : 가사노동, 재생산, 여성주의 투쟁』, 황성원 옮김, 갈무리, 2013.

_____, 『캘리번과 마녀 : 여성, 신체 그리고 시초축적』, 황성원·김민철 옮김, 갈무리, 2011.

푸코, 미셸, 『생명관리정치의 탄생 : 콜레주드프랑스 강의 1978~79년』, 오트르망 옮김, 난장, 2012.

_____, 『안전, 영토, 인구 : 콜레주드프랑스 강의 1977~78년』, 오트르망 옮김, 난장, 2011.

하비, 데이비드, 「지대의 기법」, 『반란의 도시 : 도시에 대한 권리에서 점령운동까지』, 한상연 옮김, 에이도스, 2014.

_____, 『신자유주의 : 간략한 역사』, 최병두 옮김, 한울, 2007.

_____, 『신제국주의』, 최병두 옮김, 한울, 2005.

하트, 마이클, 「공통적인 것과 코뮤니즘」, 『자본의 코뮤니즘, 우리의 코뮤니즘 : 공통적인 것의 구성을 위한 에세이』, 연구공간 L 엮음, 난장, 2012.

_____, 『들뢰즈 사상의 진화』, 김상운·양창렬 옮김, 갈무리, 2004.

홀러웨이, 존, 『크랙 캐피털리즘 : 균열혁명의 멜로디』, 조정환 옮김, 갈무리, 2013.

_____, 『권력으로 세상을 바꿀 수 있는가』, 조정환 옮김, 갈무리, 2002.

Armstrong, Jayne, *DIY Feminism : A Dialogical Account*, PhD diss., University of East London. 2009.

Bey, Hakim, *T.A.Z. : The Temporary Autonomous Zone, Ontological Anarchy, Poetic Terrorism*, Brooklyn, NY : Autonomedia, 2003.

Birrell, Jean, "Common Rights in the Medieval Forest : Disputes and Conflicts in the Thirteenth Century," *Past & Present*, No. 117, Nov., 1987, pp. 22~49.

Bollier, David and Helfrich, Silke, *Free, Fair and Alive : The Insurgent Power of the Commons*, Gabriola Island, BC, Canada : New Society Publishers, 2019.

_____, "Introduction : The Commons as a Transformative Vision," *The Wealth of the Commons : A World Beyond Market and State*, Levellers Press, 2013, 2024년 2월 1일 접속, http://wealthofthecommons.org/essay/introduction-commons-transformative-vision.

Bauwens, Michel, "The History and Evolution of the Commons," 2017년 9월 28일

수정, 2024년 2월 1일 접속, https://blog.p2pfoundation.net/the-history-and-evolution-of-the-commons/2017/09/28.

_____, "The new triarchy : the commons, enterprise, the state," 2010년 10월 29일 수정, 2024년 2월 1일 접속, https://www.boell.de/en/economysocial/economy-bauwens-triarchy-commons-enterprise-state-10482.html.

Caffentzis, George, "commons," *Keywords for Radicals : The Contested Vocabulary of Late-Capitalist Struggle*, ed. Kelly Fritsch, Clare O'Connor, AK Thompson, Chico, CA : AK Press, 2016.

_____, "The Future of 'The Commons' : Neoliberalism's 'Plan B' or the Original Disaccumulation of Capital?" *New Formations*, No. 69, Summer 2010, pp. 23~41.

_____, "A Tale of Two Conferences. Globalization, the Crisis of Neoliberalism and Question of the Commons," *The Commoner*, 2004, http://www.commoner.org.uk/?p=96.

_____, "Throwing Away the Ladder : the Universities in the Crisis," *Zerowork : Political Materials*, Vol. 1, 1975, pp. 128~42.

Caffentzis, George and Federici, Silvia, "Commons against and beyond capitalism," *UPPING THE ANTI*, Issue 15, September, 2013, pp. 83~91.

Chidgey, Red, "Developing Communities of Resistance? Maker Pedagogies, Do-It-Yourself Feminism and DIY Citizenship," *DIY Citizenship : Critical Making and Social Media*, ed. Matt Ratto and Megan Boler, Cambridge, Massachusetts : MIT Press, 2014, pp. 101~13.

Cleaver, Harry, "Malaria, the Politics of public health and the international crisis," *Review of radical political economics*, Vol. 9, No. 1, 1977, pp. 81~103.

Coke, Edward, *The Second Part of the Institutes of the Laws of England : Containing the Exposition of Many Ancient and Other Statutes*, 1642.

Corr, Anders, *No Trespassing! : Squatting, Rent Strikes, and Land Struggles Worldwide*, Turnaround, Boston, Mass. : South End Press, 1999.

Dalla Costa, Maria and James, Selma, *The Power of Women and the Subversion of the Community*, 1972, 2005년 11월 23일 수정, 2024년 2월 1일 접속, https://libcom.org/library/power-women-subversion-community-della-costa-selma-james.

De Angelis, Massimo, *Omnia Sunt Communia: Principles for the Transition to Post-capitalism*, London: Zed Books, 2017.

_____, "Crises, capital and co-optation: Does capital need a commons fix?" *The Wealth of the Commons: A World Beyond Market and State*, Amherst, MA: Levellers Press, 2013.

_____, "On the Commons: A Public Interview with Massimo De Angelis and Stavros Stavrides," *An Architektur*, Journal #17, June, 2010, 2024년 2월 1일 접속, http://www.e-flux.com/journal/17/67351/on-the-commons-a-public-interview-with-massimo-de-angelis-and-stavros-stavrides.

_____, "The tragedy of the capitalist commons," *TURBULENCE* #5, 2009.

De Certeau, Michel, *The Practice of Everyday Life*, trans. Steven Rendall, University of California press, 1988.

Erman, Tahire, "The Politics of Squatter (Gecekondu) Studies in Turkey: The Changing Representations of Rural Migrants in the Academic Discourse," *Urban Studies*, Vol. 38, No. 7, 2011.

Federici, Silvia, "Social Reproduction: Between the Wage and the Commons," Interview with Marina Sitrin, *ROAR Magazine*, 2016, 2024년 2월 2일 접속, https://roarmag.org/magazine/social-reproduction-between-the-wage-and-the-commons.

Florida, Richard, *The Rise of the Creative Class, Revisited*, Basic Books, Kindle version, 2012.

Graeber, David, *Toward an Anthropological Theory of Value: The False Coin of Our Own Dreams*, New York: Palgrave, 2001. [데이비드 그레이버, 『가치이론에 대한 인류학적 접근』, 서정은 옮김, 그린비, 2009.]

Hardin, Garret, "The Tragedy of the Commons," *Science*, 162, 1968.

Hardt, Michael, *The Art of Organization: Foundations of a Political Ontology in Gilles Deleuze and Antonio Negri*, Unpublished Ph.D. dissertation, University of Washington, 1990.

Helfrich, Silke, "Common goods don't simply exist — they are created," *The Wealth of the Commons: A World Beyond Market and State*, Levellers Press, 2013, 2024년 2월 2일 접속, https://wealthofthecommons.org/essay/common-goods-don%E2%80%99t-simply-exist-%E2%80%93-they-are-created.

Hill, Christopher, *Change and Continuity in 17th-Century England*, Cambridge (MA) : Harvard University Press, 1975.

Hindle, Steve, " 'Not by bread only?' Common Right, Parish Relief, and Endowed Charity in a Forest Economy, c. 1600~1800," *The Poor in England, 1700-1850 : An Economy of Makeshifts*, Ed. Steven King and Alannah Tomkins, Manchester : Manchester University Press, 2003.

Isla, Ana, "Who pays for the Kyoto Protocol? : Selling Oxygen and Selling Sex in Costa Rica," *Eco-Sufficiency and Global Justice : Women Write Political Ecology*, Ed. Ariel Salleh, London : Pluto, 2009, pp. 199~217

Jackson, Maria-Rosario et al., *Investing in Creativity : A Study of the Support Structure for U.S. Artists*, Urban Institute, Culture, Creativity, & Communities Program, 2003, pp. 65~70.

James, Selma, *Sex, Race, and Class — The Perspective of Winning : A Selection of Writings, 1952-2011*, Chicago : PM Press, 2012. [셀마 제임스, 『성, 인종, 계급』, 서창현 옮김, 갈무리, 2024.]

Lefebvre, Henri, "Right to the city," *Writings on Cities*, Trans. and Ed. Eleonore Kofman and Elizabeth Lebas, Cambridge, Mass : Blackwell Publishers, 1996.

Meillassoux, Claude, *Maidens, Meal and Money : Capitalism and the Domestic Community*, Cambridge : Cambridge University Press, 1981.

Lewin, Kurt, *Resolving Social Conflicts & Field Theory in Social Science*, Washington, DC : American Psychological Association, 1997.

Marcuse, Peter and Madden, David, *In Defense of Housing : The Politics of Crisis*, London : Verso, 2016.

Marx, Karl, *Theories of Surplus Value*, London : Lawrence & Wishart, 1969.

Mattei, Ugo, "First Thoughts for a phenomenology of the commons," *The Wealth of the Commons : A World Beyond Market and State*, Amherst, MA : Levellers Press, 2013.

McMurtry, John, *Unequal Freedoms : The Global Market as an Ethical System*, Toronto and Westport, Conn. : Garamond & Kumarian Press, 1998.

Mendelson, Sara and Crawford, Patricia, *Women in Early Modern England, 1550-1720*, Oxford : Clarendon Press, 1998.

Midnight Notes Collective, "The New Enclosures," *Midnight Notes*, #10, 1990.

Mies, Maria, "Towards a Methodology for Feminist Research," *Theories of Women's Studies*, ed. Gloria Bowls and Renate Duelli-Klein, London : Routledge & Kegan Paul, 1983, pp. 117~39.

Mies, Maria & Shiva, Vandana, *Ecofeminism*, London : Zed Books, 1993.

Mitchell, Don, *The Right to the City : Social Justice and the Fight for Public Space*, New York : Guilford, 2003.

Neuwirth, Robert, "Squatters and the Cities of Tomorrow," *City*, Vol.11, No. 1, 2007.

Papadimitropoulos, Vangelis, "The Politics of the Commons : Reform or Revolt?," *tripleC*, 15(2), 2017, pp. 563~581.

Pruijt, Hans, "Squatting in Europe," *Squatting in Europe : Radical Spaces, Urban Struggles*, Ed. Squatting in Europe Kollective, Wivenhoe/New York/Port Watson : Minor Compositions, 2013, pp. 17~60.

Roberts, Peter and Sykes, Hugh, *Urban Regeneration : A Handbook*, Los Angeles : Sage Publications, 2000.

Santiesteban, Gustavo Soto and Helfrich, Silke, "El Buen Vivir and the commons : A conversation between Gustavo Soto Santiesteban and Silke Helfrich," *The Wealth of the Commons : A World Beyond Market and State*, Amherst, MA : Levellers Press, 2013.

Seifert, Susan C., Stern, Mark J., & Zaman, Mehreen, *Artists and their Social Networks, Metropolitan Philadelphia, 2004*, 2005, https://repository.upenn.edu/siap_dynamics/6.

Silver, Daniel, Clark, Terry N., and Graziul, Chris, "Scenes, Innovation, and Urban Development," *Handbook of Creative Cities*, Ed. David Emanuel Andersson, Åke Emanuel Andersson, and Charlotte Mellander, Cheltenham, UK : Edward Elgar, 2011, pp. 229~258.

The Wages for Students Students, *Wages for Students*, 1975, http://zerowork.org/WagesForStudents.html.

Tronti, Mario, "Lenin in England," *Working Class Autonomy and the Crisis*, Ed. Red Notes Collective, London : Red Notes, 1~6, 1979.

_____, "Social Capital", *Telos*, No. 17, Fall 1973, 2013년 7월 1일 수정, 2024년 2월 2일 접속, https://libcom.org/library/social-capital.

_____, "Factory and Society," Trans. Guio Jacinto. *Operai e Capitale*, 1966, 2013

년 7월 1일 수정, 2024년 2월 2일 접속, https://libcom.org/library/factory-society.

Vercellone, Carlo, "The new articulation of wages, rent and profit in cognitive capitalism," Trans. Arianna Bove, 2006, 2024년 2월 2일 접속, http://www.generation-online.org/c/fc_rent2.htm.

_____, "The hypothesis of cognitive capitalism," London, Birkbeck College and SOAS, United Kingdom, 2005.

Wiesner, Merry E., *Women and Gender in Early Modern Europe*, Cambridge : Cambridge University Press, 1993.

World Bank, *World Development Report 1992*, Washington, D.C., The World Bank, 1992.

Wright, Steve, *Storming Heaven : Class Composition and Struggle in Italian Autonomist Marxism*, London : Pluto Press, 2002.

Young, Iris M., *Intersecting Voices : Dilemmas of Gender, Political Philosophy, and Policy*, Princeton, NJ : Princeton University Press, 1997.

Zerowork Collective, "Introduction," *Zerowork : Political Materials*, vol. 1, 1975.

2. 보고서 및 자료집

김강, 「문래동, 옥상, 그리고 예술」, 옥상 미술관 프로젝트 〈도시는 우리의 것이다〉 자료집, 2009.

김윤환, 「예술스쾃 오아시스 동숭동스쾃의 경과와 전망」, 『점거메뉴얼북 Art of Squat : 자율적 예술공동체를 위한 실천 지침서』, 2007, 127~131쪽.

서울문화재단, 『서울문화생태계 활성화를 위한 창작공간의 전략』, 2014.

_____, 『2011/2012 서울시창작공간 백서』, 2013.

_____, 『유휴시설을 활용한 서울시 예술창작공간 조성』, 2009.

서울시, 「2018 마을예술창작소 운영 계획」, 〈서울정보소통광장〉, 2018년 2월 1일 수정, 2024년 1월 18일 접속, http://opengov.seoul.go.kr/sanction/ 14552293.

_____, 『창의문화도시 마스터플랜』, 2008.

송수연, 「찾아가는 문화예술교육 '개나리 봇짐' : 시작과 과정의 이야기들」, 개나리 봇짐 자료집, 2009.

양건열, 『미술창작스튜디오 운영활성화 방안』, 한국문화관광정책연구원, 2004.

오아시스 프로젝트, 『점거메뉴얼북 Art of Squat : 자율적 예술공동체를 위한 실천 지침서』, 2007.

예술과 도시사회연구소, 『도시재생의 대안적 미래 : 문래예술공단 연구』, 2010.

_____, 『창작공간조성 전략보고서 작성을 위한 상세조사 연구용역』, 2009.

_____, 『문래 창작촌 연구』, 2008.

3. 토론회 발제문, 토론문

권범철, 「집합적 자기배려의 가능성에 대하여」, 2015년 제7회 맑스코뮤날레 분과세션 〈예술인간의 탄생〉 발제문, 2015.

김강, 「지금! 예술 스콰」, 오아시스 프로젝트 연속토론회 〈주거하는 조각-SQUAT〉 발제문, 2006.6.19.

라도삼, 「(문래동) 아트팩토리의 역할과 기능, 운영방향에 대한 소고」, 〈창작공간조성을 위한 정책 세미나, 아트팩토리 어떻게 할 것인가〉 토론문, 2008.12.18.

박수진, 「예술로 도시를 재생하리라! 문래예술촌의 새로운 중심」, 2009 문래 연속 토론회 #2 〈문래동을 말한다_문래예술공장과 문래동의 상생 전략〉 발제문, 2009.

애빙, 한스, 「구조적 빈곤 : 왜 예술경제의 특수성은 계속되는가? — 예술세계 내의 가난한 예술가들에 대한 착취」, 제6회 서울시창작공간 국제심포지엄, '노동하는 예술가, 예술환경의 조건' 발제문, 2014.

조명래, 「자본주의와 도시 빈 공간」」, 오아시스 프로젝트 연속토론회 발제문, 2006.5.22.

4. 회의자료

김강, 「지금! 여기! 문래 커뮤니티를 위한 제언」, 협동조합 준비모임 〈라운드 문래예술공단〉을 위한 집담회, 2012.8.8.

라운드 문래예술공단, 「협동조합 〈라운드 문래예술공단〉 창립 취지문(초안)」, 협동조합 준비모임 〈라운드 문래예술공단〉을 위한 집담회, 2012.8.8.

문래예술공단, 「문래예술공단 프레 오픈스튜디오 행사, "문래동 창작촌을 공개합니다!" 행사 제안서」, 문래예술공단 내부자료, 2008.

서울문화재단, 「창작공간조성 추진단 및 TFT 제 1차 정기회의 결과보고서」, 서울문화재단 내부자료, 2008.9.30.

_____, 「문래예술공장 개관기념 프로그램관련 공모 및 사업설명회 개최 안내」, 서울문화재단 내부자료, 2009.

창작공간조성 TFT, 「창작공간조성 TFT 회의」, 서울문화재단 내부자료, 2008.9.30.

5. 잡지, 칼럼

권범철, 「미술관을 따져 묻기」, 『컨템포러리 아트 저널』, 2013년 겨울 16호.

_____, 「이곳에 가면 '오세훈 없는 서울'이 보인다!」, 『프레시안』, 2011년 8월 23일 수정, 2024년 2월 1일 접속, http://www.pressian.com/news/article.html?no=66722#09T0.

김강, 「"또 부동산업에 국고보조금을 주겠다고?"」, 『프레시안』, 2010년 1월 18일 수정, 2024년 2월 1일 접속, http://www.pressian.com/news/article.html?no=99036#09T0.

안태호, 「문래창작촌, '컬처노믹스' 너머에 던지는 질문」, 『르몽드 디플로마티크』, 17호, 2010.

조정환, 「이탈리아 자율주의 운동의 흐름과 전망」, 『동국대대학원 신문』, 2004년 11월.

6. 보도자료

서울시 보도자료, 「오세훈 시장, "보존과 개조의 도시" 다스 딕 방문」, 〈문화정책과〉, 2008년 2월 5일 수정, http://www.seoul.go.kr/culture/2006_culture/newsdata/newsdata/1253438_14041.html.

서울시 문화국, 「Seoul Culturenomics」, 『창의문화도시 마스터플랜』 발표 자료, 2008년 4월 16일 수정, 2024년 2월 1일 접속, https://opengov.seoul.go.kr/public/31232.

7. 언론기사

강경지, 「역대 대통령과 문화예술인들의 인연을 보니 …」, 〈뉴시스〉, 2016년 12월 27일 수정, 2024년 2월 1일 접속, https://mobile.newsis.com/view.html?ar_

id=NISX20110115_0007166623.

김승현, 「오세훈 "문화도시 이미지, 경제효과로 이어져" 놉브랜던 "창의적 인재 키우려면 예술교육 필수"」, 『문화일보』, 2008년 12월 6일 수정, 2024년 2월 1일 접속, https://www.munhwa.com/news/view.html?no=2008120601031830028010.

박병일, 「예술인 회관 공사는 '복마전'」, 〈SBS 8시 뉴스〉, 2003년 10월 30일 수정, 2024년 2월 1일 접속, https://news.sbs.co.kr/news/endPage.do?news_id=N0311497536.

시사매거진 2580, 「흉물로 변한 예총회관」, 462회, 〈MBC〉, 2003년 11월 30일 수정, 2024년 2월 1일 접속, https://www.imbc.com/cms/CUCNT190/TV0000000038556.html .

양효경, 「[삶·사람·도시] 예술로 지역 개발…'철공소에 핀 예술꽃, 문래 예술공단'」, 〈MBC 뉴스데스크〉, 2008년 7월 11일 수정, 2024년 2월 2일 접속, http://imnews.imbc.com/replay/2008/nwdesk/article/2184335_18843.html.

정성호, 「철공소 거리에 핀 예술」, 〈KBS 뉴스9〉, 2008년 10월 10일 수정, 2024년 2월 1일 접속, http://mn.kbs.co.kr/news/view.do?ncd=1648593.

8. 홈페이지

무늬만커뮤니티 블로그, http://likecommunity.tistory.com
문래동이야기 블로그, http://mullaestory.tistory.com
서울문화재단, http://www.sfac.or.kr
오아시스 프로젝트 싸이 클럽, http://oasis.cyworld.com
LAB39, http://squartist.org

:: 인명 찾아보기

ㄱ

가타리, 펠릭스(Guattari, Félix) 20,
   154~156, 161, 162
김강 21~23, 26, 27, 181, 184, 191, 200,
   203, 211, 218, 226, 239, 278, 318
김영삼 190, 196
김윤환 23, 26, 202, 203
김주환 111, 368, 377

ㄴ

네그리, 안토니오(Negri, Antonio) 33,
   57~62, 64, 65, 70, 71, 82, 102, 112,
   114~121, 127, 130, 146~151, 153,
   154, 181, 219, 225, 257, 263, 268,
   274

ㄷ

다이어-위데포드, 닉(Dyer-Witheford,
   Nick) 57, 115, 145, 146
달라 코스따, 마리아로사(Dalla Costa,
   Mariarosa) 13, 72, 74, 81, 132
데 안젤리스, 맛시모(De Angelis,
   Massimo) 11, 12, 14, 33, 57,
   60, 66~72, 77, 79, 82~85, 87~90,

94~96, 99~102, 105, 156, 163,
   166~169, 215, 216, 228, 252, 253,
   291
도미야마 이치로(冨山一郞) 188
동즐로, 자크(Donzelot, Jacques) 29
드보르, 기(Debord, Guy) 105
드 세르토, 미셸(de Certeau, Michel)
   34, 159, 161
들뢰즈, 질(Deleuze, Gilles) 152~156,
   161, 162, 182
뜨론띠, 마리오(Tronti, Mario) 56, 57,
   113~115, 125, 132, 146

ㄹ

라인보우, 피터(Linebaugh, Peter) 12,
   39, 41, 42, 44~46, 51, 86, 220
로크, 존(Locke, John) 38, 39, 45
르페브르, 앙리(Lefebvre, Henry) 117

ㅁ

마라찌, 크리스티안(Marazzi, Chris-
   tian) 63
마르쿠제, 피터(Marcuse, Peter) 249
마테이, 우고(Mattei, Ugo) 263
맑스, 칼(Marx, Karl) 6, 13, 14, 46, 47,

57, 61, 63, 64, 71, 74, 77, 105, 140,
150, 257

매든, 데이비드(Madden, David J.)
249, 250

맥머트리, 존(McMurtry, John) 166,
169

메이야수, 클로드(Meillassoux,
Claude) 100, 101

미즈, 마리아(Mies, Maria) 72, 73, 78,
90, 97, 98, 133, 134, 238

ㅂ

바우웬스, 미셸(Bauwens, Michel) 33,
49, 51~55, 81~83

베르첼로네, 까를로(Vercellone, Carlo)
140, 152

베이, 하킴(Bey, Hakim) 212

베일스, 케빈(Bales, Kevin) 136

벤홀트-톰젠, 베로니카(Bennholdt-
Thomsen, Veronika) 78, 97, 98,
238

볼리어, 데이비드(Bollier, David) 12,
33, 48~51, 53~57, 79, 80

브라운, 웬디(Brown, Wendy) 107, 122

비렐, 장(Birrell, Jean) 40, 41, 42

'비포', 프랑코 베라르디('Bifo', Franco
Berardi) 150, 187, 350

ㅅ

송수연 252

스피노자, 바뤼흐(Spinoza, Baruch)
170

시바, 반다나(Shiva, Vandana) 97

쏘번, 니콜래스(Thoburn, Nicholas)
113, 155

ㅇ

안태호 10

안현숙 203

애빙, 한스(Abbing, Hans) 138, 139

에머슨, 랠프 월도(Emerson, Ralph
Waldo) 85

영, 아이리스(Young, Iris M.) 249, 250

오세훈 289, 292, 297

오스트롬, 엘리너(Ostrom, Elinor) 47,
48, 50, 54

용해숙 203

월프, 자네트(Wolff, Janet) 174

윌리엄스, 레이몬드(Williams, Ray-
mond) 215

윤수종 20, 23, 112, 225

이광석 26, 53, 376

이슬라, 애나(Isla, Ana) 96

이와사부로 코소 177, 181, 215

이중재 203

이호석 203

일리치, 이반(Illich, Ivan) 73

ㅈ

정정엽 202

제임스, 셀마(James, Selma) 72, 74

조명래 177

조정환 16, 21, 48, 57, 113, 142, 148, 228, 376

ㅊ

최병두 93, 94, 122, 216

ㅋ

카펜치스, 조지(Caffentzis, George) 14~16, 39, 48, 50, 77, 79, 81, 90, 94, 96~101, 134~136, 138, 139, 142, 157, 326, 327

코어, 앤더스(Corr, Anders) 38, 85

코크, 에드워드(Coke, Edward) 41

클라이너, 드미트리(Kleiner, Dmytri) 50, 53

클라인, 나오미(Klein, Naomi) 94

클리버, 해리(Cleaver, Harry) 16, 132, 135, 140, 141, 148, 150, 151

ㅍ

파스퀴넬리, 맛떼오(Pasquinelli, Matteo) 35, 36, 104, 128, 129, 132, 145, 353

페데리치, 실비아(Federici, Silvia) 11, 14, 31, 33, 43, 47, 48, 53, 72~83, 90, 94, 96, 97, 127, 133~135, 157, 274, 326, 327

푸코, 미셸(Foucault, Michel) 106~108, 110~112, 120~122, 129, 152~154, 158, 368

플로리다, 리처드(Florida, Richard) 26~28, 33, 35, 121, 123~131, 143~146, 158, 159, 163, 165, 166, 169, 316, 357

ㅎ

하딘, 개럿(Hardin, Garrett) 44, 47, 48

하비, 데이비드(Harvey, David) 93, 94, 103, 104

하트, 마이클(Hardt, Michael) 33, 49, 57~62, 64~66, 70, 71, 82, 102, 112~114, 116~121, 127, 130, 146, 153, 154, 161, 181, 219, 257, 263, 268, 274

헬프리히, 실케(Helfrich, Silke) 12, 49, 51, 53, 54

홀러웨이, 존(Holloway, John) 20, 21, 48, 156

ㄱ

가사노동 13, 31, 73, 78, 133, 135~139, 141, 143, 301

〈가사노동에 대한 임금〉 31, 135, 137

가치 실천(value practice) 15, 17, 36, 88, 89, 166, 167, 169, 170, 243, 257, 286, 287, 364

가치 체계 166~170

강탈 93, 101

계급 관점 16, 89, 157, 158, 367, 374

공공공간 201, 215, 216, 275, 324

공동체 9, 10, 19, 23, 25, 29, 39, 40, 44, 48, 51, 53, 54, 66, 67, 69, 80, 83, 85, 86, 96~100, 102, 118, 127, 132, 162, 165, 175, 184, 189, 204, 212~214, 226, 229, 238, 246, 253, 272, 301, 304, 317, 318, 323, 328~331, 356, 367, 368, 371, 373

공용공간 208, 245, 248~250, 261, 275, 334

공유지(commons) 11~13, 33, 38~41, 43, 44, 46, 47, 52, 76, 211, 215, 280

'공유지의 비극' 44, 47

공적인 것 49, 58, 93, 201, 226, 228, 229, 273, 326, 329, 373

공통공간 195, 215, 218, 236, 275, 319, 324, 336

공통권(common rights) 41~44, 221

공통되기 71, 77

공통의 부 11, 15, 31, 69, 85, 103, 105, 117, 118, 120, 122, 129, 131, 159, 162, 169, 235, 252, 253, 257, 258, 338, 354, 369, 370, 374

공통인(commoner) 11, 12, 15, 38, 39, 41, 43~46, 53, 55, 83, 85, 86, 165, 170, 210, 269, 280

공통장(commons) 8, 11~15, 17, 21, 23, 27, 29~34, 36, 39, 40, 45~47, 49~55, 57, 65~69, 72, 77~83, 85, 86, 88, 89, 92~103, 105~107, 120, 129~131, 133, 144, 154, 156, 158, 159, 161~166, 169, 170, 172, 177, 180, 190, 208, 217~219, 228, 229, 238, 252, 263, 268, 269, 273, 274, 276, 280, 282~284, 286, 300, 301, 304, 316, 335, 342, 352, 354, 358, 366~368, 370~372, 374

공통재(common goods) 11~13, 23, 31, 38, 46, 67, 77, 79, 83, 84, 105, 106, 115, 126, 133, 143, 144, 158, 162, 210, 221, 229, 233, 238, 244, 249, 252, 256, 258, 263, 269, 270, 296, 317, 334, 340, 358, 365

공통적인 것(the common) 57, 58, 60,
　　62, 64, 82, 93, 117~120, 201, 202,
　　257, 273, 326
공통체(commonwealth) 86
공통화(commoning) 11, 23, 34, 35,
　　44, 46, 54, 60, 65, 67, 69, 77, 84,
　　85, 158, 162, 170, 172, 194, 202,
　　209, 211, 216, 217, 219, 220, 223,
　　226, 228, 229, 236, 237, 243, 245,
　　250, 252~254, 256, 269, 270, 272,
　　286, 319, 321, 327, 329, 334, 350
구성(constitution) 23, 24, 26, 29, 33,
　　62, 71, 77, 82, 84, 90, 151, 211,
　　234, 242, 268, 272, 273, 322, 323,
　　325, 329
금천예술공장 10, 32, 175, 306,
　　308~311, 313, 322, 361
기금 8, 36, 196, 226~228, 232, 256,
　　276, 330, 333, 335, 336, 338, 339,
　　341, 354, 358, 359, 361~365, 367,
　　368, 373, 374
기생체 30, 36, 102, 165, 353, 354, 364,
　　369

ㄴ

네트워크 8, 9, 11, 25, 30, 34, 36, 52,
　　64, 66, 81, 101, 102, 140, 144, 149,
　　154, 162, 164~166, 173, 174, 177,
　　200, 207, 226, 229~233, 235, 236,
　　241~243, 245, 252, 253, 256, 258,
　　261, 263, 264, 268, 269, 274, 276,

278, 280, 281, 286, 315, 336, 338,
　　340, 358, 374
노동거부 150
노동계급 16, 71, 74, 76, 116, 117, 132,
　　145~148, 181, 357, 363, 367
노동력 6, 7, 13, 47, 61, 64, 73, 74, 80,
　　81, 93, 100~102, 127, 132, 133,
　　137, 140, 141, 143~151, 157, 161,
　　172, 276, 296, 302, 340, 357, 362,
　　363, 365

ㄷ

다중(multitude) 65, 71, 116, 119, 142,
　　181, 228
담론 공간 195, 219~222, 283, 284, 286
대중노동자 148
〈더불어사는집〉 224, 225
도시의 변증법 106, 151, 152, 155
도시재생 26, 29, 30, 284, 297~299, 318
도시 정부 10, 11, 15~17, 26~28, 32, 34,
　　36, 89, 104, 106, 120, 122, 123,
　　128, 140, 143, 144, 157, 161, 273,
　　283, 287, 293, 296, 304, 317, 323,
　　334, 355, 356, 358~360, 362, 364,
　　367, 373

ㄹ

랩39R 245~250, 261, 275, 282
레지던시 26, 32, 36, 175, 213, 218,
　　245, 247, 275, 303, 304, 306~309,

313~315, 325, 334, 340, 341, 354, 355, 358~365, 374

Notes Collective) 14, 92

ㅁ

마주침 64, 117~120, 130, 140, 164, 201, 237, 256, 257, 266, 374

메트로폴리스 65, 116~120, 130, 132, 257

문래동 25, 26, 28, 35, 162, 164, 174, 178~180, 185, 189, 204~208, 235~253, 255~260, 262~264, 266, 269, 270, 272, 276~280, 282~284, 286, 301, 312, 316, 317, 319~321, 323, 324, 326, 328~331, 335~341, 343, 345, 346, 349~352, 354, 359, 363, 366, 373, 375

문래예술공단 24, 25, 28, 29, 32~35, 72, 151, 162, 172, 174, 204, 205, 208, 235, 241, 246, 251, 253, 259, 260, 266, 270, 272, 275, 276, 278~282, 286, 322, 323, 326~329, 336, 338, 341

문래예술공장 28, 32~35, 151, 207, 208, 255, 266, 282, 287, 300, 301, 319, 320, 323~327, 329, 330, 332, 334~336, 338, 341, 351, 359, 363, 366

문화도시 9, 291~293

〈문화연대〉 191, 196, 224, 232, 233, 235, 251, 265, 328

〈미드나잇 노츠 콜렉티브〉(Midnight

ㅂ

부동산 117~119, 128, 169, 178, 192, 194, 195, 244, 342, 349, 370

부불노동 73, 138, 141, 340, 356~360, 367

비물질 노동 61, 71, 358

비물질 생산 59, 60, 62, 129, 154

비임금 노동 13, 16, 31, 32, 77, 80, 81, 127, 133~135, 137~139, 143, 157, 158, 302, 340, 352, 354, 360, 365, 368

빈 공간 24, 27, 72, 152, 174, 177~180, 195, 202, 209, 216, 217, 219~221, 234, 259, 261, 270, 271, 283, 287, 299, 324

ㅅ

사적인 것 49, 58, 69, 117, 201, 273, 323, 333

사회적 공장(social factory) 33, 35, 36, 81, 82, 104, 113~116, 121, 127, 128, 132, 134, 140, 144, 151, 273, 292, 296, 300, 353, 354, 362, 365, 371

사회적 노동자 149, 150, 354, 365

사회적 세력(social force) 69, 70, 252

사회적 체계 70, 85, 87~89, 252, 372

사회주의 54, 58, 83, 92, 164

삶정치적 도시 36, 113, 116

삶정치적 생산 57, 61, 63~65, 82, 114, 116, 117, 119, 120, 130

새로운 종획(new enclosure) 92, 99

서울문화재단 28, 297, 299, 306, 318, 322, 323, 327~330, 332, 335, 361

서울시창작공간 9, 10, 24, 28, 32, 34~36, 128, 139, 151, 207, 218, 226, 233, 283, 287, 296, 297, 299, 300, 302, 305, 306, 308~312, 319, 327, 328, 334, 356, 361, 362, 366, 368

수탈 46, 181

스콰터(squatter) 19, 21, 27, 38, 45, 79, 182, 185, 239, 240, 269, 286

스콰(squat) 17, 18, 20, 21, 23, 24, 26~28, 33, 35, 79, 84, 105, 120, 143, 144, 150, 151, 155, 161, 170, 181~184, 189, 190, 193, 195, 199, 200, 203, 209~211, 213, 214, 217~222, 224, 225, 229~235, 246, 268~270, 273, 275, 279, 283, 304, 305, 317~319, 342

스펙터클 105, 106, 151, 157, 165

시초축적 14, 15, 46, 47, 77

신자유주의 29, 32, 36, 48, 58, 59, 92~96, 98, 99, 103, 106, 107, 111, 112, 121, 122, 164, 165, 229, 368

실질적 포섭 64, 65, 121, 149, 153

쓰레기 28, 202, 203, 237~240, 243~246, 248, 255, 258, 261, 262, 342, 346, 350

ㅇ

아트 팩토리 128, 164, 260, 296, 298, 299, 302, 305, 316~325, 366

안전장치 36, 107~110, 112, 121, 130, 132

예술 9~11, 15, 16, 21, 24, 27, 28, 32, 34, 35, 92, 105, 128, 129, 138, 139, 144, 165, 172, 173, 175, 176, 179, 182~185, 189, 190, 193, 196, 198, 199, 201, 202, 204, 206, 207, 212~217, 219, 220, 223~227, 232, 236, 240~242, 245, 246, 250, 252~254, 257, 258, 260, 261, 263, 264, 271~274, 278, 284, 286~288, 297~299, 301, 302, 304, 306, 309~311, 315, 316, 318, 330, 332, 333, 335, 336, 340, 342, 343, 350~352, 354, 356, 357, 360, 362~366

예술가 8~11, 15~17, 21, 23~28, 32, 33, 35, 36, 81, 89, 100, 105, 106, 118, 126~128, 135, 138~140, 142~145, 150~152, 157, 161, 162, 164, 169, 172~175, 177, 179~184, 186~190, 192~195, 199, 200, 202, 203, 205~207, 210~212, 214, 215, 217~236, 239~244, 246, 247, 249~253, 255, 256, 258~263, 265, 266, 268, 270, 272, 273, 276~279, 281, 282, 284, 286, 287, 297~308, 310~332, 334~336, 338~342, 344,

348~354, 356~362, 364~368, 371~374

「예술가 독립선언서」 198

〈예술과 도시사회연구소〉 25, 26, 34, 178, 205, 206, 245, 249, 255, 260, 265, 320, 321, 323, 325, 327, 328, 331

예술인회관 24, 25, 174, 177~180, 184, 190, 191, 193~199, 202~204, 209~214, 217~221, 223, 233, 234, 258, 269, 270, 317

예술포장마차 24, 190, 199~202, 209, 214, 216, 217, 219, 221, 226~228, 230~232, 373

오뻬라이스모(operaismo) 113, 147

〈오아시스 프로젝트〉(Oasis Project) 17, 21, 24, 26~28, 34, 35, 172, 174, 177~181, 183~185, 190, 192~195, 197~203, 208~210, 212, 213, 216~226, 227, 229~235, 242, 258, 269~272, 275, 279, 282, 286, 316, 317

옥상 208, 237~242, 244, 245, 247, 250, 253, 254, 258, 265, 275, 341, 346, 350

외부 8, 58, 64, 66, 69, 70, 88, 93, 101, 117, 118, 121, 129, 140, 145, 148, 155, 157, 159, 160, 176, 195, 200, 203, 204, 206~208, 213, 235~237, 239, 241~246, 253, 262, 264, 270~272, 276, 280, 305, 307, 309, 329, 332, 335, 337, 339, 346

욕망 20, 26, 110, 143, 161, 169, 170, 183, 185, 189, 192, 198, 235, 249, 250, 253, 287, 314, 350, 352, 353, 370

임금 6~8, 13, 15, 16, 31, 47, 73~75, 77, 100, 104, 135~137, 140~142, 144, 157, 187, 249, 273, 274, 280~282, 340, 355, 359, 360, 365, 367~370, 372

ㅈ

자기가치화(self-valorization) 150, 151, 225

자본주의 11, 13, 14, 24, 31, 46, 51, 53, 54, 56~60, 62, 68, 69, 73, 75, 78, 79, 87, 88, 93, 95, 96, 98, 100, 101, 103, 105, 113~116, 121, 125, 127, 133~136, 138, 139, 141, 147, 148, 150, 151, 155, 161~163, 169, 172, 180~182, 210, 220, 238, 243, 258, 350, 372

자율주의 53, 56, 63, 71, 82, 121, 145, 146, 187

재개발 72, 177, 179, 180, 207, 238~241, 244, 245, 248, 254, 259, 260, 262, 265, 268, 276, 278, 294, 324~327, 331, 336, 342, 363

재생산(reproduction) 7, 8, 11, 13, 14, 16, 23, 38, 43, 46, 48, 52, 53, 59, 61, 65~68, 73, 77, 79, 84, 86, 87, 89, 94, 100, 101, 106, 127,

132, 133, 140, 141, 143, 144, 149, 168~170, 183, 208, 209, 222, 229, 243, 244, 249, 252, 261~263, 265, 268, 274~277, 280, 286, 302, 340, 341, 356, 358, 359, 365, 369, 372

재생산 노동 72, 73, 76, 77, 102, 157, 158, 255, 261

재영토화 155, 156

저항 25, 26, 84, 94, 98, 145, 150, 151, 153, 154, 164, 165, 181, 184, 202, 211, 234, 242, 271~273

전략 9~11, 14~16, 28, 29, 32~36, 58, 65, 66, 89, 90, 92~95, 99~101, 103, 106, 109, 120~122, 127~131, 140, 149, 151, 157~165, 169, 222, 282~284, 286, 287, 289, 290, 295~297, 301, 304, 317, 319, 328, 336, 352, 354, 355, 362, 364, 366, 367, 371~374

전략 공통장 29, 34, 65, 66, 89, 90, 158, 159, 161, 163~165, 169, 282~284, 286, 301, 304, 352, 354, 371~373

전술 17, 29, 34, 89, 90, 92, 107, 157~161, 163~165, 169, 172, 217, 222, 268, 270, 284, 301, 367, 368, 370, 371, 373

전술 공통장 29, 34, 89, 90, 158, 159, 161~165, 169, 172, 217, 268, 284, 301, 370

전유(appropriation) 16, 30, 31, 34, 69, 89, 103, 112, 145, 158, 192, 373, 377

정동 49, 58, 59, 62, 64, 85, 103, 117, 176, 265, 268

젠트리피케이션(gentrification) 15, 35, 100, 117, 118, 128, 129, 342, 350, 367

종획(enclosure) 13, 14, 46, 52, 76, 77, 92~94, 96, 99~102, 165, 215

지구 공통장(global commons) 50, 96, 97, 100

지대(rent) 21, 103~105, 117~119, 155, 162, 178, 180, 182, 189, 210, 353, 370

집합적 상징자본 89, 103~106, 128, 131, 143, 144, 155, 304, 338, 340, 343, 351

ㅊ

창의문화도시 9, 28, 32, 34, 35, 128, 131, 151, 164, 286~289, 291, 293, 295~297, 300~302, 318, 362, 366

창조경제 65, 89, 124, 126, 143, 145, 163

창조계급 26, 104, 123~125, 131, 145, 146, 169

창조도시 26, 28, 32, 33, 35, 62, 65, 89, 103, 106, 120~123, 128~131, 140, 149, 151, 169, 357

창조성 26, 49, 62, 95, 103, 106, 112, 120~127, 130, 131, 143, 144, 158, 163, 239, 316, 356

철공소 208, 240, 243, 245, 253~255,

262, 277, 278, 301, 321, 328, 343, 345, 346, 348, 351

철재상 178, 204, 237, 240, 241, 243, 253, 341, 343, 346, 347, 350

ㅋ

컬처노믹스(culturenomics) 9~11, 284, 287, 289~291, 297, 366

코뮤니즘(communism) 70, 71, 83

ㅌ

탈영토화 155, 156, 162

통제 17, 43, 47, 58, 59, 79, 80, 99, 140, 148, 150, 152, 153, 182, 201, 215, 228, 336, 361, 366, 368, 369

통치성 36, 106, 107, 111, 368

특이성 71, 118, 154, 167, 225

ㅍ

페미니즘 53, 56, 72, 133, 267

〈프로젝트 스페이스 LAB39〉(랩39) 25, 28, 33~35, 174, 179, 206, 215, 218, 226~228, 231~237, 239~242, 245~247, 249, 250, 254, 261, 265, 266, 269, 275, 305, 306, 308, 320, 322, 325, 331, 342, 345, 346, 351, 375, 377

피지털(phygital) 52, 53, 81, 82

ㅎ

〈한국문화예술단체총연합회〉(예총) 25, 174, 178, 190, 192, 194~197, 199, 202, 210, 211, 222, 233, 271, 279

흡수 15, 16, 32, 92, 99~101, 103, 107, 131, 154, 157, 165

기타

P2P 53~55, 66, 101, 336, 338, 340, 374